상법 Ⅳ

국제거래법

김두진 저

동방문화사

머 리 말

이 책은 저자가 집필한 상법 시리즈의 네 번째 편이다. 국제거래법의 범위에 관해서는 논의가 있지만 법역을 달리하는 당사자 간의 상거래에 적용되는 사법이어서 상법의 한 분야라고 생각한다. 준거법을 결정하는 것과 관련해서는 국제사법이 중요한 역할을 하지만, 물품, 용역, 자본, 기술 등을 대상으로 하는 국제상거래에 적용되는 계약법과 불법행위법 및 회사의 설립과 인수합병, 회사의 ESG 사회적 책임 등의 회사법, 신용장과 환어음을 수단으로 은행을 통한 대금 결제에 관련된 메카니즘, 운송법과 보험법 등이 넓게 파악한 국제거래법의 범주에 들어간다. 그러나 그것을 넘어서 국제무역을 하는 기업에 적용되는 외환·통관절차, 수출입면허 등의 행정규제, 외국 투자기업이 적용받을 수 있는 금융규제, 지적재산권법, 독점금지법, 세법, 환경법 등은 모두 기업이 국제거래를 하는 과정에서 적용될 수 있는 법률들이지만 국제거래법의 본령에 들어간다고 보기는 어렵다. 이는 국제거래를 하는 기업도 마케팅을 위하여 현지에서 광고를 하거나 본의 아니게 화이트 크라임을 범할 수도 있겠지만 그렇다고 광고규제법이나 형사법이 국제거래법의 범주에 속한다고 볼 수 없는 것과도 같다.

저자가 30여년전 클라이브 M. 슈미트호프 교수의 *Export Trade*를 처음 접하였을 때에는 국제거래법은 이질적이라는 인상을 받았다. 아마 국제거래는 문화나 법제가 다른 여러 국가가 관련되어 이국적이기도 하고, 국제거래법은 국내법과 국제법이 다차원적으로 비교되고 선택되어야 하는 점에서 다른 법과목에 없는 특성이 있어서 였을 것이다. 그러나 그 당시 부존자원이 적고 작은 국토면적에 비하여 인구는 많은 우리나라가 경제성장을 위하여 선택할 길은 대외무역과 외국자본을 유치하여 국내생산을 늘리는 방법뿐이라는 사실은 이미 모두가 공유하는 생각이었고 수출목표 100억불 달성이 국가의 지상과제였던 시대였으므로 국제거래법은 분명히 중요한 법이었다. 그 후 세월이 흘렀고 세기가 바뀐 지금 돌이켜 보면, 1977년 우리나라는 목표연도보다 3년 일찍 수출 100억 달러를 달성하였고, 1988년에는 서울올림픽을 개최하고, 1995년에는 수출액 1000억 달러를 돌파하였으며 개도국에서 OECD 회원국으로 선진국의 반열에 접어들어 정치경제적 위상이 크게 상승하였고, 2013년 이래 무역규모는 세계 9위권을 유지하여 오다가 작년에는 브렉시트의 나라 영국을 제치고 수출액 6445억 달러와 수입액 6150억 달러로 세계 8위를 기록하기까지 하였다. 그간 대한민국이 이룩한 경제성장에 무역자유화와 자본시장 개방이라는 국제거래 환경이 없었다면 가능하지 않았을 것이다.

오늘 내가 누리는 모든 즐거움은 모두 어제 누군가의 수고의 산물이다. 그러한 사실에 그 모든 분들께 감사한다. 모쪼록 이 책이 독자들이 국제거래법의 원리와 국제거래질서를 이해하고 실무에 활용하는 데 도움이 될 수 있기를 기대한다.

2022. 8. 7.

저자 씀

목 차

제1장 서 론
제1절 국제거래법의 개념 ·· 1
제2절 국제거래법의 역사 ·· 14

제2장 국제거래법의 법원
제1절 서설 ·· 19
제2절 비엔나협약의 구성 및 내용 ·· 50

제3장 국제물품매매계약의 성립
제1절 서언 ·· 91
제2절 계약의 성립 ·· 91
제3절 매도인 및 매수인의 계약이행의무 ·································· 109
제4절 위험의 인수 ·· 129
제5절 불이행책임의 면제 ·· 132
제6절 계약위반에 대한 구제 ·· 135

제4장 정형거래조건
제1절 서론 ·· 153
제2절 Incoterms의 내용 ·· 155

제5장 신용장
제1절 국제물품매매의 대금결제 ·· 173
제2절 신용장에 의한 대금결제 ·· 175

제6장 국제기술이전
제1절 국제기술이전의 현황 ·· 234

제2절 WTO 무역관련 지재권협정 ·· 236

제7장 대외직접투자계약

제1절 서론 ·· 244
제2절 대외직접투자의 법적 규율 ··· 250
제3절 대외직접투자의 형식 ·· 281

제8장 국제거래에서의 분쟁해결

제1절 개관 ·· 311
제2절 국제소송 ·· 312
제3절 국제상사중재 ·· 361

색인 ··· 383

주요참고문헌

석광현, 「국제물품매매계약의 법리」, 박영사, 2010.   석광현(10)
안강현, 「제8판 로스쿨 국제거래법」, 박영사, 2022.   안강현(22)
이기수·신창섭, 「제7판 국제거래법」, 세창출판사, 2019.   이기수·신창섭(19)
최준선, 「제10판 국제거래법」, 삼영사, 2015.   최준선(15)

석광현 교수 정년기념 헌정논문집 간행위원회, 「국제거래법과 국제사법의 현상과 과제 : 석광현 교수 정년기념 헌정논문집」, 박영사, 2022.
석광현, 「국제사법과 국제소송(정년기념)」, 박영사, 2022.

Clive M. Schmitthoff, *Schmitthoff's Export Trade: The Law and Practice of International Trade*, 7th ed., Stevens & Sons, 1980.   Schmitthoff(80)
Daniel C. K. Chow & Thomas J. Schoenbaum, *International Business Transactions: Problems, Cases, and Materials* (Aspen Casebook), 4th ed., 2020.
    Chow & Schoenbaum(20)
Daniel C. K. Chow & Thomas J. Schoenbaum, *International Trade Law: Problems, Cases, and Materials*, 3rd ed., Wolters Kluwer, 2017.
Gabrielle Kaufmann-Kohler & Michele Potestà, *Investor-State Dispute Settlement and National Courts: Current Framework and Reform Options*, Springer Open; 2020.
Julien Chaisse, Leïla Choukroune & Sufian Jusoh (ed.), *Handbook of International Investment Law and Policy*, Springer, 2021.
    Chaisse, Choukroune & Jusoh(21)
Petros C. Mavroidis, *The Regulation of International Trade: The General Agreement on Trade in Services*, Vol. 3, , The MIT Press, 2020.

참고문헌

Ralph H. Folsom, Michael Wallace Gordon & David Lopez, *NAFTA : A Problem-Oriented Cousebook*, West Group, 2000.

Folsom, Gordon & Lopez(00)

Ralph H. Folsom, Michael Wallace Gordon & Michael D. Ramsey, *International Business Transactions in a Nutshell,* 11th ed., West Academic Publishing, 2020.

Folsom, Gordon & Ramsey(20)

약어표

AAA 미국중재협회(America Arbitration Association)
ADR 대체적 분쟁해결(alternative dispute resolution)
ASEAN 동남아시아국가연합(Association of South-East Asian Nations)
BITs 양자투자협정(Bilateral Treaties)
B/L 선하증권(Bill of Lading)
CISG 국제물품매매계약에 관한 유엔협약(United Nations Convention On Contracts For The International Sale Of Goods)
CLOUT Case Law On UNCITRAL Texts
CMI 국제해사기구(Comitè Maritime International)
D/D 송금소액환(demand draft)
ECT 에너지헌장조약(Energy Charter Treaty)
EU 유럽연합(European Union)
FAA 미국 연방중재법(Federal Arbitration Act)
FDI 대외직접투자(foreign direct investmen)
FET 공정하고 형평에 부합하는 대우(fair and equitable treatment)
FIE 해외투자회사(foreign investment enterprise)
FPS 완전한 보호 및 안전(full protection and security)
FTAs 자유무역협정(Free Trade Agreements)
HCCH 헤이그국제사법회의(the Hague Conference on Private International Law)
IBRD 국제부흥개발은행(the International Bank for Reconstruction and Development)
GATT 관세 및 무역에 관한 일반협정(General Agreement on Tariffs and Trade)
GATS WTO 서비스무역에 관한 일반협정(General Agreement on Trade in Services)
IBRD 국제부흥개발은행(the International Bank for Reconstruction and Development)
ICC 국제상업회의소(International Chamber of Commerce)
ICJ 국제사법재판소(International Court of Justice)

참고문헌

ICSID   투자분쟁의 해결을 위한 국제본부(International Centre for Settlement of Investment Disputes)
IIAs   국제투자협정(International Investment Agreements)
IIPAs   국제투자보호협정(International Investment Protection Agreements)
ILC   국제법위원회(International Law Commission)
Incoterms   국제상거래조건(International Commercial Terms)
ISBP   국제표준은행관행(International Standard Banking Practice)
ISDS   투자자-국가간 분쟁해결절차(Investor-State Dispute Settlement)
LCIA   런던 국제중재재판소(London Court of International Arbitration)
L/C   신용장(Letter of Credit)
MFN   최혜국대우(Most-Favored Nation)
MNE   다국적기업(multinational enterprise)
M/T   우편송금(mail transfer)
NAFTA   북미자유무역협정(North America Free Trade Agreeent)
NT   내국인대우(National Treatment)
PECL   유럽계약법원칙(The Principles of European Contract Law)
TFCN   우호·통상·항해협정(Treaty of Friendship, Commerce and Navigation)
TFEU   유럽연합기능조약(Treaty on the Functioning of the European Union)
TRIMs   WTO 무역관련 투자수단협정(WTO Agreement on Trade-Related Investment Measures)
TRIPs   WTO 무역관련 지적재산권협정(WTO Agreement on Trade-Related Intellectual Property Rights)
T/T   전신송금(telegraphic transfer)
UCP 600   제6차 신용장통일규칙(The Uniform Customs and Practice for Documentary Credit, 2007 Revision, ICC Publication No. 600)
UNCITRAL   유엔국제상거래법위원회(UN Commission on International Trade Law)
UNCTAD   유엔무역개발회의(United Nations Conference on Trade and Development)
UNIDROIT   사법통일국제협회(International Institute for the Unification of Private

Law)
UNIDROIT PICC   UNIDROIT 국제상사계약원칙(UNIDROIT Principles of International Commercial Contracts)
USMCA   미국-멕시코-캐나다 자유무역협정
WTO   세계무역기구(World Trade Organization)

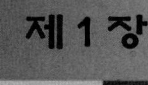

서 론

제1절 국제거래 및 국제거래법

Ⅰ. 국제거래의 개념

국제거래(international business transactions)는 소속 국가를 달리하는 거래주체 사이에서 국제적으로 행해지는 상거래를 말한다.

비엔나협약 초안 작성에 관여한 저명한 클라이브 M. 슈미트호프 교수는 수출거래(export transaction)란 개념으로 국제거래를 포섭하며, 이를 ① 수출상과 수입상 간의 물품매매와 ② 대리상(agents)·배급업자(distributors)·지점(branch offices)·자회사(subsidiary companies) 등의 해외 거점을 통한 거래로 양분하고 있다.[1]

그러나 위 ②는 자본의 대외직접투자에 포섭된다. 그러므로 국제거래를 거래객체를 기준으로 하여 ① 국제물품매매, ② 물품의 국제운송, ③ 대외직접투자(foreign direct investment), ④ 국제기술이전 등으로 구분하거나[2], 또는 ① 국제상품교역(trade in goods), ② 국제 서비스교역(trade in services), ③ 대외직접투자, ④ 국제기술이전 등으로 구분하는 방법[3]이 보다 적절하다.

국제거래와 국내거래는 교섭의 형식·시기·절차, 언어, 그리고 문화에 있어 차이가 존재하며 그것에 적절히 대응하는 것은 실무에서 매우 중요하다.

---

1) Schmitthoff(80), p. 3.
2) Folsom, Gordon & Ramsey(20), pp. 37~424.
3) Chow & Schoenbaum(20), pp. 14~19.

첫째, 거래에 있어서 교섭 형식은 문화마다 기업마다 또한 사람마다 다 다르고 맥락에 따라서도 다르지만, 적어도 경쟁방식(competitive style)과 합의도출방식(consensus-building style)으로 나눌 수 있다.[4] 전자는 교섭 상대방을 경쟁상대로 취급하면서 양보를 압박하여 제로섬 게임에서의 승리를 추구하는 방식이고, 후자는 교섭 상대방의 입장을 배려하고 객관적 기준에 기초하여 주장을 하고 상대방의 주장을 적극적으로 경청하면서 상대방의 양보를 유도하기 위하여 이 쪽도 필요한 양보를 하면서 합의점을 조금씩 넓혀나가서 양쪽이 용인가능한 결과를 도출하여 보다 장기적 협력을 추구하는 것을 목표로 삼는 방식이다. 그러나 양 방식은 상호 배타적인 것이 아니어서 얼마든지 절충이 가능하다. 국제거래에서 교섭에 성공하기 위해서는 상대방의 문화, 상대방이 원하는 것과 줄 수 있는 것, 양보할 수 있는 것과 양보할 수 없는 것에 관하여 사전에 조사하고, 교섭에 임하는 것이 필요하고, 목적하는 합의에 도달하기 위하여 각 교섭에 맞는 기술, 전술, 접근방법, 매너 등을 동원하는 것이 필요하다.

둘째, 국제거래에서의 교섭 성공을 위하여 특히 "문화적 역량(cultural competence)"과 언어의 중요성이 강조되는데, 이는 교섭에 성공하려면 교섭 상대방의 문화가 자신의 문화와 어떻게 다른지 그 차이에 대하여 충분히 인식해야 하고, 상대방의 에티켓, 어조, 매너, 요구되는 정식절차의 수준 등을 확인해야 한다는 것이다. 예컨대, 어떤 문화권에서는 교섭에 변호사를 당연히 동반해야 하는 반면에 다른 문화권에서 그러한 행위는 상대방에 대한 모욕으로 간주될 수 있다. 또한 교섭시 상대방에게 공개해야 하는 내용이나 범위는 문화권마다 차이가 있어서 예컨대, 일본에서는 실제 반응, 위치 등을 불문하고 듣고자 하는 것을 상대방에게 밝히는 것이 공손한 것으로 간주지만, 다른 문화권에서 그러한 행위는 무례한 행위로 간주될 수도 있다. 중국, 일본, 대만 등에서는 우리나라와 마찬가지로 명함을 주고 받는 일이 국제거래의 교섭을 위하여 만난 사람들 사이에서 당연히 해야 하는 의례로 간주되며, 그것을 하지 않으면 세련되지 못하거나 혹은 상스러운 것으로 간주될 수 있다.[5] 교섭 상대방의 문화가 개인주의와 단체

---

4) Folsom, Gordon & Ramsey(20), pp. 19~22.

주의, 평등주의와 위계질서(hierarchy), 교섭밀접도가 낮은 문화와 높은 문화 가운데 상대방이 어느 문화적 범주에 포함되는지에 따라 국제거래의 교섭전략과 방식에 반영하여야 한다는 견해[6]도 있다. 예컨대 미국과 같이 개인주의, 평등주의 및 낮은 교섭밀접도의 문화권에 속한 협상자는 직접적이고, 대립적인 스타일의 교섭방식을 사용하지만, 중국과 같이 단체주의적이고 위계질서를 중시하는, 높은 교섭밀접도의 문화권의 교섭자는 대립을 피하는 간접적 교섭 방식을 선호한다는 식이다. 이처럼 상이한 교섭방식을 가진 협상자들 사이의 교섭이 필요한 경우에 방식의 차이가 소통의 부족을 낳고 양 당사자에게 최적이 아닌 결과를 도출하게 할 수 있고 반대로 이러한 문화의 차이를 이해하고 협상에 이용하면 좋은 결과를 달성할 수 있다. 또한 주재국의 문화가 대외직접투자 성과에 큰 차이를 가져온 예로 Disneyland 사례를 들 수 있다. 월트 디즈니사는 디즈니랜드 파리를 건설하기 위하여 파리 인근의 토지를 매입하였는데, 그 때 미국의 디즈니사의 경영진은 새 테마파크가 가져올 고용과 경제발전 약속이 해당 지역에서 지지를 받을 것으로 기대하였다. 그러나 그 지역주민들은 경제발전보다 자신들의 전통적인 교외의 생활방식에 더 가치를 부여하였고, 디즈니의 계획에 저항하여 디즈니사 경영진을 놀라게 하였다. 반대로 디즈니 테마파크는 일본에서 대성공을 거두었는데, 일본인들은 프랑스인들이 미국문화에 대하여 보여주는 미온적인 태도보다 훨씬 더 수용적이었다. 이런 것들은 대외직접투자시 중요한 고려사항이지만, 이들 사례에서 디즈니사의 담당 직원들은 문화적 요소들을 고려하지 않았던 것이다.[7]

대다수 아프리카 국가들에서는 과거 제국주의시대의 피해에 대한 정서적 반감으로 인하여 "Whereas …"라는 문구를 사용하여 대화하는 일을 제국주의적 태도로 간주하여 적대시하므로 절대 피해야 한다. 유사한 맥락에서, 교섭 성공을 위하여 상대방에게 선물을 주는 행위는 과거 우리나라의 '떡값', 중국의

---

5) Folsom, Gordon & Ramsey(20), p. 23.
6) Jeanne M. Brett, *Negotiating Globally: How to Negotiate Deals, Resolve Disputes, and Make Decisions Across Cultural Boundaries* pp. 15~20 (2001).
7) *Id.* p. 8.

'guanxi', 인도나 중동의 'baksheesh'와 같이 상대방의 당연한 요구나 기대의 대상일 수도 있지만, 우리나라의 청탁금지법이나 외국의 그와 상응하는 부패방지법 등의 실행에 따라 뇌물이나 부정한 재물의 수수로서 위법행위로 간주될 수 있다는 점을 주의해야 한다.

 국제거래의 교섭 당사자들이 식사를 함께하는 일은 주재국의 문화에 대한 관심을 표현하는 일일 수 있고, 미국에서는 거부감 없이 당연시되고 문화권에 따라 만찬을 하면서 거래를 교섭하는 것이 중요한 결정을 도출하는 데 큰 도움을 주기도 하지만, 문화권에 따라서는 식사 중에 비즈니스에 관하여 언급하는 일이 무례하거나 공격적인 언행 또는 적어도 부적절한 일로 간주된다.[8]

 또한 이슬람 문화권에서의 성일인 라마단(Ramadan), 일부 유럽국가에서의 12월말의 크리스마스와 신년 사이의 휴가기간처럼 문화권마다 거래 교섭이 예의에 어긋나거나 허용되지 않는 기간도 고려해야 한다. 일부 국가에서는 "주말"이 토요일과 일요일 이외의 다른 날일 수 있다. 나라마다 표준적인 근무시간은 다를 수 있으며, 점심 식사 후 낮잠을 자는 풍습이 있는 지역도 있다. 일부 아프리카 국가에서는 "정오(noon)"는 오전 10시부터 오후 2시 사이의 모든 시간을 의미한다. 또한 일부국가는 "오전, 오후(a.m., p.m.)" 12시간제를 사용하는 대신에 24시간제를 사용하기도 하므로 국제거래 교섭시 그것도 주의해야 한다.

【Theme- 침묵】

 국제거래에서 침묵(silence)은 승낙으로 간주되지 아니한다. 일부 국가에서는 침묵은 "거절"을 의미할 수 있지만, 다른 국가에서는 침묵은 제안에 대하여 정중한 고려(respectful consideration)를 하는 것으로 간주될 수 있다. 인도네시아에서 한 미국인 투자자가 거래 교섭 후 최종적인 서명을 위하여 상대방에게 계약초안을 넘겼는데, 상대방이 유쾌한 대화를 나누면서 그 문서를 책상에 올려놓았고, 침묵하면서 그 문서를 서명하지 않은 채로 투자자에게 돌려주었는데, 그 투자자는 인도네시아에서는 서명을 하기에 적절한 날로 간주되지 않는다는 사실을 나중에 알게 되었고, 계약은 다음날 서명되었다는 이야기가 전해진다. 이처럼 어떤 문화권에서는 서명이 수일 또는 심지어 수개월 지연되는 것도 해당 교섭이 난관에 처했다는 의미거나 교섭 당사자들이 선술적 이익을 확보하기 위한 시도의 징표가 아닐 수 있고, 단지 외국의 교섭 당사자들이 필

---

[8] Folsom, Gordon & Ramsey(20), p. 24.

요한 합의를 도출하기 위하여 요구되는 최소한의 기간일 수 있다.9)

그러나 우리나라에서는 상인이 상시 거래관계에 있는 자로부터 그 영업부류에 속한 계약의 청약을 받은 때에는 지체없이 승낙여부의 통지를 발송하여야 하고, 이를 게을리 한 때에는 승낙한 것으로 본다(상법 §53).

영미법에서는 침묵이 일정한 경우에 승낙으로 간주될 수 있다. 예컨대 미국에서는 매매거래에 있어 상인간에 서면에 의하여 계약을 확인(written confirmation)한 후 10일 이내에 그 내용에 관하여 서면에 의한 이의의 통지(written objection notice)를 발송하지 아니한 때에는 계약이 성립한다. (UCC §2-201(2)).

셋째, 국제거래에서 교섭 상대방이 사용하는 언어는 긴장을 조성할 수 있는 요소의 하나이다. 한쪽 당사자의 언어에서 분명하고 문화적으로 수용가능한 의미를 가진 단어가 상대방의 언어에서는 모호하거나 문화적으로 공격적인 의미를 가질 수 있는 것이다. 미묘한 오해 때문에 신뢰를 훼손하거나 전체 거래를 무산시킬 수 있다. 보디 랭귀지도 똑같이 중요하다. 일부 손짓과 몸짓은 어떤 문화권에서는 용인되지만, 다른 문화권에서는 매우 공격적인 것으로 간주될 수 있다. 그 결과, 국제 교섭에 있어서 보디 랭귀지는 대체로 부적절하다. 예컨대, 북미 지역에서 다른 사람 방향으로 손바닥을 올리는 행위는 당신이 다른 사람이 오감을 상실하기를 바란다는 의미일 수 있다. 또한 머리를 건드리는 행위는 많은 아시아 국가들에서는 공격적인 행위이다.

국제거래의 교섭에서 사용하는 언어의 차이는 당사자 간의 오해, 분위기의 반전, 교섭의 실패를 초래할 수 있고, 통역을 사용하는 경우도 그 위험은 덜하지 않다. 교섭시 속어를 사용하지 말아야 하고, 되도록 "천천히 분명하게 말하는 패턴(slow and distinct patterns)"이 그 반대의 어조보다 항시 국제거래 교섭을 촉진한다. 합의문서를 작성하는 언어에 있어서도 문화권에 따라 차이가 존재해서, 계약서를 영어로 작성하더라도 미국과 같이 당사자의 권리와 의무를 상세하게 명시하는 것을 지향하는 문화가 있는가 하면, 일본과 같이 당사자들에게 해석의 여지를 남기는 일반추상적인 용어를 선호하는 문화, 독일과 같이 세부적인 사항에 관해서 법원이 결정하도록 여지를 남기는 문화도 존재한다.10) 따라서 일본이

---

9) Folsom, Gordon & Ramsey(20), p. 25.
10) Id. pp. 30~31.

나 독일과 같은 나라의 교섭 당사자들은 계약관계는 시간이 흘러가면서 상호간의 이해를 형성하고 개발하는 관계로 인식하는 것이며, 이러한 문화권에 속하는 당사자에게는 상세하고, 열거적인 문언으로 계약서를 작성하는 일은 불신을 야기할 수 있다. 중국의 교섭 당사자도 세부적인 계약서 작성 대신에 상호간의 완전한 이해가 달성되었음을 강조하면서 세부사항의 논의에 반대할 수도 있지만, 계약서에 상세하게 작성하지 않은 사항은 나중에 분쟁의 원인이 될 수도 있으므로 피해야 한다.

이와 유사하게, 일국에서 용인되는 계약조항이 다른 국가에서는 용인되지 않을 수 있다. 예컨대, 미국에서라면 집행될 수 없는 위약금(penalty) 조항이 프랑스, 독일에서는 일상적으로, 이탈리아에서는 가끔 집행가능하다. 일방적인 부합계약(adhesion contract)은 문화에 따라 작성자를 상대방의 반대자로 파악하게 하거나 상대방의 적대감을 초래할 수 있다. 부합계약은 국제거래 교섭의 합의도출 방식에 도움을 주지 않는다. 나아가서, 예컨대, 독일 법원이나 우리나라 법원에서는 경우에 따라 해당 약관조항을 불공정한 계약조항으로서 무효화할 수도 있다.[11]

아시아권에서도 일본이나 인도네시아에서의 국제거래 계약서는 영어로 작성되는 일이 많은데, 영어가 가장 널리 사용되고, 시간과 비용, 명확성 및 상호 이해를 위하여 거래 당사자들이 그렇게 하기로 동의하는 경우일 수 있다. 만약 예컨대 문화적 자부심 때문에 불어로, 또는 불공정거래의 우려 때문에 중국어로 영어와 함께 복수의 계약서 정본이 작성되는 것이 계약 체결을 위하여 불가피한 경우에는 그렇게 할 수밖에 없지만, 복수의 언어로 계약서 정본이 존재하는 경우 분쟁 발생시 혼란이 초래될 수 있다.

유럽연합에서는 법령, 규정, 지령 및 의회 보고서 등이 24개의 언어로 텍스트가 존재하며, '미국-멕시코-캐나다 자유무역협정(USMCA)'도 영어, 불어 및 스페인어로 정본이 존재하며, 유엔국제상거래법위원회(UN Commission on InternationalTrade Law: UNCITRAL)의 주관 하에 체결된 조약들은 영어, 불어, 러시아어, 중국어,

---

11) *Id.* p. 32.

스페인어, 아랍어 여섯 개 언어로 작성되기 때문에 일정한 언어의 뉘앙스가 특정 국제거래의 적법성에 상당한 영향을 미칠 수도 있다.[12)]

넷째, 국제거래에 있어서는 교섭에 채택된 절차가 교섭 자체의 승패를 좌우할 수 있다. 교섭 이전의 계약이 선호되는지, 어떤 장소에서 교섭이 행해지는 것이 선호되는지를 미리 조사할 필요가 있다. 인간적 관계 구축을 촉진하는 절차는 특히 아시아 권에서 교섭 성공 가능성을 높인다. 교섭이 난관에 봉착하였을 때 공손함만이 교섭 지속을 가능하게 할 수 있다.

교섭 상대방은 제안된 쟁점에 대하여 합의를 주저하는 이유가 관료주의적 이유 때문인지, 협력의 결여, 기술적 이해의 부족, 또는 단순한 혼선 때문인지를 명확히 하기를 원하지 않을 수 있다. 교섭 절차는 그러한 문제들을 해결하기 위하여 상대방의 존중을 가져오고 교섭 진행 페이스를 유지하고, 교섭에의 지속적 참여를 보장할 수 있도록 충분히 유연하여야 한다. 교섭이 협정 체결의 결과를 가져오지 못하는 이유는 교섭 당사자들이 최종 결정권한을 보유하고 있지 않거나 최종협정의 결과에 대하여 개인적으로 책임을 져야 하기 때문일 수 있는데, 일본의 경우 후자일 가능성은 이례적이다.[13)]

교섭 상대방을 놀라게 하는 예상 밖의 상황, 예컨대 본안을 흐리는 감정적 표시, 합의한 교섭 의제의 무단 변경, 교섭 참여인력의 도착이나 출발의 지연 또는 이미 합의한 협약에 대한 입장 변경 등은 적대감이나 불신을 초래할 수 있다. 문서 초안의 서면을 불시에 제시하면서 즉각적 조치를 요구하는 일도 마찬가지이다. 교섭에 있어 서면화된 교섭 쟁점의 요약본을 준비하기로 함께 결정하는 일은 합의도출 절차에 도움이 되지만, 같은 서면을 불시에 교섭 상대방에게 제시하는 일은 그에 역효과를 발생시킬 수 있다. 그러나 경쟁방식의 교섭이라면 후자도 도움이 될 수 있다. 또한 그러한 서면의 분량도 중요해서 여러 장의 두꺼운 서면보다 한 페이지짜리 요약본이 성공적인 교섭을 도출할 나은 선택이 될 수 있다.[14)]

---

12) *Id.* p. 33.
13) *Id.* p. 34.
14) *Id.* p. 35.

국제거래계약은 체결되면 장기간 효력을 지속할 수 있고, 그것에 대하여 장래 재교섭과 재계약이 이루어진다는 것을 인식하고 교섭되어야 한다. 또한 예측불가능한 코로나 팬데믹이나 지정학적 변화 등은 국제거래에 대한 주재국의 입장 변화의 원인이 될 수 있다. 국제거래 계약에 대한 미디어 보도로 주재국의 외국인 투자자에 대한 태도가 바뀔 수도 있다. 따라서 주재국에서 가시적인 기업은 외국 투자자에 대한 적대감 표출을 위한 용이한 대상이 될 수 있다. 터키, 러시아, 아르헨티나, 폴란드, 헝가리, 베네주엘라 등의 일부 국가에서의 정치적 변화는 외국 투자자들에게 비우호적인 환경을 초래하고 있다. 수용 또는 그밖의 투자환경에 대한 일방적 조치 등의 가능한 압력은 상대적으로 다른 해결책들보다 나은 차선책으로서 즉각적 재교섭을 촉진할 수 있다.

Ⅱ. 국제거래의 범위 및 본서의 서술범위

1. 국제거래의 범위

우리나라의 수출업자 X와 미국의 수입업자 M 사이에 국제물품매매계약이 CIF 거래조건으로 체결되었다고 하자. 우선 이 국제거래 법률관계에 한국법과 미국법 또는 제3국법 가운데 어떤 법이 적용될지가 문제된다. 이는 어떤 법이 매매계약 하에서의 당사자의 권리와 의무를 정의하고 계약 체결 여부를 결정할 것인가 하는 문제이다. 다음으로 국제거래는 통상적으로 계약당사자 사이의 지리적 원거리로 인하여 제3자 운송인에 의한 운송을 요한다. 또한 국제거래에 있어서 추가적으로 요구되는 것은 매도인과 매수인 소속국의 통화, 은행 및 결제 관행, 무역관습 및 상이한 보험 기대 등의 차이를 극복하여야 한다는 점이다. 이러한 차이로 인하여 인도 및 지급의 세부사항을 교섭하는데에 실질적인 어려움을 초래한다. 아울러 매도인과 매수인은 상호 전혀 또는 잘 모르기 때문에 자신이 선이행을 하고 상대방이 적시에 의무를 이행하기를 기다리기를 원하지 않는다는 문제도 있다.[15]

---

15) Folsom, Gordon & Ramsey(20), pp. 37~38.

국제거래에서 공통의 법이 존재하지 않는 한국의 수출업자 X와 미국의 수입업자 M 사이에 체결된 국제물품매매계약의 해석을 위해서는 통상 일정한 분야에서의 모든 거래에 적용되는 공통의 일련의 법원칙인 국제조약이 사용된다. 「국제물품매매계약에 관한 유엔협약」(CISG)이 그 대표적인 것이다. 거래 객체가 물품이 아닌 경우에도 같은 취지의 통일 국제조약들이 있어서, '세계무역기구(WTO) 설립을 위한 마라케시협정'의 일부로서 '지적재산권의 보호협약(TRIPs)'이 국제 지적재산권 거래계약에 적용되고, 거래 객체가 자본인 경우라면 양자 또는 다자간 투자조약이 적용된다. 만일 CISG에 적용할 규정이 결여된 특수한 경우에는 계약당사자의 한쪽에 속하는 한국 또는 미국의 계약법이 적용될 것이다. 그런데 그러한 적용 조약이나 법이 아니라도 국제거래에서의 계약의 해석을 통하여 거래가 가능하게 하는 수단이 존재한다. 바로 국제거래에서 적용되는 "공통의 국제적 관습 및 관행(uniform customs and practices)"이 존재하기 때문이다. 여러 국제기구들은 당사자들이 단순히 인용함으로써 자신들의 계약에 포함시켜서 각자의 권리와 의무를 정할 수 있는 국제적으로 인정되는 "계약조건과 양식"의 패키지를 마련하여 놓고 있다. 사례에서 CIF 거래조건으로 체결되었다고 하는 것이 바로 그러한 표준 거래구조에 속한다. CIF란 후술하는 바와 같이 파리의 국제상업회의소(ICC)가 국제무역거래에 관한 거래조건을 모아놓은 관습법의 일종인 이른바 Incoterms 가운데 하나의 거래조건이다. CIF는 운임보험료포함조건('Cost, Insurance and Freight')이다. 이것에 의하여 매도인과 매수인 간에 누가 운송업자와 운송계약을 체결하고, 누가 언제까지 위험을 부담하는지, 운임의 결제 방식, 누가 보험회사와 해상보험계약을 체결할지 누가 보험료를 부담하는지 등 세부내용이 정해진다.

그러한 공통적 관행과 관습이 없더라도 매도인과 매수인 모두에게 유익한 국제거래는 가능하다. 원격지에 소재하는 매도인과 매수인 사이에서 인도와 지급의 시기에 관한 신뢰 문제를 처리하는 "표준 거래구조(standard transaction structure)"가 있기 때문이다. 일방 당사자가 타방 당사자를 신뢰하는 것을 전제로 하는 표준 거래구조는 과거에 여러 차례 반복해서 국제거래를 한 경우에 형성될 수 있다. 한쪽 끝에는 매도인이 상품을 먼저 보내고, 매수인이 나중에 지급할 것을 신뢰하는 거래가 있다. 이를 "후불식 거래(Sale on Open Account)"라고 한다. 반대쪽에는 매수인이 먼저 선지급하고, 매도인이 나중에 상품을 보낼 것을 신뢰하는 거래가 있다. 이것은 "선불식 거래(Cash in Advance)"라고 한다.16) 일반적으로는 수출상-매도인과 수입상-매수인은 상호 이전에 알지 못하였거나 상호 신뢰가능성에 대하여 거의 알지 못하고 있는 관계가 대부분이다. 이러한 경우에는 누구도 먼저 자기의 의무를 선이행하기를 원하지 않기 때문에 매도인이 매수인의 이익을 위하여 운송인을 통하여 계약 상품의 선적을 증명하는 일정한 서면을 입수하여 제시하면 계약 대금의 지급을 청구할 권리를 획득하는 거래를 하게 된다. 이것은 "서면에 의한 지급" 거래("documents against payment" transaction)라고 한다.17)

사례에서 X는 수출대금을 확실히 지급받을 수 있도록 M이 거래하는 은행 B2가 개설한 신용장(L/C)의 송부를 M에게 요청하여 신용장을 수령한다. X는 선적항에서 물품을 운송인 C의 선박에 선적하고 C로부터 선하증권(B/L)을 교부받는다. A는 I 보험회사와 해상화물운송보험계약을 체결하고 I로부터 보험증권을 교부받는다. X는 발행인과 수취인을 자기로 하고 지급인을 M으로 하는 자기지시환어음을 발행하여 선하증권, 신용장, 보험증권을 첨부한 화환어음으로서 자기의 거래은행 B1에게 어음할인을 받아 수출대금을 추심한다. 만일 지급인 M이 만기에 어음금을 지급하지 않으면 은행 B2는 은행 B1에게 신용장을 제시하여 보증한 대로 수출대금을 지급하여 달라고 청구하게 된다.

수입업자 M은 미국에 상품이 도착한 후 검역과 통관 등의 절차를 거쳐서 상품을 수령하게 된다. 이 사례에서 수출업자 X와 수입업자 M 사이의 국제거래계약의 교섭, 체결 및 해석과 이행, 신용장과 선하증권, 환어음 등을 수단으로 행해지는 외화 대금의 지급 및 결제, 상품의 검역 및 수입세 납부 등의 통관 등은 모두 국제거래의 범위에 포함된다. 나아가서 수출업자 X이 대미 수출을 위하여

---

16) *Id.* p. 40.
17) *Id.* pp. 40~41.

미국 현지에 설립한 해외사무소, 주재원사무소, 해외지점, 현지법인 등의 기업조직과 대외직접투자(FDI), 관련 국제과세 문제, 만일 X와 M 사이의 국제거래 분쟁 또는 X와 주재국 미국과의 사이에 국제투자분쟁 등이 발생하는 경우 그 분쟁의 해결 및 처리에 관한 사항들도 모두 국제거래의 범위에 포함된다. 거래의 객체를 기준으로 하여 국제물품매매, 국제용역거래 및 국제자본거래가 모두 국제거래이며, 그 수단으로 사용되는 화물상환증·선하증권·환어음 등의 유통증권 및 지급을 담보하기 위한 상업신용장 등이 사용되고, 국제물품매매에 필연적으로 수반되는 운송, 보험 등의 사업을 영위하는 기업들이 관여하게 된다.

2. 국제거래법의 개념 및 본서의 서술범위

앞에서 살펴본 범위의 국제거래에 적용되는 법률이라고 하여 모두 국제거래법이라고 할 수는 없다. 국제거래법(Law of International business transactions)은 거래법으로서, 국내거래법인 상법에 대응하는 사법(私法)으로 파악해야 한다. 즉 국제거래법은 물품, 용역, 자본, 기술 등을 대상으로 하는 국제상거래에 적용되는 계약법 및 불법행위법을 중심으로 하여, 국제법률관계의 준거법 결정을 위하여 적용되는 국제사법, 국제상거래를 수행하는 기업조직의 설립이나 인수·합병 등에 적용되는 법률을 포함하고 그러한 기업조직이나 상거래에 부과되는 조세법, 특별상사법인 독점금지법 또는 경쟁법, 국제상거래에서 발생하는 분쟁의 해결절차에 관한 법률을 포함하는 것이다.

국제거래에 적용되는 법률이라고 해도 국제통상법(international trade law)과 같은 국제공법은 국제상거래 자체가 아니라 국제상거래를 규제하는 국제기구나 국가의 활동에 초점을 맞추는 점에서 국제거래법에 포함될 수 없다.

구체적으로 국제물품거래에 적용되는 비엔나협약(CISG), 우리나라의 민법과 상법 및 그에 상응하는 외국의 계약법 및 불법행위법, GATS, TRIPs, 투자협정들, 국제거래 분쟁 해결을 위하여 적용되는 '외국중재판정의 승인 및 집행에 관한 뉴욕협약' 등 적용가능한 국제조약들, 준거법을 결정하는 「국제사법」, 국제운송법·보험계약법까지가 국제거래법의 범주에 포함된다. 그밖의 외환거래법,

제조물책임법, 독점금지법 또는 경쟁법, 노동법, 지식재산권법, 「관세법」·「국제조세조정에 관한 법률」·「법인세법」·조세조약 등의 적용가능한 세법 등은 국제거래와 관련은 많지만 통상 국제거래법의 본령에 포함되지 아니한다.

본서에서는 제1장(서론)에서 국제거래 및 국제거래법의 개념, 국제거래법의 역사에 관하여 간략히 살펴본 후, 국제거래법의 법원(제2장)이 무엇인지 알아보고, 이어서 국제거래의 객체별로 국제물품매매(제3장), 국제기술이전(제6장), 대외직접투자(제7장)로 나누어 서술한다. 정형거래조건 (제4장)은 국제물품매매에 사용되는 것이고, 신용장(제5장)은 세 가지 유형의 국제거래 모두의 대금결제에 사용될 수 있는 것이다. 마지막으로 국제거래에서의 분쟁해결(제8장)은 국제소송과 국제상사중재에 관하여 살펴본다.[18]

【Theme- GATT와 WTO】

세계 각국이 무역과 사업에 대하여 장벽을 세운다면 국제거래와 통상은 불가능할 것이다. 국가보호주의(national protectionism)가 정점에 달하던 1930년대에는 국제무역에 대하여 가혹하고 금지하는 것과 다를 바 없는 높은 세율의 관세가 부과되었다. 이 보호주의는 제2차 세계대전의 원인의 하나였으며 1947년에 체결된 '관세 및 무역에 관한 일반협정(GATT)'은 모든 나라들의 세계대전의 재발을 막으려는 염원에 대한 직접적 반응이었다.

GATT는 상품이 수입되거나 수입국의 역내시장으로 진입하기 위하여 지불되어야 하는, 국경에서 부과되는 의무의 경감이나 관세의 인하를 협상하도록 하기 위하여 설계되었다. GATT는 관세율을 인하하는 데 아주 성공적이었다.

1995년에 발효된 WTO 협정은 GATT 1947을 대체하였는데, 상품무역에 한정된 조약으로서 모든 형식의 무역장벽을 감소시키려는 메카니즘으로 기여하기 위한 포괄적 법적 구성이었다. 세계무역기구(WTO)는 전세계 주요 경제권의 모두를 포함한 164개 회원국들로 구성된 다자간 무역조직이다. WTO는 상품, 서비스, 기술(지적재산권) 교역을 처리하는 전세계에서 가장 강력한 조직이다. WTO는 국제거래에 대한 장벽을 낮추기 위한 국가들의 논단으로서 운영된다. 이것은 WTO 및 그 전신인 GATT에 따라 라운드(Round)라고 불리는 공식 협상을 통하여 행해진다. WTO는 또한 무역분쟁을 논의, 교섭 및 해결하는 법정으로도 봉사한다.

---

18) 국제물품운송은 국제여객운송과 마찬가지로 그 자체 국제서비스업의 일종으로서 국제거래의 일부이지만, 지면관계상 논외로 한다. 본서에서 국제물품운송을 하는 사업자는 물품매매에 있어 선하증권(B/L)을 발행하는 운송인(carrier)으로 등장하며, 은행(bank)은 물품매매 대금의 지급과 관련하여 신용장(L/C) 거래에 관여한다.

WTO는 주요 다자조약 및 특정 무역 쟁점과 문제를 커버하는 다수의 추가협정들을 관리한다. 세 개의 주요조약들은 상품교역에 관한 WTO 협정이 GATT이고, 이것은 'GATT 1994'로 재명명되었고 WTO의 설립시에 재공포되었다. GATT의 주목적은 모든 WTO 회원국들에 의하여 국경에서 수입상품에 부과되는 관세를 낮추는 것이다. 각 GATT 회원국은 관세를 GATT가 정한 상한선으로 고정하고 GATT 세율에 합의한 것을 초과하여 부과하지 않기로 합의한다. 이 관세 인하 절차는 모든 다른 WTO 회원국들과의 주기적 교섭을 통하여 수행된다. 그래서 WTO 회원국들은 GATT하의 상한에 따르는 관세만을 부과한다. 각 WTO 회원국들은 각국이 합의한 관세 구속 및 기타 약정의 GATT 스케줄에 따른 구속을 받는다. 관세율은 개별 국가들마다 상이할 수 있어서, 엄격한 호혜성(reciprocity)의 요건은 존재하지 않는다.

WTO는 또한 서비스교역을 규율하는 일반협정인 '서비스교역에 관한 일반협정(GATS)'도 관리한다. GATS에 따라 국가들은 통상 호혜주의에 따라 도소매 유통, 회계, 보험, 은행 및 법률, 교육 등 분야의 자국의 서비스부문을 외국의 경쟁에 개방하기로 합의한다. GATS에 따라자국의 시장 접근(market access) 약속은 각 회원국들의 자발적인 원칙에 따라 교섭되지만, 자국의 서비스 부문을 외국의 공급자에게 개방하기를 거부하는 국가는 반대로 그 외국 무역 파트너의 시장에서 서비스 부문에 접근을 거부당할 수 있다. 따라서 모든 WTO 회원국은 서비스교역을 자유화할 제도적 유인을 가진다.

WTO는 '지적재산권의 무역관련 측면에 관한 협정(TRIPs)'도 관리한다. TRIPs의 주목적은 특허권, 상표권 및 저작권과 같은 지적재산권 분야에서 모든 회원국들이 준수해야 하는 최소한의 국제적 표준을 설정함으로써 이들 권리의 모든 WTO 회원국내에서의 조화를 달성하는 것이다. 예컨대, 모든 WTO 회원국들은 TRIPs에서 정해진 최소기준을 충족하는 지적재산권법을 시행할 의무를 부담한다. 대체로 TRIPs는 조화의 성취에 있어 매우 성공적이었지만, 이들 법의 집행은 아직까지 문제를 야기하고 있다.

WTO는 또한 분쟁해결을 규율하는 규칙과 절차의 이해에 관한 협정(the Agreement on the Understanding of Rules and Procedures Governing the Settlement of Disputes: DSU)를 관리한다. 이 분쟁해결 메카니즘은 패널의 이용을 포함하는데, 이것은 국제무역의 사실심 법원과 국제무역의 고등법원으로 운영되는 항소기구로서 운영된다. 1995년 이래 WTO 분쟁해결 메카니즘은 570건 이상을 처리하였는데, 이것은 WTO를 최고로 바쁜 단일 국제통상분쟁해결법정이 되게 하였다. WTO 결정은 WTO 회원국들에게 구속력은 없지만, 그 결정을 준수하라는 기구의 압력이 존재하며 대부분의 WTO 분쟁해결 결정은 WTO 회원국들에 의하여 발효된다.

WTO의 최고 지배기구는 각료회의(the Ministerial Conference)인데, 이는 모든 WTO 회원국 무역 담당 장관들의 회합이며 2년마다 개최된다. 둘째 지배기구는 일반이사회(the General Council)인데, 상설기구이며 각 WTO 회원국들의 무역대표부들로 구성된다. 각료회의와 일반이사회의 결정은 컨센서스에 의하여 이루어지며, 이것은 만장일치

(unanimity)와는 다르다. 컨센서스는 어느 단일 회원도 반대하지 않아서, 소수는 심각한 반대가 없는 한 통상 다수에 동의하는 것이다. 그 대신에, 다수는 소수에게 결정을 강요하지 아니한다. 컨센서스에 의한 결정은 상당한 시간이 소요된다. 드문 경우에 컨센서스에 도달할 수 없는 일정한 상황에서는 다수결에 의하여 내려진다.

제2절 국제거래법의 역사

Ⅰ. 중세 상인법시대

처음 출현한 국제거래법은 중세 유럽에서 '상인법(lex mercatoria, the Law Merchant)' 또는 '중세상인법(medieval lex mercatoria)'으로 알려진 것이다. 렉스 메르카토리아는 "고대 로마법의 만민법(jus gentium)의 후예로서, 중세 유럽 지중해 연안에서 당시 국제적 계급을 이루었던 상이한 유럽 제국들의 상인들 사이의 거래에 적용가능한 일종의 초국가적 커먼로"였다.[19] 이 법은 영국의 커먼로처럼 "관습과 최적 관행"의 체계였다. 렉스 메르카토리아는 원래 상인들이 자신들의 거래를 규율하기 위하여 정한 규칙과 원칙들의 모음이었다. 그것은 일부 지역별로 변종이 있었지만, 대체로 유럽의 상인과 거래상들에 공통된 규칙과 관습으로 구성되었다.[20] 17세기 전에는 상사 문제는 보통의 커먼로 법원이 아니라 주요 무역로를 따라서 설치된 특별 상사법원(merchant courts)을 통하여 집행되었다. 이 상사법원들은 시장, 도시와 함께 위치하고 있었고, 판관들은 커먼로 판사들이 아니라 상인들 자신으로 구성되었다. 상사법원을 지배하는 정신은 상업적 관행에서 파생되었고, 상인들의 필요에 대응하여야 하고, 포괄적이고 그것을 따르는 모든 상인들이 받아들일 수 있는 것이어야 하였다. 봉건영주들이나 국왕은 조세를 부과하고 거래제한을 정하였다. 1303년에 에드워드 1세(Edward I)는 외국의 상인들이 영국내에서 상거래를 할 수 있게 허가장, the Carta Mercatoria를

---

19) Filip De Ly, International Business Law and Lex Mercatoria (1992); Chow & Schoenbaum(20), p. 27.
20) https://en.wikipedia.org/wiki/Lex_mercatoria.

발부하였다. 비록 그 허가장은 나중에 영국 상인들의 불만을 불러일으켰고 그것을 받아들인 에드워드 2세에 의하여 폐지되었지만, 제도가 폐지된 후에도 외국 상인들은 실무상 그들의 권리 대다수를 보유하였다. 다만, 이것들은 시간이 흐름에 따라 그리고 국가정책이 변함에 따라 달라졌다.

그러나 국민국가가 대두하고 국가법이 창설되기 시작하는 17세기에 이르면 이들 특별한 상사법원은 쇠퇴하게 되고, 상인들은 자기들의 사건을 커먼로 법원에 가져오게 되었다. 커먼로 법원은 처음에는 렉스 메르카토리아에 대하여 적대적이었지만, 이들 원칙을 커먼로의 일부로 수용하기 시작하였고 그것은 1756년과 1788년 사이에 대법원장이던 Lord Mansfield 하에서 급속도로 진행되었다.

렉스 메르카토리아는 계약자유와 재산의 국경을 넘은 이동가능성을 강조하는 한편, "법적 기술성"은 회피하고 "공정과 선의 원칙에 따라서(ex aequo et bono)" 판결하였다. 특징은 상인들이 스스로 개발하고 관리한 법제에 대한 신뢰였다. 국가나 지방정부는 거의 관여하지 않았고, 국내거래에 개입하지 않았다. 렉스 메르카토리아 하에서, 무역은 융성하였고 국가들은 많은 조세수입을 올릴 수 있었다. 렉스 메르카토리아 조문은 21개 조항과 부속서로 구성되어 있다. 조문들은 어떤 사실을 증명하기 위한 증인의 존재와 같은 절차적 문제들과 이 법과 커먼로 사이의 관계를 설명하고 있다. 당시 국제적으로 통용되던 상관습법으로는 환어음, 선하증권, 상사회사, 해사관습법 등이 있다.

오늘날의 국제거래법은 중재제도와 절차, 적용가능한 법과 중재인, 그리고 관습, 관행 및 당사자 사이의 선의의 관행을 반영하기 위한 목적과 같은 그 기본원칙의 일부를 렉스 메르카토리아로부터 가져왔다.

II. 신상인법시대

중세 상인법, 즉 렉스 메르카토리아는 중세 민족국가의 수립에 따라 프랑스 상법전(1807), 독일상법전(1861)과 같은 국내법으로 흡수되었다. 이 시기에는 국수주의의 영향으로 각국이 자국의 이익을 옹호하기 위한 독자적 법률체계를 갖게 됨에 따라, 통일규범인 국제거래법은 쇠퇴하였다.

그러나 시간이 흐름에 따라 국제거래를 확대하고 발전시키기 위해서는 거래당사자 누구에게나 공통적으로 적용되는 공통규범이 필요하다는 것을 모두가 인정하게 되어 후술하는 바와 같이 국제기구에 의하여 작성되어 국제물품매매에 적용될 수 있는 1980년 「국제물품매매계약에 관한 유엔협약」(CISG), 즉 비엔나협약, 미국 통일상법전이나 국제상업회의소(ICC)에 의하여 작성되어 이용되는 FOB, CIF 등의 정형거래조건 Incoterms, 거래대금 지급결제에 이용되는 상업신용장 제도에 대한 해석기준인 국제상업회의소(ICC)가 제정한 제6차 신용장통일규칙(UCP 600) 등 지속적으로 진정한 국제거래를 규율하는 국제적 실체법인 신상인법(the new lex mercatoria)이 형성되어왔다. 그 결과, 국제관계에서의 법률저촉을 해결하기 위한 국내법인 국제사법은 관련성과 중요성이 감퇴하고 있다. 하지만 법의 충돌은 여전히 발생하며 국제사법은 여전히 필요하다. 따라서 현재 우리가 가지고 있는 것은 "렉스 메르카토리아와 국제사법의 양용 시스템(hybrid system)"이다.[21] 당사자자치를 통하여 국제상사거래의 당사자들이 자신들의 거래에 적용할 실체법을 선택하는 것이 허용되고 있고, 뉴욕협약이나 워싱턴협약에 따라 국제상사거래에서의 분쟁해결이 주로 각국 법원이 아닌 국제중재법정의 중재에 의하여 처리되고 있는 점도 현대의 뉴 렉스 메르카토리아 발전의 하나의 단면이다.

현대에는 국제연합(UN)을 중심으로 한 다수의 국제기구들과 민간단체들이 국제조약과 통일법전의 제정을 통하여 신상인법 발전에 기여하고 있다. 그중 비엔나협약을 도입하여 국제 물품매매를 촉진한 유엔국제상거래법위원회(UNCITRAL)의 역할은 괄목할 만하다. 1966년 유엔총회 결의[22]에 의하여 설립된 UNCITRAL의 사명은 국제거래법의 통일과 조화를 증함으로써 국제거래에 대한 법적 장벽을 제거하고 거래비용을 낮추고 예측가능성과 확실성을 제고하고, 미래에 국제통상이 진화함에 맞추어 새로운 법적 개념들을 질서 있게 발전시키려는 것을 목

---

21) Chow & Schoenbaum(20), p. 28("만일 국제법이 적용가능하지 않거나 당사자들이 해당 거래를 규율할 법원을 선택하지 않은 경우 전통적인 국제사법 분석에 의하여 국제상사거래 관련 국가들 중 하나의 국가법에 의하여 문제를 해결하는 시스템도 여전히 작동하고 있다.").
22) Resolution 2205(XXI) of 17 December 1966.

적으로 한다.23)

　이보다 앞서 1926년에 UN의 전신인 국제연맹(the League of Nations)의 조직으로서 국가들 사이의 사법 및 상거래법의 조화를 추진하기 위하여 설립된 사법통일국제협회(UNIDROIT)는 국제연맹 해체후에도 남아서 활동하고 있는 이탈리아 로마에 본부가 있는 독립 정부간 기구이다.

　UNIDROIT와 UNCITRAL은 방식과 강조점은 다르지만, 중첩되는 목적을 가진다. UNIDROIT는 독립조직이어서 그 업무는 정치적 쟁점에 의하여 덜 영향을 받고 기술적 사항에 집중하는 경향이 있다. UNCITRAL은 유엔의 조직으로서 회원국들의 정치적 압력을 받으며, 특히 개도국 관련 쟁점들에 민감하다. UNIDROIT 조약의 주요 기초자들은 과거에 주로 서유럽국가들이었다. 다수의 국가들은 UNIDROIT 조약들이 서유럽의 전통을 반영하지만 그 외의 지역의 전통은 존중하지 않는다는 이유에서 UNIDROIT 조약들의 채택을 거부하였었다. 그후 UNIDROIT는 직접적으로 법관, 중재인, 사적 당사자들을 수범자로 하는 모델법과 일반원칙들과 같은 비구속적인 수단으로 업무를 바꾸었다. UNIDROIT의 작업 중 가장 영향력있는 근래의 업무는 '국제상거래계약원칙(the Principles of International Commercial Contracts)'(1994)인데, 이는 모든 상업적 국제계약에 적용가능하고 CISG처럼 국제물품매매계약에 제한되는 것이 아니다. CISG와 달리 UNIDROIT 원칙은 국가간 조약으로 기초되지 않았고, 오히려 국내입법, 국제조약, 또는 국제상거래계약을 하는 데 아이디어의 원천으로 활용할 수 있는 타입의 재록(restatement)으로서 의도되었다. 동원칙은 기존의 국제법 또는 국내법 또는 기존 상업적 계약 내의 공백을 보충할 수 있는 해석수단으로서 제공된다. 동원칙은 또한 고대의 근원에서 비롯되고 현재도 계속해서 국제상거래법의 가능한 법원인 렉스 메르카토리아의 원천으로 의도되었다.

　국제상업회의소(ICC)는 1919년 프랑스 파리에 설립된 민간 비영리단체이다. ICC의 회원들은 130여개 국가의 상공회의소(Chamber of Commerce), 사업자단체 및 기업들이다. UNCITRAL이나 UNIDROIT와 달리, ICC는 목적이 민간 기업과 산업의 이익을 대표하는 비정부기구이다. ICC는 국제사업을 위한 통일규칙과

---

23) https://uncitral.un.org/en/about/faq/mandate_composition/history.

기준을 제정하는 일을 하고 있는데, 정형거래조건 Incoterms, 신용장통일규칙(UCP) 등 ICC가 제정한 규칙들은 사적 당사자들이 약관이나 계약으로 채택할 수 있는 비구속적인 효력을 갖는 모델규범들이다. ICC는 또한 국제거래를 촉진하기 위하여 소속 중재법원을 1923년 설치하여 많은 상사중재도 처리하여왔다.

제 2 장 국제거래법의 법원

제1절 서설

국제거래에서 사용되는 형식은 그 객체별로 물품매매계약, 서비스공급계약, 투자계약 등이 있지만, 그 가운데 가장 일반적으로 사용되는 형식은 수출상과 수입상 간의 물품매매계약이다. 여기에서의 물품은 동산만을 가리키는데, 이에 적용되는 우리나라 법률은 「민법」의 매매 관련 규정들과 「상법」의 총칙상 민법에 대한 특례조항들이다. 전자는 청약과 승낙의 합치에 의한 계약 체결 등 기본적인 내용에 대하여 규율하며, 후자는 상사매매에 대하여 적용되는 민법에 대한 특칙으로서, 채권자의 지점에서의 거래로 인한 채무이행의 장소를 특정물 인도채무의 경우를 제외하고 그 지점을 이행장소로 보는 것(§56), 계약의 청약을 받은 상인의 낙부통지의무와 물건보관의무(§58), 매수인이 목적물의 수령을 거부하거나 이를 수령할 수 없는 때의 매도인의 공탁 또는 경매권(§67), 상인간의 확정기매매에 있어서 당사자의 일방이 이행시기를 경과한 때에는 상대방은 즉시 그 이행을 청구하지 아니하면 계약을 해제한 것으로 본다는 것(§68), 매수인의 목적물의 검사의무와 하자통지의무(§69) 등이 포함된다.

미국은 통일상법전(UCC) 제2조에 물품매매에 관한 조항들이 있어서 적용되며(§2-102), 여기에서의 물품(goods)이란 동산을 의미한다고 명시적으로 규정하고 있다(§2-105). UCC 제2조는 미국 국내 또는 국제 물품매매에 대하여 모두 적용된다.

Ⅰ. 국제거래 분쟁에서의 법 선택

1. 각국의 국내법에 의한 해결

국제거래에서는 소속이 다른 국가에 속하는 양방 거래주체의 존재로 인하여 분쟁 발생시 어떤 법이 준거법(applicable law)으로서 적용되는지 결정해야 하는 쟁점이 항상 제기된다. 미국에서는 이를 '법의 선택(choice of law)' 또는 '법의 저촉(conflict of laws)' 쟁점으로 부른다. 대륙법계에서 이는 '국제사법원칙'으로 해결할 쟁점이다. 그러나 문제는 각 법제마다 그 나름의 원칙으로 이 문제를 해결하고 흔히 그 결과가 상이하다는 점이다. 따라서 어떤 법역의 실체법이 적용되는지에 관하여 어느 법역의 준거법 결정 원칙이 적용될 것인가가 문제되는데, 이 문제에 관해서는 법정지의 법이 적용된다는 것에 폭넓은 컨센서스가 이루어져 있다. 즉 영미법계인 A국 법정은 이 문제를 A국의 법의 선택 이론에 의하여 결정하고, 대륙법계인 B국 법정은 B국의 국제사법 원칙에 의하여 결정한다. 따라서 어디에서 소송이 제기되었는지가 어떤 법역의 원칙이 적용될지를 결정한다.[1]

즉 각국은 특정 국제거래에 대하여 어떤 국내법이 적용될지를 결정하는 자국의 법 선택 원칙을 보유하고 적용하고 있다.

2. 미국 법원의 법 선택

통상적으로 소송이나 중재로 해결되는 국제거래에서 발생한 분쟁에서 적용되는 법은 금융규제법, 도산법, 소비자보호법 등 강행법규를 제외하고는 원칙적으로 당사자들이 해당 계약을 체결할 때 계약에 포함시킨 적용법 조항에 따라 선택한 법이다. 만일 당사자들이 적용가능한 법을 선택하지 않았다면 미국 법원에서는 법원이 개발한 일반적인 법 선택(choice of law) 접근방법 하에서 처리된다.

---

[1] Folsom, Gordon & Ramsey(20), p. 56.

만일 소송이 미국 법정에서 제기되면, 미국 국내법인 통일상법전(UCC)의 법 선택 원칙이 적용된다. 이 원칙은 법정지국의 국내법이 분쟁 대상인 해당 거래가 그 국가에 "적합한 관계(appropriate relation)"의 법인지를 기준으로 한다(UCC §1-301(b)). '더 적절한 법정지(better forum 또는 more appropriate forum)'의 발견이라는 관점에서 당해 사건에 관련된 여러 사정들을 고려하여 당해 사건을 심판하기에 가장 적절한 '자연적 법정지(natural forum)'를 모색하는 접근방법이다. 또한 영미법계에서는 법원이 정의를 위하여 그 재량으로 소송절차를 중지할 수 있는 고유한 권한이 있다는 관념이 이어져 내려왔다.[2]

(2) 법 선택시 고려요소

미국 법원들은 국제적 법의 충돌 맥락에서의 법 선택 원칙들의 적용에 있어서 D.C.K. Chow와 T.J. Schoenbaum 교수에 따르면, 다음 세 가지 접근방법 중 하나를 현재 사용하고 있다:[3]

첫째 접근방법은 "적용가능한 법은 계약지의 법"이라는 원칙(lex loci principle)으로서 1931년 ALI 계약법 재록(the Restatement (First) of Contract Laws (1971년에 철회됨) 하의 전통적 접근방법이다. 이 규칙은 미국의 15개주에서 추종되고 있다. 예컨대 *Sturiano v. Brooks*, 523 So. 2d 1126 (Fla. 1988).

둘째 접근방법은 1971년 법률충돌 재록(the Restatement (Second) of Conflict of Laws) §188의 "가장 중요한 관계 기준(the most significant relationship test)"이다. 이 기준은 분쟁 당사자들의 여러 이익과 기대를 형량한다. ① 국가간 및 국제 시스템의 필요성, ② 법정의 관련 정책, ③ 특정 쟁점을 결정하는 것에 있어서 기타 유관국가들의 관련정책과 그 국가들의 관련 이익, ④ 당사자들의 정당한 기대의 보호, ⑤ 특정 법분야의 기초가 되는 기본정책, ⑥ 결과의 확실성, ⑦ 예측가능성 및 통일성, 및 ⑧ 적용되어야 하는 법의 판정과 적용의 용이성 등을

---

[2] 이필복, "헤이그국제사법회의 관할 프로젝트(Jurisdiction Project)의 주요 쟁점 및 교섭상의 고려 사항", 「국제거래법과 국제사법의 현상과 과제: 석광현 교수 정년기념 헌정논문집」, 2022, 424면.
[3] Chow & Schoenbaum(20), p. 667. 이러한 접근방법들은 연방국가내 여러 주들 사이, 또는 다른 국가와의 섭외적 관계에서 적용된다.

고려한다.4) 예컨대 *Citizens First Bank v. Intercontinental Express, Inc.*, 713 P.2d 1097 (Or. Ct. App. 1986).

셋째 접근방법은 소수의 주에서 추종되는 정부이익분석(governmental interest analysis)이다. 이 방법은 법원에 관련된 주의 이익들의 사전적 분석과 충돌이 진정한 충돌(true conflict), 명확한 충돌(apparent conflict), 또는 잘못된 충돌(false conflict)인지 여부의 결정을 요구한다. 잘못된 충돌은 실제로는 오직 하나의 주만이 현실적이고, 적법한 이익을 갖고 있는 경우를 말한다. 그러한 예로는 *Amco Ukrservice v. American Meter Co.*, 312 F.Supp. 2d 681 (2004)이 있다. 만일 명확한 충돌만 존재한다면 법원은 해석에 의하여 그것을 해결할 수 있다. 만일 진정한 충돌이 있다면 법원은 분쟁에 최대의 이해관계가 있는 법정지의 법을 적용한다. 예컨대 *Clemco Indus. v. Commercial Union Ins. Co.*, 665 F.Supp. 816 (N.D. Cal. 1987), aff'd, 848 F.2d 1242 (9th Cir. 1988).

3. 국제사법원칙에 의한 준거법 선택

스위스는 국제사법, 일본은 민사소송법과 인사소송법, 우리나라는 「국제사법」을 적용하여 준거법을 결정한다. 이처럼 대륙법계 국가들은 국제사법원칙을 적용하여 법률관계의 유형별로 특정한 재판관할 원인이 충족되면 국제재판관할을 인정하는 접근방법을 취한다.5)

만일 소송이 EU 회원국의 법정에서 제기되었다면 유럽연합의 2020년의 '계약상 의무에 적용되는 법에 관한 규정(Regulation on the Law Applicable to Contractual Obligations)'(이른바 Rome Ⅰ규정)이 유럽연합의 27개 회원국과 브렉시트에도 불구하고 영국에 적용된다. 예컨대 국제물품매매에 관해서 Rome Ⅰ규정은 "매도인이 주소를 가진 국가의 법"을 선택한다(§4(1)).

---

4) American Law Institute, American Restatement (Second) of Conflicts of Law §6 (1971).
5) 이필복, 앞의 논문, 423~424면.

(1) 국제계약의 성립과 효력의 준거법

국제사법은 계약의 성립 및 유효성은 그 계약이 유효하게 성립하였을 경우 이 법에 따라 적용되어야 하는 준거법에 따라 판단한다(동법 §49①)고 규정한다.

국제계약의 성립과 효력의 준거법은 국제계약의 실체적 문제에 관한 준거법이다. 국제계약의 성립과 효력의 문제란 예컨대 어떠한 행위가 있으면 청약이나 승낙으로 인정되어 계약이 성립하는가, 계약의 성립요건으로서 약인이 필요한가, 청약이나 승낙에 착오·사기 또는 강박 등 의사표시의 하자가 없는가, 계약내용은 적법하고 사회적으로 타당한 것인가 등의 문제를 말한다.

이처럼 국제사법상 국제적 요소가 있는 어떤 쟁점 또는 연결대상이 실체적 문제라면 준거법에 따르나, "절차적 문제라면 법정지법에 따른다"는 원칙(lex fori principle)에 따른다. 영미법계에서는 전통적으로 소멸시효, 상계 및 손해배상액의 산정 등은 절차적 문제로 보아왔으나 대륙법계에서는 이것들을 실체적 문제로 보아왔다.[6]

국제사법은 제1항에 따른 준거법에 따라 당사자의 행위의 효력을 판단하는 것이 모든 사정에 비추어 명백히 부당한 경우에는 그 당사자는 계약에 동의하지 아니하였음을 주장하기 위하여 그의 일상거소지법을 원용할 수 있도록 하였다(동조 ②).

1) 당사자자치의 인정

대부분의 국가의 법의 선택 원칙은 일반적으로 계약당사자들이 자신들의 거래에 적용될 법이 무엇이 될지 합의하는 것을 인정한다. 국제거래에 있어 주관적 준거법을 정하는 당사자자치(party autonomy)를 허용하는 것이다.

우리 「국제사법」은 "계약은 당사자가 명시적 또는 묵시적으로 선택한 법에 따른다"(동법 §45①본문)고 당사자자치를 선언하고 있다. 여기에서의 '계약'은 채권적 법률행위만이고 물권적 법률행위는 "그 동산·부동산의 소재지법"에

---

[6] 석광현, "외국선박에 대한 선박우선특권의 제척기간과 행사방법의 성질결정과 준거법", 「국제사법연구」 제25권 제2호, 367~368면.

따르고(동법 §33①), 신분행위는 대체로 당사자의 본국법에 따르게(동법 §§63~75) 되어 있어서 각각 관련 법질서별로 그 성질에 적합하게 준거법이 정해져 있다. 묵시적 선택의 부당확대를 막기 위하여 「국제사법」은 "다만, 묵시적인 선택은 계약내용이나 그 밖의 모든 사정으로부터 합리적으로 인정할 수 있는 경우로 한정한다."(동법 §45①단서)고 규정한다. 여기에서 '그 밖에 모든 사정'이란 특정한 표준계약조항, 재판관할합의, 중재계약, 계속적 거래관계에 있는 당사자간의 종전 계약의 준거법, 당사자의 국적, 상거소 등을 당사자간 해당 법률관계에 관련된 과거와 현재의 사정을 포함한다.

국제사법 제45조에 따라 당사자가 어느 국가의 법을 선택하는 것은 이른바 '저촉법적 지정'으로서 자신들의 섭외법률관계에 적용가능한 준거법을 지정하는 것이다. 그와 달리 당사자들이 특정 외국법 조항을 지정하여 그 내용을 계약내용으로 편입하는 경우에는 '실질법적 지정'으로서 지정된 법조항의 내용대로 계약내용이 정해진다. 저촉법적 지정의 경우 준거법은 적용 당시의 현재법이 되나 실질법적 지정의 경우 계약의 내용이 된 국내법 또는 외국법은 지정 당시의 법이 되므로 계약체결 이후 법이 개정된 때에는 저촉법적 지정의 경우 개정된 법이, 실질법적 지정의 경우 개정되기 전의 법이 적용되게 된다.[7]

그런데 외국적 요소가 있는 보험계약에 있어서는 그 보험의 성격상 국제적인 유대가 강하고 보험실무상으로도 '영국법 준거조항'을 둔 영문 보험약관이 이용되고 있는 실정이고 우리 대법원은 그러한 영국법 준거조항에 대하여 우리나라의 공익규정 또는 공서양속에 반하는 것이라거나 보험계약자의 이익을 부당하게 침해하는 것이라고 볼 수 없으므로 유효하다고 보고 있다.[8] 우리 대법원은 해상적하보험계약에 있어서 "해상보험증권 아래에서 야기되는 일체의 책임문제는 영국의 법률 및 관습에 의하여야 한다"는 영국법 준거조항의 효력은 보험계약의 내용인 보험사고의 발생여부, 보험자와 피보험자의 입증책임의 범위

---

[7] 안강현(22), 240~241면.
[8] 예컨대 대법원 1991.5.14. 선고 90다카25314 판결; 대법원 1996.3.8. 선고 95다28779 판결(이상 해상적하보험계약에 관한 건); 대법원 2019. 12. 27. 선고 2017다208232, 208249 판결(선체보험계약에 관한 건); 대법원 2019.5.30. 선고 2017다254600 판결(생명보험계약에 관한 건) 등.

등에 대하여서 미치는 것으로 보았다.9)

그러나 국제사법은 당사자는 계약의 일부에 관하여도 준거법을 선택할 수 있다(동법 §45②)다고 하여 하나의 계약에 대해 하나의 준거법만을 지정할 수 있다는 이른바 준거법단일의 원칙을 버리고 준거법의 결정 자체를 당사자의 선택에 맡기는 이상 준거법의 적용범위에 관해서도 당사자의 선택에 맡기는 것이 일관성이 있으므로 당사자는 분할가능한 계약의 구성부분에 관하여 각기 다른 준거법을 지정할 수도 있도록 하고 있다.

그러므로 영국법 준거조항에서 "보험은 일체의 전보청구 및 결제에 관해서 영국의 법률과 관습에만 의한다"고 명기된 아래의 사건10)에서 대법원은 영국법 준거조항의 효력은 보험계약의 성립여부에는 적용되지 않는 것으로 보았다.

대법원 1998.7.14. 선고 96다39707 판결

원심은 이 사건 해상적하보험증권에 의하면 보험목적물이 단순히 '어획물 100t(100M/T OF FISH)'이라고만 기재되어 있을 뿐 위 보험증권 및 이에 첨부된 보험약관의 어디에도 보험목적물을 '최초로 어획한 어획물 100t'으로 한다는 취지의 기재가 없어 보험증권 및 보험약관의 문언상으로는 이 사건 보험목적물을 피고의 주장과 같이 '최초로 어획한 어획물 100t'인지, 원고 주장과 같이 '불특정의 어획물 100t'으로 한 것인지 명백하지 않으나, 설령 피고 주장과 같이 이 사건 보험목적물을 '최초로 어획한 어획물 100t'으로 본다고 하더라도 이 사건 보험계약의 체결에 관여한 피고의 영업사원인 소외 정호는 보험계약의 내용에 대하여 '최초로 어획한 어획물 100t'을 보험목적물로 한다고 설명하기는 커녕, 오히려 이와 달리 이 사건 선박이 북태평양에서 어로작업을 하는 동안 냉동창고에 보관중인 어획물이 보험사고로 멸실된 경우에 '100t의 한도 내에서' 보상하는 것이라고

---

9) 대법원 1991.5.14. 선고 90다카25314 판결 등(열거책임주의가 적용되는 분손불담보조건의 적하보험계약에 가입한 선박이 도착예정일을 훨씬 도과하여 목적항인 부산항에 도착하지 아니하고 화물과 함께 행방불명된 사건에서 영국해상보험법 및 영국법원의 판례에 의하면 이러한 경우 피보험자가 보험자로부터 손해를 전보받기 위하여는 손해가 보험증권상에 열거된 부보위험으로 인하여 발생하였다는 적극적 사실을 입증하여야 함이 일반적인 원칙이기는 하나 이 사건과 같이 화물이 선박과 함께 행방불명된 경우에는 현실전손으로 추정되고(영국해상보험법 제58조), 그 현실전손은 일응 부보위험인 해상위험으로 인한 것으로 추정되어 보험자는 전보책임을 면할 수 없는 것이며 부보위험으로 인한 손해라는 추정은 보험자가 부보위험이 아닌 다른 위험 내지 면책위험으로 인한 것일 가능성이 있음을 주장하고 그 가능성이 보다 우월하거나 동일함을 입증하는 경우에 한하여 깨어지는 것으로 판시).
10) 대법원 1998.7.14. 선고 96다39707 판결.

설명하였고, 이에 원고도 그렇게 알고 이 사건 보험계약을 체결한 것이므로, 위 정호가 설명한 내용이 이 사건 보험계약의 내용을 이룬다고 할 것이어서 피고는 이 사건 보험약관에 따라 사고 전날을 기준으로 이 사건 선박의 냉동창고에 보관되어 있다가 선박의 화재 및 침몰로 인하여 멸실된 어획물에 대하여 보험금을 지급할 의무가 있다고 판시하였는바, 기록에 비추어 살펴보면 원심의 이와 같은 사실인정 및 판단은 정당하고, 거기에 상고이유에서 주장하는 바와 같은 심리미진 내지 채증법칙을 위배한 사실오인이나 보험자의 설명의무에 대한 법리오해의 위법이 없다.

또한 기록에 의하면 이 사건 영문 보험증권에 "이 보험증권에 포함되어 있거나 또는 이 보험증권에 첨부되는 어떠한 반대되는 규정이 있음에도 불구하고, 이 보험은 일체의 전 보청구 및 결제에 관해서 영국의 법률과 관습에만 의한다(Notwithstanding anything contained herein or attached hereto to the contrary, this insurance is understood and agreed to be subject to English law and practice only as to liability for and settlement of any and all claims)."고 명기되어 있음을 알 수 있으나, 이와 같은 영국법 준거조항은 이 사건에서와 같이 보험계약의 보험목적물이 무엇인지 여부에 관한 사항, 즉 보험계약의 성립 여부에 관한 사항에까지 영국의 법률과 실무에 따르기로 하기로 한 것으로는 볼 수 없으므로, 이와 같은 사항은 우리나라의 법률이 적용되어야 할 것이어서 이와 다른 전제에서 원심판결에 영국법상 보험모집인의 설명의무의 여부와 보험자의 책임 유무 등에 관하여 석명하지 아니한 위법이 있다는 취지의 상고이유는 받아들일 수 없다.

대법원 2016.6.23. 선고 2015다5194 판결

[배경사실 및 개요] 한국 법인인 주식회사 두베스트(원고)는 2012. 6. 14. 터키의 코자 폴리에스터 사나이 베 티카렛 에이 에스(Koza Polyester Sanayi Ve Ticaret A.S., 이하 '매수인'이라고 한다)에게 폴리머리제이션 라인(Polymerization Line) 1세트 4포장(이하 '이 사건 화물'이라고 한다)을 미화 350만 달러에 매도한 다음, 2012. 6. 22. 미국 보험회사인 에이스아메리칸화재해상보험 주식회사(피고)와 사이에, 이 사건 화물에 관하여 부보금액 미화 385만 달러로 하는 적하보험계약(이하 '이 사건 보험계약'이라고 한다)을 영국 런던 보험자협회(Institute of London Underwriters)의 적하약관(Institute Cargo Clause, 이하 '영국 적하약관'이라고 한다)에서 규정하고 있는 WAIOP 조건(With Average Irrespective Of Percentage, 일정한 해상고유의 위험을 해손의 종류나 규모와 상관없이 보상하는 조건)으로 체결하였다.

이 사건 보험계약에는 ① "본 보험증권에 따라 발생하는 책임에 관한 모든 문제는 영국의 법률과 관습이 적용된다(All questions of liability arising under this policy are to be governed by the laws and customs of England)."라는 내용의 준거법 약관(이하 '이 사건 준거법 약관'이라고 한다)과 ② 원고가 피고에게 부보화물의 갑판적재 사실을 고지하지 않은 경우 이 사건 보험계약의 담보범위는 '투하(投下, Jettison)와 갑판유실(甲板流失,

Washing Overboard)' 이외의 일반 분손은 담보하지 않는 분손부담보[分損不擔保, Free from Particular Average (F.P.A.)] 조건으로 축소된다는 내용의 '갑판적재 약관'(On-Deck Clause, 이하 '이 사건 갑판적재 약관'이라고 한다)이 포함되어 있다.
원고는 중국 상하이 항부터 터키의 이스켄데룬 항까지 이 사건 화물의 해상운송을 주식회사 글로벌카고솔루션(운송인)에 의뢰한 다음, 2012. 6. 14. 위 회사로부터 이 사건 화물에 관한 선하증권을 교부받았는데, 위 선하증권에는 '<u>이 사건 화물은 송하인·수하인의 위험부담으로 갑판에 적재되는데, 그 손실·손상에 대하여 이 사건 선박 또는 선주는 어떠한 경우에도 책임을 부담하지 않는다</u>'는 취지의 운송인 면책약관(이하 '이 사건 운송인 면책특약'이라고 한다)이 기재되어 있다.
이 사건 화물은 2012. 6. 14. 중국의 상하이 항에서 선박 레이스 지(MV Reis G)호의 갑판 위에 선적되어 운송되던 중 2012. 7. 7. 오만 앞바다에서 이 사건 화물 4포장 중 한 포장인 보일러 1대(이하 '이 사건 보일러'라고 한다)가 해상으로 떨어지는 사고(이하 '이 사건 사고'라고 한다)가 발생하였다.
매수인은 원고에게 이 사건 보험계약에 기한 보험금청구권을 양도하고 2013. 4. 3. 이를 피고에게 통지하였다.

1. 외국적 요소가 있는 계약에서 당사자가 계약의 일부에 관하여만 준거법을 선택한 경우, 준거법 선택이 없는 부분에 관한 준거법

국제사법 제25조는 제1항 본문 및 제2항에서, "계약은 당사자가 명시적 또는 묵시적으로 선택한 법에 의한다.", "당사자는 계약의 일부에 관하여도 준거법을 선택할 수 있다."라고 규정하고, 제26조 제1항에서 "당사자가 준거법을 선택하지 아니한 경우에 계약은 그 계약과 가장 밀접한 관련이 있는 국가의 법에 의한다."라고 규정하고 있다. 따라서 <u>외국적 요소가 있는 계약에서 당사자가 계약의 일부에 관하여만 준거법을 선택한 경우에 해당 부분에 관하여는 당사자가 선택한 법이 준거법이 되지만, 준거법 선택이 없는 부분에 관하여는 계약과 가장 밀접한 관련이 있는 국가의 법이 준거법이 된다.</u>
<u>이 사건 준거법 약관은 이 사건 보험계약 전부에 대한 준거법을 지정한 것이 아니라 보험자의 '책임' 문제에 한정하여 영국의 법률과 관습에 따르기로 한 것이므로 보험자의 책임에 관한 것이 아닌 사항에 관하여는 이 사건 보험계약과 가장 밀접한 관련이 있는 우리나라의 법이 적용된다고 할 것인데, 약관의 설명의무에 관한 사항은 약관의 내용이 계약내용이 되는지 여부에 관한 문제로서 보험자의 책임에 관한 것이라고 볼 수 없으므로</u>(대법원 2001. 7. 27. 선고 99다55533 판결 참조), 이에 관하여는 영국법이 아니라 우리나라의 「약관의 규제에 관한 법률」(약칭: 약관법)이 적용된다. 약관법은 사업자는 약관에 정하여져 있는 중요한 내용을 고객이 이해할 수 있도록 설명하여야 하고(동법 §3③) 사업자가 그에 위반하여 계약을 체결한 경우에는 해당 약관을 계약의 내용으로 주장할 수 없다고 규정하고 있다(동조④).
① 이 사건 갑판적재 약관은 영국 적하약관에 공통적으로 포함되어 있는 약관으로서 해상적하보험자들이 일반적으로 사용하는 해상보험시장의 국제적 표준약관이다.

② 이 사건 갑판적재 약관은 이 사건 보험증권의 표면 및 이면에 기재되어 있고, 원고와 피고가 2007년경 체결한 '수출입적하 포괄보험 약정서'에도 보험조건으로 기재되어 있었다.
③ 이 사건 보험계약 체결 업무를 담당하였던 원고 측 실무자 소외인은 2003년부터 약 10년간 해상적하보험계약 체결 업무에 종사하여 왔고, 2007. 4.경부터 2013. 3.경까지 원고의 수출화물에 관한 해상적하보험계약 관련 업무를 담당하면서 피고와 월 30건 내지 50건 가량의 해상적하보험계약을 체결한 바 있다.
④ 원고가 피고와 해상적하보험을 체결한 위 기간 동안 사용한 보험증권의 표면과 이면에는 모두 이 사건 갑판적재 약관이 기재되어 있었다.
⑤ 원고는 이 사건 화물의 갑판적재 사실을 피고에게 고지하였다고 일관되게 주장하고 있고, 원고 측 실무자인 소외인의 진술서에는 '통상적으로 갑판적(갑판적)이 되면 보험료가 인상된다'는 취지의 기재가 있음에 비추어, 원고는 피고에게 갑판적재 사실을 고지하지 아니하거나, 추가 보험료를 지급하지 않고 갑판적재 운송을 하는 경우에는 보험금을 지급받을 수 없게 될 수도 있음을 인식하고 있었다고 보인다.
대법원은 "위와 같은 여러 사정에 비추어 보면, 이 사건 보험계약 체결 당시 원고는 이 사건 갑판적재 약관의 내용을 잘 알고 있었다고 보이므로, 피고가 그 내용을 설명하지 않았더라도 이 사건 갑판적재 약관은 이 사건 보험계약의 내용이 된다고 봄이 상당하다. 따라서 원심이 이 사건 보험계약에 약관규제법이 적용되지 아니한다고 판단한 것은 잘못이나, 원고가 이 사건 갑판적재 약관의 내용을 잘 알고 있었으므로 이 사건 갑판적재 약관은 약관규제법이 정하는 설명의무의 대상이 되지 아니하고, 따라서 피고가 그 내용을 설명하지 않았더라도 이 사건 보험계약의 내용이 된다고 본 원심판단의 결론은 정당하므로, 거기에 상고이유 주장과 같이 약관규제법의 적용 및 해석에 관한 법리 등을 오해하여 판결에 영향을 미친 위법은 없다."고 판시.

2. 영국 해상보험법 및 관습에 따라 보험의 목적에 생긴 손해가 해상 고유의 위험으로 인하여 발생한 것이라는 점에 관한 증명책임의 소재 및 증명의 정도

영국 해상보험법 및 관습에 의하면, 보험의 목적에 생긴 손해가 그 부보위험인 해상 고유의 위험으로 인하여 발생한 것이라는 점에 관한 증명책임은 피보험자가 부담하고, 그 증명의 정도는 이른바 '증거의 우월(preponderance of evidence)'에 의한 증명에 의한다(대법원 2001.5.15. 선고 99다26221 판결 참조).

3. 영국법의 적용을 받는 영국 런던 보험자협회(Institute of London Underwriters)의 적하약관(Institute Cargo Clause)에서 규정하고 있는 '갑판유실(갑판유실, Washing Overboard)'의 의미 및 이른바 '갑판멸실(갑판멸실, Loss Overboard)'이 '갑판적재(갑판적재) 약관'(On-Deck Clause)의 담보범위에 포함되는지 여부

영국법의 적용을 받는 영국 적하약관에서 규정하고 있는 '갑판유실(Washing Overboard)'이란, 해수의 직접적인 작용으로 인하여 갑판 위에 적재된 화물이 휩쓸려 배 밖으로 유실되는 경우를 의미하는 제한적인 개념이므로, 악천후로 인한 배의 흔들림이나 기울어짐 등으로 인하여 갑판 위에 적재된 화물이 멸실되는 이른바 '갑판멸실(Loss Overboard)'은 갑판적재 약관의 담보범위에 포함되지 않는다.
대법원은 "원심은, 이 사건 사고는 갑판 위에 적재되어 운송되던 이 사건 보일러가 황천(황천, Heavy Weather) 시 유입된 해수의 작용으로 유실되어 발생한 것이므로, 이 사건 갑판적재 약관에서 부보하는 위험인 '갑판유실'에 해당한다는 원고의 주장을 다음과 같은 이유로 배척하였다. 즉, ① 악천후에 선박이 요동치거나 갑자기 기울어져 화물이 멸실된 경우는 갑판유실에 해당하지 않고, ② 이 사건 사고 당시 사고 지역의 기상은 강한 남서풍을 동반한 몬순기후였지만 이는 그 지역에서 통상적인 것으로 특이한 상황은 아니었으며, 당시 중량 54.5톤에 달하는 이 사건 보일러를 휩쓸고 갈 정도의 심한 파도가 있었던 것으로 보이지 않는 점, ③ 이 사건 사고 당시의 사진을 보아도 파도의 직접적인 작용으로 이 사건 보일러가 유실된 것으로 보이지 않는 점, ④ 영국의 법률사무소 클라이드앤코(Clyde & Co)가 '이 사건 보일러의 고박(固縛)은 부적절하였다. 이 사건 보일러는 갑판유실된 것이 아니라 악천후에 선박이 요동하여 미끄러져 떨어진 것에 불과하므로 이 사건 보험계약으로 담보되지 않는다'는 취지의 의견을 제시한 점 등에 비추어, 이 사건 사고가 '갑판유실'에 해당한다고 볼 수 없다고 판단하였다.
앞서 본 법리와 기록에 비추어 살펴보면, 원심의 위와 같은 판단은 정당하고, 거기에 상고이유의 주장과 같이 영국법상 갑판유실에 관한 법리 등을 오해한 잘못이 없다."고 판시하였다.[11]

유럽연합의 Rome Ⅰ규정은 법 선택에 관한 당사자합의에 대하여 소비자보호와 같은 강행법 원칙을 예외로 하고 그 외에는 원칙적으로 무제한으로 인정한다(§3).

미국의 통일상법전은 대조적으로 거래가 "합리적 관련성(reasonable relation)"이 있는 국가의 법인 경우에만 그 외국법을 적용하기로 하는 당사자의 합의를 허용한다(UCC 제1-301(a)). 다른 국가에서는 이보다 더 엄격하거나 관대한 원칙을 적용할 수 있다.

---

[11] 대법원의 2015다5194 판례에 대해서는 "본 보험증권에 따라 발생하는 책임에 관한 모든 문제는 영국의 법률과 관습이 적용된다"는 영국법 준거조항에 대하여 보험계약에서 종국적으로 책임과 무관한 경우가 없다는 이유에서 비판하는 입장이 있다. 안강현 (22), 242면. 그러나 이 사건에서의 쟁점도 보험계약의 성립에 관한 문제로서 보험자의 책임은 보험계약의 성립 이후에 문제되는 것이라는 점에서 앞서 96다39707 판결과 다르지 않다.

2) 준거법의 변경

당사자는 합의에 의하여 국제사법 제45조(당사자 자치) 및 제46조(준거법 결정시의 객관적 연결)에 의한 준거법을 변경할 수 있다(국제사법 §45③본문). 다만, 계약체결 후 이루어진 준거법의 변경은 계약 방식의 유효 여부와 제3자의 권리에 영향을 미치지 아니한다(동항 단서).

한편 모든 요소가 오로지 한 국가와 관련이 있음에도 불구하고 당사자가 그 외의 다른 국가의 법을 선택한 경우에 관련된 국가의 강행규정은 적용이 배제되지 아니한다(동조 ④). 당사자의 선택에 의한 외국법의 준거법 지정을 허용하되 국내법의 강행규정은 여전히 적용됨을 명확히 함으로써 그 폐해를 방지하기 위한 것이다.

준거법 선택에 관한 당사자 간 합의의 성립 및 유효성에 관하여는 제49조(계약의 성립 및 유효성)를 준용한다(동조⑤). 따라서 준거법 선택에 관한 당사자 간 합의의 성립 및 유효성은 그 계약이 유효하게 성립하였을 경우 이 법에 따라 적용되어야 하는 준거법에 따라 판단한다(국제사법 §§49①·45⑤).[12] 다만 준거법 선택에 관한 당사자 간 합의가 유효하게 성립하였을 경우 이 법에 따라 적용되어야 하는 준거법에 따라 그 합의의 효력을 판단하는 것이 모든 사정에 비추어 명백히 부당한 경우에는 그 당사자는 계약에 동의하지 아니하였음을 주장하기 위하여 그의 일상거소지법을 원용할 수 있다(동법 §§49②·45⑤).

3) 당사자가 준거법을 선택하지 아니한 경우

당사자가 준거법을 선택하지 아니한 경우에 계약은 "그 계약과 가장 밀접한 관련이 있는 국가의 법"에 따른다(국제사법 §46①).

2001년 개정 이전 국제사법은 당사자가 준거법을 선택하지 아니한 경우 행위지법을 준거법으로 하였던 입장이었는데, 공간적 이동이 용이하게 된 현대사

---

[12] 국제사법 제49조제1항에서 계약의 준거법은 계약이 유효하게 성립하는 경우에 비로소 적용되는데, 계약의 성립 및 유효성을 계약의 준거법에 의하여 규율한다는 것은 순환논리에 빠질 수 있으므로 '계약의 준거법'이 아니라 "계약이 유효하게 성립하였을 경우 이 법에 의하여 적용되어야 하는 준거법"에 의하여 규율되는 것으로 정한 것이다.

회에서 행위지는 당사자의 편의 등 우연한 사정에 의하여 결정되는 경우가 많은 점에서 부적절하다는 비판을 수용하여 로마협약 등 국제조약과 외국의 입법례를 따라 개정한 것.

당사자가 계약에 따라 ① 양도계약의 경우에는 양도인의 이행, ② 이용계약의 경우에는 물건 또는 권리를 이용하도록 하는 당사자의 이행, 또는 ③ 위임·도급계약 및 이와 유사한 용역제공계약의 경우에는 용역의 이행 중 어느 하나에 해당하는 이행을 하여야 하는 경우에는 계약체결 당시 그의 일상거소가 있는 국가의 법(당사자가 법인 또는 단체인 경우에는 주된 사무소가 있는 국가의 법을 말한다)이 가장 밀접한 관련이 있는 것으로 추정한다(국제사법 §46②본문). 로마협약은 계약의 특징적 이행(characteristic performance)이라고 언급하고 있으나 국제사법은 그러한 용어는 사용하지 아니하고 특징적 이행의 예를 열거하고 있다.

다만, 계약이 당사자의 직업 또는 영업활동으로 체결된 경우에는 "당사자의 영업소가 있는 국가의 법"이 가장 밀접한 관련이 있는 것으로 추정하며(국제사법 §46②단서), 부동산에 대한 권리를 대상으로 하는 계약의 경우에는 "부동산이 소재하는 국가의 법"이 가장 밀접한 관련이 있는 것으로 추정한다(동조 ③).

4) 법률행위의 실질

(가) 준거법의 원칙

법률행위의 실질은 법률행위의 성립 및 효력의 문제에서 방식의 문제를 제외한 것을 말한다. 법률행위의 실질의 준거법은 각 법률행위의 종류에 따라 달리 정해진다. 예컨대 물권법상의 법률행위는 동산·부동산의 소재지법(국제사법 §33), 채권법상의 법률행위는 전술한 대로 당사자가 선택한 법(동법 §45)에 따르고 그것이 없으면 그 계약과 가장 밀접한 관련이 있는 법(동법 §46) 등에 따른다. 이처럼 재산적 법률행위에 있어서는 법률행위의 성립 및 효력의 준거법이 통일되나, 가족법상의 법률행위는 일치하지 않는다. 예컨대, 혼인의 성립요건은 각 당사자의 본국법에 따르고(동법 §63①), 그 효력은 부부의 동일한 본국법, 부부의 동일한 일상거소지법, 부부와 가장 밀접한 관련이 있는 곳의 법의 순위(동법 §64)에 따른다.

(나) 대리

본인과 대리인 간의 관계는 당사자 간의 법률관계의 준거법에 따른다((동법 §32①). 대리인의 행위로 인하여 본인이 제3자에 대하여 의무를 부담하는지 여부는 대리인의 영업소가 있는 국가의 법에 따르며, 대리인의 영업소가 없거나 영업소가 있더라도 제3자가 알 수 없는 경우에는 대리인이 실제로 대리행위를 한 국가의 법에 따른다(동조 ②). 대리인이 본인과 근로계약 관계에 있고, 그의 영업소가 없는 경우에는 본인의 주된 영업소를 그의 영업소로 본다(동조 ③). 본인은 제2항 및 제3항에도 불구하고 대리의 준거법을 선택할 수 있다(동조 ④본문). 다만, 준거법의 선택은 대리권을 증명하는 서면에 명시되거나 본인 또는 대리인이 제3자에게 서면으로 통지한 경우에만 그 효력이 있다(동항 단서).

대리권이 없는 대리인의 행위로 인하여 본인이 제3자에 대하여 의무를 부담하는지 여부는 무권대리인의 영업소가 있는 국가의 법에 따르며, 무권대리인의 영업소가 없거나 영업소가 있더라도 제3자가 알 수 없는 경우에는 무권대리인이 실제로 대리행위를 한 국가의 법에 따른다(동조 ⑤·②).

이상은 본인이 대리권을 수여하는 임의대리에 관한 내용이고 법정대리의 경우에는 그 대리권 발생의 근거가 되는 법률관계의 준거법에 의한다. 예컨대, 친권자의 자에 대한 대리권은 친권의 준거법에 의한다.

5) 물권법의 준거법

(가) 동칙주의

부동산물권은 해당 부동산의 소재지법에 의한다. 동산(personal property)물권도 부동산물권과 함께 하나의 준거법 지정원칙에 의하는 법제를 동칙주의, 양자를 달리 하는 법제를 이칙주의라고 한다. 국제사법은 "동산 및 부동산에 관한 물권 또는 등기하여야 하는 권리는 그 동산·부동산의 소재지법에 따른다"(동법 §33①)고 하여 동칙주의를 따랐다.

(나) 준거법의 적용범위

물권의 취득·상실·변경은 그 원인된 행위 또는 사실의 완성 당시 그 동산·부동산의 소재지법에 따른다(국제사법 §33②). 예컨대 물품매매계약을 하여 동산 물권을 매수인에게 넘겨주는 경우, 물권변동이 물권행위만으로 가능한지 인도나 등기를 요하는지는 물권법의 문제이므로 물건 소재지법에 따른다. 그러나 매매계약 자체는 채권행위이므로 물권법이 적용되지 않고 매매계약의 준거법에 따른다.

또한 부동산환매권이나 부동산임차권은 채권이지만 등기하면 모든 사람에 대하여 물건에 대한 자신의 지배권을 행사할 수 있는 물권적 효력이 인정된다. 따라서 그 범위에서는 물권으로 취급되어 부동산의 소재지법에 따른다. 그 범위를 넘는 사항, 예컨대 부동산환매계약의 체결 등은 채무자에 대해서만 자신의 권리를 행사할 수 있는 채권행위로서 그 계약의 준거법에 의한다.

(다) 특칙

항공기에 관한 물권은 그 항공기의 국적이 소속된 국가의 법에 따르고, 철도차량에 관한 물권은 그 철도차량의 운행을 허가한 국가의 법에 따른다(국제사법 §34).

무기명증권에 관한 권리의 취득·상실·변경은 그 원인된 행위 또는 사실의 완성 당시 그 무기명증권의 소재지법에 따른다(동법 §35).

이동 중인 물건에 관한 물권의 취득·상실·변경은 그 목적지가 속하는 국가의 법에 따른다(동법 §36).

채권·주식, 그 밖의 권리 또는 이를 표창하는 유가증권을 대상으로 하는 약정담보물권은 담보대상인 권리의 준거법에 따른다. 다만, 무기명증권을 대상으로 하는 약정담보물권은 제35조에 따른다(동법 §37).

저작권, 특허권, 상표권 등 지식재산권은 유형의 물건에 관한 권리가 아니므로 물권이 아니지만 무체물에 대한 배타적 권리를 행사할 수 있다는 점에서 물권의 규정이 유추적용될 수 있다.[13] 지식재산권의 보호는 그 침해지법에 따른다(동법 §40). 그러나 지재권에 관한 국제조약이 지재권의 보호에 관하여 규정하고 있기 때문에 우리나라가 그러한 조약의 가입국이라면 해당 조약은 법률과 동일한 효력을 가지므로 우선 그러한 조약이 적용된다.

6) 채권법의 준거법

(가) 원칙

국제사법에서 특별히 계약 유형별로 준거법에 관한 규정을 두고 있지 않은 경우에는 당사자가 선택한 법(동법 §45)에 따르고 그것이 없으면 그 계약과 가장 밀접한 관련이 있는 법(동법 §46)에 따른다. 그러한 예로는 증여계약, 매매계약, 임대차계약, 사용대차계약, 위임계약, 보증계약 등이 있다.

(나) 법정채권

국제사법은 당사자의 의사표시가 포함된 법률행위가 아니라 법률규정에 의하여 그 효력이 정해지는 사무관리, 부당이득, 그리고 위법행위인 불법행위에 관해서는 준거법을 특별히 규정하고 있다.

사무관리는 그 관리가 행하여진 곳의 법에 따른다(동법 §50①본문). 다만, 사무관리가 당사자 간의 법률관계에 근거하여 행하여진 경우에는 그 법률관계의 준거법에 따른다(동항 단서). 이것은 이른바 종속적 연결을 인정한 것인데, 하나의 법률관계에서 비롯된 다양한 법률관계 전체에 공통된 준거법을 정함으로써 규범의 중첩이나 공백을 피하기 위한 목적이다.[14]

사무관리자가 다른 사람의 채무를 변제함으로써 발생하는 청구권은 그 채무의 준거법에 따른다(동조 ②).

부당이득은 그 이득이 발생한 곳의 법에 따른다(동법 §51본문). 다만, 부당이득이 당사자 간의 법률관계에 근거한 이행으로부터 발생한 경우에는 그 법률관계의 준거법에 따른다(동조 단서). 여기에서 '부당이득이 당사자 간의 법률관계에 근거한 이행으로부터 발생한 경우'란 매매계약을 체결하여 매수인이 매도인에게 대금을 지급했다가 계약이 사기나 강박을 이유로 취소된 경우 등과 같이

---

13) 안강현(22), 225면.
14) 위의 책, 255면.

당사자의 법률행위에 의하여 발생한 부당이득을 가리킨다.15)

불법행위는 그 행위를 하거나 그 결과가 발생하는 곳의 법에 따른다(동법 §51 ①). 불법행위를 한 당시 동일한 국가 안에 가해자와 피해자의 일상거소가 있는 경우에는 제1항에도 불구하고 그 국가의 법에 따른다(동조 ②).

가해자와 피해자 간에 존재하는 법률관계가 불법행위에 의하여 침해되는 경우에는 제1항 및 제2항에도 불구하고 그 법률관계의 준거법에 따른다(동조 ③). 제3항은 앞서 부당이득에서와 마찬가지의 취지에서 법률관계를 간결하게 하고 규정의 공백이나 중첩을 피하기 위하여 종속적 연결을 인정한 것이다.

제1항부터 제3항까지의 규정에 따라 외국법이 적용되는 경우에 불법행위로 인한 손해배상청구권은 그 성질이 명백히 피해자의 적절한 배상을 위한 것이 아니거나 그 범위가 본질적으로 피해자의 적절한 배상을 위하여 필요한 정도를 넘을 때에는 인정하지 아니한다(동조 ④). 국제사법 제51조 제4항은 2014년 개정된 민사소송법 제217조의2와 마찬가지로 실손해를 넘는 징벌적 배상(punitive damages)을 명한 외국법원 판결의 승인을 제한하려는 입법자의 의도가 담긴 법 규정이다.

또한 국제사법은 "당사자는 제50조부터 제52조까지의 규정에도 불구하고 사무관리·부당이득·불법행위가 발생한 후 합의에 의하여 대한민국 법을 그 준거법으로 선택할 수 있다."고 규정하여 이들 법정채권의 준거법에 관한 사후적 합의를 허용한다(동법 §53본문) 다만, 그로 인하여 제3자의 권리에 영향을 미치지 아니한다(동조 단서).

(다) 채권양도 및 채무의 인수

채권의 양도인과 양수인 간의 법률관계는 당사자 간의 계약의 준거법에 따른

---

15) 대법원 2015.2.26. 선고 2012다79866 판결(가집행선고부 제1심판결에 기하여 금원을 지급하였다가 다시 상소심판결의 선고에 의해 가집행선고가 실효됨에 따라 금원의 수령자가 부담하게 되는 원상회복의무는 성질상 부당이득의 반환채무이지만, 이러한 원상회복의무는 가집행선고의 실효가 기왕에 소급하는 것이 아니기 때문에 본래부터 가집행이 없었던 것과 같은 원상으로 회복시키려는 공평의 관념에서 민사소송법이 인정한 법정채무이므로, 국제사법 제31조 단서에 정한 '부당이득이 당사자 간의 법률관계에 기하여 행하여진 이행으로부터 발생한 경우'에 해당한다고 볼 수 없다고 판시하였다.).

다(국제사법 §54①본문). 다만, 채권의 양도가능성, 채무자 및 제3자에 대한 채권양도의 효력은 양도되는 채권의 준거법에 따른다(동항 단서).

채무인수에 관하여는 제1항을 준용하므로 채무인수인과 채무자 간의 법률관계는 당사자 간의 계약의 준거법에 따르되, 채무의 인수가능성, 채권자 및 제3자에 대한 채무인수의 효력은 인수되는 채무의 준거법에 따른다(동조 ②·①).

(다) 법률에 따른 채권이전의 준거법

법률에 따른 채권의 이전은 그 이전의 원인이 된 구(舊)채권자와 신(新)채권자 간의 법률관계의 준거법에 따른다(동법 §55①본문). 여기에서 '법률에 따른 채권의 이전'이란 예컨대 물상보증인이나 보증인이 채무자의 채무를 변제함으로써 채권자가 가지고 있던 채권이 변제자에게 이전하는 경우(민법 §481)이나 보험회사가 제3자의 불법행위로 손해를 입은 피보험자에게 보험금을 지급하면 피보험자가 가해자에게 가지고 있던 배상청구권이 그 지급한 금액의 한도에서 보험회사에게 이전하는 경우(상법 §682)와 같이 법률규정의 효력으로 채권이 이전되는 경우를 말한다.

다만, 이전되는 채권의 준거법에 채무자 보호를 위한 규정이 있는 경우에는 그 규정이 적용된다(동항 단서).

제1항과 같은 법률관계가 존재하지 아니하는 경우에는 이전되는 채권의 준거법에 따른다(동조 ②).

(라) 채권의 소멸사유

변제, 상계, 면제, 경개, 혼동, 소멸시효 등 채권의 소멸사유들은 모두 채권의 효력에 관한 사항이므로 채권의 준거법에 따른다.

영미법계 국가에서는 상계를 절차법상의 제도로 파악하므로 법정지법에 따르게 하는 경향이다. 그러나 우리나라와 같은 대륙법계 국가에서는 상계를 실체법상의 제도로 파악하므로 채권의 준거법에 따른다. 상계의 경우 수동채권과 자동채권의 준거법 모두가 상계로 인한 채권 소멸을 인정하여야 효력이 발생한다.

대법원 2015.1.29. 선고 2012다108764 판결

[배경사실] 회생채무자 주식회사 삼선로직스(피고)와 선우상선 주식회사는 A, B. C 세 척의 선박의 정기용선계약을 체결하였다. 피고는 2010. 2. 12. 법원의 허가를 얻어 이 사건 회생채권액에 해당하는 채무에 대한 기한의 이익을 포기하고, 선우상선에 대한 미지급 용선료 및 손해배상금 채권을 자동채권으로 하여 선우상선의 피고에 대한 수동채권을 대등액에서 상계하는 내용의 의사표시를 2010. 2. 17.과 2010. 2. 22. 선우상선에게 하여 그 무렵 선우상선에게 위 의사표시가 각 도달하였다. 주식회사 한진해운(원고)이 피고의 제3자에 대한 채권에 대하여 한 이 사건 가압류 결정은 피고에게 2010. 3. 31. 송달되었다. 피고와 선우상선은 A호를 포함한 각 선박의 용선계약서에서 선주와 용선자 간의 모든 분쟁은 런던 해사중재위원회 중재에 회부하기로 약정하였는데, 런던 해사중재위원회는 2010. 4.경 'A호, B호, C호에 관련하여 선우상선이 피고에 대하여 각 미지급 용선료 및 손해배상금 합계 미화 18,891,346.14달러를 지급할 채무가 있다'는 내용의 중재판정을 하였다. 그 후 제1심에서 피고가 2011. 12. 15. 원고에게 위 채권을 자동채권으로, 이 사건 회생채권을 수동채권으로 하여 예비적으로 상계의 항변을 하고 같은 날 원고에게 위 의사표시가 도달하였다.

1. 영국 보통법상 상계가 상계의 요건과 효과에 관한 준거법으로 적용될 수 있는지 여부
영국법상의 상계 제도는 보통법상 상계(legal set-off, 법률상 상계라고도 한다)와 형평법상 상계(equitable set-off)가 있는데, 그 중 보통법상 상계는 양 채권 사이의 견련관계를 요구하지 않는 등 형평법상 상계와 비교하여 상계의 요건을 완화하고 있지만 소송상 항변권으로만 행사할 수 있어 절차법적인 성격을 가진다고 해석된다. 그러나 영국 보통법상 상계 역시 상계권의 행사에 의하여 양 채권이 대등액에서 소멸한다는 점에서는 실체법적인 성격도 아울러 가진다고 할 것이므로 상계의 요건과 효과에 관하여 준거법으로 적용될 수 있다.
대법원은 피고가 상계항변으로 주장하는 자동채권과 수동채권이 모두 영국법을 준거법으로 한 정기용선계약에서 발생하였고, 상계는 원칙적으로 채권 자체의 준거법에 의하여야 하며, 상계의 요건에 관한 준거법으로 영국 보통법상 상계가 적용된다고 판단한 원심법원의 판결을 지지하였다.

2. 채권압류명령을 받은 제3채무자가 압류채무자에게 반대채권을 가지고 있는 경우, 상계로써 가압류채권자에게 대항하기 위한 요건
상계제도의 목적 및 기능, 채무자의 채권이 압류된 경우 관련 당사자들의 이익상황 등에 비추어 보면, 민사집행법에 의하여 채권압류명령 또는 채권가압류명령을 받은 제3채무자가 압류채무자에 대한 반대채권을 가지고 있는 경우에, 가압류의 효력 발생 당시에 대립하는 양 채권이 모두 변제기가 도래하였거나, 그 당시 반대채권(자동채권)의 변제기가 도래하지 아니한 때에는 그것이 피가압류채권(수동채권)의 변제기와 동시에 또는 그보다 먼저 도래하면, 상계로써 가압류채권자에게 대항할 수 있다(대법원 2012.2.16. 선고 2011

다45521 전원합의체 판결 참조).

3. 외국적 요소가 있는 채권들 사이에서 상계의 요건과 효과에 관한 법률관계가 상계의 준거법에 따라 해석·적용된다고 하더라도 채권가압류명령 또는 채권압류명령을 받은 제3채무자가 채무자에 대한 반대채권을 가지고 상계로써 가압류채권자 등에게 대항할 수 있는지를 대한민국의 민사집행법 등에 따라 판단하여야 하는 경우

외국적 요소가 있는 채권들 사이에서의 상계의 요건과 효과에 관한 법률관계가 상계의 준거법에 따라 해석·적용된다고 하더라도, 채권자가 대한민국의 민사집행법에 의하여 가압류명령 또는 채권압류명령 및 추심명령을 받아 채권집행을 한 경우에, 채권가압류명령 또는 채권압류명령을 받은 제3채무자가 채무자에 대한 반대채권을 가지고 상계로써 가압류채권자 또는 압류채권자에게 대항할 수 있는지 여부는 집행절차인 채권가압류나 채권압류의 효력과 관련된 문제이므로, 특별한 사정이 없는 한 대한민국의 민사집행법 등에 의하여 판단함이 원칙이고 상계의 준거법에 의할 것은 아니다.

원심은 (1) 피고가 2011. 12. 15. 선우상선에 대하여 가지는 미지급용선료 채권 및 손해배상채권(이하 '이 사건 자동채권'이라 한다)과 선우상선이 피고에 대하여 가지는 회생채권인 이 사건 피가압류채권(이하 '이 사건 수동채권'이라 한다)에 대하여 대등액에서 상계하는 의사표시를 할 당시에 이 사건 자동채권과 수동채권이 모두 사법적으로 확정되었고 이행기에 이르러 상계적상에 있었으므로, 상계의 요건을 갖추었다는 취지로 판단한 다음, (2) 원고가 민사집행법에 따라 이 사건 수동채권을 가압류 및 압류하여 추심명령을 받고 이에 기하여 제3채무자인 피고에 대하여 추심금 청구를 하는 이 사건에서, 원고가 위 가압류로 피고의 상계 주장을 저지할 수 있는 것인지 여부는 상계의 준거법인 영국법이 아니라 대한민국 민사집행법에 따라 결정되어야 한다고 판단하고, 위 대법원판결의 법리에 비추어 보면 2010. 3. 31. 이 사건 가압류 당시 이 사건 자동채권의 변제기는 도래한 반면 이 사건 수동채권은 회생계획에 따라 변제되는 회생채권에 해당하므로 제3채무자인 피고는 상계로써 가압류채권자인 원고에게 대항할 수 있다는 취지로 판단하여, 이 사건 수동채권은 피고의 2011. 12. 15.자 상계로써 모두 소멸하였다고 인정하였다.

원심판결 이유를 앞서 본 법리에 비추어 보면, 원심의 이유설시에 일부 적절하지 아니한 부분이 있으나, 이 사건 가압류에 불구하고 피고의 2011. 12. 15.자 상계로써 이 사건 수동채권이 소멸하였다고 보아 원고의 추심금 청구를 받아들이지 아니한 원심의 결론은 앞서 본 법리에 따른 것으로서 수긍할 수 있다. 따라서 이러한 원심의 결론에 상고이유 주장과 같이 섭외적인 상계와 가압류에 관련된 준거법, 영국 보통법상의 상계의 요건과 효과, 도산법정지법의 원칙, 가압류채권자에 대한 제3채무자의 상계의 허용 여부 등에 관한 법리를 오해하거나 필요한 심리를 다하지 아니하는 등의 사유로 인하여 판결에 영향을 미친 위법이 있다고 할 수 없다.

7) 어음·수표법의 준거법

(가) 어음·수표행위능력

환어음, 약속어음 및 수표에 의하여 채무를 부담하는 자의 능력은 그의 본국법에 따른다(국제사법 §80①본문). 다만, 그 국가의 법이 다른 국가의 법에 따르도록 정한 경우에는 그 다른 국가의 법에 따른다(동항단서). 일반 법률행위의 행위능력과 마찬가지로 본국법주의를 따르되 단서에서는 전정을 포함한 반정을 허용하고 있다. 이것은 국제사법상 전정(轉定)을 인정하는 유일한 예이다.

국제사법은 거래안전을 위하여 행위지법주의에 따른 보충을 허용한다. 즉 제1항에 따르면 능력이 없는 자라 할지라도 다른 국가에서 서명을 하고 그 국가의 법에 따라 능력이 있을 때에는 그 채무를 부담할 수 있는 능력이 있는 것으로 본다(동조 ②).

(나) 수표지급인의 자격

수표지급인이 될 수 있는 자의 자격은 지급지법에 따른다(동법 §81①). 지급지법에 따르면 지급인이 될 수 없는 자를 지급인으로 하여 수표가 무효인 경우에도 동일한 규정이 없는 다른 국가에서 한 서명으로부터 생긴 채무의 효력에는 영향을 미치지 아니한다(동조 ②).

(다) 어음·수표행위의 효력

환어음의 인수인과 약속어음의 발행인의 채무는 지급지법에 따르고, 수표로부터 생긴 채무는 서명지법에 따른다(동법 §83①). 이는 행위지법주의에 따르되 인수인은 인수행위를 하더라도 어차피 환어음을 지급하므로 약속어음 발행인과 통일하여 지급지법에 따르도록 한 것이다. 수표는 지급은 은행이 하고 각 수표행위를 하는 사람의 행위지는 서명지이므로 그에 따르도록 한 것이다. 따라서 제1항에 규정된 자 외의 자, 예컨대 배서인 등의 환어음·약속어음에 의한 채무는 서명지법에 따르도록 하였다(동조 ②).

환어음, 약속어음 및 수표의 상환청구권을 행사하는 기간은 모든 서명자에 대하여 발행지법에 따른다(동조 ③). 상환청구권은 어음이나 수표의 소지인이 자기에게 양도한 배서인에게 담보책임을 묻는 것인데, 배서지법에 따르도록 할 경우 여러 곳이 될 수 있어서 혼란을 피하기 위하여 배서인이 어디에서 서명을 하였든 간에 발행지법에 따르도록 한 것이다.

어음의 소지인이 그 발행의 원인이 되는 채권을 취득하는지 여부는 어음의 발행지법에 따른다(동법 §84).

환어음의 인수를 어음 금액의 일부로 제한할 수 있는지 여부 및 소지인이 일부지급을 수락할 의무가 있는지 여부는 지급지법에 따른다(동법 §85①). 약속어음의 소지인이 지급인의 일부지급을 수락할 의무가 있는지 여부는 지급지법에 따른다(동조 ②·①).

환어음, 약속어음 및 수표의 상실 또는 도난의 경우에 수행하여야 하는 절차는 지급지법에 따른다(동법 §87).

수표에 관한 다음 각 호의 사항은 수표의 지급지법에 따른다(동법 §88):
    1. 수표가 일람출급(一覽出給)이 필요한지 여부, 일람 후 정기출급으로 발행할 수 있는지 여부 및 선일자수표(先日字手標)의 효력
    2. 제시기간
    3. 수표에 인수, 지급보증, 확인 또는 사증을 할 수 있는지 여부 및 그 기재의 효력
    4. 소지인이 일부지급을 청구할 수 있는지 여부 및 일부지급을 수락할 의무가 있는지 여부
    5. 수표에 횡선을 표시할 수 있는지 여부 및 수표에 "계산을 위하여"라는 문구 또는 이와 동일한 뜻이 있는 문구의 기재의 효력. 다만, 수표의 발행인 또는 소지인이 수표면에 "계산을 위하여"라는 문구 또는 이와 동일한 뜻이 있는 문구를 기재하여 현금의 지급을 금지한 경우에 그 수표가 외국에서 발행되고 대한민국에서 지급하여야 하는 것은 일반횡선수표의 효력이 있다.
    6. 소지인이 수표자금에 대하여 특별한 권리를 가지는지 여부 및 그 권리의 성질
    7. 발행인이 수표의 지급위탁을 취소할 수 있는지 여부 및 지급정지를 위한 절차를 수행할 수 있는지 여부
    8. 배서인, 발행인, 그 밖의 채무자에 대한 상환청구권 보전을 위하여 거절증서 또는 이와 동일한 효력을 가지는 선언이 필요한지 여부

8) 해상법의 준거법

(가) 선적국법주의에 따르는 사항

해상에 관한 다음 각 호의 사항은 선적국법에 따른다(국제사법 §94):
1. 선박의 소유권 및 저당권, 선박우선특권, 그 밖의 선박에 관한 물권
2. 선박에 관한 담보물권의 우선순위
3. 선장과 해원(海員)의 행위에 대한 선박소유자의 책임범위
4. 선박소유자등이 책임제한을 주장할 수 있는지 여부 및 그 책임제한의 범위
5. 공동해손
6. 선장의 대리권

선적은 선박의 국적으로 이에 따라 국내선박과 외국선박으로 구별된다. 우리나라 선박법은 선적에 대하여 선주국적주의에 따르고 있는데(동법 §8) 선박에 대한 조세율이 낮은 파나마, 라이베리아 등의 국가에 법인을 설립하여 그 소유로 등록함으로써 편의치적(flag of convenience)하는 경우가 흔히 있다.

국제사법 제94조 제1호의 '선박의 소유권'은 비등기선은 일반동산의 경우와 같이 선박소유권 양도의 합의와 선박의 인도에 따라 이전되고, 등기선은 양도의 합의만으로 이전되고 이전등기와 선박국적증서의 명의개서는 제3자에 대한 대항요건이다(상법 §743). 다만 국제법상 포획이나 보험위부(상법 §710)[16], 선적항 외에서 선박이 수선하기 불가능하게 된 때 하는 선장의 매각·경매(동법 §752)로 선박의 소유권이 이전될 수도 있다. '선박저당권(ship mortgage)'은 선박의 부동산유사성으로 인하여 등기선박에 대하여 인정되는 상법에 따른 특수한 저당권이다. 선박저당권에 대해서는 민법의 부동산의 저당권에 관한 규정이 준용된다

---

[16] 보험위부는 선박의 피보험자가 ① 피보험자가 보험사고로 인하여 자기의 선박 또는 적하의 점유를 상실하여 이를 회복할 가능성이 없거나 회복하기 위한 비용이 회복하였을 때의 가액을 초과하리라고 예상될 경우, ② 선박이 보험사고로 인하여 심하게 훼손되어 이를 수선하기 위한 비용이 수선하였을 때의 가액을 초과하리라고 예상될 경우, 또는 ③ 적하가 보험사고로 인하여 심하게 훼손되어서 이를 수선하기 위한 비용과 그 적하를 목적지까지 운송하기 위한 비용과의 합계액이 도착하는 때의 적하의 가액을 초과하리라고 예상될 경우에 보험목적인 선박을 보험자에게 넘기고 보험금을 받는 제도이다.

(상법 §787③). '선박우선특권(preferred maritime lien)'은 일정한 채권을 가진 자가 선박·그 속구, 그 채권이 생긴 항해의 운임, 그 선박과 운임에 부수한 채권에 대하여 다른 채권자보다 우선변제를 받을 수 있는 해상법상 특수한 담보물권이다.17) 우리 상법은 선박우선특권은 "그 채권이 생긴 날부터 1년 이내에 실행하지 아니하면 소멸한다."는 제척기간을 두고 있다(동법 §786). 원래 담보물권은 부종성이 있으므로 피담보채권이 존속하는 한 독립적으로 소멸하지 않지만 선박우선특권에 관한 법률관계를 신속히 종결시키고자 부종성의 예외를 인정한 것이다.18) 19세기 후반 해상기업이 대형화, 고급화되고 해상보험과 선박금융이 발달하여 새로운 해상기업의 금융제도로 발달하게 된 것이 선박저당권과 선박우선특권이며, 선박저당권은 담보물권으로서 등기에 의하여 공시되나 선박우선특권은 그 존재가 제3자에게 공시되지 않는 법률규정에 의한 담보물권이라는 성질상 차이가 있다.19) '그 밖의 선박에 관한 물권'으로는 선박유치권, 선박질권 등이 있다.

선박에 대한 강제집행은 국가마다 집행절차가 달라서 대륙법계 국가에서는 대인적 소송(in personam action)에서 선박에 대한 가압류(conservatory attachment)만을 하는데 반하여 미국은 해사채권의 집행절차로서 대인소송에서의 가압류(admiralty attachment)외에 대륙법계 국가에서는 존재하지 않는 대물소송에서의 가압류(arrest in rem)도 허용하고 있다.20) 독일은 강제집행법 제162조에서 선박집행에 관하여 달리 정함이 없는 한 부동산의 강제집행에 관한 규정을 준용하고, 제171조에서 외국선박의 집행에 관해서 규정하고 있다.21) 이 분야에서의 렉

---

17) 우리 상법상 선박우선특권의 피담보채권으로는 ① 채권자의 공동이익을 위한 소송비용, 항해에 관하여 선박에 과한 제세금, 도선료·예선료, 최후 입항 후의 선박과 그 속구의 보존비·검사비, ② 선원과 그 밖의 선박사용인의 고용계약으로 인한 채권, ③ 해난구조로 인한 선박에 대한 구조료 채권과 공동해손의 분담에 대한 채권, ④ 선박의 충돌과 그 밖의 항해사고로 인한 손해, 항해시설·항만시설 및 항로에 대한 손해와 선원이나 여객의 생명·신체에 대한 손해의 배상채권 등이 인정된다(상법 §777).
18) 송상현·김현, 「해상법원론」 제5판, 2015, 182면.
19) 최성수, "외국선박집행의 준거법에 관한 고찰", 「고려법학」 제71호, 2013, 73면.
20) 이규호, "미국에 있어서 외국선박의 집행에 대한 연구", 「법조」 제580호, 2005, 138면.
21) 이정원, "외국선박에 대한 집행절차에 있어서 저당권자의 지위-대법원 2004.10.28. 선고 2002다25693 판결", 「판례연구」 제17집, 2006, 749면.

스 메르카토리아 형성을 위하여 1952년 5월 10일 '브뤼셀 선박가압류조약(International Convention for Unification of Certain Rules Relation to the Arrest of Sea-going Ships)'이 체결되었으며, 1999년 3월 12일 UNCTAD와 IMO 합동총회에서 '선박가압류조약(The International Convention on Arrest of Ships)이 채택되었다.22)

대법원 2011.10.13. 선고 2009다96625 판결

원고(Frontier Shipping Incorporation)는 이 사건 파나마 선적 선박의 소유자로서 Belize국 소속 법인이고, 피고는 이 사건 선박에 연료유를 공급한 싱가포르국 소속 법인이다. 소외 회사들은 2007. 3. 29.와 2007. 4. 27. 피고로부터 이 사건 선박용 연료유를 구매하고 대금을 지급하기로 약정하였다. 피고(Seabridge Bunkering Pte Ltd)는 2007. 4. 1. 및 같은 해 5. 1. 위 약정에 따라 연료유를 공급하고 대금지급청구서를 발송하였으나 소외 회사들은 연료유대금을 지급하지 아니하였다. 피고는 미합중국 뉴욕시 소재 중재인에게 이 사건 소외 회사들을 상대로 중재를 신청하여, 2008. 9. 18. 중재인으로부터 '이 사건 소외회사들은 피고에게 연료유대금 및 그 지연손해금 등으로 미화 577,402.86달러("연료유대금채권"이라고 한다)를 지급한다'는 내용의 중재판정을 받았다. 피고는 이 사건 선박에 관하여 연료유대금채권을 피담보채권으로 하는 파나마 상법 제1507조 제8호 소정의 선박우선특권이 있음을 근거로, 2008. 11. 18. 울산항에 정박하고 있던 이 사건 선박에 대하여 선박우선특권에 기한 선박임의경매신청 및 감수보존신청을 하여 울산지방법원으로부터 2008. 11. 18. 결정을 받음으로써 경매절차가 개시되었다. 원고는 이 사건 선박에 대한 울산지방법원의 경매절차 개시 전인 2008. 2. 28. 이 사건 선박을 매수하고, 같은 해 3. 12. 파나마국에 선박소유권변경등기를 경료한 뒤 같은 해 4. 1. 위 선박을 인도받았다.
원고는, 피고가 이 사건 선박에 관하여 위 연료유대금채권 및 파나마법에 따른 선박우선특권을 가지고 있더라도 그 실행은 법정지법에 따라야 하는데, 피고는 상법(제786조)이 정한 선박우선특권의 제척기간 경과(또는 도과. 양자를 호환적으로 사용한다) 후에 울산지방법원에 선박우선특권의 실행을 위한 경매를 신청하였으므로 선박우선특권은 경매신청 전에 이미 소멸하였다고 주장하며 채권 및 선박우선특권의 부존재확인을 구하는 이 사건 소를 제기하였다.

---

22) 전자는 1956년 발효되었고, 영국, 독일, 프랑스 등 84개국이 비준·가입하였다. 후자는 2011년 9월 14일 발효되었다. 전자는 한정된 해사채권에 대해서만 선박의 가압류를 인정하는 영미법계와 제한 없이 인정하는 대륙법계의 타협으로 17개 종류의 해사채권에 대하여 선박의 가압류를 인정하였고, 후자는 해운환경의 변화와 1993년 선박우선특권저당권조약의 영향으로 선박 가압류의 대상을 22개 종류의 해사채권으로 확대하였다. 정완용, "선박집행상의 몇 가지 문제점과 개선방안에 관한 고찰", 「한국해법학회지」, 제35권 제2호, 2013, 41면.

대법원은 "국제사법 제60조 제1호는 해상에 관한 '선박의 소유권 및 저당권, 선박우선특권 그 밖의 선박에 관한 물권'은 선적국법에 의한다고 규정하고 있으므로 선박우선특권의 성립 여부는 선적국법에 의하여야 할 것이나, 선박우선특권이 우리나라에서 실행되는 경우에 실행기간을 포함한 실행방법은 우리나라의 절차법에 의하여야 한다. 원심이 같은 취지에서 선박우선특권의 제척기간을 규정한 우리나라 상법 제786조를 적용하여 피고의 선박우선특권은 피고가 2008. 11. 18. 울산지방법원에 그 실행을 위한 경매를 신청하기 전에 이미 소멸하였다는 이유로 원고의 선박우선특권 부존재확인 청구를 인용한 것은 정당하고, 거기에 상고이유에서 주장하는 바와 같이 선박우선특권 실행기간에 관한 준거법의 법리를 오해하는 등의 위법이 없다."고 판시하였다.[23]

(나) 선박충돌

개항(開港)·하천 또는 영해에서의 선박충돌에 관한 책임은 그 충돌지법에 따른다(동법 §95①).

공해에서의 선박충돌에 관한 책임은 각 선박이 동일한 선적국에 속하는 경우에는 그 선적국법에 따르고, 각 선박이 선적국을 달리하는 경우에는 가해선박의 선적국법에 따른다(동조 ②).

(다) 해난구조

해난구조로 인한 보수청구권은 그 구조행위가 영해에서 있는 경우에는 행위지법에 따르고, 공해에서 있는 때에는 구조한 선박의 선적국법에 따른다(동법 §96).

---

[23] 이 판결에 대한 평석은 1) 지지하는 견해(채권자의 경매신청권은 경매절차개시의 요건으로서 제척기간을 도과한 경매신청에 대하여는 기각하지 아니하고 각하한다는 점에서 선박우선특권 실행기간은 절차에 관한 문제로서 법정지법에 의하여야 한다거나 제척기간을 절차에 관한 문제로 보는 1978년 '해상물품운송에 관한 국제연합 협약 (함부르크규칙)'과 2009년 로테르담규칙의 입장을 참고하여 절차에 관한 문제로 보자는 입장)와 2) 반대하는 견해(제척기간의 도과의 효과는 선박우선특권이라는 실체법상의 담보물권의 소멸이므로 선박우선특권의 실행기간은 절차가 아니라 실체사항에 관한 문제로서 선적국법에 따라야 한다는 입장)가 극명하게 갈린다. 석광현, "외국선박에 대한 선박우선특권의 제척기간과 행사방법의 성질결정과 준거법", 「국제사법연구」 제25권 제2호, 386~388면. 석광현 교수는 판례에 반대하는 입장이다. 위의 논문, 374면.

(2) 국제계약 방식의 준거법

1) 계약의 준거법

법률행위의 방식은 원칙적으로 그 법률행위의 준거법에 따른다(국제사법 §31①). 따라서 채권적 법률행위에 있어서는 당사자가 명시적 또는 묵시적으로 선택한 법(국제사법 §45①본문) 또는 당사자가 준거법을 선택하지 아니한 경우에는 "그 계약과 가장 밀접한 관련이 있는 국가의 법"에 의한다(동법 §46①). 다만, 물권행위의 방식에 관해서는 "그 목적물의 소재지법"에 의한다(동법 §33①).

2) 행위지법

그러나 행위지법에 따라 한 법률행위의 방식은 제1항에도 불구하고 유효하다(국제사법 §31②). 즉 국제거래계약의 준거법에 의하면 방식에 맞지 않더라도 행위지법에 의하여 행한 계약의 방식은 유효하다.

대리인에 의한 법률행위의 경우에는 대리인이 있는 국가를 기준으로 행위지법을 정한다(동조 ④).

3) 격지자간 계약의 특례

만일 당사자가 계약체결 시 서로 다른 국가에 있을 때에는 그 국가 중 어느 한 국가의 법에서 정한 법률행위의 방식에 따를 수 있다(국제사법 §31③).즉 서로 다른 국가에 있는 당사자간의 법률행위의 방식은 그 국가중 어느 한 국가의 법이 정한 법률행위의 방식에 의하는 것이 허용된다.

4) 소비자계약의 방식

소비자가 직업 또는 영업활동 외의 목적으로 체결하는 소비자계약의 방식은 국제사법 제31조제1항부터 제3항까지의 규정에도 불구하고 소비자의 일상거소지법에 따른다(국제사법 §47③).

5) 어음·수표행위의 방식

국제사법은 행위지법주의을 선택하여 환어음·약속어음의 어음행위 및 수표행위의 방식은 서명지법에 따르도록 하였다(동법 §82①). 다만, 수표행위의 방식은 지급지법에 따를 수 있다(동항 단서).

제1항에서 정한 법에 따를 때 행위가 무효인 경우에도 그 후 행위지법에 따라 행위가 적법한 때에는 그 전 행위의 무효는 그 후 행위의 효력에 영향을 미치지 아니한다(동조 ②). 이는 어음·수표행위독립의 원칙에 의한 것다.

대한민국 국민이 외국에서 한 환어음·약속어음의 어음행위 및 수표행위의 방식이 행위지법에 따르면 무효인 경우에도 대한민국 법에 따라 적법한 때에는 다른 대한민국 국민에 대하여 효력이 있다(동조 ③).

환어음, 약속어음 및 수표에 관한 거절증서의 방식, 그 작성기간 및 환어음, 약속어음 및 수표상의 권리의 행사 또는 보전에 필요한 그 밖의 행위의 방식은 거절증서를 작성하여야 하는 곳 또는 그 밖의 행위를 행하여야 하는 곳의 법에 따른다(동법 §86).

(3) 준거법 적용의 원칙과 한계

당사자의 본국법에 따라야 하는 경우에 당사자가 둘 이상의 국적을 가질 때에는 그와 가장 밀접한 관련이 있는 국가의 법을 그 본국법으로 정한다. 다만, 국적 중 하나가 대한민국일 경우에는 대한민국 법을 본국법으로 한다(국제사법 §16①).

당사자가 국적을 가지지 아니하거나 당사자의 국적을 알 수 없는 경우에는 그의 일상거소지법(日常居所地法)에 따르고, 일상거소를 알 수 없는 경우에는 그의 거소가 있는 국가의 법에 따른다(동조 ②).

당사자가 지역에 따라 법을 달리하는 국가의 국적을 가질 경우에는 그 국가의 법 선택규정에 따라 지정되는 법에 따르고, 그러한 규정이 없는 경우에는 당사자와 가장 밀접한 관련이 있는 지역의 법에 따른다(동조 ③).

당사자의 일상거소지법에 따라야 하는 경우에 당사자의 일상거소를 알 수 없는 경우에는 그의 거소가 있는 국가의 법에 따른다(동법 §17).

법원은 국제사법에 따라 준거법으로 정해진 외국법의 내용을 직권으로 조사·적용하여야 하며, 이를 위하여 당사자에게 협력을 요구할 수 있다(동법 §18).

국제사법에 따라 준거법으로 지정되는 외국법의 규정은 공법적 성격이 있다는 이유만으로 적용이 배제되지 아니한다(동법 §18).

입법목적에 비추어 준거법에 관계없이 해당 법률관계에 적용되어야 하는 대한민국의 강행규정은 국제사법에 따라 외국법이 준거법으로 지정되는 경우에도 적용한다(동법 §20).

국제사법에 따라 지정된 준거법이 해당 법률관계와 근소한 관련이 있을 뿐이고, 그 법률관계와 가장 밀접한 관련이 있는 다른 국가의 법이 명백히 존재하는 경우에는 그 다른 국가의 법에 따른다(동법 §21①). 그러나 당사자가 합의에 따라 준거법을 선택하는 경우에는 제1항을 적용하지 아니한다(동조 ②).

국제사법에 따라 외국법이 준거법으로 지정된 경우에 그 국가의 법에 따라 대한민국 법이 적용되어야 할 때에는 대한민국의 법(준거법의 지정에 관한 법규는 제외한다)에 따른다(동법 §22①). 이는 반정(反定)을 인정하는 것이다. 다만, 다음 각 호의 어느 하나에 해당하는 경우에는 제1항을 적용하지 아니한다(동조 ②):

1. 당사자가 합의로 준거법을 선택하는 경우
2. 국제사법에 따라 계약의 준거법이 지정되는 경우
3. 제73조에 따라 부양의 준거법이 지정되는 경우
4. 제78조제3항에 따라 유언의 방식의 준거법이 지정되는 경우
5. 제94조에 따라 선적국법이 지정되는 경우
6. 그 밖에 제1항을 적용하는 것이 국제사법의 준거법 지정 취지에 반하는 경우

외국법에 따라야 하는 경우에 그 규정의 적용이 대한민국의 선량한 풍속이나 그 밖의 사회질서에 명백히 위반될 때에는 그 규정을 적용하지 아니한다(동법 §23).

II. CISG의 탄생 배경과 법적 지위

1 비엔나협약의 탄생 배경

국제상사거래에 있어서 법 선택에 관하여 당사자자치를 허용하는 원칙은 국제 물품매매계약을 체결하는 당사자들에게 상당한 불확실성을 초래한다. 그 이유는 그들은 어디에서 소가 제기될지 알 수 없으므로 어떤 법이 적용될지 사전에 예측할 수 없기 때문이다. 또한 그것 때문에 그들은 어떤 실체법이 자신들의 거래에 적용될지도 미리 알 수 없다. 이 문제에 대한 답을 모르고는 자신들의 계약을 체결하였는지 여부도 알 수 없다. 그리고 만일 그렇다면 거래의 일방이나 쌍방이 규율하는 법을 선택하려는 시도가 법적 효과가 있을지도 알 수 없다.

이러한 법적 불확실성에 대한 해결책은 가능한 한 다수의 국가들에 적용되는 통일 법원칙을 창설하는 국제조약이다. 국제 물품매매 거래에 있어서 그러한 국제조약은 1980년 '국제물품매매계약에 관한 유엔협약(CISG)'이다. 미국, 한국을 포함한 90여 개국이 비엔나협약을 비준하거나 가입하였다. 따라서 어떤 계약의 당사자들은 이 CISG를 적용제외하여 그것이 적용되지 않을 수도 있긴 하지만, 이 조약이 적용될 가능성은 많다.

국제물품매매에 관한 통일규범을 제정하려는 노력은 20세기 초부터 진행되었다. '사법통일을 위한 국제기구(UNIDROIT)'는 유럽의 저명한 법학자들에게 국제물품매매에 적용할 통일법 작성을 요청하였고, 1935년에 그 예비초안이 발표되었다. 그러나 제2차 세계대전의 발발로 이 작업은 중단되었다가 종전 후 다시 진행되어 1956년과 1963년에 각각 수정초안이 나왔다. 그리고 같은 기간에 계약의 성립에 적용할 통일법 초안의 작업도 진행되어 1958년에 초안이 나왔다.

UNIDROIT에서 작성한 두 가지 통일법 초안 「국제물품매매에 관한 통일법 협약(Convention Relating to a Uniform Law on the International Sale of Goods: ULIS)」과 「국제물품매매계약의 성립에 관한 통일법 협약(Convention Relating to a Uniform Law on the Formation of Contract for the International Sale of Goods: ULF)」은 1964년 4월 헤이그에서 개최된 28개국 외교회의에서 채택되었다. 이

두 가지 협약은 '헤이그협약(the Hague Convention)'이라고 불린다. 발효 관문으로 정해진 대로 5개국이 가입함에 따라 1972년에 발효되었다.24) 그러나 헤이그협약은 적용범위가 너무 넓고, 당사자자치를 허용하지 않아 유연성이 떨어지고, 서유럽국가의 법을 기초로 하고, 매도인의 이익을 보호하는데 치중하여 개도국 및 제3세계의 지지를 얻지 못하였다는 평가를 받고 있다. 그 결과 세계적인 통일법으로 자리를 잡지 못하였다.

이처럼 UNIDROIT의 헤이그협약이 통일규범으로서 역할을 못하자, 1965년 UN총회는 국제상거래에 관한 사법의 발전 및 법전화를 위한 연구가 필요하다는 결의안을 채택하였다. 이에 따라 유엔 사무총장이 국제거래법학계의 권위자인 런던대학의 Clive M. Schmitthoff 교수에게 연구를 의뢰하였고, Schmitthoff 교수는 유엔산하의 국제거래법위원회를 설치할 것을 주요내용으로 하는 보고서를 1966년 제출하였다. 이에 따라 1966년 12월 유엔국제상거래법위원회(UNCITRAL)가 설치되었다. 1968년 UNCITRAL 제1차회의는 새로운 국제통일매매법을 제정하기로 결의하였다. UNCITRAL 실무위원회(Working Group)는 법 제정에 착수하여 1976년에는 ULIS에 기초한 매매협약 초안을 작성하였고 1978년에는 ULF에 기초한 계약체결 초안을 작성하여 상정하였다. UNCITRAL 전체회의에서는 이 두 가지 협약 초안을 심의하여 이것들을 통일하기로 결의하였고, 1980년 3월 10일 1978년 UNCITRAL 전체회의는 이들을 단일 협약안으로 통합하였으며, 이 단일 협약안은 1980년 4월 11일 Vienna에서 개최된 UNCITRAL 총회에서 '국제물품매매계약에 관한 유엔협약(CISG)'으로 채택되었다. CISG는 그 성립지에 따라 '비엔나협약(Vienna Sales Convention)'이라고도 불린다.

CISG는 현재 미국과 다른 90여개국 소속 당사자간의 물품매매에 적용된다. CISG는 미국, 중국 및 이탈리아의 비준에 의하여 발효 관문이었던 10개 회원국의 비준이 이루어진 1988년 1월 1일부터 발효되었다. 2022년 7월 현재 주요 체약국으로는 미국, 중국, 일본, 독일, 프랑스, 네덜란드, 이탈리아, 캐나다, 멕시코, 싱가포르 등 95개국이 있으며 우리나라는 2004년 2월에 CISG에 가입하여 2005

---

24) 현재 헤이그협약의 가입국은 벨기에, 잠비아, 독일, 이스라엘, 이태리, 룩셈부르그, 네덜란드, 샌마리노, 영국 등 9개국이다.

년 3월 1일부터 우리나라에 대하여 발효되었다. 가장 최근에 가입한 국가는 2019년 12월에 가입한 과테말라이며 같은 해 북한도 가입하였다. 그러나 아직 영국, 아일랜드, 인도, 남아공화국, 태국 등은 가입하지 않은 상태이다.[25]

2. 비엔나협약의 법적 지위

헌법에 의하여 체결·공포된 조약과 일반적으로 승인된 국제법규는 국내법과 같은 효력을 가진다(헌법 §6①). 따라서 다자조약 제1711호(2005.2.28.)로 성립된 CISG는 우리나라 국민이 당사자인 국제물품매매에 있어서 당사자의 일국의 실체법 대신에 준거법으로 적용될 수 있는 민·상법에 대한 특별법으로서의 법적 지위를 가진다. 국제물품매매계약 당사자가 CISG의 적용을 배제하기로 명시적 또는 묵시적으로 합의하지 않는 한 법원은 민·상법에 우선하여 CISG를 적용하여야 한다. 후술하는 바와 같이 CISG는 체약국의 일부조항의 적용에 대한 유보 선언을 허용하지만, 우리나라는 CISG에 가입하면서 아무런 유보 선언을 하지 않아 협약 전체가 적용된다.

미국의 경우 CISG는 비준되었기 때문에 연방법으로서의 지위를 가져서 통일상법전(UCC)을 포함한 모든 주법에 우선하고, 미국의 연방법원에서 매도인과 매수인이 손해배상을 청구하는 통상의 상업 소송을 제기하는 소인(cause of action)이 된다.

제2절 비엔나협약의 구성 및 내용

Ⅰ. CISG의 구성

비엔나협약은 제1편 적용범위와 총칙[제1장 적용범위(제1조 내지 제6조), 제2장 총칙(제7조 내지 제13조)], 제2편 계약의 성립(제14조 내지 제24조), 제3편

---

25) https://uncitral.un.org/en/texts/salegoods/conventions/sale_of_goods/cisg/status.

물품의 매매[제1장 총칙(제25조 내지 제29조), 제2장 매도인의 의무(제30조 내지 제52조), 제3장 매수인의 의무(제53조 내지 제65조), 제4장 위험의 이전(제66조 내지 제70조), 제5장 매도인과 매수인의 의무에 공통되는 규정(제71조 내지 제88조)], 제4편 최종규정(제89조 내지 제101조)으로 구성되어 있다.

비엔나협약의 특징은 도그마 중심의 경직적 성격의 헤이그협약에 비하여 계약의 체결 및 이행을 도모하기 위한 보다 실용적이고 유연한 태도에 있다.26)

① 헤이그협약은 매수인이 물품수령의무를 이행하지 아니하는 등 매수인이 대금을 지급하지 않을 것이라고 볼 상당한 이유가 있는 경우에는 매도인은 계약을 해제할 수 있었다(헤이그협약 §66). 이에 반하여 비엔나협약은 매매계약 당사자의 계약위반시 자동 해제를 인정하지 않는다. 즉 당사자는 계약체결 후 일정한 사유로 상대방이 의무의 실질적 부분을 이행하지 아니할 것이 판명된 경우에는, 자신의 의무 이행을 정지할 수 있다(CISG §71①).

② 또한 비엔나협약은 매도인이 매매계약을 이행하지 않고 인도기일을 경과한 후에도 하자추완권을 인정하여 되도록 당사자간 계약이 실현되도록 돕는다 (CISG §§37·48)

③ 비엔나협약은 '즉시'가 아닌 "합리적 기간내의" 회답이나 조치를 요구한다. 예컨대, 매수인은 "그 상황에서 실행가능한 단기간 내에" 물품을 검사하거나 검사하게 하여야 한다(CISG §38①)). 이와 상응하는 조항에서 헤이그협약은 "매수인은 물품을 수령하면 즉시 검사하여야 한다"(헤이그협약 §38①)고 경직되게 규정하였다.

④ 물품의 가격에 대한 합의가 없는 경우에 "매도인이 계약체결시 일반적으로 청구하던 가격"이 아니라 "당해 거래와 유사한 상황에서 매도되는 그러한 종류의 물품에 대하여 일반적으로 청구되는 대금"을 지급하게 되어 있는 점도 (CISG §55) 비엔나협약의 유연성을 보여준다.

⑤ 헤이그협약에서는 당사자들은 "당사자들과 같은 처지에 있는 합리적인

---

26) Eörsi, A Propose the 1980 Vienna Convention on Contracts for the International Sale of Goods, 31 Am. J. Comp. L. 334-335 (1983); 김건식, "총설: 비엔나협약의 역사, 현상, 장래", 38면.

자들이 통상 계약에 적용될 것으로 보았을 관행"에 구속된다(헤이그협약 §9②)고 하였다. 이와 달리 비엔나협약은 당사자는 "합의한 관행과 당사자간에 확립된 관례"에 구속된다(CISG §9①). 별도의 합의가 없는 한, "당사자가 알았거나 알 수 있었던 관행으로서 국제거래에서 당해 거래와 동종의 계약을 하는 사람에게 널리 알려져 있고 통상적으로 준수되고 있는 관행"은 당사자의 계약 또는 그 성립에 묵시적으로 적용되는 것으로 본다(CISG §9②). 따라서 비엔나협약이 당사자자치를 보다 보장하면서 통상의 거래관행을 보충적 기준으로 삼도록 한다.

⑥ 비엔나협약은 신의성실원칙에 관한 규정을 포함하고 있는 점에서 헤이그협약보다 진보적이다. 즉 "협약의 해석에는 그 국제적 성격 및 적용상의 통일과 국제거래상의 신의 준수를 증진할 필요성을 고려하여야 한다"(CISG §7①). "이 협약에 의하여 규율되는 사항으로서 협약에서 명시적으로 해결되지 아니하는 문제는, 이 협약이 기초하고 있는 일반원칙, 그 원칙이 없는 경우에는 국제사법규칙에 의하여 적용되는 법에 따라 해결되어야 한다"(CISG §7②).

⑦ 비엔나협약의 비준, 수락 또는 승인을 통하여 그 적용을 받는 체약국은 가입시에 다음과 같이 "이 협약에서 명시적으로 허용하는 범위내에서" 일부 협약 조항의 적용을 유보할 수 있다(CISG §98).

체약국은 서명, 비준, 수락, 승인 또는 가입시에 이 협약 제2편 또는 제3편에 구속되지 아니한다는 취지의 선언을 할 수 있다(CISG §92①). 체약국이 그 헌법상 이 협약이 다루고 있는 사항에 관하여 각 영역마다 다른 법체계가 적용되는 2개 이상의 영역을 가지고 있는 경우에, 그 국가는 서명, 비준, 수락, 승인 또는 가입시에 이 협약을 전체 영역 또는 일부영역에만 적용한다는 취지의 선언을 할 수 있으며, 언제든지 새로운 선언을 함으로써 전의 선언을 수정할 수 있다(CISG §93①). 비엔나협약이 규율하는 사항에 관하여 동일하거나 또는 밀접하게 관련된 법규를 가지는 둘 이상의 체약국은, 양당사자의 영업소가 그러한 국가에 있는 경우에 이 협약을 매매계약과 그 성립에 관하여 적용하지 아니한다는 취지의 선언을 언제든지 행할 수 있다(CISG §94①). 비엔나협약이 규율하는 사항에 관하여 하나 또는 둘 이상의 비체약국과 동일하거나 또는 밀접하게 관련된 법규를 가지는 체약국은 양 당사자의 영업소가 그러한 국가에 있는 경우에 이 협약을 매매계약과 그 성립에 대하여 적용하지 아니한다는 취지의 선언을 언제든지 행할 수 있다(CISG §94②). 어떤 국가든지 비준서, 수락서, 승인서 또는 가입서를 UN 사무총장에게 기탁할 때, 비엔나협약 제1조 제1항 (나)호에 구속되지 아니한다는 취지의 선언을 행할 수 있다(CISG §95). 그 국가의 법률상 매매계약의 체결 또는 입증에 서면을 요구하는 체약국은 제12조에 따라 매매계약, 합의에 의한 매매계약의 변경이나 종료, 청약, 승낙 기타의 의사표시를 서면 이외의 방법으로 하는 것을 허용하는 이 협약 제11조, 제29조 또는 제2편의 어떠한 규정도 당사자 일방이 그 국가에 영업소를 가지고 있는 경우에는 적용하지 아니한다는 취지의 선언을 언제든지 행할 수 있다(CISG §96).

II. CISG의 적용범위

1. 비엔나협약의 적용에 관한 일반원칙

비엔나협약은 당사자 간에 직접 적용될 수도 있고, 국제사법이 정하는 바에 따라 간접적용될 수도 있다.

비엔나협약은 국제매매, 즉 "영업소가 서로 다른 국가에 있는 당사자간의 물품매매계약"에 적용된다(CISG §1①). 따라서 국내매매나 거래 대상이 서비스나 투자, 기술이전인 경우는 적용대상이 아니다. 물품(goods)은 동산만을 가리키며 부동산이나 권리는 포함되지 아니한다. 컴퓨터 소프트웨어가 물품인지에 대해서는 논의가 있으나 인터넷 상으로 업로드되는 경우에는 물품이 아니나 디스켓, CD, 칩과 같은 유형의 전달물체에 저장되어 인도되는 때에는 물품성을 가진다.[27]

비엔나협약은 가) 당사자의 영업소가 모두 체약국내에 있는 경우(직접적용), 또는 나) 국제사법 규칙에 의하여 체약국법이 적용되는 경우(간접적용)에 한하여 적용된다(CISG §1①).

---

27) 석광현(10), 41면; 안강현(22), 17면; 이기수·신창섭(19), 26면.

비엔나협약의 체약국은 서명, 비준, 수락, 승인 또는 가입시에 이 협약 제2편(계약의 성립) 또는 제3편(물품의 매매)에 구속되지 아니한다는 취지의 유보선언을 할 수 있다(CISG §92①). 이와 같이 비엔나협약의 적용을 유보한 국가에서는 계약당사자가 비엔나협약을 준거법으로 지정한 경우에만 적용된다.

비엔나협약이 규율하는 사항에 관하여 동일하거나 또는 밀접하게 관련된 법규를 가지는 둘 이상의 체약국은, 양당사자의 영업소가 그러한 국가에 있는 경우에 이 협약을 매매계약과 그 성립에 관하여 적용하지 아니한다는 취지의 선언을 언제든지 행할 수 있다. 그러한 선언은 공동으로 또는 상호간에 단독으로 할 수 있다(협약 §94①). 이것은 북유럽국가들과 같이 지리적으로 인접한 국가들간에 매매법이 통일된 경우에는 굳이 비엔나협약을 적용하지 않을 수 있도록 한 것이다.

비엔나협약에 가입하면 헤이그협약은 폐기하여야 한다. 비엔나협약은 "1964년 7월 1일 헤이그에서 작성된 '국제물품매매계약의 성립에 관한 통일법'(1964년 헤이그성립협약)과 '국제물품매매계약에 관한 통일법'(1964년 헤이그매매협약) 중의 하나 또는 모두의 당사국이 이 협약을 비준, 수락, 승인 또는 이에 가입하는 경우에는 네덜란드 정부에 통고함으로써 1964년 헤이그매매협약 및/또는 1964년 헤이그성립협약을 동시에 폐기하여야 한다"(CISG §99③)고 정하고 있다. 또한 전술한 대로 비엔나협약의 적용을 유보한 국가의 경우에는 "그 국가는 이 협약의 비준, 수락, 승인 또는 가입시에 네덜란드 정부에 통고함으로써 1964년 헤이그매매협약을 폐기하여야 한다."(CISG §99④)

비엔나협약이 이처럼 헤이그협약과의 양립불가성을 선언하고 있기 때문에 만일 비엔나협약 가입국과 헤이그협약 가입국 간의 물품매매에 대해서는 두 협약 중 어느 것도 적용되지 않고 국제사법이 지정하는 법률에 따라 처리될 수밖에 없다.

비엔나협약은 1980년 4월 11일에 비엔나에서 동등하게 정본인 아랍어, 중국어, 영어, 프랑스어, 러시아어 및 스페인어로 각 1부가 작성되었다(CISG §101②). 그러나 비엔나협약 각 규정의 성립에는 커먼로가 큰 영향을 미쳤기 때문에 실무상 영어정본이 중요하다.

2. 비엔나협약의 직접적용

비엔나협약의 직접적용을 위한 요건은 ① 당사자가 상이한 국가에 영업소 내지 상거소(일상의 거소)가 있을 것, ② 국제성에 대한 인식가능성이 있을 것, ③ 당사자의 본거지가 있는 국가가 체약국일 것, 그리고 ④ 비엔나협약의 배제에 관한 당사자 간의 합의가 없을 것 등이다.

(1) 상이한 국가에 소재하는 영업소

비엔나협약은 영업소(places of business)가 서로 다른 국가에 있는 당사자간의 물품매매계약에 적용된다(CISG §1①). 여기에서 영업소는 어느 정도 영속성을 갖는 기업의 존재와 영업활동의 중심지로서 생활의 중심지인 자연인의 주소에 대응하는 개념이다.[28] 이와 달리 비엔나협약 제1조의 영업소는 동협약 제10조의 취지를 고려하여 영업활동의 중심지일 필요는 없고 영업활동의 당사자가 사용하는 장소로서 일정한 정도의 영속성 및 독립성을 갖고 있다면 해당된다는 견해[29]가 있다.

당사자 일방이 영업소를 가지고 있지 아니한 경우에는 그의 일상거소(habitual residence)를 영업소로 본다(CISG §10(나)목). 당사자 일방이 둘 이상의 영업소를 가지고 있는 경우에는, 계약체결 전이나 그 체결시에 당사자 쌍방에 알려지거나 예기된 상황을 고려하여 계약 및 그 이행과 가장 밀접한 관련이 있는 곳이 영업소로 된다(CISG §10(가)목). 당사자의 국적 또는 당사자나 계약의 민사적·상사적 성격은 이 협약의 적용 여부를 결정하는 데에 고려되지 아니한다(CISG §1③).

---

[28] 최준선(15), 141면; 안강현(22), 15면(따라서 통상의 영업활동을 위한 영속적 장소가 아닌, 상담 또는 협상을 하는 동안 그것을 위하여 체류하는 호텔 객실과 같은 체류장소는 설령 그 협상을 위하여 수개월을 체류하는 경우에도 영업소가 아니라고 한다.).
[29] 이기수·신창섭(19), 27면.

(2) 국제성에 대한 인식가능성

당사자가 서로 다른 국가에 영업소를 가지고 있다는 사실은, 계약으로부터 또는 계약체결 전이나 그 체결시에 당사자간의 거래나 당사자에 의하여 밝혀진 정보로부터 드러나지 아니하는 경우에는 고려되지 아니한다(CISG §1②). 즉 계약당사자가 당해 계약이 국제물품매매계약이라는 사실을 인식할 수 있어야 비엔나협약이 적용되고, 계약 체결시 당사자들이 그러한 사실을 인식할 수 없었던 경우에는 비엔나협약은 적용되지 아니한다.

이렇게 하지 않으면 국제매매계약인 점을 예기하지 못하다가 비엔나협약이 적용되는 사태를 피할 수 없을 것이기 때문이다.[30]

국제성을 인식하지 못한 데 대한 입증책임은 주장자가 부담한다.[31]

그러나 이와 달리 여기에서 서로 다른 국가에 영업소를 가지고 있다는 사실이 드러난다(appear)는 의미는 인식가능하다(discern)는 의미가 아니라 은폐하지 않았어야(not concealed) 한다는 의미로 해석되어야 한다는 주장이 있다.[32] 이렇게 해석한다면 국제성을 인식하지 못하였다는 입증대상은 국제성의 객관적 인식가능 여부가 아니라 주관적 은폐 여부에 대한 것이 될 것이다.

(3) 당사자의 본거지가 있는 국가가 체약국일 것

비엔나협약은 제1조 제1항 (가)목 또는 (나)목의 체약국에게 협약의 효력이 발생한 날 이후에 계약체결을 위한 제안이 이루어진 경우에 한하여 계약의 성립에 대하여 적용된다(CISG §100①). 또한 이 협약은 제1조 제1항 (가)목 또는 (나)목의 체약국에게 협약의 효력이 발생한 날 이후에 체결된 계약에 대하여만 적용된다(CISG §100②). 즉 직접적용이든 간접적용이든 당사국이 계약체결의 시점에 체약국일 경우에 한하여 적용된다. 이 때 당사자가 당해 국가가 비엔나협약의 체약국임을 어느 시점에 알았는지는 불문한다.

---

30) 최준선(15), 143면.
31) 석광현(10), 30면; 안강현(22), 17면; 이기수·신창섭(19), 28면.
32) P. Schlechtriem (ed.), Commentary on the UN Convention on the International Sale of Goods, 2nd ed., 1998, p. 28; 이기수·신창섭(19), 28면 주 8.

A국에서는 비엔나협약이 발효되었으나, B국에서는 발효되지 않은 상태에서 A국의 갑이 청약을 하고, B국의 을이 승낙하였고, 계약이행일에는 B국에서도 협약이 발효된 경우 이 계약에는 비엔나협약이 적용되지 않는다. 체약국에게 협약의 효력이 발생한 날 이전에 체결된 계약이기 때문이다(CISG §100②). 계약의 성립에 관하여 비엔나협약이 적용되지 않으므로 그 효력에 관해서도 협약의 적용이 없다. 다만 준거법을 A국법으로 정한 경우에는 비엔나협약이 간접적용될 수는 있다(CISG §1①(나)).

(4) 비엔나협약의 배제에 관한 당사자 간의 합의가 없을 것

후술하는 바와 같이 당사자는 비엔나협약 또는 동협약의 일부 규정의 적용을 배제하거나 효과를 변경할 수 있다(CISG §6). 이것은 비엔나협약의 적용면에서 당사자자치의 원칙을 인정한 것이다. 적용배제나 효과변경의 의사표시의 방식은 명시적일 것은 요구되지만 구체적인 방식은 불문한다. 당사자들은 비엔나협약의 적용을 배제하고 표준계약조건(standard contract terms)에 의하여 그 계약에 관한 별개의 준거법을 선정함으로써 비엔나협약의 적용을 배제할 수 있다.[33]

3. 비엔나협약의 간접적용

비엔나협약은 비체약국의 국민에게 간접적용될 수도 있다. 간접적용은 매매계약 일방 당사자의 영업소가 협약의 체약국에 소재하지만, 그 상대방 당사자의 영업소가 비체약국에 소재하는 경우, 국제사법의 원칙에 따른 준거법 지정에 의하여 체약국의 법률이 적용되면서 비엔나협약이 체약국의 법률의 하나로서 당해 법률관계에 적용되게 되는 경우(CISG §1①(나)목)이다. 예컨대 프랑스의 수출상과 영국의 수입상 간에 물품매매계약을 체결하는 경우, 협약 제1조 제1항 (가)목에 따라서는 비엔나협약이 적용되지 않지만, 일방 당사자가 프랑스 법원에 제소하면, 유럽연합의 Rome Ⅰ규정은 매도인의 본국법으로서 프랑스법을 적

---

33) Ulrich Huber, Der UNCITRAL-Entwurf eines Übereinkommens über internationale Warenkaufverträge, RabelsZ 43, 1973, 4239; 최준선(15), 142면.

용할 것을 요구하게 되고, 프랑스는 CISG 체약국이므로 프랑스 법원은, 영국이 비체약국이지만, 협약 제1조 제1항 (나)목에 따라서 이 사건에 비엔나협약을 적용하게 된다.

간접적용의 요건은 ① 계약 당사자가 상이한 국가에 영업소를 가질 것, ② 국제성에 대한 인식가능성이 있을 것, ③ 당사자의 본거지가 있는 국가가 비체약국이고, 법정지국의 국제사법의 준거법지정에 의하여 체약국의 법률이 적용될 것, 그리고 ④ 비엔나협약 제95조에 의한 유보가 없을 것 등이다.

협약은 강조를 위하여 "당사자의 국적 또는 당사자나 계약의 민사적·상사적 성격은 이 협약의 적용 여부를 결정하는 데에 고려되지 아니한다"(CISG §1③)고 규정한다. "계약의 민사적·상사적 성격"이란 예컨대 국내법이 당사자를 상인으로 간주하는지 여부와 같은 요소를 말한다.[34]

(1) 계약 당사자가 상이한 국가에 영업소를 가질 것

계약 당사자가 상이한 국가에 영업소를 가져야 한다(CISG §1①본문)는 영업소 기준은 당사자가 둘 이상의 영업소를 가진 경우에 난점이 될 수 있다. 그 경우에 협약은 "당사자 일방이 둘 이상의 영업소를 가지고 있는 경우에는, 계약체결 전이나 그 체결시에 당사자 쌍방에 알려지거나 예기된 상황을 고려하여 계약 및 그 이행과 가장 밀접한 관련이 있는 곳(이 영업소로 된다"(CISG §10①)고 규정한다.

"계약 및 그 이행과 가장 밀접한 관련이 있는 곳"이라는 상이한 두 요소들에 대한 언급은 모호성을 남길 수 있다. 따라서 하나의 영업소가 계약 체결과 보다 밀접하게 관련되고 둘째 영업소가 당사자의 계약상 의무의 이행과 보다 밀접하게 관련되는 경우에는, 법원은 어느 영업소가 관련 "영업소"인지 판단하기 위하여 양 고려요소들의 상대적 중요성을 형량할 필요가 있다. 그러나 비엔나협약 제10조 제1항은 계약 체결 당시 또는 그 이전에 당사자들이 "알거나 상정하고 있는" 사정과 같은 유용한 요소들을 고려하지 못하게 한다. 보다 일반적 문제로

---

[34] Folsom, Gordon & Ramsey(20), p. 62.

서, 협약 제10조 제1항은 각 당사자들이 어느 영업소가 자신들의 거래에 "밀접한 관련"이 있는 영업소라고 믿는지 언급함으로써 모호성을 해결할 수 있도록 허용하여야 하는데 그것을 명시하지 않았다.[35]

(2) 국제성에 대한 인식가능성이 있을 것

간접적용의 경우에도 "당사자가 서로 다른 국가에 영업소를 가지고 있다는 사실은, 계약으로부터 또는 계약체결 전이나 그 체결시에 당사자간의 거래나 당사자에 의하여 밝혀진 정보로부터 드러나지 아니하는 경우에는 고려되지 아니한다."(CISG §1②) 즉 당사자들에게 거래의 국제성에 대한 인식가능성이 있어야 한다.

(3) 법정지국의 국제사법의 준거법지정에 의하여 체약국의 법률이 적용될 것

비엔나협약이 직접적용되지 않는 국제매매에 대하여 법정지국의 국제사법 규정에 의하여 체약국의 법률이 준거법으로 지정된 경우에 당해 매매계약에 대하여 비엔나협약이 간접적으로 적용된다(CISG §1①(나)).

예컨대, 한국회사가 매도인, 영국회사가 매수인, 법정지는 한국인 경우, 계약서에서 준거법을 한국법으로 한다고 지정한 경우에는 한국법원은 한국법으로서, 한국이 가입한 비엔나협약을 적용한다.

그런데 계약상 준거법 지정이 없는 경우 체약국인 한국과 비체약국인 영국 사이의 거래에 비엔나협약이 적용될 수는 없다. 그러면 법정지인 한국 국제사법에 의하면 "당사자가 준거법을 선택하지 아니한 경우에 계약은 그 계약과 가장 밀접한 관련이 있는 국가의 법에 의한다."(국제사법 §26①) 또한 "당사자가 계약에 따라 양도계약의 경우 양도인의 이행을 행하여야 하는 경우에는 계약체결 당시 그의 상거소가 있는 국가의 법(당사자가 법인 또는 단체인 경우에는 주된 사무소가 있는 국가의 법)이 가장 밀접한 관련이 있는 것으로 추정한다. 다만, 계

---

[35] Folsom, Gordon & Ramsey(20), p. 63.

약이 당사자의 직업 또는 영업활동으로 체결된 경우에는 당사자의 영업소가 있는 국가의 법이 가장 밀접한 관련이 있는 것으로 추정한다."(국제사법 §26② i) 따라서 한국회사가 매도인으로서 양도계약을 이행하여야 할 이 경우에는 양도인의 상거소법 또는 양도인의 영업소가 있는 국가의 법이 적용되게 되어, 비엔나협약이 간접적용되게 된다.

만일 계약에서 준거법의 지정이 없고, 한국회사가 매수인, 영국회사가 매도인, 법정지가 한국인 경우에는 국제사법에 의하여 매도인의 상거소법인 영국의 물품매매법이 가장 밀접한 관련이 있는 법(최밀관련국법)이 되어 적용된다.

(4) 비엔나협약 제95조에 의한 유보가 없을 것

어떤 국가든지 비준서, 수락서, 승인서 또는 가입서를 기탁할 때, 비엔나협약 제1조 제1항 (나)호에 구속되지 아니한다는 취지의 선언을 행할 수 있다(CISG §95). 즉 비엔나협약에 가입하면서 체약국과의 거래에만 직접적용되는 것으로 하고 간접적용 가능성을 배제할 수 있는 것이다. 따라서 그러한 선언을 한 경우에는 국제사법 적용에 의하여 비엔나협약이 간접적으로 적용될 가능성은 배제된다. 이러한 유보를 선언한 나라로는 미국과 중국이 있다. 예컨대 프랑스의 수출상과 영국의 수입상 간에 물품매매계약을 체결하였는데, 일방 당사자가 미국 법원에 제소하면, 미국은 비엔나협약 가입시 (제1조 제1항 (나)호에 구속되지 않는다고) 제95조의 유보를 선언하였기 때문에, 미국 법원은 CISG를 적용하지 아니하고, 어떤 국내법이 당해 거래에 적용되는지 판정하기 위하여 통일상법전 상의 매매거래에서의 법의 선택 법리(UCC §1-301)에 따라 준거법을 정하게 된다. 즉 미국은 비엔나협약의 간접적용 가능성을 배제하였기 때문에, 미국 법원은 양방 거래당사자가 체약국인 경우에만 CISG를 적용하고 그렇지 않은 경우에는 미국법을 적용하게 되는 것이다. 그러나 이 사건에서 미국 법원은 미국 국내법인 UCC의 적용에 의하여 매도인의 본국법인 프랑스법을 준거법으로 정하게 되고, 그에 따라 체약국인 프랑스의 법인 비엔나협약을 적용하는 결론에 이르게 된다. 그러므로 비엔나협약 제95조의 유보를 선언한 미국의 입장은 비엔나협약 체약

국이 증가할수록 그 의미가 줄어들게 된다.[36]

비엔나협약의 간접적용의 경우의 수를 보다 일반화한 사례는 다음과 같다:

<사례> 매도인의 영업소는 A국에 있고 매수인의 영업소는 B국에 있다. A국은 체약국이고 B국도 체약국이다. 매수인이 A국에서 매도인을 상대로 소를 제기하였다.
1) A국의 국제사법에 의하면 비체약국인 C국법이 준거법이 된다. 이 경우 A국법원에서는 비엔나협약이 직접적용된다.
2) 만일 B국이 비체약국이고 준거법 소속인 C국이 체약국이라면 이 경우 A국 법원에서는 국제사법상 준거법인 C국법으로서 비엔나협약을 적용하게 된다.
3) 만일 B국이 비체약국이고 준거법 소속인 C국이 체약국이고 C국은 제95조에 의하여 제1조 제1항 (나)의 유보선언을 하였다면, 피지정국 C국이 유보국이므로 협약이 아닌 C국의 국내법이 적용되게 된다.
4) A국은 체약국이나 제95조에 의하여 제1조 제1항 (나)의 유보선언을 하였고, B국은 비체약국이고, C국은 체약국이나 제95조에 의하여 제1조 제1항 (나)의 유보선언을 하지 않았다면, 이 경우 A국법원은 일단 비엔나협약을 적용하지 않고, 국제사법상 준거법을 적용하게 되나 국제사법상 준거법은 C국법이고, C국은 체약국이므로 다시 비엔나협약이 적용되게 된다.

4. 비엔나협약의 적용배제

(1) 적용배제에 관한 당사자자치의 인정

비엔나협약은 임의법규이어서 "당사자는 이 협약의 적용을 배제할 수 있고, 제12조에 따를 것을 조건으로 하여 이 협약의 어떠한 규정에 대하여도 그 적용을 배제하거나 효과를 변경할 수 있다"(CISG §6)고 하여, 당사자자치에 의한 협약 적용배제를 허용하고 있다. 그러나 그러한 협약에 대한 적용배제의 주체는 당사자 모두여야 하고, 한쪽 당사자의 일방적인 의사표시만으로는 할 수 없다.

명시적 또는 묵시적 의사표시에 의하여 적용을 배제할 수 있었던 헤이그협

---

36) Folsom, Gordon & Ramsey(20), pp. 65-66.

약과 달리, 비엔나협약은 그 이름을 명시한 의사표시에 의해서만 적용을 배제할 수 있다. 따라서 당사자 간에 비엔나협약을 배제하기로 명시적으로 합의하지 않고 단지 어느 나라의 법률을 적용하기로 한 것은 비엔나협약의 적용을 배제하는 의사표시로 볼 수 없다.[37] 예컨대 "미국 뉴욕의 법을 계약에 적용한다"는 조항을 계약에 포함시키는 것만으로는 그것이 비엔나협약의 적용배제 의사로 간주되지 않는다. 비엔나협약은 미국 연방법으로 간주되기 때문에 뉴욕의 법에도 포함되기 때문이다. 즉 법원은 비엔나협약 체약국의 법을 선택한다는 당사자간의 계약조항은 단지 비엔나협약을 선택한 것으로 간주한다.[38]

마찬가지로 비엔나협약의 규정은 표준계약조건(standard contract terms)에 의하여 그 계약에 관한 별개의 준거법을 선정하면서 적용배제할 수도 있지만,[39] 단지 Incoterms와 같은 정형거래조건을 채택하는 것은 이것이 국내법 규정의 배제로 보지 않는 것과 마찬가지로, 그것만으로 비엔나협약 적용의 배제로 보지 않는다. 왜냐하면 그러한 정형거래조건이 해당 거래의 모든 법률관계에 관한 법적 쟁점 모두에 대한 해결책을 망라적으로 제공하는 것은 아니어서 국내법이나 비엔나협약이 보충적으로 적용될 필요가 있기 때문이다. 오히려 비엔나협약의 적용배제를 명시하는 조항을 삽입하는 경우는 물론 비엔나협약의 적용을 배제하지 않는 경우에도, 어려운 법의 선택 쟁점을 피하기 위하여 적용가능한 국내법을 합의하여 계약서에 삽입할 것이 권장된다.[40]

그러므로 비엔나협약과 Incoterms와 같은 정형거래조건은 상호 보완적이다.[41]

---

[37] St. Paul Guardian Insurance Co. v. Neuromed Medical Systems & Support GmbH. 2002 WL 465312, (S.D.N.Y. Mar. 26, 2002); Ajax Tool Works, Inc. v. Can-Eng Mfg. Ltd., 2003 WL 223187 (N.D.Ill. Jan. 30, 2003).

[38] *BP Oil International, Ltd. v. Empresa Estatal Petroleos de Ecuador*, 332 F.3d 333 (5th Cir. 2003)(미국 연방 제5순회 항소법원은 이 사건에서 에쿠아도르법을 적용한다는 준거법 조항은 CISG가 에쿠아도르법이기 때문에 결국 CISG가 해당 거래에 적용된다는 것을 단지 확인한 것이 된다고 판시하였다.).

[39] Ulrich Huber, Der UNCITRAL-Entwurf eines Übereinkommens über internationale Warenkaufverträge, RabelsZ 43, 1973, 4239; 최준선(15), 142면.

[40] Folsom, Gordon & Ramsey(20), p. 68.

[41] Honnold, *Uniform Law for International Sales under the 1980 United Nations Convention*,

만일 비엔나협약이 그 거래에 적용되면, 법원은 당사자들이 계약을 체결하였는지 판단하기 위하여, 그리고 그것이 인정되면, 당사자들의 법 선택 조항이 그 계약의 일부인지 판단하기 위하여 비엔나협약의 계약성립에 관한 규칙을 적용한다. 한 사건에서 한국의 수입상과 미국 뉴욕의 수출상 사이의 물품매매계약에서 당사자들은 충돌하는 법의 선택 조항을 포함하는 표준계약서 양식을 교환하였다. 이 사건에서 비록 양 당사자들은 (CISG가 아닌) 국내법을 선택하려고 시도하였지만, 하나의 선택에 관한 당사자들간의 합의가 없었기 때문에 법원은 비엔나협약, 특히 그 계약성립에 관한 규정을 적용하였다.[42]

(2) 비엔나협약의 물적 적용제외

일부 특수한 종류의 매매에 대해서는 비엔나협약은 적용되지 않는다.

1) 소비자의 구매행위

비엔나협약은 개인용·가족용 또는 가정용으로 구입된 물품의 매매에는 적용되지 아니한다(CISG §2(가)본문). 다만, 매도인이 계약체결 전이나 그 체결시에 물품이 그와 같은 용도로 구입된 사실을 알지 못하였고, 알았어야 했던 것도 아닌 경우에는 그러하지 아니하다(동조(가)단서).

이러한 적용제외의 이유는 소비자의 구매행위에 대해서까지 상인간의 전문적 국제거래에 적용되는 비엔나협약을 적용하는 것은 통상 강행법인 국내 소비자보호법과의 충돌을 가져오기 때문에 적절하지 않기 때문이다. 이 경우에는 각 체약국 고유의 소비자보호법이 적용되게 된다.

당사자나 계약의 민사적·상사적 성격은 이 협약의 적용 여부를 결정하는 데에 고려되지 아니한다는 비엔나협약 제1조 제3항을 근거로 동협약의 적용대상이 되는 물품매매계약이 상사매매의 성질을 가질 것을 요구하는 것으로 해석해서는 아니된다는 견해[43]가 있다. 그러나 영업소를 가진 양 당사자가 국제물품매

1999, p. 78.
42) *Hanwha Corp. v. Cedar Petrochemicals, Inc.*, 760 F. Supp. 2d 426 (S.D.N.Y. 2011).
43) 이기수·신창섭(19), 31면.

매를 하는 것이 민사거래에 해당할 가능성은 협약 제2조 가목에 따라 거의 생각하기 어렵다. 우리나라 상법에서는 자연인의 상인자격의 취득시기가 영업준비를 위한 보조적 상행위를 하는 때부터라고 해석하는 것이 다수설이므로 예컨대 아직 상인이 아닌 사람이라도 영업소를 갖고 있는 외국의 상대방과 국제물품매매계약을 체결하였다면 비엔나협약은 적용될 것이다.

비엔나협약은 물품매매에서 비롯된 것이라 해도 물품으로 인하여 발생한 사람의 사망 또는 상해에 대한 매도인의 책임에는 적용되지 아니한다(CISG §5). 이 역시 국내법의 핵심적인 공공정책과 충돌하는 것을 방지하기 위한 것이다.[44]

2) 경매, 강제집행, 주식·지분·투자증권 등의 매매

비엔나협약은 경매(CISG §2(나), "강제집행 그 밖의 법령에 의한 매매"(동조(다)목), "주식, 지분, 투자증권(investment securities), 유통증권(negotiable instruments) 또는 통화의 매매"(동조(라)목)에 대해서는 적용되지 않는다.

경매의 경우에는 낙찰되기 전까지는 매수인을 알 수 없기 때문에 협약의 적용여부를 알 수 없기 때문이다. 그러나 인터넷을 통한 국제경매에 대해서는 비엔나협약을 적용하자는 주장이 있다.

주식, 지분, 투자증권, 유통증권 등의 거래는 어느 나라에서나 엄격한 규제대상이 되는 금융거래로서 그 거래지의 법률에 의하여 규율하는 것이 적절하고 물품매매에 있어서의 물품(goods)을 유형의 동산으로 해석하는 전제에서는 주식, 지분, 투자증권, 유통증권 또는 통화 등은 물품의 개념에 포함되는지 의문이 있기 때문에 적용제외한 것이다. 반면 기념주화와 같은 상품의 매매에는 협약이 적용된다. 또한 협약 제2조 (나)목이 명시하지 않은 서류나 무체물에 대해서 비엔나협약의 적용여부에 관하여 모호성이 있지만, 명시된 유통증권 중에 선하증권, 화물상환증, 창고증권과 같은 국제물품매매에서 물품인도청구에 사용되는 유가증권은 각국법상 이를 처분하면 운송물, 임치물을 처분하는 효과가 생기는 처분증권으로서 비엔나협약이 적용된다.

---

44) Folsom, Gordon & Ramsey(20), p. 70.

3) 선박 또는 항공기의 매매

비엔나협약은 선박, 소선(小船), 부선(浮船), 또는 항공기의 매매에 대해서는 적용되지 않는다(CISG §2(마)). 이것들은 그 정의, 법적 성질 등에 관하여 각국마다 법적으로 다르게 취급되며, 각국의 선박법, 항공법 등으로 그 거래절차, 등기·등록을 규정하는 경우가 대부분이기 때문이다.

비엔나협약 제2조 (마)호의 원문은 "ships, vessels, hovercraft or aircraft"인데, 법무부 공식 번역본은 "선박, 소선(小船), 부선(浮船), 또는 항공기"로 번역하였다. vessels은 보통 ships보다는 적지만 전체 배의 종류 중에서는 비교적 큰 배를 의미하기 때문에, 소선(小船)이라고 번역하는 것은 문제가 있다는 지적이 있으나.[45] 카누나 조정 등과 같이 운송수단보다 스포츠장비로서의 기능이 큰 것들은 선박이 아니고 상품으로서 비엔나협약이 적용된다.

상법 제5편 해상은 항해용 선박에 대하여 적용되는데, 단정(短艇) 또는 주로 노 또는 상앗대로 운전하는 선박은 적용대상에서 제외하고 있다(상법 §741②). 따라서 등기·등록의무가 없는 20톤 미만의 소형 돛단배나 모터보트, 고무보트 등의 소형선박에 대해서는 비엔나협약상의 선박이라고 보기도 어렵고, 그러므로 비엔나협약이 그것들의 매매에 대하여 적용된다고 해석된다.[46]

hovercraft를 법무부 공식 번역본은 '부선'(浮船)으로 번역하고 있다. 이는 '공기를 내뿜어 부양하면서 추진하는 선박'을 말하는 것으로서, '무동력선으로서 예선 등 다른 선박에 끌려 이동하는 선박'을 의미하는 '부선'(艀船)(barge)(선박법 §1의2①iii)과는 구별해야 한다. 그러나 부선(艀船)은 선박의 일종으로서 역시 매매에 대하여 비엔나협약의 적용이 배제된다.

비엔나협약은 이동수단인 '선박이나 항공기'의 매매에 대해서는 적용되지 않지만, '선박이나 항공기의 부품'의 매매에 대해서는 적용된다. 부품이 엔진과 같이 본질적 부분이라도 마찬가지이다.[47]

---

45) 최세련, "국제물품매매협약(CISG)에서 운송법적 쟁점에 관한 검토", 「국제거래법연구」 제21집 제2호, 2012, 78면.
46) 이와 달리 적용제외된다는 견해는 이기수·신창섭(19), 32면(비엔나협약 적용의 통일성을 제고하기 위해서라고 한다.).

다만, 선박 또는 항공기의 매매에 대하여 당사자가 비엔나협약을 적용하기로 합의하는 것은 유효하다.

4) 전기의 매매

비엔나협약은 전기의 매매에 대해서는 적용되지 않는다(CISG §2(바)). 전기의 공급 등에 관해서는 각국이 자국 산업 보호를 위하여 특별법으로 규제를 하기 때문에 전기의 매매는 일반적으로 국제무역거래의 대상이 될 수 없다.

(3) 주문생산계약 및 서비스매매

다음의 계약에는 비엔나협약이 적용되지 아니한다.

> 물품을 제조 또는 생산하여 공급하는 계약에 있어 물품을 주문한 당사자가 그 제조 또는 생산에 필요한 재료의 중요한 부분을 공급하는 계약(CISG §3①)
> 물품을 공급하는 당사자의 의무의 주된 부분이 노무, 그 밖의 서비스의 공급에 있는 계약(CISG §3②)

그 이유는 물품을 제조 또는 생산하여 공급하는 계약은 이를 매매로 보지만(협약 §3①본문), 물품을 주문한 당사자가 그 제조 또는 생산에 필요한 재료의 "중요한 부분"을 공급하는 경우에는 그러하지 아니하다고 보기 때문이다(CISG §3①단서).

우리나라 상법상 당사자의 일방이 상대방의 주문에 따라서 자기의 소유에 속하는 재료를 사용하여 만든 물건을 공급할 것을 약정하고 이에 대하여 상대방이 대가를 지급하기로 약정하는 이른바 제작물공급계약은 그 제작의 측면에서는 도급의 성질이 있고 공급의 측면에서는 매매의 성질이 있다. 대법원은 계약에 의하여 제작 공급하여야 할 물건이 대체물인 경우에는 매매로 보아서 매매에 관한 규정이 적용되나, 그 물건이 특정의 주문자의 수요를 만족시키기 위한 불대체물인 경우에는 당해 물건의 공급과 함께 그 제작이 계약의 주목적이 되어

---

47) 석광현(10), 44면; 김인호, 「국제물품매매계약에 관한 유엔협약 사례연구 Ⅰ」, 법무부, 2004, 91면.

도급의 성질을 강하게 띠고 있다 할 것이므로 이 경우에도 매매에 관한 규정이 당연히 적용된다고 할 수는 없는 것으로 본다.[48] 이러한 입장에 따르면 주문자가 물품의 제조 또는 생산에 필요한 재료의 중요한 부분을 공급하는 경우에는 매매로 볼 수 없고 도급에 해당할 것이다.

"중요한 부분"의 판단기준에 관하여 비엔나협약은 명확한 기준을 제시하지 않으나, 판례는 양 당사자가 물품의 제작을 위하여 제공한 재료의 가액의 비율에 따라 이를 판단하여야 한다고 하며, 대개 매수인이 제공한 재료의 가격이 전체 가격의 15~50 % 이면 매매가 된다고 본다.[49]

비엔나협약의 적용범위와 관련하여 제기될 수 있는 쟁점 하나는 이른바 혼성거래(hybrid transactions)의 경우이다. 즉 일방 당사자가 물품을 매매하면서 동시에 서비스도 제공하는 경우, 비엔나협약이 적용되느냐 하는 문제가 제기된다. 협약은 물품을 제공하는 당사자의 의무 중 "주된 부분"이 노무 그밖의 서비스의 공급인 계약에 관해서는 비엔나협약의 적용이 없다(CISG §3②)는 기준을 제공한다. 주된 부분의 판단기준에 관하여 판례는 그 노무 또는 서비스의 제공가액이 물품 가액의 50%를 초과하는 경우에 주된 부분으로 본다.[50]

기본적 배급협정(framework distribution agreement) 및 합작계약(joint venture agreement)에 대해서는 비엔나협약이 적용되지 아니한다. 전자는 단지 당사자들의 기본관계를 정할 뿐이고 물품매매가 내용에 포함되지 않기 때문이고, 후자는 서비스가 거래대상이기 때문이다.

또한 과거에는 논란이 있었지만 현재는 프랜차이즈계약, 턴키건설계약, 금융리스계약에 대해서는 비엔나협약이 적용되지 아니한다는 것이 통설이다. 교환(barter)계약에 대해서는 견해가 갈리지만 마찬가지로 비엔나협약이 적용되지 않는다는 견해가 우세하다.[51]

---

48) 대법원 1987.7.21. 선고 86다카2441 판결.
49) CLOUT case No. 164 [Arbitration Court attached to the Hungarian Chamber of Commerce and Industry, Hungary, 5 December 1995].
50) CLOUT case No. 122 [Oberlandesgericht Köln, Germany, 26 August 1994]. 특정 구조물에 관하여 해체하는 서비스 제공가액이 총 계약금액의 25% 정도를 차지하는 경우에는 협약이 적용된다.

또 하나의 쟁점은 컴퓨터 소프트웨어 거래이다. 컴퓨터 하드웨어의 거래와 마찬가지로 컴퓨터 소프트웨어를 디스크 등의 유형의 용기에 담아서 거래하는 것은 당연히 비엔나협약의 적용대상이다. 그러나 컴퓨터 소프트웨어의 개발계약의 경우에는 논란이 있지만 인터넷을 통하여 직접 다운로드되는 컴퓨터 소프트웨어 거래에 대해서는 협약이 적용되지 않는다. 더욱이 컴퓨터나 휴대폰으로 인터넷을 통하여 다운로드되어 소프트웨어가 대량으로 판매되는 경우 협약 제2조 (가)목에 따른 소비자거래에 해당되어서 협약 적용이 배제된다.[52]

(4) 계약 또는 관행의 유효성 및 소유권의 이전

비엔나협약은 매매계약의 성립 및 그 계약으로부터 발생하는 매도인과 매수인의 권리의무만을 규율한다(CISG §4본문). 이 협약에 별도의 명시규정이 있는 경우를 제외하고, 이 협약은 특히 "계약이나 그 조항 또는 관행의 유효성"(동조(가)목), "매매된 물품의 소유권에 관하여 계약이 미치는 효력(effect)"과 관련이 없다(동조(나)목).

따라서 계약 또는 관행의 유효성, 매매된 물품의 소유권에 미치는 효력에 대해서는 비엔나협약이 적용되지 않으므로 당사자자치의 원칙, 신의성실의 원칙 등 비엔나협약의 기초를 이루는 일반원칙에 적합하도록 해결해야 하며, 그러한 원칙도 적용될 수 없는 경우에는 국제사법의 원칙에 따라 정해진 준거법을 적용하여 규율한다(CISG §7②). 예컨대, 계약체결 능력, 착오, 사기, 강박에 의한 법률행위의 효과는 국제사법이 정하는 준거법에 따른다.[53] 그러나 공서양속에 반하는 법률행위, 각국의 수출관련법 및 소비자보호법과 같은 사회정책 내지 경제적 규제를 위한 강행법에 저촉되는지 여부의 문제에 관해서는 섭외적 문제가 아니므로 각 체약국의 국내법에 따른다.

소유권의 이전에 관하여 독법계에서는 형식주의를 취하여 물권적 합의와 동

---

51) Folsom, Gordon & Ramsey(20), p. 72.
52) *Id.* p. 71.
53) CLOUT case No. 605 [Oberster Gerichtshof, Austria, 22 October 2001]; CLOUT case No. 5 [Landesgericht Hamburg, Germany, 26 September 1990].

산의 인도를 요구하나 불법계에서는 의사주의를 취하여 물권적 합의만 있으면 충분하다(의사주의)고 보는 등 통일에 어려움이 있어서 비엔나협약의 적용범위에서 제외한 것이다.54)

(5) 비엔나협약상 제조물책임

비엔나협약은 물품으로 인하여 발생한 사람의 사망 또는 상해에 대한 매도인의 책임에는 적용되지 아니한다(CISG §5). 제조물책임은 그 법적 성질이 계약책임인지 불법행위책임인지 논쟁의 여지가 있으며, 책임의 인정범위에 관하여 학설이 다양하고 각국의 법제가 상이한 관계로 비엔나협약의 적용범위에서 제외하고 국제사법의 원칙에 따른 준거법의 규율에 의한다(CISG §7②).

Ⅲ. CISG의 해석

비엔나협약은 제7조부터 제13조까지 총칙을 포함하고 있다. 이들 조항은 협약의 해석과 그 공백을 보충하는 규칙(CISG §7), 당사자 의사표시 및 계약 의미의 해석(CISG §8), 거래 관례(CISG §9), 당사자가 둘 이상의 영업소를 가지고 있는 경우(CISG §10, 전술하였다), 계약 성립을 위하여 서면계약에 의할 필요가 없다는 점(CISG §§11, 12, 13) 을 포함하고 있다.

1. 통일적 해석의 원칙

모든 체약국에서 비엔나협약을 적용함에 있어 다르게 해석하지 않고 통일적으로 해석하여야 한다는 원칙이다. 이를 보장하기 위하여 비엔나협약은 "이 협약의 해석에는 그 국제적 성격 및 적용상의 통일과 국제거래상의 신의준수를 증

---

54) CLOUT case No. 308 [Federal Court of Australia, Australia, 28 October 2001]; CLOUT case No. 5 [Landesgericht Hamburg, Germany, 26 April 1995]; CLOUT case No. 605 [Oberster Gerichtshof, Austria, 22 October 2001]; CLOUT case No. 378 Tribunale di Vigevano, Italy, 12 July 2000]; CLOUT case No. 605 [Oberster Gerichtshof, Austria, 22 October 2001]; CLOUT case No. 425 [Oberster Gerichtshof, Austria, 21 March 2000].

진할 필요성을 고려하여야 한다."(CISG §7①)고 규정하고 있다.

비엔나협약의 해석의 통일성을 유지하기 위하여 가급적 국내법이나 특정 지역의 정의나 개념에 의존하지 말고 동 협약 자체를 통한 해석의 필요성을 고려하라는 것이다.[55] 그것을 위하여 다른 체약국의 판례도 참고하여야 한다.[56]

여기에서 국제거래상의 "신의 준수"란 유사한 사례에 대한 다른 국가의 법원에 의한 해석과 판결을 참조하여 그 내용을 존중하여야 한다는 의미이다. 비엔나협약 제7조제2항의 국제거래상의 신의 준수 규정에 대해서는 ⅰ) 그것이 단순히 협약상의 해석 기준에 그치는 것이라는 견해와 ⅱ) 당사자 간의 법률관계에 영향을 미치는 협약의 일반원칙이라는 견해가 갈리나[57] 후설이 타당하다고 본다.

2. 협약 자체에 의한 법률흠결보완의 원칙

비엔나협약에 의하여 규율되는 사항으로서 이 협약에서 명시적으로 해결되지 아니하는 문제는, 이 협약이 기초하고 있는 일반원칙에 따라 해결되어야 하고, 만일 이 협약이 기초하고 있는 일반원칙이 없는 경우에는 국제사법 규칙에 의하여 적용되는 법에 따라 해결되어야 한다(CISG §7②).

"비엔나협약이 기초하고 있는 일반원칙"은 협약 자체에서 발견되기도 하고, 협약 외에서 발견되기도 하는데, 전자의 예로는 당사자자치의 원칙(CISG §6), 신의성실의 원칙(CISG §7①), 관행과 관습(CISG §9) 등이 있고, 후자의 예로는 1994년 UNIDROIT 국제상사계약원칙(UNIDROIT PICC) 및 1998년 유럽계약법원칙(PECL) 등이 있다.

예컨대, 사정변경으로 인하여 이행을 요구하는 것이 "너무 가혹한 경우"에 관하여 비엔나협약에는 규정이 없지만, UNIDROIT의 PICC에는 그에 관한 규정이 있으므로 이 문제에 관해서는 PICC에 따라 해결하게 된다.[58]

---

55) 석광현(10), 63면; CLOUT case No. 418 [Federal District Court, Eastern District of Louisiana, United States, 17 May 1999].
56) CLOUT case No. 426 [Oberster Gerichtshof, Austria, 13 April 2000].
57) 석광현(10), 64~65면.
58) Hof van Cassatie [Cour de cassation: Supreme Court] *Belgium Scafom International v.*

3. 당사자자치 및 관행·관례 존중의 원칙

비엔나협약은 다자조약으로서 그 개정이 매우 어려운 규범이므로 협약 스스로 그 규정의 해석을 통하여 시대의 변화를 수용할 수 있는 여지가 필요하다. 당사자자치의 존중, 관행·관례 존중의 원칙은 그러한 것을 위한 원칙이다.

(1) 당사자자치 존중의 원칙

당사자는 이 협약의 적용을 배제할 수 있고, 제12조에 따를 것을 조건으로 하여 이 협약의 어떠한 규정에 대하여도 그 적용을 배제하거나 효과를 변경할 수 있다(CISG §6). 협약의 배제는 명시적으로만 할 수 있으므로, 양 당사자가 비엔나협약의 적용을 배제하면서 비체약국의 법을 준거법으로 지정한 경우에는 협약의 적용이 배제되나, 단순히 체약국의 법을 준거법으로 지정한 것만으로는 협약의 적용이 배제되지 않는다.[59]

이 협약의 적용상, 당사자의 진술 그 밖의 행위는 상대방이 그 당사자의 의도를 알았거나 모를 수 없었던 경우에는 그 의도에 따라 해석되어야 한다(CISG §8①). 이것은 통상 커먼로에서 엄격하게 객관적인 접근방법을 요구하는 것과 다른 태도로서 당사자의 실제의, 즉 주관적 의도를 상대방이 실제 또는 해석에 의하여 알았던 경우에는 그대로 해석해야 한다는 주된 원칙을 선언하는 것이다.[60]

만일 상대방이 당사자의 의도를 알 수 없었던 경우에 그 당사자의 진술 그 밖의 행위는, 상대방과 동일한 부류의 합리적인 사람이 동일한 상황에서 이해하였을 바에 따라 해석되어야 한다(CISG §8②).

당사자의 의도 또는 합리적인 사람이 이해하였을 바를 결정함에 있어서는

Lorraine Tubes S.A.S., 19 June 2009 [C.07.0289.N]. 이 사건에서 벨기에 대법원은 비엔나협약을 준거법으로 지정하였지만, 사정변경으로 인한 이행가혹에 관하여는 협약에 규정이 없으므로 PICC를 적용하였다.

59) 석광현(10), 60면.
60) *MCC-Marble Ceramic Center, Inc. v. Ceramica Nuova D'Agostino S.P.A.*, 144 F.3d 1384, 1387 (11th Cir. 1998)("협약의 문언은 계약의 상대방이 당사자의 의도를 알고 있는 한 그 주관적 의도를 조사할 것을 요구한다."); Folsom, Gordon & Ramsey(20), p. 76.

교섭, 당사자간에 확립된 관례, 관행 및 당사자의 후속 행위를 포함하여 관련된 모든 사항을 적절히 고려하여야 한다(CISG §8③). 따라서 계약당사자 간의 계약체결시까지의 모든 합의사항은 계약서에 포함되어 다른 서면의 내용은 배제되며, 그 후의 변경은 서면에 의하여 하여야 한다는 영미법상 이른바 "구두증거의 법칙(parol evidence rule)"은 비엔나협약에서 적용되지 않는 것으로 본다.[61] 판례도 마찬가지의 입장이다.[62]

독일인 매도인과 프랑스인 매수인 간에 아몬드 빵의 매매계약이 체결되었는데, 매도인은 독일에서, 매수인은 프랑스에서, 빵을 인도하기로 한 것으로 해석하였다. 매수인이 프랑스법원에 손해배상을 청구하자 매도인은 독일법원에 손해배상의무의 부존재확인의 소를 제기하였다. 이러한 사례에 관하여 1995년 4월 27일 독일 슐레스비히 고등법원(Oberlandesgericht Schleswig)은 비엔나협약 제8조 제1항에 따라 매매당사자 사이의 여러 통신증거 특히 매매가격조건으로서 "무관세, 무세금, 매수인영업소까지의 무위험인도" 조건을 매매당사자는 위 매매가격조건으로 이행장소를 정한 것이 아니라 단순히 수송비용 및 위험부담을 정한 것이라고 해석하였다. 따라서 동 법원은 이 사건에 독일법원에 관할권이 있음을 인정하고, "무관세, 무세금, 매수인영업소까지의 무위험인도"라는 조건에도 불구하고 비엔나협약 제31조에 따라 최초운송인 또는 매도인의 영업소에 물품을 인도하는 조건에는 변함이 없다고 해석하였다. 즉 이 조건은 매매가격 조건(수송비용 및 위험부담)을 정한 것뿐이고 운송물의 인도장소, 즉 최초운송인 또는 매도인의 영업소에 물품을 인도하는 조건이라고 판시한 것이다(CISG §31(가)). 이 판결은 독일 연방대법원에서도 그대로 인용되었다.[63]

---

61) David H. Moore, *The Parol Evidence Rule and the United Nations Convention on Contracts for the International Sale of Goods: Justifying Beijing Metals & Minerals Import/Export Corp. v. American Business Center, Inc.*, BYU L. Rev. 1347 (1995); Joseph Lookofsky, *Understanding the CISG in the USA*, p. 44 (1995); Peter J. Callo, *The Inapplicability of the Parol Evidence Rule to the United Nations Convention on Contracts for the International Sale of Goods*, 28 Hofstra Law Rev. 799, 818-824 (2000); Folsom, Gordon & Ramsey(20), p. 77.

62) *MCC-Marble Ceramic Ctr. v. Ceramica Nuova D'Agostino, S.P.A.*, 144 F.3d 1384 (11th Cir. 1998); *Mitchell Aircraft Spares, Inc. v. European Aircraft Serv. AB*, 23 F.Supp. 2d 915 (N.D. Ill. 1998).

(2) 관행·관례 존중의 원칙

매매계약서와 비엔나협약에 명시적 규정이 없는 경우에는 그 계약의 "당사자는 합의한 관행(usages)과 당사자간에 확립된 관례(practices)에 구속된다."(CISG §9①) 이는 계약의 성립 및 그 내용에 관한 당사자의 자치를 확인한 것이다.[64]

별도의 합의가 없는 한, "당사자가 알았거나 알 수 있었던 관행"으로서 "국제거래에서 당해 거래와 동종의 계약을 하는 사람에게 널리 알려져 있고 통상적으로 준수되고 있는 관행"은 당사자의 계약 또는 그 성립에 묵시적으로 적용되는 것으로 본다(CISG §9②). 제2항의 관행은 일종의 규범적 관행이다. 만일 당사자가 합의한 관행이나 확립된 관례가 이 규범적 관행과 충돌하는 경우에는 당사자가 합의한 관행이나 확립된 관례가 우선한다.[65] 비엔나협약의 초안 작성 당시에 개도국이나 비시장경제권 국가들은 익숙하지 않은 거래관행의 적용에 대하여 우려를 표시하였고, 그러한 우려를 반영하여 묵시적 거래관행에 의존하려고 하는 당사자에게 매우 높은 기준을 설정한 것으로 추정되고 있다.[66]

비엔나협약의 해석, 적용상의 통일을 위하여 UNCITRAL의 데이터베이스인 CLOUT가 사용되고 있는데, CLOUT 문서들 중 CISG Digests에는 각 조문별로 각국의 판례 동향을 정리하고 있다.[67]

(3) 국제매매계약의 방식

1) 방식의 무제한

매매계약은 서면에 의하여 체결되거나 입증될 필요가 없고, 방식에 관한 그 밖의 어떠한 요건도 요구되지 아니하므로, 매매계약은 증인을 포함하여 어떠한

---

63) BGH, Urteil v. 11 Dezember 1996 [VIII ZR 154/95]
64) 임홍근, "비엔나협약의 적용범위와 해석원칙", 임홍근·이태희 공편, 「국제물품매매계약에 관한 UN협약상의 제문제」, 1991, 78면.
65) 석광현(10), 77면.
66) Folsom, Gordon & Ramsey(20), p. 79.
67) CLOUT 문서들은 http://www.uncitral.org/uncitral/en/case_law.html에서 확인이 가능하다.

방법에 의하여도 입증될 수 있다(CISG §11). 따라서 비엔나협약에는 '앵글로어메리칸사기방지법협약(the Convention of the Anglo-American Statute of Fraud)'에 있는 것과 같은 서면 요건 규정은 없다. 예컨대, 영국의 사기방지법(Statute of Frauds)은 보증계약, 토지에 관한 계약을 서면으로 작성하도록 강제하고 있다. 미국은 루이지애나주를 제외한 모든 주에 사기방지법이 있다. 통일상법전은 5,000 달러 이상의 물품(UCC §2-201)이나 동산의 매매, 보증계약, 부동산거래, 혼인에 관한 계약, 의무가 1년 이내에 이행될 수 없는 장기계약은 서면으로 작성하고 그에 따른 책임을 당사자가 서명을 하지 않으면 채무불이행이 있더라도 집행을 구할 수 없다(UCC §1-206)고 규정한다.

한편 그 국가의 법률상 매매계약의 체결 또는 입증에 서면을 요구하는 체약국은 제12조에 따라 매매계약, 합의에 의한 매매계약의 변경이나 종료, 청약, 승낙 기타의 의사표시를 서면 이외의 방법으로 하는 것을 허용하는 이 협약 제11조, 제29조 또는 제2편의 어떠한 규정도 당사자 일방이 그 국가에 영업소를 가지고 있는 경우에는 적용하지 아니한다는 취지의 유보선언을 언제든지 행할 수 있다(CISG §96). 이것은 비엔나협약의 체약국은 계약 방식에 관한 자국법의 서면 요건을 계속해서 자국에 영업소를 가진 당사자가 체결하는 국제매매계약에 대하여 적용하도록 선택할 수 있다는 의미이다. 체약국이 이러한 유보선언을 하면 전술한 관례나 관행에 따르는 원칙에 대한 예외 상황이 된다. 이러한 유보선언을 한 국가로는 러시아, 칠레, 아르헨티나 등이 있다.

언제 비엔나협약 제96조에 따른 유보가 실제로 적용되는지에 관하여 다툼이 있다. 법원들은 일반 당사자가 유보국에 위치하지만 타방 당사자는 그렇지 않는 경우에 상이한 접근방법을 적용하여왔다. 다수의 견해는 법정지의 국제사법이나 법의 선택법리를 적용하여 해결해야 한다고 본다. 그에 의하면 그 결과 유보국의 법을 적용하는 경우에만 서면 방식이 요구되게 된다. 소수의 견해는 이와 대조적으로 만일 일방 당사자가 유보국에 영업소를 가지고 있다면 유보국의 서면 요건은 항상 적용된다고 본다.

만일 체약국의 CISG 제96조에 따른 유보가 적용된다면, 제6조에 따른 반대 취지의 당사자 합의는 무효이다. 실로, 비엔나협약은 "매매계약, 합의에 의한 매매계약의 변경이나 종료, 청약·승낙 그 밖의 의사표시를 서면 이외의 방법으로 할 수 있도록 허용하는 이 협약 제11조, 제29조 또는 제2편은 당사자가 이 협약 제96조에 따라 유보선언을 한 체약국에 영업소를 가지고 있는 경우에는 적용되지 아니한다. 당사자는 이 조를 배제하거나 그 효과를 변경할 수 없다."고 규정한다(CISG §12). 협약 제12조 후단은 해당 지역법에 대하여 강행법적 효과를 부여한다.

2) 국제매매계약서의 작성

그러나 후일의 분쟁을 회피하고 임의규정의 적용을 배제하기 위해서는 당사자간의 합의로 국제매매계약서를 작성하는 것이 필요하다.

비엔나협약에 있어서 서면에는 전보와 텔렉스를 포함한다(CISG §13). 그러므로 비엔나협약 하의 계약은 지역법이 서면 '기록' 또는 서면 '서명'을 요하더라도 그와 무관하게 전자적 수단을 통하여 체결될 수 있다.

(가) 국제매매계약서의 구성

국제매매계약서는 통상 표제부분, 서문, 본문, 말미문언 및 서명란으로 구성된다.

① 표제부분(Title of Agreement)

국제매매계약서의 표제부분은 매매계약(SALES AGREEMENT), 지재권실시계약(LICENSE AGREEMENT), 배급계약(DISTRIBUTION AGREEMENT) 등과 같이 계약서의 종류를 대문자로 기재한다.

② 서문(Preamble)

서문에는 계약당사자(Parties)가 기재되는데, 당사자가 국가 또는 국가기관일 경우에는 주권면제포기조항이 삽입된다. 그리고 WITNESSETH(다음을 보증한다, 증명한다)로 시작되는 설명조항(Whereas Clause, Recital)에는 당사자가 계약 체결에 이르게 된 경위, 개요, 계약의 목적 등을 기재하는 'WHEREAS' 조항과 그 이하에 계약의 요지와 골자를 기재하는 'NOW, THEREFORE' 조항으로 구성되어 있다. 후자에는 약인에 관한 조항이 포함될 수 있다.

③ 본문(Operative Part)

국제매매계약서의 본문에는 각 조문표제(heading)와 함께 계약내용이 규정된 조항들이 담기는 부분인데, 계약기간조항, 계약종료조항, 불가항력조항, 분쟁해결·중재조항, 준거법조항, 재판관할권조항, 통지방법조항, 완전합의조항, 계약의 수정·변경조항, 사용언어조항(language), 권리포기조항, 분리가능성조항, 계약의 양도조항(assignment) 등으로 구성된다.

'계약기간조항(duration term)'에는 계약의 내용, 계약기간, 계약기간의 연장 등을 정하고 '계약종료조항(termination)'에는 계약종료사유나 계약유효기간, 계약갱신에 관한 효력연장조항(survival provisions)을 포함한다.

'불가항력조항(force majeure)'에는 매도인과 매수인 양방 모두에 책임 없는 사유인 불가항력에 대하여 정한다. 미국 통일상법전에는 상업적 실행불능성(commercial impracticability)에 관한 규정이 있다(UCC §2-615). 여기에서 실행불능이란 어떤 우발적 사건(contingency)이 발생하지 않을 것이 계약체결의 전제였음에도 이것이 발생하여 계약이 이행불능이 된 것을 말한다. 영미법상 19세기 중반까지는 "계약은 반드시 지켜져야 한다(pacta sunt servanda)"라는 원칙이 엄격하게 적용되어, 불가항력의 경우에도 채무자를 면책한다는 당사자간의 특약이 없으면 계약불이행의 책임을 지게 되어 있었다. 이를 절대적 계약책임(absolute contract liability)이라고 한다. 19세기 중반 *Taylor v. Caldwell* 사건[68]에 와서 비로소 계약체결후 당사자 양방의 과실 없이 계약의 이행이 불가능하게 된 경우 당사자의 면책을 인정하였다. 이 판결은 그 후 frustration 법리로 발전하는 기초가 되었다. frustration 법리는 *Krell v. Henry* 사건[69]에서 확립된 계약의 실효·행위기초의 탈락 이론으로서 "계약을 합의된 대로 이행하는 것 자체는 물리적으로 가능하여도, 계약체결 후에 당사자가 계약체결 당시에는 예상하지 못하였던 그리고 당사자 누구에게도 책임이 없는 사태가 발생하여서 계약을 이행하더라

---

68) *Taylor v. Caldwell* (1863) 3 B & S 826; 122 ER 309; [1863] EWHC QB J1.
69) *Krell v. Henry* [1903] 2 KB 740.

도 당사자가 의도하였던 당초의 목적 전부를 달성할 수 없을 경우 계약은 효력이 소멸한다"는 원칙이다. 영국법상 인정되는 frustration 법리의 요건은 ① 목적물의 멸실, ② 계약이행이 불법이 된 경우, ③ 사정의 본질적 변경, 또는 ④ 당국의 수출입 불허와 쿼터제한 등이다.

'분쟁해결·중재조항(settlement of dispute/arbitration)'에는 매매계약과 관련하여 상사분쟁이 발생한 경우 그 해결수단에 대하여 정한다. 법정지선정조항을 담고 있거나 중재법정선정조항을 담고 있게 되는데, 국제상사거래에서는 분쟁해결을 위하여 소송보다는 중재에 회부하기로 합의하는 경우가 많다.

'준거법조항(applicable law, governing law, proper law)'이란 당해 계약을 규율하는 적용가능한 법을 선택하는 조항이다. 국제물품매매계약에 관해서는 준거법에 관한 당사자자치가 허용되므로 합의에 따라 당사자 일방의 소속국법 또는 제3국의 법을 준거법으로 선택할 수 있다. 당사자는 자국의 법을 준거법으로 하기를 원하기 때문에 합의가 안되면 통상 매도인이나 매수인 소속국이 아닌 법률선진국의 법률을 준거법으로 지정한다. 또한 비엔나협약 회원국이 다수이므로 동협약이 준거법으로 적용되는 경우도 많다.

'재판관할권조항(jurisdiction)'에는 매매계약과 관련한 분쟁 발생시 관할권을 갖는 법원에 관하여 정하는데, 배타적인 관할인 경우에는 다른 법원에 제소하는 것이 법정지국의 법률에 의하여 허용되지 않는 한 배제된다. 임의관할에 관한 합의인 경우에는 단지 선호하는 법원의 표시에 불과하다.

'통지방법조항(notice)'에서는 매매계약과 관련하여 당사자 간의 통지할 사항 및 연락방법 등에 관하여 정한다. 예컨대, Incoterms의 CIF 거래조건에서 매도인은 매수인에게 물품을 본선에 인도한 뜻을 통지해야 하고, 매수인은 매도인에게 선적기일 및 목적지 항구를 통지하여야 한다. 각국법은 통지의 효력발생시기에 관하여 대체로 도달주의 원칙을 취한다. 우리 민법도 특약이 없는 한 격지자 간의 의사표시의 효력발생시기에 관하여 도달주의를 취하므로(민법 §111) 통지가 상대방에게 도달한 때에 그 효력이 생긴다.

'완전합의조항(entire agreement)'이란 최종적으로 이 계약서만이 유일하고 유효한 합의서이며 그전까지의 각종 문서들(예컨대, 제안서, 의향서, 양해각서, 가 계약, 이면계약 등)은 모두 무효화시키기 위한 조항이다. 이는 서로 상충되는 계약에 관한 문언의 존재를 방지하기 위한 것이다.

'계약의 수정·변경조항(admentment & modification)'에는 계약내용을 수정하거나 변경하는 것이 가능한지, 가능하다면 어떤 방법(예컨대, 서면에 의해야 한다)과 절차(예컨대, 당사자간 교섭을 거쳐야 한다)로 해야 하는지에 관하여 정한다.

'권리포기조항(waiver)'이란 계약상 어느 청구권을 행사하지 아니하더라도 이를 계약상 청구권을 포기하는 것으로 간주하지 아니한다는 내용의 조항이다. 영미법상 어떤 사실에 대하여 반대되는 내용을 주장하여야 할 법률상 또는 사회생활상 의무가 있음에도 불구하고 침묵하였다면, 타인이 그 사실이 존재하는 것으로 정당하게 신뢰한 경우에 그 신뢰에 반하는 사실의 존재를 주장하여 그 타인에게 불이익한 결과를 초래할 수 없다는 '침묵에 의한 금반언(estoppel by silence)' 법리의 적용을 막기 위한 내용이다.

'분리가능성조항(severability)'은 어느 계약조항이 무효인 경우 다른 조항의 효력에는 영향을 미치지 아니한다는 계약의 일부무효의 효력을 정하는 조항이다.

이밖에 계약의 내용에 따라 워런티조항(warranty), 제조물책임조항(product liability), 보증조항(guarantee), 면책조항(indemnity), 비밀유지조항(secrecy, non-disclosure, confidentiality) 등이 삽입되기도 한다. 당사자가 합의에 이르지 못한 조항에 관해서 후일 협의하기로 하고 미결사항(open terms)으로 하는 경우가 있는데, 미결사항이 계약의 본질적 요소와 관련된 때에는 계약의 불성립을 초래할 수도 있다. 우리나라에서는 미결사항은 계약법 중 임의법규 또는 사회관습을 고려하여 보충하여 계약의 효력을 인정하기도 하나 영미법에서는 미결사항이 계약의 본질적 요소가 아닌 경우에만 그러한 임의규정 등에 의한 구제를 허용하는 경향이다.

④ 말미문언(Testimonium Clause) 및 서명란(Signature)

말미문언은 'IN WITNESS WHEREOF'로 시작하고, 말미에 양당사자가 서명한다.

【Theme- 영미법상 구두증거배제의 법칙】

영미법상 '구두증거배제의 법칙(parol evidence rule)'이란 계약당사자가 계약서에 기재된 약정내용을 그 계약의 전부이고 최종적인 것으로 합의하고 계약서에 서명한 후에는 계약성립시 또는 그 이전에 계약서에 기재된 내용과 다른 합의가 있었다는 반론을 허용하지 아니한다는 규칙이다. 이는 매매계약서의 완전합의조항의 효력을 법적으로 뒷받침하여 주는 이론이다. 이 원칙은 증거법상의 원칙이 아니라 계약법상의 실체법상의 원칙이다.

구두증거의 원칙에는 일정한 예외가 인정되는데, 최종계약서 이외의 증거(구두증거도 포함)도 다음의 목적을 위해서는 증거로 채택될 수 있다. ① 최종계약서상의 모호한 조항(ambiguous term)을 명백히 하기 위한 목적, ② 계약이 사기·강박에 의하여 성립하였다거나 계약목적이 불법성을 띠었다는 것을 입증할 목적, ③ 당해 서면계약은 전체계약의 일부분일 뿐임을 입증할 목적, ④ 최종계약서상 불분명한 문언을 확정하기 위하여 관행이나 관습(usage and custom)에 의하여 증명하거나 계약내용에 상반되지 않는 관행에 의하여 계약이행에 관한 조건 등을 추가하는 목적, ⑤ 최종계약서에 구두조건이 명시적으로 포함된 경우 그 구두조건을 증명하기 위한 목적

(나) 비엔나협약에 따른 견본 국제물품매매계약

Sample International Contract for Sale of Goods, pursuant to the United Nations Convention on Contracts for the International Sale of Goods

TERAMATE, Ltd.

with its principal office West Road Drive27, Hopson Chart, Briston, AN4 4FL, UK represented by Matt Wattson, on the basis of Power of Attorney from 23 June 2008

(hereinafter referred to as the „**Seller**" on the first side)

and

AGFH, a. s.

having its principal office at: Palachova 152, Prague 2, Zip Code: 120 00 registered in the Commercial Register, Section B, Entry No. 4127 maintained by the Municipal Court, Prague

acting by: Ing. Karel Nekola, Chairman of the Board of Directors

(hereinafter referred to as the „**Buyer**" on the second side)

(Seller and Buyer referred to also as the "**Contracting Parties**" or separately each the "**Contracting Party**")

have entered on the day, month and year as below, pursuant to the United Nations Convention on Contracts for the International Sale of Goods (hereinafter referred to as "Convention"), into the following

TERAMATE, Ltd.

본점 West Road Drive27, Hopson Chart, Briston, AN4 4FL, UK
2016년 6월 23일 이래 변호사 권한을 근거로 Matt Wattson가 대표함.
(이하 일방 "**매도인**"이라 한다)

및

AGFH, a. s.

본점 체코 Prague 2, Palachova 152, 우편번호: 120 00
프라하 시방법원이 관리하는 상업등기부에 Section B, 제4127호로 등재됨.
이사회 의장 Ing. Karel Nekola가 대표함.
(이하 타방 "**매수인**"이라 한다)

(매도인과 매수인은 "**계약당사자들**" 또는 개별적으로 각각 "**계약당사자**"라고 지칭한다) 은 아래 일자에 1980년 UN국제물품매매협약(이하 "협약이라 한다)에 따라서 다음과 같이 체결한다.

CONTRACT FOR SALE OF GOODS

I. Subject-matter of the Contract

The Subject-matter of this Contract is particularly the obligation of the Seller to deliver goods specified in the Exhibit No. 1 hereto to the Buyer and to transfer the property in goods to the Buyer under the terms and conditions herein and the obligation of the Buyer to accept the delivered goods from the Seller and to pay the agreed purchase price.

I. 계약의 주제 사항

이 계약의 주제사항은 구매자에게 여기에 부속된 표 1에 특정된 물품을 인도하고 여기에서의 조건에 하자 구매자에게 상품의 재산권을 이전할 판매자의 의무와 판매자로부터 인도된 물품을 수령하고 합의된 구매가격을 지급할 구매자의 의무이다.

II. Sale of Goods

1. The Seller hereby agrees to deliver the Buyer goods (movables) specified in Exhibit No. 1 hereto (hereinafter referred to as the „Goods ") and in the time, quality and quantity specified in Exhibit No. 1 hereto. The Buyer shall collect the Goods and pay Seller for Goods the purchase price specified in the Article III. hereof.

2. The Seller fulfills his obligation to deliver the Goods when the Goods have been made available to the Buyer at the place of business of the Seller. The Parties have agreed that the Buyer shall arrange for carriage of the Goods from the place of business of the Seller through a carrier the name of which Buyer shall notify Seller. The Seller shall arrange the loading of Goods, and the Goods shall be packed in the manner set forth in Exhibit No. 2. Unless otherwise expressly provided herein, the Goods shall be packed in manner adequate to protect the Goods.

3. The Seller shall deliver the Goods to Buyer's carrier on 15 December 2008 during regular working hours (08.00 to 16.00 hours). Seller shall notify Buyer regarding the delivery of Goods to carrier by fax message sent to phone No. ....

4. The title in the Goods shall pass to Buyer immediately upon delivery of Goods to the Buyer's carrier. Risk of damage to or loss of the Goods shall pass to the Buyer at the time of delivery.

5. The Buyer hereby declares he received all information regarding the Goods necessary to arrange insurance coverage.

> 6. Seller shall send the Buyer documents related to the Goods within 10 days after delivery of Goods and at the Buyer's address set out in herein.

II. 물품의 판매

1. 판매자는 여기에서 구매자에게 표 1에서 특정된 물품을 표 1에서 특정된 일자에, 특정된 품질과 수량으로 인도하기로 합의한다. 구매자는 물품을 인도받고 판매자에게 물품에 대하여 Article III에서 특정된 구매가격을 지급할 것이다.

2. 판매자는 물품이 준비된 때에 구매자에게 판매자의 영업소에서 물품을 인도할 의무를 이행한다. 당사자들은 구매자가 판매자의 영업소로부터 운송인을 통하여 그 물품의 운송을 위탁한다는 것을 합의하였다. 운송인의 명칭은 구매자가 판매자에게 통지한다. 판매자는 물품의 선적을 의뢰하고 물품은 표 2에서 정해진 방식으로 포장될 것이다. 명시적으로 이와 달리 규정되지 않는 한, 물품은 물품을 보호하기에 적합한 방식으로 포장될 것이다.

3. 판매자는 물품을 구매자의 운송인에게 2008년 12월 15일 영업시간(08시부터 16시까지)중에 인도할 것이다. 판매자는 구매자에게 전화번호 …………로 전송되는 팩스 메시지를 통하여 물품의 인도에 관하여 통지할 것이다.

4. 물품의 제목은 물품이 구매자의 운송인에게 인도되는 즉시 구매자에게 전달될 것이다. 물품의 손해 또는 손실의 위험은 인도시에 구매자에게 이전될 것이다.

5. 구매자는 여기에서 그가 보험에 부치기 위하여 필요한 물품에 관한 모든 정보를 수령하였음을 선언한다.

6. 판매자는 구매자에게 물품 인도 후 10일 이내에 물품에 관한 문서를 여기에서 정해진 구매자의 주소로 송부할 것이다.

III. Purchase Price

1. The Buyer shall pay the Seller the purchase price of the goods amounting EUR ················.. (hereinafter referred to as the „**Purchase Price**").
2. The Purchase Price shall be due upon the invoice issued and sent by the Seller not later than 10 days from delivery and collection of Goods by the Buyer. The invoice shall be payable not later than 21 days from the issue of the invoice by Seller.
3. If the Buyer fails to pay the purchase price, the Seller shall have the right to default interest at the rate of 0,1 % of outstanding amount for each day of default without prejudice to any claims for damage pursuant to the Article 74 of the Convention.

III. 매수가격

1. 매수인은 매도인에게 … 유로에 달하는 물품의 매수가격(이하에서 "매수가격"이라 한다)을 지급할 것이다.
2. 매수가격은 구매자의 수령일로부터 10일이내에 발행되고 판매자에 의하여 송부된 송장에 의하여 지급기가 도래할 것이다. 송장은 매도인이 발행한지 21일 이내에만 그것에 의하여 지급될 수 있다.
3. 매수인이 매수가격을 지급하지 아니하면, 매도인은 불이행일 당 발행액의 0.1%의 비율로 이행지체로 취급할 권리가 있고, 협약 제74조에 따른 손해배상청구권은 유효하여 추후 별도의 책임추궁이 가능하다.

IV. Product Liability

1. The Seller shall be liable for any lack of conformity in Goods which exists at the time when the risk passes to the Buyer and which occurs within 24

> months from the date of delivery of Goods by the Buyer's carrier. The Seller declares that the Goods during a period of 24 months from the date of collection by the Buyer's carrier will remain fit for the purposes for which the Goods would ordinarily be used or during this period will retain specified qualities (hereinafter referred to as the „**Warranty Period**").
>
> 2. The Seller shall not be responsible for the defects arising out of the failure to follow operation instructions, for the defects caused by improper storage after the Goods were delivered or for the defects caused by circumstances that were beyond the reasonable control.
>
> 3. The Buyer shall, **immediately** upon delivery of the Goods by the carrier, duly **examine** the Goods and if the defects of Goods were apparent upon the collection of Goods, the Buyer shall promptly give **notice** on this to the Seller.
>
> 4. Should the Buyer discover any defects during the Warranty Period, the Buyer shall give written notice of the defect to the Seller and not later than within 15 days after such defect had been detected. In a written notice specifying the defects he shall have the following options:
>
> replace of defective Goods by delivery of non-defective Goods;
>
> demand to repair the defective Goods if the defects are repairable;
>
> demand appropriate Purchase Price reduction; or
>
> to withdraw from the Contract.
>
> 5. The Seller, upon receipt a notice from the Buyer stating the defect, promptly shall give a written statement and reply whether he accepts the claim for defects or not.

IV. 제조물책임

1. 판매자는 위험이 구매자에게 전달되는 시점에 존재하며 구매자의 운송업자가 상품을 인도한 날부터 24개월 이내에 발생하는 물품의 적합성 결여에 대해 책임을 진다. 판매자는 구매자의 운송인이 상품을 수령한 날로부터 24개월 동안 상품이 일반적으로 사용되는 목적에 적합하거나 이 기간 동안 지정된 품질(이하

"보증 기간"이라 한다)을 유지할 것이라고 선언한다.

2. 매도인은 사용지시 미준수로 인한 결함이나 물품이 인도된 이후에 부적절한 장소에 비치되어 생긴 결함 또는 합리적인 통제를 넘는 환경으로 유발된 결함에 대하여서는 책임지지 아니한다.

3. 매수인은 운송인에 의한 물품의 인도 후 **즉시 검사**하고 물품의 결함이 물품 수령시 명백한 때에는 매도인에게 **통지**할 의무를 진다.

【Theme- 제조물책임과 워런티】

　제조물책임(product liability)이란 소비자가 상품의 소비거래에서 생명·신체 또는 재산에 피해를 입은 경우에 그 원인이 된 제품의 제조상·설계상·표시상 결함에 대하여 제조자, 수입업자 또는 유통업자가 책임을 지도록 하는 제도이다(제조물책임법 §§2·3). 제조물책임보험이 이러한 리스크에 대한 대책으로 이용되기도 하지만, 기본적으로 제조업자로 하여금 결함(하자)있는 물품을 제조하지 않게 하여 소비자를 보호하려는 목적의 제도라 할 수 있다.

　우리 민법에서는 매도인과 매수인은 매매목적물의 하자담보책임 면제의 특약을 할 수 있게 허용한다. 그러나 매도인은 알고 고지하지 아니한 사실 및 제3자에게 권리를 설정 또는 양도한 행위에 대하여는 책임을 면하지 못한다(민법 §584). 여기에서 제3자에게 권리를 설정 또는 양도한 행위는 물건의 하자가 아니라 권리의 하자이다.

　민사거래에서 매도인에게 하자담보책임을 추궁할 수 있는 제척기간은 매수인이 사실을 안 날로부터 권리의 하자의 경우 1년 물건의 하자의 경우 6개월(민법 §§573·575③·582)이나, 상인 간 매매의 경우에는 6개월이다(상법 §69①).

　미국 통일상법전(UCC)상 인정된 묵시적 워런티(implied warranty)는 상인이 명시적으로 워런티 의사를 표시하지 않은 경우에도 ⅰ) 상품성 또는 매매적합성(merchantability or merchantable quality), ⅱ) 사업목적적합성 또는 특정목적적합성(fitness for particular purpose), 목적물에 권리하자나 제한이 없다는 권리적합성에 대하여 매수인에게 보장해야 하는 책임이다. 국제물품매매에 있어 매도인이 묵시적 워런티를 특약에 의하여 배제(disclaimer of warranty)하려면, 이를 특정하여 현저하고 확실한 방법으로 하여야 하고, 보통 계약서에 이를 대문자로 기재하여 배제하며, 'AS IS'(있는 그대로), 'WITH ALL FAULTS'(모든 하자있는 그대로) 등의 표현으로 기재한 후 상대방에게 이를 확인하게 하는 방법을 취한다.

> **VI. Exclusion of Liability**
>
> 1. A Party is not liable for a failure to perform any of his obligations if he proves that the failure was due to an impediment beyond his control and that he could reasonably be expected to have taken the impediment into account at the time of the conclusion of the Contract or to have avoided or overcome it or its consequences. The exemption provided by this Article has effect for the period during which the impediment exists.
> 2. The non-performing party shall give prompt written notice to the other party of the reason for its failure to perform and the extent and duration of its inability to perform.

VI. 면책사유

1. 일방당사자는 자신의 통제를 넘는 침해에서 비롯되고, 계약 체결시 침해를 합리적으로 예상할 수 없었거나 그 침해를 방지하거나 그 침해 또는 그 결과를 극복할 수 있었다는 점을 증명하는 경우에는 자신의 의무 이행 불능에 대하여 면책된다. 이 조에 의한 적용면제는 침해가 존재하는 기간 동안 유효하다.
2. 의무를 이행하지 아니 하는 당사자는 즉시 타방 당사자에게 이행 불능의 이유와 이행 불능의 정도와 기간에 관하여 서면으로 통지하여야 한다.

> **VII. Arbitration Clause**
>
> All the disputes resulting from this agreement or in conjunction with it, will be decided finally in the arbitration procedure before one arbitrator Mgr. Marie Pluhařová, registered in the list of arbitrators of Czech Arbitration Centre s.r.o., ID 281 63 427, Klatovská 515/169, 321 00 Plzeň - Litice and registered in the list of arbitrators of Ministry of Justice Czech Republic, reg. nr. 69 and appointed

in accordance with Act No. 216/1994 coll. of Laws, on Arbitration Procedure and Execution of Arbitration Awards, and with the Proceeding Rules of Czech Arbitration Centre announced at it's websites www.arbitrators.cz. The parties authorize the arbitrator to settle the dispute based on the principles of natural equity. Compensation for arbitration costs (including the expenses of the contractual parties) will be awarded by the arbitrator based on the principle of success in the dispute.

VII. 중재조항

1. 이 합의에서 생기는 분쟁 및 그것과 관련하여 생기는 모든 분쟁은 체코 법무부 등록 체코중재센터 중재인 명부에 등록되고 중재절차 및 중재판정집행법에 따라 지명된 Monsignor Marie Pluhařová에 의하여 체코중재센터의 절차규정에 따라 최종적으로 결정될 것이다.

2. 당사자들은 중재인에게 분쟁에 대하여 형평성의 원칙에 근거하여 중재할 권한을 부여한다. (계약당사자들의 비용을 포함하여) 중재비에 대한 보상은 중재인에 의하여 분쟁이 성사되면 부여될 것이다.

VIII. Final Provisions

1. This Contract shall enter into force and shall take effect on the day when it is executed.
2. The Contracting Parties hereby agree that entering into this Contract and performing duties under this Contract have been duly approved by the relevant company bodies of the Contracting Parties in a compliance with legal regulations, by-laws and other internal regulations of the Contracting Parties; and no other approval or consent shall be required.
3. The Contracting Parties agrees to respect the legitimate interests of the other

Party, shall conduct in accordance with the purpose of this Contract and shall not counteract such purpose and they shall perform all legal and other actions that may prove necessary to reach the purpose of this Contract.

4. All documents in writing shall be mailed at the address of the Contracting Parties set forth in the heading of this Contract unless either of the Contracting Parties shall give a written notice to the other Party on changing its address. Whatever papers the delivery of which is required, assumed or is made available by this Contract and regardless of any other available way allowed by the legal regulations to prove such a delivery, shall be deemed to have been served if such had been delivered to the other Contracting Party at the address set forth in the heading of this Contract or at the address noticed in written form by either Contracting Party to the other Party.

5. Any changes and amendments to this Contract shall require a written form.

6. If any provision of this Contract is determined to be invalid or unenforceable, the validity or enforceability of the other provisions either of this Contract as neither a whole nor other provisions will be affected unless such an invalid or unenforceable provision is severable. Contracting Parties herby agrees to supersede such an invalid or unenforceable provision by a new valid and forceable provision that most closely matches the intent and the purpose of the original provision.

7. This Contract and the relations arising from shall be governed by the Law of the Czech Republic, particularly by the United Nations Convention on Contracts for the International Sale of Goods.

8. This Contract had been made in two duplicates whereby each Contracting Party shall retain one copy each.

Done in Prague on 13 June 2009   Done in Prague on 13 June 2009
....

TERAMATE, Ltd.   **AGFH, a.s.**

Matt Wattson   *Ing. Karel Nekola*

VIII. 최종조항

1. 이 계약은 실행된 날에 발효한다.
2. 계약당사자들은 이 계약을 체결하고 이 계약에 의한 의무를 이행할 것을 계약당사자들의 관련 회사 기구가 계약당사자들의 법규, 정관 및 그밖의 내부규칙들에 따라 적절하게 승인하였으며 더 이상의 승인이나 동의를 요하지 아니함에 대하여 합의한다.
3. 계약당사자들은 타방 당사자의 적법한 이익을 존중하기로 합의하고, 이 계약의 목적에 적합하게 행위할 것이고 그러한 목적에 반하지 아니할 것이며 이 계약의 목적을 달성하기 위하여 필요하다고 증명될 수 있는 모든 법적 및 그밖의 행위를 이행할 것이다.
4. 모든 문서는 계약당사자 일방이 타방 당사자에게 주소 변경을 서면 통지하지 아니 하는 한, 이 계약 서두에 정한 계약당사자들의 주소로 발송될 것이다.

이 계약에 의하여 인도가 필요하거나 확인되거나 입수가능하게 되어야 하는 모든 문서들은, 그러한 인도를 증명할 법적 규정들에 의하여 허용되는 다른 방식에도 불구하고 이 계약의 서두에 정해진 타방 계약당사자의 주소에서 또는 계약당사자에 의하여 타방당사자에게 서면으로 통지된 주소에서 인도되었다면 그대로 제공된 것으로 간주될 것이다.

5. 이 계약에 대한 어떠한 변경이나 수정은 서면 형식에 의할 것이 요구된다.
6. 만일 이 계약의 어떤 규정이 무효 또는 집행불가능한 것으로 정해진다면, 이 계약의 다른 규정들의 유효성 또는 집행가능성은 그러한 무효이거나 집행불가능한 규정이 분리가능하지 않는 한, 전체이든 다른 규정 일부이든 영향을 받지 않을 것이다. 계약당사자들은 그 무효이거나 집행불가능한 규정을 원래의 규정 내용과 목적에 가장 밀접한 새 유효하고 집행가능한 규정으로 대체하기로 합의한다.
7. 이 계약 및 그것에서 비롯된 관계들은 체코공화국의 법에 따라, 특히 유엔 국제물품매매협약에 따라 규율될 것이다.
8. 이 계약은 두 매의 사본으로 작성되어 각 계약당사자가 하나의 사본씩 보

관한다.

프라하에서 서명함
2009년 6월 13일
....
TERAMATE, Ltd.
Matt Wattson

프라하에서 서명함
2009년 6월 13일
....
AGFH, a.s.
Ing. Karel Nekola

제 3 장 국제물품매매계약의 성립

제1절 서언

비엔나협약 제2편, 제14조부터 제24조는 계약의 성립에 관하여 규정한다. 전술한 대로, 그 국가의 법률상 매매계약의 체결 또는 입증에 서면을 요구하는 체약국은 제2편의 규정을, 당사자 일방이 그 국가에 영업소를 가지고 있는 경우에는 적용하지 아니한다는 취지의 유보선언을 할 수 있다(CISG §96). 스웨덴, 핀란드, 아이슬란드 등이 그러한 비엔나협약 비준시에 그러한 유보선언을 하였는데 대부분 후에 철회하였고 아이슬란드만이 철회하지 않았다.

제2절 계약의 성립

I. 성립요건

대륙법계 국가에서 계약은 청약과 승낙의 합치라는 과정에 의하여 성립되고, 영미법계 국가에서는 그 외에 대가의 수수에 해당하는 약인(consideration)이 계약 성립을 위한 요건으로 추가적으로 요구되지만, 비엔나협약은 약인에 관해서는 규정하고 있지 않다. 그 이유는 상거래에서는 약인에 관한 분쟁은 거의 발생하지 않기 때문이다.[1] 따라서 국제매매계약은 다른 계약과 같이, 통상 매도인의 청약과 매수인의 승낙으로 체결되게 되는 교섭을 통하여 성립된다. 다수의 사례에서,

최초의 접촉은 상품의 가격에 대한 정보를 요청하는 서한을 보내는 매수인에 의하여 시작된다. 서한은 상품의 가격, 운송조건, 및 보험을 포함하는 견적송장(pro forma invoice)을 매도인에게 요청하는 내용을 포함할 수 있다. 매수인은 그후 매도인에게 발주서(purchase order)을 보낸다. 대부분의 매도인은 매수인의 매수주문은 주문 승인(an order acknowledgement)을 받아야 한다고 정한다.[2]

<구매문의서의 서식>

Letter of Inquiry

Mr. Juan Armas, General Manager
LUKO Products, S.A.
76 S Bascom Ave
Campbell, CA. USA

June 1, 2022

Dear Mr. Armas:

We enjoyed visiting your display at the San Jose Light Fixture Fair on March 6th of this year. Thank you for taking the time to come to our reception at the Hotel Palo Alto. We, too, are exited about possible business development opportunities for Value Industries in Silicon Valley. Our President for Business Development, Ms. Dani Miranda, will be in San Jose in August and looks forward to contacting with you to arrangement for a factory visit to discuss business possibilities.

We now wish to order Christmas ornaments. Please send us a pro forma invoice in triplicate covering:

Item #15 50,000 Christmas Lights in Red, Green, and Yellow

---

1) Folsom, Gordon & Ramsey(20), p. 81(약인이 문제되는 것은 주로 친족간 계약에서라고 한다.).
2) Chow & Schoenbaum(20), p. 65.

Item #21 5,000 White Angel Ornaments
Item #13 5,000 Candy Cane Ornaments
Item #4 5,000 Sparkling Red Bells
Item #8 10,000 Super Deluxe 18″ Christmas Wreaths

Please include your best price, including packaging, FOB Busan, South Korea, and CIF Incheon, South Korea. We look forward to your prompt response.

Sincerely,

Henny Daniel
Sales Director

이 문의서에 상대방이 견적 송장을 보내오고 매수인이 송장상의 거래조건이 마음에 들 경우 발주서를 보내게 된다.

<견적 송장의 서식>

Pro Formal Invoice

LUKO Products, S.A.
76 S Bascom Ave
Campbell, CA. USA

To: Mr. Henny Daniel
Sales Director
Pukyong Logistics Co.
Pro Forma Invoice No. 522   June 15, 2022

Description   Price per Unit (USD)   Total Price
50,000 Christmas Lights in Red, Green, and Yellow $75 $37,500

5,000 White Angel Ornaments	$1.99	$9,950
5,000 Candy Cane Ornaments	$1.35	$6,750
5,000 Sparkling Red Bells	$1.75	$8,750
10,000 Super Deluxe 18″ Christmas Wreaths	$9.95	$99,500
Total Price FOB Rio de Janeiro		$162,450
Ocean Freight to Newark, New Jersey		$5,900
Total Price C&F Newark, New Jersey		$168,350
Insurance at 110%		$1,118
Total Price CIF Newark, New Jersey		$169,468

The prices quoted are firm for 60 days. Payment terms are an irrevocable letter of credit issued by a U.S. Bank and confirmed by the BNK Busan Bank South Korea, Daeyeon Branch. Shipment will occur in approximately 15 days from receipt of your order and advice of credit. All purchase orders subject to written acknowledgement from us.

Yours Truly,

Juan Armas
General Manager

【Theme- 약인】

약인(約因. consideration)은 영미법에 특유한 개념이다. 약인은 당사자 사이의 교섭을 전제로 한 법적 가치(legal value)가 있는 대가로서 제공된 작위, 부작위, 법률관계의 설정·변경·소멸 또는 약속을 말한다. 보통 계약서에 "In consideration of the mutual covenants and promises herein set forth, it is agreed as follows: … "로 표시된다.

약인은 소송법상의 이론이었는데, 오늘날에는 연혁적 의미밖에 없지만 무시할 수 없는 존재이다. 날인증서(sealed deed)에 의하지 않는 단순계약(simple contract)은 약인이 있음으로써 비로소 유효하게 되고 강제집행이 가능하게 된다. 날인증서에 의한 계약은 약인이 있는 것으로 추정된다.

약인이 유효하기 위해서는 다음의 요건을 갖추어야 한다.

① 약인은 약속에 대응하는 상당한 가치를 가질 것을 요하지는 않지만, 법적 가치(legal value)를 가져야 한다. 영미법상 유가약인(valuable consideration)이란 '일방 당사자에게 생기는 어떠한 권리, 이익, 또는 상대방의 부작위, 이로 인하여 입은 불이익 또는 손실, 부담하여야 할 책임'을 말한다. 약인의 형태는 계약금과 같은 금전의 지급이 보통이나 "약속 이외의 행위(an act other than a promise)", 일정한 행동의 억제(a forbearance), 즉 부작위 등이 보통이나, 법률관계의 형성·변경·폐지도 약인이 될 수 있다. ALI, Restatement (Second) of Contracts (1981) §71.

② 약인은 그 내용이 일정하며 가능하고 적법한 것이어야 한다.

③ 계약 당시 과거의 약인(past consideration)이 아니어야 한다. 즉 물에 빠진 사람을 구해주면 돈을 주겠다는 약속은 약인이나 물에 빠진 사람을 구해준 대가로 돈을 주는 것은 약인이 아니다.

④ 단순한 동기(motive) 또는 도덕상의 의무(moral obligation)에 의한 급부가 아니어야 한다.

⑤ 약인은 약속을 받은 자(promisee)로부터 약속자(promisor)에게 제공된 것이어야 한다. 그러나 약인이 반드시 청약자의 이익 또는 상대방의 손실이 되거나 상호의존적(mutuality)일 필요는 없다.

그러나 국제거래에서는 단순계약에서도 약인이 문제되는 일은 거의 없다. 다만 거래처의 신용이 확실하지 않은 경우 때문에 영미법계 국가에 소재하는 제3자의 보증장을 첨부하게 되는 경우에는 충분한 약인이 존재하는지 여부를 검토하여야 한다.

영미법상 계약은 원칙적으로 약인이 있어야 강제할 수 있는데, 이를 채무의 상호성의 법리(doctrine of mutuality of obligation)라고 한다. 다만 약인이 없더라도 상대방의 약속을 믿고(reliance) 자신의 지위를 변동시킨 경우 ALI, Restatement (Second) of Contracts (1981) §90 또는 약속자(promisor)가 그 약속으로부터 이익을 얻은 경우에는 정의의 관념에 입각하여 그 약속을 강제할 수 있다. ALI, Restatement (Second) of Contracts (1981) §86.

【Theme- ALI의 Restatement】

미국의 Restatement는 1920년대 초에 당대의 저명한 미국의 판사, 변호사, 법학 교수들이 "법이 불필요하게 불확실하고 복잡하여 비롯된 사법행정에 대한 일반적인 불만"을 제거하기 위하여 "커먼로의 근본원칙에 대한 합의"와 "여러 법률 분야간 변형"을 바로 잡아서 "법의 명확화, 단순화 및 사회적 요구에 대한 더 나은 적응을 촉진하고, 더 나은 법무행정을 보장하며, 학문적이고 과학적인 법률 작업을 장려하고 수행하기 위하여" 1923년 설립한 미국법률협회(American Law Institute: ALI)[3]가 미국 연방법원의 판례법을 조문화하여 학계의 권위자들의 주석을 첨부한 것으로 우리말로는 재록(再錄)이라고 번역된다. ALI는 통일주법전국회의(National Conference of Commissioners on Uniform State

---

3) https://www.ali.org/about-ali/story-line/.

Laws: NCCUSL)와 공동으로 미국통일상법전(Uniform Commercial Code: UCC)을 제정하기도 한 기관이다. 그간 ALI가 재록을 작성한 법률분야는 대리(Agency), 법의 저촉(Conflict of Laws), 계약(Contract), 불법행위(Tort), 소비자법(Consumer Contracts), 회사지배구조(Corporate Governance), 원상회복(Restitution), 용역권(Servitudes), 보증(Suretyship), 고용법(Employment Law), 저당권(Mortages), 변호사법(the Law Governing Lawyers), 저작권(Copyright), 제조물책임법(Product Liability), 부정경쟁방지법(Unfair Competition), 국제관계법(Foreign Relations Law), 아메리칸 인디언법(The Law of American Indians), 비영리자선단체(Charitable Nonprofit Organizations), 어린이법(Children and the Law) 등이다. 예컨대, The Restatement (fourth) of Foreign Relations Law of the United States (2018)는 1934년 제2차 재록과 1978년 제3차 재록에 이어 국제관계법에 관하여 발간한 제4차 재록이고, The Restatement of The U.S. Law of International Commercial and Investor-State Arbitration (2019)는 2019년 미국의 국제통상법 및 투자자국가중재에 관하여 발간한 재록이다.

전술한 대로, 계약당사자 간의 계약체결시까지의 모든 합의사항은 계약서에 포함되어 다른 서면의 내용은 배제되며, 그 후의 변경은 서면에 의하여 하여야 한다는 영미법상 이른바 '구두증거의 법칙(parol evidence rule)'은 비엔나협약에서는 적용되지 않는다(CISG §8). 비엔나협약 제2편은 전통적인 청약과 승낙 개념을 따르며, 계약은 청약에 대한 승낙이 이 협약에 따라 효력을 발생하는 시점에 성립된다(CISG §23).

II. 청약

1. 청약의 요건

청약은 상대방의 승낙이 있으면 계약이 바로 성립한다는 의사표시이다. 비엔나협약은 청약이 되기 위해서는 세 가지 요건이 요구된다고 규정한다. 즉 "충분히 확정적인 계약체결의 제안"으로서, "1인 또는 그 이상의 특정인"의 "승낙시 그에 구속된다는 청약자의 의사"가 표시되어 있는 경우이어야 청약이 된다(CISG §14①전단). 제안이 물품을 표시하고, 명시적 또는 묵시적으로 수량과 대금을 지정하거나 그 결정을 위한 조항을 두고 있는 경우에, 그 제안은 충분히 확정적인 것으로 한다(CISG §14①후단). 그러므로 물품, 수량, 대금 이외의 거래조건은 미정이어도 청약이 되는 데 무방한 것으로 해석된다.

"수량과 대금을 지정하거나 그 결정을 위한 조항을 두고 있"어야 한다는 협약의 요건은 대륙법계의 경우 미국 통일상법전 상 허용되는 가격미정조건(Open Price Term) 매매(U.C.C. § 2-305)가 허용되지 않기 때문에 그에 맞춘 것이다. 그러나 가격이 정해질 수 있는 구체적 지표를 정하였거나, 수량별로 다른 가격 조건을 제시한 '객관적 체감 조항(objective escalator clause)'이 포함된 경우 또는 가격이 제3자나 대리인에 의하여 정해지게 되어 있는 경우 등에는 청약으로 인정된다.[4] 청약의 방법은 서면, 구두 또는 직접적 행위 등 어느 것이든 가능하다. 그러나 분쟁의 회피, 당사자의사의 확정을 위하여서는 서면에 의한 청약이 좋기 때문에 각국의 법률에 따라 특정 분야에서는 서면주의가 강제되기도 한다.

어떤 의사표시가 청약인지 청약의 유인인지는 당사자의 의사해석의 문제이지만 거래의 성격, 관습 등도 고려하여 결정할 문제이다. 예컨대, 매수주문서, 발주서 등은 청약이지만 구매 문의서, 일반적인 판매 카탈로그, 견적서, 견적송장, 가격목록, 광고용 회람 등은 청약의 유인에 속한다.

<발주서의 서식>

Purchase Order

LUKO Products, S.A.
76 S Bascom Ave
Campbell, CA. USA
By Fax
July 15, 2022

Dear Mr. Armas:

---

[4] Folsom, Gordon & Ramsey(20), pp. 82-83(다만, 가격을 "다른 사람에게 제공하는 가장 낮은 가격"으로 정한 경우에 관해서는 논란이 있다.).

Please supply us in accordance with your pro forma invoice No. 522 dated June 15, 2022 with the following items:

Item #15 50,000 Christmas Lights in Red, Green, and Yellow
Item #21 5,000 White Angel Ornaments
Item #13 5,000 Candy Cane Ornaments
Item #4   5,000 Sparkling Red Bells
Item #8   10,000 Super Deluxe 18″ Christmas Wreaths

Total Price CIF Newark, New Jersey $169,468

Delivery Date: Prior to October 1, 2022

We have instructed Citi Bank to open a confirmed irrevocable letter of credit per your pro forma invoice and to ask the BNK Busan Bank South Korea, Daeyeon Branch, for its confirmation. We look forward to your early acknowledgement by mail.

Sincerely,

Henny Daniel
Sales Director
Pukyong Logistics Co.
Busan, South Korea

불특정 다수인에 대한 제안은 제안자가 반대 의사를 명확히 표시하지 아니하는 한, 단지 '청약의 유인(invitation to make offers)'으로 본다(CISG §14②).

비엔나협약 제55조는 또한 가격조건의 지정에 관하여 보충적으로 유연한 협상 여지를 제공한다. 즉 계약이 유효하게 성립되었으나 그 대금을 명시적 또는 묵시적으로 정하고 있지 아니하거나 이를 정하기 위한 조항을 두지 아니한 경우에는, 당사자는 반대의 표시가 없는 한, 계약 체결시에 당해 거래와 유사한 상황에서 매도되는 그러한 종류의 물품에 대하여 일반적으로 청구되는 대금을 묵시적으로 정한 것으로 본다(CISG §55). 그러나 동 규정은 "계약이 유효하게 성립된 경우"를 분명히 조건으로 부가하고 있기 때문에, 법원들은 가격을 지정하지 않은 청약에도 불구하고 당사자들이 계약을 체결한 아주 제한적인 경우에만 이 규정을 통하여 구제하고, 일반적으로는 당사자들이 명시적 또는 묵시적으로 대금을 정하지 않은 경우에는 계약 불성립으로 간주한다.[5]

일방 당사자가 일정한 종류물 가운데에서 물품을 선택할 재량을 갖는 종류매매(assortment sale)의 경우에는 청약의 '확정성'이 문제된다. 협약 제14조는 청약자의 제안이 물품을 표시할 것을 요구하지만, 물품을 특정할 것은 요구하지 않기 때문에, 매도인이나 매수인이 물품의 형태나 범위와 같은 일정한 종류물 가운데에서 물품을 선택할 수 있도록 허용하는 계약조항은 동조의 요건을 충족한다. 헝가리 법원은 비행기 매매계약이 포함된 사건에서 매수인에게 두 가지 타입의 엔진과 비행기 중에서 선택할 수 있게 한 매도인의 제안이 비엔나협약 제14조에 따른 청약으로 인정되고, 매수인이 그 승낙시 계약이 체결되었다고 판시하였다. 동 법원은 그 이유로 그 제안은 매수인에게 오직 두 대의 비행기 각각에 대하여 두 가지 특정 엔진 가운데에서 선택할 수 있게 하였기 때문에 물품을 충분히 표시하였다고 볼 수 있다는 근거를 들었다.

2. 청약의 회수 및 철회

청약은 상대방에게 도달한 때에 효력이 발생한다(CISG §15①). 청약은 철회될 수 없는 것이더라도, 회수(withdrawal)의 의사표시가 청약의 도달 전 또는 그와 동시에 상대방에게 도달하는 경우에는 회수될 수 있다(CISG §15②). 청약이 효력을 발생한 후에는 청약자는 계약이 체결되기 전까지 철회(revocation)할 수 있을 뿐이다(CISG §16①전단). 철회를 위해서는 상대방이 승낙의 통지를 발송하기 전에 철회의 의사표시가 상대방에게 도달되어야 한다(CISG §16①후단).

---

[5] Folsom, Gordon & Ramsey(20), p. 83.

비엔나협약이 영미법상 계약 성립을 위한 약인 요건을 인정하고 있지 않으므로, 청약은 당사자가 약인에 의하여 지지된 계약을 체결하지 않은 한, 청약자는 상대방이 승낙하기 전까지는 자유롭게 청약을 철회할 수 있다는 커먼로 법리는 국제물품매매에 있어서는 무시된다. 대륙법계의 법리에서는 청약은 구속력이 있고 청약자가 적극적으로 철회가능하다고 표시하지 않은 한 철회할 수 없다. 비엔나협약은 양 접근방법을 모두 취하지 않았다.

청약자는 계약이 체결되기 전까지 청약을 철회할 수 있지만(CISG §16①) 여기에는 두 가지 예외가 있다. 첫째, 승낙기간의 지정 그 밖의 방법으로 청약이 철회될 수 없음이 청약에 표시되어 있는 경우 철회할 수 없다(CISG §16②(가)). 둘째, 상대방이 청약이 철회될 수 없음을 신뢰하는 것이 합리적이고, 상대방이 그 청약을 신뢰하여 행동한 경우 철회할 수 없다(CISG §16②(나)). 양 예외가 인정되기 위해서는 청약자는 물품의 표시 및 수량과 대금을 지정하거나 그 결정이 가능한 기준을 제시하였어야 한다. 청약이 아닌 것을 상대방에게 표시한 경우, 그것은 제한 없이 자유롭게 철회할 수 있기 때문이다.

【Theme- 청약의 구속력】
우리 민법상 계약의 청약은 이를 철회하지 못한다(민법 §527). 그러나 영미법에서는 상대방의 승낙을 위하여 일정한 승낙기간을 정해 둔 청약인 firm offer의 경우에도 당사자는 언제든지 그 청약을 철회할 수 있다. 다만, 청약이 날인증서(deed or indenture)에 의한 것이거나 firm offer에 대하여 상대방이 약인(consideration)을 지급한 때에는 청약을 철회할 수 없다. 또한 UCC §2-205에 의하면 매매와 관련한 청약이 서명된 서면(signed writing)에 의한 때에는 약인이 없더라도 소정기간 내에는 청약을 철회할 수 없다.

3. 청약의 효력발생과 실효시기

우리 민법은 "상대방이 있는 의사표시는 상대방에게 도달한 때에 그 효력이 생긴다"(민법 §110①)고 규정하므로(도달주의) 청약도 상대방에게 도달한 때에 그 효력이 발생한다. 영미법도 도달주의를 취하고 있기는 마찬가지이다.

비엔나협약상 청약은 철회될 수 없는 것이더라도, 거절(refusal)의 의사표시가 청약자에게 도달한 때에는 효력을 상실한다(CISG §17). 청약이 실효된 후에는 청약의 상대방은 더 이상은 그에 대하여 승낙할 권한이 없다.

우리 상법상 대화자간의 계약의 청약은 상대방이 즉시 승낙하지 아니한 때에는 그 효력을 잃는다(상법 §51). 민법은 승낙의 기간을 정하지 아니한 계약의 청약은 청약자가 상당한 기간내에 승낙의 통지를 받지 못한 때에는 그 효력을 잃는다(민법 §529)고 하므로 상법은 거래의 신속을 위하여 대화자간 계약에서는 상당한 기간을 즉시로 정한 것이다. 영미법에서도 청약은 상당한 기간 효력을 가지며, 그 상당기간의 만료에 의하여 자동적으로 효력을 잃는다.

영미법에서는 청약자가 사망한 때에는 피청약자의 사실인식 여부에 관계없이 청약은 효력을 잃는다. 그러나 우리 법에서는 청약자가 청약의 통지를 발송한 후 사망하거나 제한능력자가 되어도 의사표시의 효력에 영향을 미치지 아니한다(민법 §111②).

III. 승낙

1. 승낙의 방법

"청약에 대한 동의를 표시하는" 상대방의 진술 그 밖의 행위는 승낙(acceptance)이다(CISG §18①전단). 침묵 또는 부작위는 그 자체만으로 승낙이 되지 아니한다(CISG §18①후단). 그렇지만, 당사자들의 교섭, 그밖의 행위의 정황상 상당 기간 동안의 침묵은 상대방의 적극적 반대가 없다면 묵시적 승낙으로 간주될 수도 있다.[6] 또한 청약자가 승낙의 방법을 특별히 지정하여 청약한 때에는 그에 따라야 한다. 청약자가 승낙의 방법을 특별히 지정하지 않은 경우 청약을 한 방법으로 하는 승낙은 유효하다고 볼 수 있다. 예컨대 우편에 의한 청약에 대해서 우편으로 승낙하는 것이나 이메일로 보내온 청약에 대하여 이메일로 승낙하는 것은 유효하다.

---

6) Folsom, Gordon & Ramsey(20), p. 87.

2. 승낙의 효력발생시기

계약은 청약에 대한 승낙이 비엔나협약에 따라 효력을 발생하는 시점에 성립된다(CISG §23). 청약에 대한 승낙은 동의의 의사표시가 청약자에게 도달하는 시점에 효력이 발생한다(CISG §18②제1문). 동의의 의사표시가 청약자가 지정한 기간 내에, 기간의 지정이 없는 경우에는 청약자가 사용한 통신수단의 신속성 등 거래의 상황을 적절히 고려하여 합리적인 기간 내에 도달하지 아니하는 때에는, 승낙은 효력이 발생하지 아니한다. 구두의 청약은 특별한 사정이 없는 한 즉시 승낙되어야 한다(동항 제2문). 비엔나협약 제20조 제1항은 승낙기간의 기산점에 관하여 규정하고 있다. 즉, 청약자가 승낙기간을 ① 전보 또는 서신에서 지정한 경우에는 전보가 발송을 위하여 교부된 시점 또는 서신에 표시되어 있는 일자(서신에 일자가 표시되지 않은 경우에는 봉투에 표시된 일자, 즉 우편일부인의 일자)로부터 기산하고(동항 제1문), ② 전화, 텔렉스 그밖의 동시적 통신수단에 의하여 승낙기간을 지정한 경우에는 청약이 상대방에게 도달한 시점부터 기산한다(동항 제2문). 그밖의 동시적 통신수단으로는 실시간 채팅이 있다. 그러나 이메일을 동시적 통신수단으로 볼 것인지는 견해가 갈려서 부정설은 이메일을 서신에 준하는 것으로 보되, 봉투에 담긴 서신과는 구별되는 이메일의 특수성을 고려하여 협약 제20조 제1항 1문에 따라 승낙기간을 이메일을 발송한 때부터 기산하는데, 긍정설은 동항 제2문에 따라 이메일이 도달한 시점부터 기산한다.[7] 그러나 이메일은 전기통신으로 발송시와 도달시에 시간적 간격이 거의 없는 점과 수령자의 지배영역내에 들어가 그 내용을 알 수 있게 되면 족하고 실제로 그 내용을 알았을 것까지 요구하지는 않는 협약 제24조의 도달 개념에 비추어 양설 사이에 현실적 차이는 없다고 보는 견해[8]가 유력하다.

승낙이 발효되는 시점에 청약의 상대방은 승낙을 회수할 권한을 상실한다(CISG §22).

우리 민법에서도 승낙의 의사표시는 청약자에게 도달한 때에 효력이 발생하

---

7) 석광현(10), 91면.
8) 안강현(22), 43면.

지만(민법 §111) 격지자간의 계약은 승낙의 통지를 발송한 때에 성립한다(민법 §531)(발신주의). 청약자의 의사표시나 관습에 의하여 승낙의 통지가 필요하지 아니한 경우에는 계약은 승낙의 의사표시로 인정되는 사실이 있는 때에 성립한다(민법 §532). 당사자간에 동일한 내용의 청약이 상호교차된 경우, 즉 교차청약(cross offer)의 경우에는 양 청약이 상대방에게 도달한 때에 계약이 성립한다(민법 §533). 우리 민법에서는 승낙의 기간을 정한 계약의 청약은 청약자가 그 기간 내에 승낙의 통지를 받지 못한 때에는 그 효력을 잃지만(민법 §528①), 승낙의 통지가 청약자가 정한 기간후에 도달한 경우에 보통 그 기간내에 도달할 수 있는 발송인 때에는 청약자는 지체없이 상대방에게 그 연착의 통지를 하여야 하고(동조 ②), 청약자가 이 통지를 하지 아니한 때에는 승낙의 통지는 연착되지 아니한 것으로 본다(동조 ③). 상사매매에 있어서는 특칙이 있어서, 상인이 상시 거래관계에 있는 자로부터 그 영업부류에 속한 계약의 청약을 받은 때에는 지체없이 승낙여부의 통지를 발송하여야 하고, 이를 게을리 한 때에는 승낙한 것으로 본다(상법 §53). 승낙기간이 정해진 경우 그 기간보다 늦게 승낙이 청약자에게 연착하면 무효이다. 그러나 연착된 승낙은 청약자가 이를 새 청약으로 볼 수 있어서(민법 §530) 연착된 승낙에 대하여 청약자가 승낙하면 계약은 성립한다.

영미법에서는 커먼로 하에서 승낙의 의사표시가 발신되면 승낙은 효력이 발생하고 계약이 성립된다는 발신주의, 이른바 '우편함 규칙(mailbox rule)'이 적용된다. 영미법에서는 승낙의 의사표시가 발신되는 시점에 청약자의 청약 철회권 및 청약의 상대방의 승낙 철회권도 실효된다. 그러므로 영미법에서 승낙의 불도달 또는 지연의 위험은 청약의 상대방이 승낙 통지를 발송한 후에는 청약의 상대방에게 전가된다. 영미법에서는 승낙은 청약에 대해서 해야 하므로 교차청약은 인정되지 아니한다.

3. 조건부승낙

비엔나협약에서는 승낙을 의도하고 있으나, 부가, 제한 그 밖의 변경을 포함하는 청약에 대한 응답은 청약에 대한 거절이면서 또한 새로운 청약이 된다

(CISG §19①). 이것은 전통적인 '엄격일치원칙(mirror image rule)'이다. 그러나 비엔나협약은 이 일치원칙에 유연성을 부여하여, "승낙을 의도하고 있고, 청약의 조건을 실질적으로 변경하지 아니하는 부가적 조건 또는 상이한 조건을 포함하는 청약에 대한 응답은 승낙이 된다"고 규정한다(CISG §19②). 특히 대금, 대금지급, 물품의 품질과 수량, 인도의 장소와 시기, 당사자 일방의 상대방에 대한 책임범위 또는 분쟁해결에 관한 부가적 조건 또는 상이한 조건은 청약 조건을 실질적으로 변경하는 것으로 본다(CISG §19③).

우리 민법은 승낙자가 청약에 대하여 조건을 붙이거나 변경을 가하여 승낙한 때에는 그 청약의 거절과 동시에 새로 청약한 것으로 본다(민법 §534). 그러므로 조건부승낙이나 변경을 가한 승낙에 의해서는 계약이 성립하지 못한다. 우리 대법원은 계약의 성립을 위하여 필요한 당사자의 의사합치는 당해 계약의 내용을 이루는 모든 사항에 관하여 존재해야 하는 것이 아니라, 그 본질적 사항이나 중요 사항에 관하여 구체적으로 존재하거나 적어도 장래 구체적으로 특정할 수 있는 기준과 방법 등에 관한 합의가 있어야 한다는 입장이며,[9] 학계의 입장도 당사자들이 계약에 구속되려는 의사만 있다면[10], 계약의 내용을 이루는 중요 사항에 관하여 합의가 있다면 원칙적으로 계약이 성립한다는 것이다.[11]

미국 통일상법전에서도 승낙이 청약조건에 없는 추가조건부일 경우, 또는 청약조건에 변경을 가한 것일 경우에도 특별한 경우를 제외하고는 계약은 성립한다(UCC §2-207(1)). 이 경우 조건부승낙이나 추가조건부승낙을 한 승낙자는 청약자의 청약내용을 전부 수용한 것으로 해석하는 것이다. 그러므로 이 때 계약의 내용이 되는 것은 청약자의 청약조건이고 추가조건 또는 변경된 조건이 아니다. 그러나 상사매매에 있어서는 특별한 경우를 제외하고는 그 추가조건도 계약의 일부가 된다(U.C.C. §2-207(2)).

---

9) 대법원 2001.3.23. 선고 2000다51650 판결.
10) 양창수·김재형, 「계약법」, 박영사, 2010, 49면; 가정준, "민법적 시각에서 본 CISG상의 서식전쟁", 「국제거래법연구」 제22집 제1호, 2013, 211면.
11) 「민법주해 XII, 채권(5)」, 박영사, 2006, 8면.

IV. 계약의 변경

계약은 당사자의 합의만으로 변경 또는 종료될 수 있다(CISG §29①). 그러나 서면에 의한 계약에 합의에 의한 변경 또는 종료는 서면에 의하여야 한다는 규정[12]이 있는 경우에, 다른 방법으로 합의 변경 또는 합의 종료가 될 수 없다(CISG §29②전단). 다만, 당사자는 상대방이 자신의 행동을 신뢰한 한도까지는 그러한 규정을 원용할 수 없다(CISG §29②후단).

V. 표준계약조건

1. 부합계약

계약이 당사자의 청약과 승낙의 합치에 의하여 성립한다는 전통적 가정은 당사자 일방이 사전에 작성한 약관(standard business terms)에 의하여 계약이 체결되는 부합계약의 경우에는 성립되지 않는다. 부합계약에 있어서는 당사자가 약관을 청약, 승낙 또는 반대청약의 일부로서 제대로 계약에 편입시키기 위하여 언급하였는가 하는 것이 문제가 된다. 독일, 오스트리아의 영향으로, 오늘날 한국, 미국의 법원들은 계약성립 과정에서 약관을 다르게 취급하는 관행을 인정한다. 미국 연방법원들의 다수는 현재 당사자는 단지 약관에 대한 형식적 언급만으로는 부족하고, 최소한 상대방에게 약관에 의거할 것임에 대한 합리적 통지를 해야 한다고 판시한다. 법원들이 '합리적 통지(reasonable notice)' 기준 상 관련요소로 인정하고 있는 것으로는 약관을 계약에 편입한다는 명시적 문언, 상대방이 실제로 약관 편입 사실을 알았다는 증거, 당사자들이 교섭 시 해당 조건들을 논의하였는지 여부, 상대방이 실제로 거래조건을 인식하였는지 여부, 상대방이 약관을 계약으로 편입하는 문서에 서명하거나 이름 앞글자를 기재하였는지 여부 등이 있다.[13] 이러한 접근방법은 객관적 의도나 '국제거래에서의 선의의 원칙'

---

12) 계약을 서면으로 작성한 경우 계약의 수정(modification in the contract)도 서면으로 작성해야 한다고 약정할 수가 있다. 이를 명시한 조항을 Four corner clause 또는 NOM clause (no-oral modification clause)라고 부른다.

에 경직되게 의존하지 않고 당사자의 진정한 의도에 의존하는 비엔나협약 제8조의 내용과 부합된다.

미국 펜실베니아 연방 지방법원은 "약관을 계약에 적용하려면, 당사자가 주어진 상황에서 상대방이 그 의도를 알았거나 상대방과 동일한 부류의 합리적인 사람이 동일한 상황에서 이해하였을 방식으로 계약을 규율하려는 의도로 그 약관에 의존한 제안을 포함하였어야 한다."고 오스트리아 대법원의 판시를 인용하였다.14)

2. 서식쟁탈전

국제물품매매계약을 체결하려는 당사자들은 저마다 자신이 선호하는 서식에 의하여 계약을 체결하고 싶어하여서 이른바 서식쟁탈전(battle of the forms, contract form contest)이 흔히 행해지는데, 이는 일방 당사자가 일정한 서식에 의하여 한 청약에 대한 응답을 그 상대방이 자신이 만든 서식으로 하는 경우이며, 그 응답은 청약에 대한 승낙이 아니므로 그것으로 계약이 성립되지 않는다. 그 결과 매도인의 서식에 의한 주문확인(order acknowledgement)은, 비록 그 안에서 "매수인의 청약을 승낙한다"고 언급하고 있더라도, 청약에 대한 거절 및 반대청약(counteroffer)으로 간주된다. 그러므로 그것에 의하여 원래의 청약의 효력이 상실된다(CISG §17). 따라서 당사자들은 서식을 주고받는 것으로 계약을 체결할 수는 없고, 그 상태에서는 일방 당사자가 이행 이전에 자신의 약속을 어기더라도 계약이 존재하지 않으므로 아무런 책임도 지지 아니한다.

그렇지만 실제로는 서식 교환을 포함하는 거래의 상당수에서, 당사자들은 각자의 약관상의 기술적 충돌에 대하여 통지하지 않거나 의도적으로 무시하고 자기가 상정한 거래를 이행한다. 일단 매도인이 물품을 발송하고 매수인이 그것을 수령하고 대금을 지급하면, 비엔나협약 제6조의 당사자자치의 원칙에 근거하여,

---

13) *Allied Dynamics Corp. v. Kennametal, Inc.*, 2014 WL 3845244 (E.D.N.Y. 2014).
14) *Roser Technologies., Inc. v. Carl Schreiber GmbH*, 2013 WL 4852314, at 8 (W.D. Pa. 2013).

당사자들이 매매계약 성립에 동의를 표시한 사실에 대하여 의심의 여지가 없게 된다. 그러나 그러한 경우 계약조건이 실제 어떤 것인지에 대해서는 분명하지 않다. 이에 관해서는 학설대립이 있다.

　ⅰ) 제1설은 영미법계의 커먼로 분석에서는 이러한 경우 각 당사자가 최종적으로 보낸 조건이 청약에 대한 거절이고 반대청약에 해당하므로 모든 이전의 승낙되지 않은 거래조건을 종료시키기 때문에 그 최종 거래조건에 효력을 인정하게 된다. 그러므로 행위로 승낙할 유일한 남은 청약은 그 반대청약이 된다. 이것이 '최후발포원칙(last shot rule)'이다. 계약의 변경에 관한 비엔나협약 제19조 제1항 및 제3항, 제17조 및 제18조 제1항 및 제3항을 근거로 협약이 최후발포원칙을 추종하고 있다고 해석하는 입장도 있다.

　ⅱ) 제2설은 이 문제에 관해서 비엔나협약 초안 작성시에 견해가 갈리어 하나의 결론을 도출하지 못하였다고 전해지지만[15], 그렇다고 하여 국내법에 호소할 규정공백은 아니라고 보는 것이 컨센서스이므로 이 문제에 대한 답은 협약 자체의 구성과 원칙에서 찾아야 한다고 전제하고, 비엔나협약 제6조의 당사자자치의 기본원칙에 따르면, 당사자들이 정형적인 청약과 승낙 제도를 고려하지 않고 계약을 체결할 수 있다는 것은 명확하다. 비엔나협약 하의 서식쟁탈전의 존재를 감안하면 당사자들이 서로의 제안 조건을 자기가 원하는 대로 수정하여 관례적으로 교환하면서 해당 약관에 대하여 신경쓰거나 심지어 읽지도 않는다는 사실을 인정할 수 있다. 따라서 당사자들의 거래의 이행은 최후로 교환하게 된 서식의 내용이 아니라 단지 계약이 존재한다는 합의만을 반영하는 것이 대부분의 경우이다. 비엔나협약 제8조 제1항의 문언상 각 당사자는 자신의 약관에 의존하기 위해서는 상대방이 약관작성자의 실제 의도를 "모를 수 없었을" 경우여야 한다. 만일 양자가 그럼에도 불구하고, 자기들의 거래의 본질적 측면을 이행한다면, 그들은 명백히 최소한 서로간의 계약의 존재에 대하여 합의하고 있는 것이다. 그 결과, 그들의 계약은 협약의 배경 원칙들과 함께, 합의한 그들의 서식상의 조건으로만 구성된다. 모든 다른 제안한 조건들은 그 조건들에 대한 명

---

15) 구체적인 내용에 관해서는 김진우, "CISG에서의 약관의 충돌문제", 「국제거래법연구」 제20집 제2호, 2011, 168~169면, 각주 16.

백한 합의의 부재시에는 계약의 일부를 구성하지 않게 된다. 이것이 '상충조건제거설(knock-out rule)'이다. 이른바 *Powdered Milk* 판결에서 독일 연방대법원이 이러한 입장을 취하였다.[16]

iii) 제3설은 상충조건제거설에 대해서는 비엔나협약의 초안 작성자가 명백히 최후발포설을 채택하였는데 그것에 반하여 이러한 주장을 하는 것은 비엔나협약의 기본정신인 법적용의 통일성을 훼손시킬 위험이 매우 높다고 비판하면서,[17] 계약성립의 문제와 계약내용의 문제를 구분하여 전자에 관해서는 협약 제19조에 따라 최후발포설에 의하고, 후자에 관해서는 명백히 불합리한 결과를 피하기 위하여 부득이 상충조건제거설에 의하여야 한다는 입장이다.[18] 그러나 계약의 내용이 어떤 거래조건으로 성립한 것인가는 결국 상충조건제거설을 적용하여 해결하자는 입장으로 볼 수 있다.

iv) 제4설은 당사자들이 교환한 약관과 다른 내용의 당사자간의 합의, 확립된 관례가 있는 경우에는 최대한 당사자자치를 존중하여 그 합의, 관례대로 계약이 체결된 것으로 보되, 만일 당사자들이 교환한 약관과 다른 내용으로 일방 당사자가 이행하고 상대방이 그것을 이의없이 수령한 경우에는 상충조건제거설에 따라 계약조건을 해석하자는 입장[19]이다.

v) 제5설은 사안에 따라 명시적 합의나 명백한 행위를 통하여 상호 합의가 되었다고 보이는 경우에는 최후발포원칙에 의하고, 양 당사자가 모두 상대방이 자신의 약관을 적용하여 거래를 할 의사가 없다는 것을 인식하고 있는 경우에는 상충조건제거설을 적용하여 해결하자는 입장[20]이다. 이것이 합리적이라고 생각한다. 다만 이 입장이 강조하는 것처럼 어느 경우이든 가장 중요한 것은 비엔나협약 제8조의 유연한 해석원칙에 따라 당사자의 실제 합의를 탐색하는 것이다.

---

16) BGH, 9 January 2002, CISG-online No. 651. 이를 추종한 하급심 판결들로 OLG Düsseldorf, 25 July 2003, CISG-online No. 919; OLG Frankfurt a. M., 26 June 2006, CISG-online No. 1385.
17) 최홍섭, "유엔국제매매법(CISG)에서의 약관에 관한 문제", 「법조」 통권 592호(2006), 117면; Burghard Piltz, *Internationales Kaufrecht*, 2. Aufl., C.H.Beck, 2008, Rn. 3-109.
18) 최홍섭, 위의 논문, 73면.
19) 김진우, 앞의 논문, 181~185면.
20) Folsom, Gordon & Ramsey(20), pp. 95~96.

제3절 매도인 및 매수인의 계약이행의무

비엔나협약 제3편은 물품의 매매에 관하여 정하고 있다. 협약 제25조부터 제29조까지의 제1장 총칙에 이어서, 매도인의 의무 및 그에 대한 구제에 관한 제2장(제30조부터 제52조까지)과 매수인의 의무 및 그에 대한 구제에 관한 제3장(제53조부터 제65조까지) 이 규정되어 있다.

I. 매도인의 기본적 의무

비엔나협약 제30조는 매도인의 두가지 기본적 의무를 정의하고 있다. 첫째, 매도인은 계약과 이 협약에 따라 물품을 인도하고, 관련 서류를 교부하여야 한다. 둘째, 매도인은 물품의 소유권(property), 즉 권리(title)를 매수인에게 이전하여야 한다. 또한 매도인은 적합한 수량, 품질, 설명의, 제3자의 청구의 대상이 아닌 물품을 매수인에게 인도하여야 한다.

비엔나협약은 매매된 물품의 소유권에 관하여 계약이 미치는 효력에 영향을 미치지 않으므로(CISG §4(나)목)), 국내법이 계약체결에 따라 매도인으로부터 매수인에게, 인도시나 다른 때에, 소유권이 이전되는지 여부, 권리인증이 필요한지 여부, 매도인이 대가나 그밖의 채무의 담보를 위하여 소유권을 유보할 수 있는지 등에 관하여 결정한다.

1. 물품의 인도

비엔나협약 하에서의 인도(delivery)는 제한적 개념이고, 오직 물품의 점유권(possession)이나 지배의 이전에만 관련된다. 비엔나협약 초안의 작성자는 물리적 인도, 위험의 이전, 권리의 이전, 대가에 대한 책임, 그리고 특정한 이행을 수령할 능력 등 매매의 모든 요소들을 하나의 개념으로 통합하거나 하려고 하지 않았다. 대신에, 이들 요소들에 대하여 각각의 원칙을 제공하면서, 일반적으로 통일상법전과 유사한 구조이지만 실체적으로 상이한 형식을 따랐다.

2. 인도장소

인도장소와 관련하여, 비엔나협약은 네 가지 상이한 인도조건을 인정하였다 (CISG §31):

> (1) 매도인이 특정장소에서 물품을 인도하여야 하는 인도계약, (2) 특정한 장소로 인도할 필요 없는, 물품의 운송을 포함하는 운송계약, (3) 알려진 장소에 있고 특정장소로 운송될 것이 기대되지 않는 물품의 매매계약, 그리고 (4) 물품을 운송할 것을 기대하지 않고 특정 인도장소를 정하지 않는 매매계약.

인도계약(delivery contract)에서는, 매도인은 물품을 매수인의 장소나 기타 특정장소로 인도하여야 한다. 비엔나협약은 이 옵션을 당사자들의 계약에 의한 합의가 우선시된다는 기본원칙을 구체적으로 인정하는 형식으로 언급하였다. 즉 협약 제31조는 본문에서 "매도인이 물품을 다른 특정한 장소에서 인도할 의무가 없는 경우"의 계약들에 한해서만 명시적 기본원칙으로 정하고 있다. 그 결과, 협약 하의 주요원칙은 매도인의 구체적 인도의무는 계약조건의 해석을 통하여 정해진다는 것이다. 국제물품매매에서의 공통의 관행은 이를 FOB, DAP, DPU 등의 상업조건을 통하여 정의한다.

비엔나협약은 또한 송부계약(shipment contract)의 관념을 인정한다. 송부계약 하에서 매도인은 특정장소에서 물품을 인도할 의무는 없지만, 매매계약은 제3의 운송인에 의한 물품의 운송을 명시적으로 포함한다(CISG §31(가목)). 그 경우에 매도인은 물품을 제1운송인에게 교부할 것만이 요구되고, 물품 운송계약을 맺을 의무는 지지 아니한다. 또한 물품이 하인(荷印), 선적서류 그 밖의 방법에 의하여 "그 계약의 목적물로서 명확히 특정되어 있지 아니한" 때에는 매도인은 "매수인에게 물품을 특정하는 탁송통지를 하여야" 한다(CISG §32①). 매도인이 물품의 운송에 관하여 부보(附保)할 의무가 없는 경우에도, 매도인은 매수인의 요구가 있으면 매수인이 부보하는데 필요한 모든 가능한 정보를 매수인에게 제공하여야 한다(CISG §32③).

만일 매도인이 물품의 운송을 주선하여야 하는 경우에는, 매도인은 상황에 맞는 적절한 운송수단 및 그 운송에서의 통상의 조건으로, 지정된 장소까지 운송하는 데 필요한 계약을 체결하여야 한다(CISG §32②). 국제물품매매에서의 공통의 관행은 이를 CIF, CFR, CIP, CPT 등의 상업조건을 통하여 정의한다.

물품의 운송이 포함되지 않은 거래의 경우는 둘로 나뉜다. 첫째, 계약이 특정물에 관련되거나 또는 특정한 재고품에서 인출되는 불특정물이나 제조 또는 생산되는 불특정물에 관련되어 있고, 당사자 쌍방이 계약 체결시에 그 물품이 특정한 장소에 있거나 그 장소에서 제조 또는 생산되는 것을 알고 있었던 경우에는, 매도인의 인도의무는 그 장소에서 물품을 "매수인의 처분 하에(at the buyer's disposal)" 두는 것이다(CISG §31②). 협약은 이 경우 매도인이 매수인에게 통지해야 하는지는 명시하지 않고 있지만, 매수인이 점유를 취득하기 위해서는 적어도 제3의 수탁자(bailee)에게 통지를 요한다고 해석된다.

둘째, 그 밖의 경우에는, 매도인의 인도의무는 계약 체결시에 매도인이 영업소를 가지고 있던 장소에서 물품을 매수인의 처분 하에 두는 것이다(CISG §31③).

매도인이 선하증권과 같은 물품에 관한 서류를 교부하여야 하는 경우에, 매도인은 계약에서 정한 시기, 장소 및 방식에 따라 이를 교부하여야 한다(CISG §34제1문). 매도인이 교부하여야 할 시기 전에 서류를 교부한 경우에는, 매도인은 매수인에게 불합리한 불편 또는 비용을 초래하지 아니하는 한, 계약에서 정한 시기까지 서류상의 부적합을 치유할 수 있다(CISG §34제2문). 예컨대, 물품 명세가 부정확한 것과 같은 결함이 있는 경우, 매수인에게 불합리한 불편 또는 비용을 초래하지 아니하는 한, 매도인은 계약에 따른 서류 인도시까지 그 결함을 추완할 수 있는 것이다. 다만, 매수인은 이 협약에서 정한 손해배상을 청구할 권리를 보유한다(CISG §34제3문).

3. 인도시기

비엔나협약 제33조는 매도인의 이행의 시간적 요건을 정한다. 매도인은 다음의 시기에 물품을 인도하여야 한다:

    (가) 인도기일이 계약에 의하여 지정되어 있거나 확정될 수 있는 경우에는

그 기일

(나) 인도기간이 계약에 의하여 지정되어 있거나 확정될 수 있는 경우에는 그 기간 내의 어느 시기. 다만, 매수인이 기일을 선택하여야 할 사정이 있는 경우에는 그러하지 아니하다.

(다) 그 밖의 경우에는 계약 체결후 합리적인 기간 내

비엔나협약은 매도인의 수출 및 수입 허가 및 조세에 관한 의무에 관하여 명시하고 있지 않으므로, 이것들을 계약조건 또는 관행에 맡기고 있다. 만일 이 쟁점들이 계약이나 관행에서 정해지지 않은 경우에는, 매도인의 인도의무의 성질을 참조하여 정해야 한다. 따라서, 만일 매도인이 운송계약을 할 의무가 없다면, 이들 의무는 매수인에게 할당된다. 그 반대의 경우라면 매도인이 매수인의본국내의 특정 장소에서 인도할 의무를 지고, 매도인이 일반적으로 수출 및 수입 허가를 득할 책임을 진다. 어느 경우이든 국제거래에서 당사자들이 FOB, CIF 등 이러한 쟁점의 처리를 포함하는 국제적 상업조건에 관하여 합의하는 일은 흔히 있다.

4. 물품의 품질·수량

매도인은 계약에서 요구되는 수량, 품질 및 종류에 적합하고, 계약에서 정한 방법으로 용기에 담겨지거나 포장된 물품을 인도하여야 한다(CISG §35①). 우리 민법은 대상상품을 종류로만 정한 경우 민법상 종류채권의 품질 기준을 적용하여 "법률행위의 성질이나 당사자의 의사에 의하여 품질을 정할 수 없는 때에는 채무자는 중등품질의 물건으로 이행하여야 한다."고 규정한다(민법 §375).그러나 물품의 품질이 계약에 적합한지 판단하기 위하여, 비엔나협약은 제35조 제1항에서 영미법계의 워런티(warranty), 엄격제조물책임 법리나 대륙법계의 하자담보책임 및 과실책임 법리 등을 모두 피하고, 대신에 보다 단순하게 매도인은 "계약에서 요구되는(required by the contract)" 품질에 적합한 물품을 인도할 의무를 지도록 하였다.

그리고 나서 제2항에서는 매도인의 최소한의 기본의무(default obligations)를 정하였다. 즉 당사자가 달리 합의한 경우를 제외하고, 물품은 다음의 경우에 계

약에 적합하지 아니한 것으로 한다(CISG §35①):
　　(가) 동종 물품의 통상 사용 목적에 맞지 아니한 경우,
　　(나) 계약 체결시 매도인에게 명시적 또는 묵시적으로 알려진 특별한 목적에 맞지 아니한 경우. 다만, 그 상황에서 매수인이 매도인의 기술과 판단을 신뢰하지 아니하였거나 또는 신뢰하는 것이 불합리하였다고 인정되는 경우에는 그러하지 아니하다.
　　(다) 매도인이 견본 또는 모형으로 매수인에게 제시한 물품의 품질을 가지고 있지 아니한 경우.
　　(라) 그러한 물품에 대하여 통상의 방법으로, 통상의 방법이 없는 경우에는 그 물품을 보존하고 보호하는 데 적절한 방법으로 용기에 담겨지거나 포장되어 있지 아니한 경우.

비엔나협약 제35조 제2항 (가)목에서 통상 사용되었을 목적은 매도인의 소재지에서 정해지는지 또는 매수인의 소재지에서 정해지는지가 만일 "통상 사용"이 두 곳에서 다른 경우라면 문제된다. 일부 학자들은 반대의견이지만 독일 연방대법원은 (1) 매수인의 소속국의 공적 규정이 매도인의 소속국의 상응하는 규정과 동일한 경우, (2) 매수인이 매도인에게 규정에 관하여 알린 경우, 또는 (3) 매도인이 매수인 소속국의 규정에 관하여 알았거나 알 수 있었을 특별한 사정이 있는 경우 등 세 가지 예외를 제외하고는 원칙적으로 매수인의 소재지에서 집행되는 공법과 규정을 준수하는 물품을 인도할 매도인의 의무는 없다고 판시하였고 이 견해가 현재 다수견해이다.[21]

같은 항 (나)목은 계약 체결시 매도인에게 명시적 또는 묵시적으로 알려진 특별한 목적에 적합하지 않은 물품은 계약에 적합하지 아니한 것으로 간주함으로써 매도인에게 그에 적합한 물품을 인도할 의무를 부과한다. 이와 관련하여 매수인이 매도인에게 그러한 특별한 용도를 달성하기 위하여 물품을 지정하거나 설계하는 데 수반되는 어려움을 알릴 의무는 없다.[22] 같은 항 (다)목의 "매도

---

21) *Medical Marketing Int'l, Inc. v. Internazionale Medico Scientifica, S.R.L.*, 1999 WL 311945 (E.D. La. 1999) 판결 등에서 미국 연방법원도 이 견해를 추종하였다. Folsom, Gordon & Ramsey(20), pp. 102-103.
22) Folsom, Gordon & Ramsey(20), p. 104.

인이 견본 또는 모형으로 매수인에게 제시한 물품의 품질"은 당사자가 명시적으로 정한 계약상 설명이 된다.

매수인이 계약 체결시에 물품의 부적합을 알았거나 또는 모를 수 없었던 경우에는, 매도인은 그 부적합에 대하여 제2항의 (가)호 내지 (라)호에 따른 책임을 지지 아니한다(CISG §35③). 여기에서 물품의 부적합을 "모를 수 없었던 경우"는 중과실보다 더 심각한 과실로서 그 사실이 육안으로도 명백하여 굳이 검사를 하지 않더라도 물품의 부적합을 발견할 수 있었던 경우라고 하는 해석이 있다.[23] 이는 정황상 매수인이 물품의 부적합을 알았던 것으로 간주하는 상황을 의미하는 것이지만 결국 사실의 해석 문제이다.

기준시점은 계약 체결시이므로 인도나 검사 시 매수인이 획득한 지식은 매도인의 의무에 영향을 주지 아니한다. 그러나 법원은 매수인이 물품의 하자나 품질 상태에 관하여 일반적 지식을 가졌더라도, 매도인이 매수인에게 공시되지 않은 특정 사실을 알았던 경우에는 책임을 져야 한다고 판시한 바 있다.

매도인은 위험이 매수인에게 이전하는 때에 존재하는 물품의 부적합에 대하여, 그 부적합이 위험 이전 후에 판명된 경우라도, 계약과 이 협약에 따라 책임을 진다(CISG §36①). 즉 물품의 품질이나 하자에 대한 판단시기는 "위험이 매수인에게 이전하는 때"이다. 따라서 매수인은 비록 그 부적합이 위험 이전 후에 판명된 경우라도, 위험의 이전시에 물품에 존재한 부적합에 대하여 계약위반에 대한 청구권을 가진다. 매수인은 그러한 때의 물품의 부적합 사실에 대하여 증명할 입증책임을 부담한다.[24]

만일 매도인이 당사자간 계약에서 위험의 인도시보다 길게 물품의 부적합에 대한 책임을 부담하겠다고 합의한 경우라면 그 약정은 유효하다. 비엔나협약은 "매도인은 제1항에서 정한 때보다 후에 발생한 부적합이라도 자신의 위무위반에 기인하는 경우에는 그 부적합에 대하여 책임을 진다. 이 의무위반에는 물품이 일정기간 통상의 목적이나 특별한 목적에 맞는 상태를 유지한다는 보증 또는

---

23) 이기수·신창섭(19), 87면.
24) *Chicago Prime Packers, Inc. v. Northam Food Trading Co.*, 408 F.3d 894 (7th Cir. 2005).

특정한 품질이나 특성을 유지한다는 보증(guarantee)에 위반한 경우도 포함된다."
고 규정한다(CISG §36②).

물품의 수량과 관련하여 만일 매수인의 전수요량공급계약(total requirement agreement) 또는 매도인의 전생산량매수계약(total output agreement)의 경우에는 그러한 합의 자체가 우리나라 「독점규제 및 공정거래에 관한 법률」상 '거래상대방의 사업활동을 부당하게 구속하는 조건으로 거래하는 행위'의 일종인 '배제조건부거래'로서 불공정거래행위(동법 §45①Ⅶ, 동법 시행령 별표2Ⅶ(가)목)에 해당하거나 미국의 연방독점금지법상 셔먼법 제1조위반 또는 EU 경쟁법인 TFEU 제101조 위반이 될 수 있으므로 주의하여야 한다.

5. 품질 책임의 배제

매도인은 물품의 품질 부적합성에 대한 책임을 면제받기 위해서 매매계약조항에 물품의 규격 및 그 용도에 관하여 명시하면서 자신이 책임을 지지 않는다는 뜻을 밝힘으로써 비엔나협약 제35조의 책임을 배제할 수 있다. 그것은 협약 제35조 제2항이 "당사자가 달리 합의한 경우를 제외하고"라고 매도인의 물품의 품질에 관한 의무를 제한하고 있으므로 가능하다.

비엔나협약이 적용되는 국제물품매매계약에 대하여서도 국내법, 즉 '묵시적 워런티(implied warranty)'의 배제나 수정에 있어서 예컨대, 부동문자로 인쇄된 약관상의 보증 배제와 같은 부당한 보증배제의 금지에 관한 통일상법전 규정은 적용된다. 그러한 사항은 협약 제4조 (가)목의 협약과 관련이 없는 계약의 유효성(validity)에 관한 문제이기 때문이다. 그러나 보증배제의 문언이 서면에 의하여 분명하게 '상품적합성(merchantability)'을 언급해야 하여야 한다(U.C.C. §2-316②)는 사항은 계약의 유효성에 관한 사항이 아니므로 국내법이 적용될 수 없다.[25]

---

25) Folsom, Gordon & Ramsey(20), p. 107.

6. 매수인의 검사 및 부적합성 통지

매수인은 매도인에 대하여 물품의 부적합성에 대한 책임을 묻기 위해서는 그 상황에서 "실행가능한 단기간 내에" 물품을 검사하거나 검사하게 하여야 한다(CISG §38①). 계약에 물품의 운송이 포함되는 경우에는, 검사는 물품이 목적지에 도착한 후까지 연기될 수 있다(CISG §38②). 또한 매수인이 검사할 합리적인 기회를 가지지 못한 채 운송중에 물품의 목적지를 변경하거나 물품을 전송(轉送)하고, 매도인이 계약 체결시에 그 변경 또는 전송의 가능성을 알았거나 알 수 있었던 경우에는, 검사는 물품이 새로운 목적지에 도착한 후까지 연기될 수 있다(CISG §38③).

매수인이 물품의 부적합을 발견하였거나 발견할 수 있었던 때로부터 "합리적인 기간 내에" 매도인에게 그 부적합한 성질을 특정하여 통지하지 아니한 경우에는, 매수인은 물품의 부적합을 주장할 권리를 상실한다(CISG §39①).

매수인은 물품이 매수인에게 현실로 교부된 날부터 늦어도 2년 내에 매도인에게 제1항의 통지를 하지 아니한 경우에는, 물품의 부적합을 주장할 권리를 상실한다(CISG §39②전단). 다만, 이 기간제한이 계약상의 보증기간과 양립하지 아니하는 경우에는 그러하지 아니하다(CISG §39②후단). 매수인은 정하여진 통지를 하지 못한 데에 합리적인 이유가 있는 경우에는 제50조에 따라 대금을 감액하거나 이익의 상실을 제외한 손해배상을 청구할 수 있다(CISG §44). 협약 제44조는 통지를 하지 못한 원거리에 있거나 미숙련의 매수인을 특별히 보호하기 위한 규정이다.

실무상 국제거래 사건에서 가장 많이 제기되는 소송은 매수인의 물품 부적합성 통지의 유효성에 관한 것이다. 그러한 소송에서는 비엔나협약 제39조 제1항에 따라 그 상황에서 언제가 합리적인 기간이었는지가 관건이 된다. 법원은 매수인에게 적합성 결여가 명백하였는지, 물품이 계절상품인지 부패가능한 것인지 등의 물품의 속성, 결함 식별의 난이성, 매수인의 물품 처리 계획, 계약의 광범위한 목적, 시간의 경과가 매도인이 결함을 치유할 능력에 미치는 영향, 관련 거래에서의 관행과 관례 등 당해 상황에서 무엇이 합리적 기간인지 결정하는

데 관련되는 다양한 요소들을 심의한다. 이 가운데 결정적 요소는 물품의 속성과 결함 식별의 난이성이다.26)

물품의 부적합이 매도인이 알았거나 모를 수 없었던 사실에 관한 것이고, 매도인이 매수인에게 이를 밝히지 아니한 경우에는, 매도인은 제38조와 제39조를 원용할 수 없다(CISG §40). 따라서 비록 매수인이 검수 및 통지 미이행으로 다른 경우였다면 부적합성에 근거한 구제청구권을 상실하였을 경우라 해도, 매도인이 이미 부적합성의 이유가 되는 사실을 알고 있었으면서 매수인에게 알리지 않았다면 매수인은 권리를 행사할 수 있다.

7. 매도인의 하자보완권

만일 매수인이 물품의 부적합성을 발견한 때에는, 매도인은 인도 이후라도 그것을 치유하기를 원할 경우가 흔히 있다. 비엔나협약이 매수인에게 물품의 결함에 대하여 조기 통지를 하도록 요구하는 이유는 그것이다. 협약은 계약상 인도기일 이전 또는 이후에 결함이 발견된 경우인지에 따라 다른 규칙을 정하고 있다.

우선, 매도인이 인도기일 전에 물품을 인도한 경우에는, 매수인에게 불합리한 불편 또는 비용을 초래하지 아니하는 한, 매도인은 그 기일까지 누락분을 인도하거나 부족한 수량을 보충하거나 부적합한 물품에 갈음하여 물품을 인도하거나 또는 물품의 부적합을 치유할 수 있다(CISG §37전단). 그러나 매도인은 수량 보충이나 대체물품 인도 등 치유를 했더라도 협약에서 정한대로 매수인이 결함으로 인하여 입은 손해를 배상할 책임을 진다(CISG §37후단).

다음으로, 인도기일이 경과한 후에, 매도인은 불합리하게 지체하지 아니하고 매수인에게 불합리한 불편 또는 매수인의 선급 비용을 매도인으로부터 상환받는 데 대한 불안을 초래하지 아니하는 경우에는, 자신의 비용으로 의무의 불이행을 치유할 수 있다(CISG §48①전단). 이 경우에도 매도인은 치유를 했더라도

---

26) *Miami Valley Paper, LLC v. Lebbing Engineering & Consulting GmbH*, 2009 WL 818618 (S.D. Ohio 2009)(복잡한 기계 부속의 경우 몇 주 내에 통지하는 것은 가능하지 않다고 판시하였다.).

협약에서 정한 손해를 매수인에게 배상할 책임을 진다(CISG §48①후단). 다만, 인도기일이 경과한 이 경우에는 매수인은 '매도인의 의무 불이행이 본질적 계약위반으로 되는 경우'라면 계약을 해제할 수 있으므로(CISG §49①(가목)), 매도인이 결함을 치유하는 행위를 할 수 있는 것은 매수인이 계약해제를 하지 않은 것을 조건으로 하는 것이다.

매도인이 매수인에게 이행의 수령 여부를 알려 달라고 요구하였으나 매수인이 합리적인 기간 내에 그 요구에 응하지 아니한 경우(CISG §48②전단) 또는 매수인이 응한 경우에는, 매도인은 그 요구에서 정한 기간 내에 이행을 할 수 있다. 매수인은 그 기간중에는 매도인의 이행과 양립하지 아니하는 구제(예컨대, 계약해제)를 구할 수 없다(CISG §48②후단).

8. 매도인의 물품의 권리에 관한 의무

매수인이 제3자의 권리나 권리주장의 대상이 된 물품을 수령하는 데 동의한 경우를 제외하고, 매도인은 제3자의 권리나 권리주장의 대상이 아닌 물품을 인도하여야 한다(CISG §41전단). 그러므로 매도인이 타인의 질권이 설정되어 있는 물품을 인도한 경우에는 채무를 이행한 것이 될 수 없다. 그리고 만일 물품에 대하여 제3자가 권리를 주장한다면 매도인은 필요한 방어비용을 지급하여야 한다. 매도인과 매수인은 이러한 비엔나협약의 적용을 피하기 위하여 그와 달리 특약을 맺을 수 있다. 그러나 단지 매수인이 매매 목적인 물품에 제3자의 질권이 설정되어 있음을 알았다고 하여 반드시 그러한 특약을 맺은 것으로 볼 수는 없다. 그 경우에 매수인은 매도인이 인도 전까지 질권을 말소할 것을 기대하였을 수 있기 때문이다.

매도인은, 계약 체결시에 자신이 알았거나 모를 수 없었던 공업소유권 그 밖의 지적재산권에 기초한 제3자의 권리나 권리주장의 대상이 아닌 물품을 인도하여야 한다(CISG §§41후단, 42①전단). 다만, 매도인이 지적재산권이 설정되지 않은 물품을 인도할 의무를 지는 것은 제3자의 권리나 권리주장이 다음 국가의 법에 의한 공업소유권 그 밖의 지적재산권에 기초한 경우에 한한다(CISG §42①후단):

(가) 당사자 쌍방이 계약 체결시에 물품이 어느 국가에서 전매되거나 그 밖의 방법으로 사용될 것을 예상하였던 경우에는, 물품이 전매되거나 그 밖의 방법으로 사용될 국가의 법
(나) 그 밖의 경우에는 매수인이 영업소를 가지는 국가의 법

제1항의 매도인의 의무는 다음의 경우에는 적용되지 아니한다(CISG §42②):
(가) 매수인이 계약 체결시에 그 권리나 권리주장을 알았거나 모를 수 없었던 경우
(나) 그 권리나 권리주장이 매수인에 의하여 제공된 기술설계, 디자인, 방식 그 밖의 지정에 매도인이 따른 결과로 발생한 경우

매도인은 매수인이 적시의 통지를 하지 않은 경우에는 전술한 물품의 권리에 대한 하자에 대한 책임으로부터 면제된다. 즉 매수인이 제3자의 권리나 권리주장을 알았거나 알았어야 했던 때로부터 합리적인 기간 내에 매도인에게 제3자의 권리나 권리주장의 성질을 특정하여 통지하지 아니한 경우에는, 매수인은 제41조 또는 제42조를 원용할 권리를 상실한다(CISG §43①).
미국통일상법전(UCC §2-607(5))는 매수인이 보증 또는 매도인이 책임져야 할 기타 의무를 위반하여 소송을 당한 경우에 매도인에 대한 서면통지로 소송결과에 대하여 매도인이 구속되게 일종의 보증책임을 지울 수 있는 제도가 있는데, 비엔나협약에는 그러한 제도가 없으므로, 제3자의 물품에 대한 권리 주장에 직면한 매수인은 국내법에 의한 보호를 받을 수밖에 없다.

II. 매수인의 이행 의무

1. 매수인의 기본적 의무

(1) 대금지급의무와 물품수령의무

비엔나협약 제53조는 매수인의 두 가지 기본적 의무를 정의하고 있다. 첫째, 매수인은 계약과 이 협약에 따라, 물품의 대금을 지급할 의무와 둘째, 물품의 인

도를 수령할 의무가 있다. 또한 이러한 의무를 이행하는 것이 가능하게 하기 위하여 필요한 조치를 할 파생적인 예비의무들이 있어서, 매수인의 대금지급의무에는 그 지급을 위하여 계약 또는 법령에서 정한 조치를 취하고 절차를 따르는 것이 포함되고(CISG §54), 매수인의 수령의무에는 물품을 수령하는 것만이 아니라 매도인의 인도를 가능하게 하기 위하여 매수인에게 합리적으로 기대될 수 있는 모든 행위, 예컨대 서식, 수단, 또는 그밖의 물품의 속성 등에 관하여 설명을 제공하는 것이 포함된다(CISG §60(가)목).

(2) 정상가격 이상 또는 이하로의 매도 금지

국제물품매매에 있어 물품의 대가를 정함에 있어서는 조세에 대한 검토도 필요하다.

우리나라 「국제조세조정에 관한 법률」(약칭: 국제조세조정법)은 국가 간의 이중과세 및 조세 회피를 방지하기 위한 법률인데, 이 법에서 "특수관계"란 ① 거래 당사자의 어느 한 쪽이 다른 쪽의 의결권 있는 주식(출자지분을 포함한다. 이하 같다)의 100분의 50 이상을 직접 또는 간접으로 소유하고 있는 관계, ② 제3자가 거래 당사자 양쪽의 의결권 있는 주식의 100분의 50 이상을 직접 또는 간접으로 각각 소유하고 있는 경우 그 양쪽 간의 관계, ③ 자본의 출자관계, 재화·용역의 거래관계, 자금의 대여 등에 의하여 거래 당사자 간에 공통의 이해관계가 있고 거래 당사자의 어느 한 쪽이 다른 쪽의 사업 방침을 실질적으로 결정할 수 있는 관계, ④ 자본의 출자관계, 재화·용역의 거래관계, 자금의 대여 등에 의하여 거래 당사자 간에 공통의 이해관계가 있고 제3자가 거래 당사자 양쪽의 사업 방침을 실질적으로 결정할 수 있는 경우 그 거래 당사자 간의 관계, 가운데 어느 하나에 해당하는 관계를 말하며(동법 §2ⅷ) "국외특수관계인"이란 거주자, 내국법인 또는 국내사업장과 특수관계에 있는 비거주자 또는 외국법인(비거주자 또는 외국법인의 국내사업장은 제외한다)을 말한다(동조ⅸ).

국제조세조정법에 따라 과세당국은 거래 당사자의 어느 한 쪽이 국외특수관계인인 국제거래에서 그 거래가격이 정상가격보다 낮거나 높은 경우에는 정상가격을 기준으로 거주자(내국법인과 국내사업장을 포함한다)의 과세표준 및 세액을 결정하거나 경정하는 과세조정을 할 수 있다(동법 §4). 이처럼 해외의 자회사 등 특수관계가 있는 외국법인과의 매매거래를 하는 경우 그 거래가격이 제3자거래가격 내지 '독립기업간 거래가격(arm's length price)'과 달리 책정된 경우, 세법상 해당 거래가격을 정상가격과의 차액에 대하여 과세하는 것을 '이전가격(transfer pricing)' 과세라 한다.[27]

또한 국제조세조정법은 내국법인의 차입금 중 국외지배주주로부터 차입(借入)한 금액에 대하여 국외지배주주에게 지급하는 이자에 대하여 그 내국법인의 손금(損金)에 산입하지 아니하는 방법으로 과세조정을 한다(동법 §14).

조세피난처에 본점 또는 주사무소를 둔 외국법인에 대하여 내국인이 출자한 경우에는 그 외국법인 중 내국인과 특수관계가 있는 법인의 각 사업연도 말 현재 배당 가능한 유보소득(留保所得) 중 내국인에게 귀속될 금액은 내국인이 배당받은 것으로 보아 합산과세한다(동법 §17①).

국제조세조정법은 거주자가 비거주자에게 국외에 있는 재산을 증여하는 경우 그 증여자에게 상속세증여세법이 아니라 국제조세조정법에 따라 증여세를 과세한다(동법 §21①).

그밖에 국제조세조정법은 우리나라 국민·거주자 또는 내국법인과 비거주자 또는 외국법인(국내에 사업장을 둔 비거주자 또는 외국법인만 해당한다)은1) 조세조약의 적용 및 해석에 관하여 체약상대국과 협의할 필요성이 있는 경우에는 기획재정부장관, 2) 체약상대국의 과세당국으로부터 조세조약의 규정에 부합하지 아니하는 과세처분을 받았거나 받을 우려가 있는 경우 또는 조세조약에 따라 우리나라와 체약상대국 간에 조세조정이 필요한 경우 등에는 국세청장에게 상호합의절차의 개시를 신청할 수 있다(동법 §22①). 그러면 기획재정부장관이나 국세청장은 국내 또는 국외에서 법원의 확정판결이 있는 경우, 조세조약상 신청자격이 없는 자가 신청한 경우, 납세자가 조세 회피를 목적으로 상호합의절차를 이용하려고 하는 사실이 인정되는 경우, 또는 과세 사실을 안 날부터 3년이 지

---

[27] 김영근, 「국제거래와 조세실제」, 1996, 352면 이하.

나 신청한 경우를 제외하고는 체약상대국의 권한 있는 당국에 상호합의절차 개시를 요청하여야 한다(동조 ②).

그밖에 국제조세조정법은 조세 징수의 위탁, 조세정보 및 금융정보의 교환, 세무조사 협력, 조세조약의 시행 등의 국가 간 조세협력(동법 §§28～33), 해외금융계좌의 신고의무(동법 §§34～38) 등에 관해서 규정하고 있다.

우리나라 「관세법」상 외국에서 제조·생산 또는 수출에 관하여 직접 또는 간접으로 보조금이나 장려금을 받은 물품의 수입으로 인하여 국내산업이 실질적인 피해를 받거나 받을 우려가 있는 경우 또는 국내산업의 발전이 실질적으로 지연된 경우 그 "실질적 피해등"이 조사를 통하여 확인되고 해당 국내산업을 보호할 필요가 있다고 인정되는 경우에는 기획재정부령으로 그 물품과 수출자 또는 수출국을 지정하여 그 물품에 대하여 해당 보조금등의 금액 이하의 관세("상계관세")를 추가하여 부과할 수 있다(동법 §57). 또한 외국의 물품이 대통령령으로 정하는 정상가격 이하로 수입('덤핑')되어 마찬가지로 "실질적 피해등"이 조사를 통하여 확인되고 해당 국내산업을 보호할 필요가 있다고 인정되는 경우에는 기획재정부령으로 그 물품과 공급자 또는 공급국을 지정하여 해당 물품에 대하여 정상가격과 덤핑가격 간의 차액('덤핑차액')에 상당하는 금액 이하의 관세(덤핑방지관세)를 추가하여 부과할 수 있다(동법 §51).

미국은 2017년에 '조세감경 및 고용법(The Tax Cut and Jobs Act: TCJA)'에 따라 법인세율이 21%로 인하되기 전까지 35%의 세율로 OECD 회원국 가운데 최고수준의 법인세율을 가진 나라였다. 이에 따라 미국의 다국적기업들은 ① 해외 자회사들의 수익을 모회사에 송금하거나 배당하지 않고 해외에서 지출하거나 세율이 낮은 국가의 자회사에 이전하는 방법(profit shifting), ② 해외 자회사를 가진 미국기반의 다국적기업을 세율이 낮은 외국기반 다국적기업으로 바꾸고, 원래의 미국 모회사는 외국회사의 자회사가 되는 전환(inversion), ③ 고세율 국가에서 채무를 더 많이 부담하고 저세율 국가에서 더 적게 부담하는 방법(allocation of debt), ④ 주식에 대한 이익배당이 임박하면 그 시기 동안 주식의 소유권을 잠정적으로 저세율 국가로 이동하는 방법(earnings stripping), ⑤ 자회사들간의 이전가격책정(transfer pricing) 등의 방법으로 미국의 높은 세율의 과세를 피하고 전세계적으로 기업집단 전체가 내는 세금을 줄이는 것으로 의심받았다.[28] 2013년 미국 의회 조사국은 미국의 다국적기업들이 2008년에 "해외 수익의 43%를 버뮤다, 아일랜드, 룩셈부르크, 네덜란드 및 스위스에서 올렸다고 보고하였지만 이들 국가에 있는 노동자의 비율은 4%에 지나지 않았다"고 하였다.[29] Google은 미국의 높은 법인세를 피하기 위하여 이른바 *Double Irish Dutch Sandwich* 전략[30]을 쓰는 것으로 알려져 있다.[31] 이에 대하여 미국은 그러한 편법을 막기 위한 여러 가지 대응책을 시행하고 있는데, ⑤에 대해서는 전술한 우리나라 국제조세조정법에 따른 이전가격 과세와 같은 목적으로 미국 국세청은 다국적기업에 대하여 독립기업간 거래를 반영하기 위한 수익 보고를 요구하고 과세함으로써 이를 처리하고 있다.[32]

또한 미국 1930년 관세법(Tariff Act of 1930)도 보조금에 대한 상계관세(countervailing duty) 및 덤핑방지관세(antidumping duty)를 부과할 수 있게 규정되어 있다.

따라서 한미 어느 나라에서건 물품을 너무 고가나 (특히 국외특수관계인 내지는 해외 자회사에 대하여) 저가로 수출하면 이전가격세제로 세금으로 추징되고, 저가로 수출하는 경우 그 할인의 원천이 보조금에 기인한 경우 상계관세, 그렇지 않은 경우 덤핑방지관세가 부과될 수 있으므로 물품의 대가는 독립기업간

---

28) Chow & Schoenbaum(20), pp. 38~40.
29) Mark P. Keightley, Cong. Research Serv., R42927, *An Analysis of Where American Companies Report Profits: Indications of Profit Shifting* 4-5 (2013); Chow & Schoenbaum(20), p. 39 n. 59.
30) 아일랜드의 자회사에 회사의 가치있는 지재권을 보유하게 하고 그로부터 생기는 국제거래에서의 수익을 기장한다. 이 수익은 그리고 나서 네덜란드의 도관회사로 이전되는데 이 회사는 그것을 본점이 케이맨 제도에 있는 두 개의 아일랜드자회사들에 배분한다. 이러한 기법으로 Google의 수익은 법인세율 제로인 케이맨 제도에서 보고되고, 미국의 과세를 피하기 위하여 해외에서 무제한으로 유보된다.
31) Jane G. Gravelle, Cong. Research Serv., R40623, *Tax Havens: International Tax Avoidance and Evasion* 16-19 (2013); Chow & Schoenbaum(20), p. 39 n. 60.
32) OECD, *OECD Transfer Pricing Guidelines for Multinational Enterpreises and Tax Administrations* (2017 ed.) and *Transfer Pricing Features of Selected Countries 2018* (2018).

가격 내지 정상가격으로 정해져야 한다.

(3) 매수인의 전매가격의 제한 금지

매도인이 매수인과 매매계약에서 합의하는 물품가격은 매수인이 매도인에게 지급하는 매매가격이다. 그와 달리 만일 매도인이 매매계약에서 매수인이 그 물품을 제3자에게 전매하는 가격을 정하여 강제한다면 그것은 독점금지법 또는 경쟁법에서 금지하는 '재판매가격유지행위(resale price maintenance: RPM)'가 될 수 있다. RPM은 거래단계를 달리하는 사업자, 예컨대 도매상이 소매상에게 상품을 판매하면서 소매상이 구입한 상품을 재판매하는 경우 그 재판매가격에 대하여 제한을 강요하는 수직적 가격제한행위인데, 수출상인 매도인이 수입국에서 자신이 제조하는 물품의 가격수준이 일정하게 유지되게 할 목적 등으로 매수인에게 정해진 가격이하로 재판매하지 말도록 강요하는 최저RPM을 강요하는 경우가 있을 수 있다. 최고RPM은 이와 반대로 매수인이 정해진 가격 이상으로 재판매하지 말도록 강요하는 것이다.

미국 연방대법원은 최고RPM은 1998년의 Khan 사건[33]이래로 모든 경우에 금지되는 당연위법의 원칙이 아니라 불합리한 경우에만 위법한 것으로 보는 합리의 원칙에 의하여 위법성이 심사되어야 하는 것으로 보고 있다. 일정한 가격 이상으로만 재판매하도록 강요하는 최저RPM은 물품 가격을 상승시키는 점에서 미국 연방대법원은 1911년의 *Dr. Miles* 사건[34] 이래로 당연위법으로 보아오다가

---

[33] State Oil Co. v. Khan, 522 U.S. 3, 118 S.Ct. 275 (1997), on remand, 143 F.3d 362 (7th Cir.1998).

[34] *Dr. Miles Medical Co. v. John D. Park & Sons Co.,* 220 U.S. 373 (1911)(Dr. Miles는 제약회사인데 제조한 약품을 "도매상(jobbers)"이나 "도매약국(wholesale druggists)"에 판매하고 도매상이나 도매약국은 그것을 "소매약국(retail druggists)"에 재판매하고 소매약국은 그것을 최종소비자에게 판매하였다. Dr. Miles는 약품을 일부 소매상에게 직접 판매하기도 하였다. 이 사건에서는 Dr. Miles가 이 약품의 최저재판매가격을 고정하려고 강요한 것이 독점금지법에 위반되는지가 문제되었다.) 연방대법원은 그러한 행위가 실제로는 소매상들간의 가격담합의 대외적 표시로서, 제조업자를 협정에 참여시킴으로써 카르텔의 감시가 촉진되어 카르텔의 유지에 도움이 된다는 등의 이유에서 셔먼법(Sherman Act) 제1조에 당연위법한 행위로서 위법성이 인정된다고 보았다. *Id.* at 407~408.

2007년 *Leegin* 사건35)에서 5-4의 표결수로 최저RPM이라도 그것이 반경쟁적인지 여부를 여러 사정을 종합하여 합리적으로 심사하여 위법성을 결정하여야 한다고 판시하여 판례를 변경하였다. 이 사건에서 Leegin Creative Leather Products, Inc. (Leegin)는 가죽제품과 액세서리를 디자인, 제조 및 배급하는 사업자인데, "Brighton"이란 브랜드로 피혁제품을 상점들에 공급하였는데 Lewisville, Texas에서 Kay's Kloset이라는 여성 의류상점을 운영하는 PSKS, Inc. (PSKS)가 자사제품을 약 20% 할인판매하는 사실을 알고 *Leegin*은 할인을 중단할 것을 요구하였고, 그 요구가 거절되자 *Leegin*은 Kay's Kloset에 대한 상품 판매를 중단한 행위가 독점금지법에 위반되는지가 문제되었다. 연방대법원의 다수의견은 1) 최저RPM은 브랜드내 경쟁을 감소시킴으로써 브랜드간 경쟁을 자극할 수 있는 점, 2) 최저RPM은 무형의 서비스에 관한 무임승차(free riding)를 막아서 소비자들에게 더 많은 선택권을 주어서 그들이 "낮은 가격, 낮은 서비스 브랜드, 높은 가격, 높은 서비스 브랜드, 그리고 양자의 중간에 위치하는 브랜드" 간에서 선택할 수 있게 할 수 있다는 점, 3) 최저RPM은 또한 새 기업과 브랜드의 시장진입을 촉진함으로써 브랜드간 경쟁을 증가시킬 수 있다는 점, 4) 최저RPM은 또한 무임승차가 없는 경우 제공되지 않을 소매상 서비스의 제공을 촉진함으로써 브랜드간 경쟁을 증가시킬 수 있다는 이유에서 당연위법하다고 볼 수 없고 합리의 원칙을 적용하여 심사하여야 한다고 보았다.36)

우리나라도 과거 「독점규제 및 공정거래에 관한 법률」(공정거래법)상 "재판사업자는 재판매가격유지행위를 하여서는 아니된다. 다만, 상품이나 용역을 일정한 가격 이상으로 거래하지 못하도록 하는 최고가격유지행위로서 정당한 이유가 있는 경우에는 그러하지 아니하다."라는 법규정(2020.12.29. 전부개정되기 이전 법 §29①)을 최저RPM은 당연위법, 최고RPM은 합리의 원칙을 적용하여 위법성을 판단하여야 하는 것으로 해석하여 오다가 미국 연방대법원의 *Leegin* 판결의 영향을 받아 한미약품 사건37)에서 최초로 최저RPM의 위법성 판단기준

---

35) *Leegin Creative Leather Products, Inc. v. PSKS, Inc.*, 127 S.Ct. 2705 (2007).
36) *Leegin*, 551 U.S. at 890-891.
37) 대법원 2010.11.25. 선고 2009두9543 판결.

을 수정하여 합리의 원칙을 적용하였고, 이를 추종하는 대법원 판례들이 나온 후[38], 2020년 12월 29일 공정거래법을 전면개정하여 "사업자는 재판매가격유지행위를 하여서는 아니 된다. 다만, 효율성 증대로 인한 소비자후생 증대효과가 경쟁제한으로 인한 폐해보다 큰 경우 등 재판매가격유지행위에 정당한 이유가 있는 경우에는 그러하지 아니하다."(동법 §46ⅰ)고 하여 최고RPM은 물론 최저RPM도 합리의 원칙을 적용하여 위법성을 판단하도록 하였다.

2. 대금지급시기

매수인이 다른 특정한 시기에 대금을 지급할 의무가 없는 경우에는, 매수인은 매도인이 계약과 이 협약에 따라 물품 또는 그 처분을 지배하는 서류를 "매수인의 처분하에(at the buyer's disposal)" 두는 때에 대금을 지급하여야 한다(CISG §58①전단). 매도인은 그 지급을 물품 또는 서류의 교부를 위한 조건으로 할 수 있다(CISG §58①후단). 제1항이 상정하고 있는 것은 현금판매이고, 제2항에서는 운송계약이 포함된 거래를 상정하고 있다.

계약에 물품의 운송이 포함되는 경우에는, 매도인은 대금의 지급과 상환하여서만 물품 또는 그 처분을 지배하는 서류를 매수인에게 교부한다는 조건으로 물품을 발송할 수 있다(CISG §58②).

매수인은 계약 또는 비엔나협약에서 지정되거나 확정될 수 있는 기일에 대금을 지급하여야 하며, 이 경우 매도인의 입장에서는 어떠한 요구를 하거나 절차를 따를 필요가 없다(CISG §59).

수출대금이 연불조건으로 지급되는 경우, 매수인은 매도인에게 이자를 지급하여야 하는데, 이자에 대해서는 현지국에서 과세되어 원천징수된다. 다만, 우리나라와 조세조약을 체결하고 있는 나라와의 사이에서는 정상적인 이자소득에 대한 것보다 저율의 이자소득세가 부과된다.

매매계약에서는 이밖에 지급조건으로서 지급통화, 지급시기, 지급에 대한 담

---

38) 대법원 2010.12.23. 선고 2008두22815 판결(동아제약 사건); 대법원 2011.3.10. 선고 2010두9976 판결(한국캘러웨이골프(유) 사건).

보제공, 지급지연시의 손해배상액의 특약 등을 정한다. 만일 대금 지급지연에 대한 손해배상의 특약이 없으면 상사법정이율(연 6푼)에 의한다(상법 §54). 그리고 수출입과 관련하여 상대방에게 입찰보증(bid bond), 이행보증(performance bond) 또는 선금반환보증(refund bond)을 제출해야 할 경우, 이들 자본거래에 대해서는 기획재정부장관에게 신고하여야 한다(외환거래법 §18).

3. 대금지급장소

매수인이 다른 특정한 장소에서 대금을 지급할 의무가 없는 경우에는, 다음의 장소에서 매도인에게 이를 지급하여야 한다(CISG §57①):

    (가) 매도인의 영업소, 또는
    (나) 대금이 물품 또는 서류의 교부와 상환하여 지급되어야 하는 경우에는 그 교부가 이루어지는 장소

위에서 매수인이 다른 특정한 장소에서 대금을 지급할 의무가 있는 경우란 계약에서 그렇게 정한 경우를 가리킨다. 결국 특약이 없다면 매도인의 영업소나 대금과 상환되는 물품 또는 서류의 교부 장소가 원칙적인 대금지급장소가 되는 것인데, 그에 따라 매수인은 매도인에게 해외로의 송금을 해야 하는 결과가 된다. 이것은 외환규제를 하는 대부분의 나라에서 중요한 쟁점이 된다. 매수인의 대금지급의무에는 그 지급을 위하여 법령에서 정한 조치를 취하고 절차를 따르는 것이 포함되므로(CISG §54), 매수인의 소속국에서 해외송금에 대한 행정상 허가를 얻기 위한 모든 절차가 취해져야 한다. 그러한 조치의 미이행은 지급기가 되기 전이라도 매수인의 계약위반을 구성할 수 있다.

만일 매도인이 계약 체결후에 자신의 영업소를 변경하였다면 그 변경함으로써 발생하는 대금지급에 대한 부수비용의 증가액을 부담하여야 한다(CISG §57②).

4. 매수인의 검사권

매수인은 물품의 부적합성에 대한 구제를 받기 위해서는 그 상황에서 실행

가능한 단기간 내에 물품을 검사하거나 검사하게 하여야 한다(CISG §38①). 매수인의 검사권은 구제를 받기 위한 전제조건일 뿐 아니라 적극적인 권리이기도 한다. 따라서 매수인이 검사할 합리적인 기회를 가지지 못한 채 운송중에 물품의 목적지를 변경하거나 물품을 전송(轉送)하고, 매도인이 계약 체결시에 그 변경 또는 전송의 가능성을 알았거나 알 수 있었던 경우에는, 검사는 물품이 새로운 목적지에 도착한 후까지 연기될 수 있다(CISG §38③). 예컨대, 매수인은 운송인의 선하증권과 같은 물품의 청구권을 표창하는 서류의 인도와 상환하여 지급하기로 합의하였다. 통상 이러한 계약은 무역조건 가운데 CIF와 CFR의 사용의 기초가 되는 것이다. 그러한 조건의 전제는 물품이 실제로 도착하였는지 여부와 무관하게 따라서 물품에 대한 검사 이전에 매수인이 선하증권의 인도와 상환하여 대금을 지급하는 것이다. 반면에 매수인은 그 상황에서 실행가능한 단기간 내에 물품을 검사하여야 하고(CISG §38①), 매수인이 물품의 부적합을 발견하였거나 발견할 수 있었던 때로부터 합리적인 기간 내에 매도인에게 그 부적합한 성질을 특정하여 통지하지 아니한 경우에는, 매수인은 물품의 부적합을 주장할 권리를 상실한다(CISG §39①).

5. 물품의 수령

매수인의 두 번째 기본적 의무는 물품의 인도를 수령할 의무이다(CISG §53). 이는 인도의 시기 및 장소에서 물품의 물리적 점유를 매도인으로부터 인수하는 것이다. 만일 매수인이 사용하는 저장고나 보관장소가 만재하여 매도인으로부터 물품 인도를 수령하지 않으면 계약위반이 되는 것은 분명하다.

매수인의 수령의무에는 물품을 수령하는 것만이 아니라 매도인의 인도를 가능하게 하기 위하여 매수인에게 합리적으로 기대될 수 있는 모든 행위를 하는 것이 포함된다(CISG §60(가)목). 이러한 행위들에는 예컨대 컨테이너, 운송, 양륙의 준비 및 수입허가, 서식과 수단 제공 등 매도인이 인도할 수 있게 하기 위하여 예상되는 모든 필요한 준비를 할 의무를 포함한다. 계약이 물품의 운송을 포함하고 있는 경우에는 이러한 행위들의 미이행은 위험의 인수와 관련하여 중재한 의미를 가진다. 그러한 경우 매수인이 적시에 이를 수령하지 아니한 경우에는 물품이 매수인의 처분 하에 놓여지고 매수인이 이를 수령하지 아니하여 계약을 위반하는 때에 위험은 매수인에게 이전한다(CISG §69①).

제4절 위험의 인수

Ⅰ. 위험의 인수의 의의

매도인으로부터 매수인에게 물품의 손실이나 손해의 위험이 이전하는 시기는 국제물품매매에 있어서 특히 중요하다. 국제거래에 있어서는 당사자들이 원격지에 떨어져 있고, 물품의 원거리 운송이 포함될 수밖에 없는 경우가 대부분이기 때문이다. 복합운송의 활용과 함께 거리가 멀수록 물품이 운송중 상실 또는 훼손될 가능성이 높아진다.

비엔나협약은 제66조에서 제70조에서 이 문제를 규정하고 있는데, 기본원칙은 물품의 손실 위험은 운송인에 의한 운송 중에는 매수인이 부담한다는 것이다. 당사자들이 그와 달리 특약을 맺는 경우가 아닌 한 이 기본원칙이 적용된다. 당사자들이 그와 관련하여 특약을 맺는 것은 통상 FOB, CIF 등의 정형거래조건을 삽입하는 것을 통하여 행해진다.

Ⅱ. 위험인수의 원칙

비엔나협약은 매도인의 인도의무의 성질에 따라 몇 가지 위험인수의 원칙을 정하고 있다.

1. 물품의 운송이 포함된 경우

첫째 조합은 매매계약에 물품의 운송이 포함되어 있는 경우(CISG §31(가)목)

이다.

  만일 매매계약에 물품의 운송이 포함되어 있고, 매도인이 특정한 장소에서 이를 교부할 의무가 없는 경우, 즉 매매계약이 매도인에게 운송의무를 부과하지 않는 경우에는 물품 손실의 위험은 매매계약에 따라 매수인에게 전달하기 위하여 물품이 제1운송인(first carrier)에게 교부된 때에 매수인에게 이전한다(CISG §67①제1문). 이러한 경우는 예컨대 계약상 매수인이 물품을 매도인의 영업소로부터 운송하기 위한 운송계약을 하도록 하고 있는 경우이다.

  매도인이 특정한 장소에서 물품을 운송인에게 교부하여야 하는 경우에는, 위험은 그 장소에서 물품이 운송인에게 교부될 때까지 매수인에게 이전하지 아니한다(CISG §67①제2문). 예컨대, 매도인이 물품을 해상운송인에게 특정 항구에서 교부하여야 하는 경우에 매도인이 육상운송인을 고용하여 물품을 창고에서 그 항구까지 운송하게 하더라도 위험은 물품을 육상운송인에게 교부한 때가 아니라 해상운송인에게 그 특정 항구에서 교부하는 때에 매수인에게 이전한다.

  물건 손실의 위험은 매도인이 특정 매수인에게 보낼 물품을 특정하기 전까지는 이전하지 않는다. 이것은 특히 매도인이 복수의 매수인들에게 동일한 운송수단을 사용하여 정규적으로 물품을 보내는 경우에 중요하다.

  매도인이 물품의 처분을 지배하는 서류(예컨대 선하증권)를 보유할 권한이 있는 경우라고 해도 위의 위험의 이전 원칙에 영향을 미치지 아니한다(CISG §67①제3문).

  그러나 만일 계약이 매도인에게 물품을 매수인의 영업소에서 또는 그밖의 매도인의 영업소 이외의 장소에서 인도할 것을 요구하는 경우, 즉 목적지계약(destination contract)의 경우에는, 위험은 인도기일이 도래하고 물품이 그 장소에서 "매수인의 처분하에" 놓여진 것을 매수인이 안 때에 이전한다(CISG §69②). 매도인이 제3자에게 매도인의 영업소 이외의 장소에서 물품을 제조하도록 하고 매도인이 그 물품을 매수인에게 다른 장소에서 인도하여야 하는 경우에도 마찬가지이다.

2. 물품의 운송이 포함되지 않은 경우

위험 인수 원칙의 둘째 조합은 매도인으로부터 매수인으로의 운송이 포함되지 않은 거래에 적용된다.

만일 매수인이 매도인의 공장에서 물품을 받아가는 것과 같이 물품이 운송인에 의하여 운송되지 않는 경우에는 위험은 "매수인이 물품을 수령한 때", 매수인이 적시에 이를 수령하지 아니한 경우에는 "물품이 매수인의 처분 하에 놓여지고" "매수인이 이를 수령하지 아니하여 계약을 위반하는 때에" 매수인에게 이전한다(CISG §69①). 불특정물에 관한 계약의 경우에, 물품은 계약상 명확히 특정(identification)될 때까지 매수인의 처분하에 놓여지지 아니한 것으로 본다(CISG §69③).

만일 물품이 운송중에 매도된 경우에는 그에 관한 위험은 계약 체결시에 매수인에게 이전한다(CISG §68제1문). 원유와 같은 물품은 운송중 매매가 이루어지는 경우가 흔한데, 물품의 운송중 매매는 선하증권과 같은 물품의 인도청구권을 표창하는 유가증권에 의하여 행해진다.

다만, "특별한 사정이 있는 경우에는", 위험은 운송계약을 표창하는 서류를 발행한 운송인에게 물품이 교부된 때부터 매수인이 부담한다(CISG §68제2문). 예컨대 매수인이 운송중인 물품에 대한 보험계약을 체결하여 부보한 경우에는 위험은 물품이 운송서류를 발행한 운송인에게 인도된 때부터 매수인에게 이전한다. 그럼에도 불구하고, 매도인이 매매계약의 체결시에 물품이 멸실 또는 훼손된 것을 알았거나 알았어야 했고, 매수인에게 이를 밝히지 아니한 경우에는, 그 멸실 또는 훼손은 매도인의 위험으로 한다(CISG §68제3문).

대부분의 경우에, 권리와 위험은 분리하여 취급된다. 따라서 비엔나협약은 "매매된 물품의 소유권에 관하여 계약이 미치는 효력"은 규율하지 않으므로(CISG §4(나)목), 매도인이 물품의 처분을 지배하는 서류를 보유할 권한이 있다는 사실은 위험의 이전에 영향을 미치지 아니한다고 규정한다(CISG §67①제3문). 따라서 선하증권과 같은 물품에 대한 권리를 표창하는 유가증권을 통한 권리의 매매는 위험의 이전과는 무관하고 영향을 끼치지 않는다. 매도인의 계약위반을 포함하여 그밖의 모든 경우에 계약불이행 청구는 위험의 이전에 영향을 끼치지 않는다. 특히 매도인의 의무 불이행이 본질적 계약위반으로 되는 경우 매수인이 그에 대하여 갖는 구제책에 위험의 이전 원칙은 아무런 영향을 미치지 아니한다.

제5절 불이행책임의 면제

Ⅰ. 면책사유

국제거래에서는 법역을 달리 하는 당사자 중 일방에게 예상한 것보다 계약이행을 하기 어렵게 만드나 이를 그의 계약 위반책임으로 돌리기는 어려운 상황, 예컨대 전쟁, 소요, 무역제재 등이 발생하는 수가 있다. Covid 2019 팬데믹 상황도 이러한 예에 포함될 수 있을 것이다.

그러한 상황을 처리하기 위하여, 비엔나협약은 제3편 제4절을 면책으로 정하고 불가피한 사유가 있는 경우에 당사자의 계약불이행 책임을 면제하는 제79조를 마련하고 있다.

당사자는 그 의무의 불이행이 "자신이 통제할 수 없는 장애에 기인"하였다는 것과 계약 체결시에 그 장애를 고려하거나 또는 그 장애나 그로 인한 결과를 회피하거나 극복하는 것이 합리적으로 기대될 수 없었다는 것을 증명하는 경우에는, 그 의무불이행에 대하여 책임이 없다(CISG §79①). 물품매매계약의 매도인이나 매수인 모두 이에 해당하면 면책될 수 있으며, 계약상 주된 채무만이 아니라 장애로 인한 모든 결과인 자신의 "모든 의무"가 면책범위에 포함된다(CISG §79①).

면책을 주장하는 당사자가 입증해야 하는 첫째 요소는 "그 의무의 불이행이 자신이 통제할 수 없는 장애에 기인하였다는 것"이다. 여기에서 '장애(impediment)'라는 용어는 협약 초안 작성자가 당사자의 이행을 방해하는 외부의 특정 불가항력을 묘사하기 위하여 의도적으로 선택한 것으로서, 단순한 일반적 경제상황의 변화는 이에 해당하지 아니한다. 그러나 면책 기준은 "엄격한 불가능"이어야 하는 것은 아니며, 주어진 상황에서 실무상 불가능성을 구성하는 이행이 심히 곤란하면 족하다.39)

둘째 입증 요소는 "계약 체결시에 그 장애를 합리적으로 예측할 수 없었다"는 것이다. 이는 예측불가능성 기준과 상응하는 것이며, 따라서 면책을 주장하는 당사자의 지위에 있는 합리적인 사람이 계약 체결시에 이행에 대한 장애가 발생할 것임을 합리적으로 예상하지 않았다는 것을 입증해야 한다.

셋째 입증 요소는 당사자가 "장애나 그로 인한 결과를 합리적으로 회피하거나 극복할 수 없었다"는 것이다. 그러므로 1) 계약성립 후에 예측가능하게 되었지만 면책을 주장하는 당사자가 그것이 발생하기 전에 회피하는 조치를 취하지 않은 경우와 2) 전혀 예측할 수 없었지만 면책을 주장하는 당사자가 그것이 발생한 후에 극복하는 조치를 취하지 않은 경우에는 면책되지 아니한다.

당사자의 불이행이 계약의 전부 또는 일부의 이행을 위하여 사용한 제3자의 불이행으로 인한 경우에는, 그 당사자는 다음의 경우에 한하여 그 책임을 면한다(CISG §79②):

    (가) 당사자가 제1항의 규정에 의하여 면책되고, 또한
    (나) 당사자가 사용한 제3자도 그에게 제1항이 적용된다면 면책되는 경우

당사자가 이행보조자를 사용한 경우 자기는 물론 이행보조자가 모두 면책요건이 충족되어야 면책될 수 있고, 당사자에게 면책사유가 있더라도 이행보조자에게 귀책사유가 있는 경우에는 면책되지 못한다.40) 협약 제79조 제2항의 면책사유는 계약 당사자가 특정 계약상 의무를 이행하기 위하여 고용한 이행보조자를 사용한 경우에 국한되어서, 예컨대 면책을 주장하는 당사자와 독립적 계약을 한 상방의 공급자가 있는 경우에는 적용되지 않는다.41)

---

39) Folsom, Gordon & Ramsey(20), p. 123.
40) 최준선(15), 213면.
41) Folsom, Gordon & Ramsey(20), p. 124.

Ⅱ. 면책의 시기와 범위

비엔나협약 제79조에 규정된 면책은 장애가 존재하는 기간 동안에 효력을 가진다(CISG §79③). 또한 면책을 주장하는 당사자는 장애가 존재한다는 것과 그 장애가 자신의 이행능력에 미치는 영향을 상대방에게 통지하여야 한다(CISG §79④전단). 불이행 당사자가 장애를 알았거나 알았어야 했던 때로부터 합리적인 기간 내에 상대방이 그 통지를 수령하지 못한 경우에는, 불이행 당사자는 불수령으로 인한 손해에 대하여 책임이 있다(CISG §79④후단).

협약 제79조 제5항은 이 조가 적용되는 장애에 대해서는 상대방이 청구하는 손해배상 청구권에 대한 면책만을 제공한다는 점을 분명히 하고 있다. 따라서 어느 당사자가 불이행에 대한 손해배상책임을 면책받더라도, 상대방은 손해배상 청구권 이외의 권리, 예컨대 본질적 계약위반에 대한 계약해제권 등을 행사할 수 있다.

Ⅲ. 면책 주장자의 행위를 신뢰한 상대방의 보호

당사자는 상대방의 불이행이 자신의 작위 또는 부작위에 기인하는 한, 상대방의 불이행을 주장할 수 없다(CISG §80). 따라서 어느 당사자 자신의 행위가 상대방의 불이행의 원인이 된 경우에는 그 불이행은 협약 하의 권리를 주장하는 근거가 될 수 없다. 협약 제80조는 그러한 상황에서 상대방의 불이행의 원인을 제공한 당사자가 상대방에 대하여 손해배상청구권, 계약해제권, 불이행을 항변사유로 주장하는 경우 등에 적용된다.

제6절 계약위반에 대한 구제

I. 총칙

비엔나협약은 제3편 제2장 제3절(제45조부터 제52조까지)에서 매도인의 계약위반에 대한 구제, 같은 편 제3장 제3절(제61조부터 제65조까지)에서 매도인의 계약위반에 대한 구제에 관하여 각각 규정하고 양자에 공통되는 손해배상액 산정에 관해서는 같은 편, 제5장 제2절(제74조부터 제77조까지)에서 규정하고 있다.

협약은 계약위반에 대한 전통적 개념을 사용한 정의를 규정하지 않고, 단순하게 "매도인이 계약 또는 이 협약상의 의무를 이행하지 아니하는 경우에" 매수인은 손해배상청구권 등의 구제책을 가진다(CISG §45①(가),(나)목)거나 "매수인이 계약 또는 이 협약상의 의무를 이행하지 아니하는 경우에" 매도인은 손해배상청구권 등의 구제책을 가진다(CISG §61①(가),(나)목)고 규정하고 있다.

다른 규정들과 마찬가지로 비엔나협약의 관련 구제수단들을 적용하지 않기로 당사간 특약이 가능하므로(CISG §6), 당사자들은 불이행에 대한 손해배상액을 제한하거나 그밖의 구제수단을 수정할 수 있다. 그렇지만 이러한 당사자자치는 피해를 입은 당사자를 위한 모든 구제수단을 배제하는 것까지 허용되지는 않는다는 것이 지배적인 견해이다.[42] 나아가서 그러한 조항의 유효성은 다른 경우라면 적용가능한 국내법이 규율하는 문제이다.

1. 이행의 정지권

당사자는 계약체결 후 다음의 사유로 상대방이 의무의 실질적 부분을 이행하지 아니할 것이 판명된 경우에는, 자신의 의무 이행을 정지할 수 있다(CISG §71①):

　　(가) 상대방의 이행능력 또는 신용도의 중대한 결함

---

42) Folsom, Gordon & Ramsey(20), p. 126.

(나) 계약의 이행 준비 또는 이행에 관한 상대방의 행위

이행정지권을 행사하기 위해서는 위의 사유로 상대방이 의무의 "실질적 부분"을 이행하지 아니할 것이 명백해져야 한다. 이행정지권은 매도인 또는 매수인이 자신을 위하여 행사할 수 있지만, 매도인에게 훨씬 중요하다. 매도인은 흔히 대금 지급 이전에 물품을 송부해야 하고 따라서 매수인의 미지급 위험에 대하여 대비하여야 하기 때문이다. 비엔나협약은 제71조 제2항에서 "제1항의 사유가 명백하게 되기 전에 매도인이 물품을 발송한 경우에는, 매수인이 물품을 취득할 수 있는 증권을 소지하고 있더라도 매도인은 물품이 매수인에게 교부되는 것을 저지할 수 있다. 이 항은 매도인과 매수인간의 물품에 관한 권리에 대하여만 적용된다."고 하여 이른바 운송중지권을 규정한다. 그러나 비엔나협약은 매도인은 운송계약을 규율하지 않으므로 운송인이 매도인의 운송중지 요청에 대하여 따를 것을 요구하고 있지는 않고, 운송인은 국제 선하증권을 규율하는 다른 법에 따라 매수인에게 물품을 인도해야 한다. 따라서 매도인은 협약 제71조 제2항의 운송중지권을 보유하지만, 그 권한을 행사하더라도 흔히 운송인이 매수인에게 운송물을 인도하는 것을 저지하지는 못하게 된다.

이행을 정지한 당사자는 물품의 발송 전후에 관계없이 즉시 상대방에게 그 정지를 통지하여야 하고, 상대방이 그 이행에 관하여 적절한 보장을 제공한 경우에는 이행을 계속하여야 한다(CISG §71③).

2. 계약해제권

매수인 또는 매도인은 상대방이 계약을 불이행하거나 불완전이행 하는 일정한 경우에는 계약을 해제할 수 있다(CISG §§49①, 64①). 계약해제의 공통요소는 1) 상대방의 의무 불이행이 "본질적 계약위반"으로 되는 경우(CISG §§49①(가)목, 64①(가)목)이면서 2) 당사자가 불이행하는 상대방에게 최고한 이행을 위한 부가기간(additional deadline; Nachfrist)(CISG §§47, 49①(나)목) 내에 이행하지 않은 경우에 허용된다는 점이다.

비엔나협약 제25조는 당사자 일방의 본질적인 계약위반은 "그 계약에서 상대방이 기대할 수 있는 바를 실질적으로 박탈할 정도의 손실을 상대방에게 주는 경우"로 정의하고 있다(CISG §25전단). 따라서 본질적 계약위반이 되기 위해서는 단순히 일방 당사자가 계약상 또는 협약에 의하여 인정되는 의무를 불이행한 것만으로는 부족하다. 불이행이 본질적인 계약위반인지 판단하는 것은 사실관계에 따라 정해질 문제이지만, 확정기매매(Fixhandelskauf)와 같이 시간이 중요한 계약에서 합리적 기간을 경과한 불이행, 주문에 의하여 제작한 것과 같이 일반적이지 않고 재판매가 불가능한 물품의 매매에서 물품의 결함, 계약상 권리의 부당한 거절 등이 그에 해당할 수 있다. 또한 개별적으로는 본질적인 계약위반에 해당하지 않는 계약위반들이 여러 건 누적된 경우도 종합적으로 본질적인 계약위반이 될 수 있다.[43]

그러나 "위반 당사자가 그러한 결과를 예견하지 못하였고, 동일한 부류의 합리적인 사람도 동일한 상황에서 그러한 결과를 예견하지 못하였을 경우"에는 계약의 본질적 위반이 아니다(CISG §25후단). 즉 계약해제권을 행사하기 위해서는 불이행 당사자의 주관적 요소가 평가되어야 한다. 위반 당사자의 예견가능성에 대한 평가 시기는 계약체결시를 기준으로 한다.

비엔나협약 제72조 제1항은 계약의 이행기일 전에 당사자 일방이 본질적 계약위반을 할 것이 명백한 경우에는, 상대방은 계약을 해제할 수 있다고 규정한다. 이는 예상되는 계약위반에 대하여 인정되는 계약해제권이다. 정당한 계약해제는 계약을 종료하게 하고 손해배상의무를 제외하고 당사자 쌍방을 계약상의 의무로부터 면하게 한다(CISG §81①). 계약해제의 의사표시는 상대방에 대한 통지로 행하여진 경우에만 효력이 있다(CISG §26).

비엔나협약은 물품의 분할인도계약(instalment contract)에 대해서는 특별한 취급을 한다. 분할인도계약은 하나의 계약 안에 최소한 2회 이상에 걸쳐서 물품을 분할하여 인도하기로 약정하거나 그것을 허용하는 계약이다. 각 분할인도는 동등한 양으로 해야 하는 것도 아니다.[44] 어느 분할부분에 관한 당사자 일방의 의

---

43) Folsom, Gordon & Ramsey(20), p. 129.

무 불이행이 그 분할부분에 관하여 본질적 계약위반이 되는 경우에는, 상대방은 그 분할부분에 관하여 계약을 해제할 수 있다(CISG §73①). 이는 분할인도계약에서 분할부분에 관한 의무 불이행이 계약전체에 영향을 주지 아니 하는 경우에 대한 해제 원칙을 정한 것이다.

어느 분할부분에 관한 당사자 일방의 의무 불이행이 장래의 분할부분에 대한 본질적 계약위반의 발생을 추단하는 데에 충분한 근거가 되는 경우에는, 상대방은 장래에 향하여서 계약을 해제할 수 있다(CISG §73②전단). 다만, 그 해제는 합리적인 기간 내에 이루어져야 한다(CISG §73②후단).

대법원 2013.11.28. 선고 2011다103977 판결

비엔나협약이 준거법으로 적용되는 국제물품매매계약에서 당사자가 대금의 지급을 신용장에 의하기로 한 경우 매수인은 계약에서 합의된 조건에 따라 신용장을 개설할 의무가 있고, 매수인이 단순히 신용장의 개설을 지체한 것이 아니라 계약에서 합의된 조건에 따른 신용장의 개설을 거절한 경우 이는 계약에서 매도인이 기대할 수 있는 바를 실질적으로 박탈하는 것으로서 협약 제25조가 규정한 본질적인 계약위반에 해당하므로, 매도인은 계약을 해제할 수 있다.

법원은 피고가 이 사건 계약에 부합하는 신용장을 개설하지 않고 40피트 컨테이너 포장, 환적 불허, 피고에 의하여 지정된 자가 발행한 검사증명서, 비유전자변형생물체 증명서 등 실현이 곤란하거나 이 사건 계약에서 합의되지 아니한 것으로서 원고의 책임과 비용으로 돌릴 수 없는 사항을 신용장조건 또는 요구서류에 추가하고, 원고가 합리적인 부가기간을 정하여 그 수정을 요구하였음에도 이를 거절한 이상, 이러한 피고의 행위는 본질적인 계약위반 및 부가기간 내 의무불이행에 모두 해당하고, <u>이 사건 신용장은 2009. 5. 선적분에 관한 것이지만, 위와 같은 피고의 행위는 장래의 분할부분에 대한 본질적인 계약위반의 발생을 추단하는 데 충분한 근거가 되므로, 원고는 협약 제73조 제2항에 의하여 장래에 향하여 나머지 선적분에 관한 계약도 해제할 수 있으며</u>, 따라서 이 사건 계약은 그 전체가 원고의 해제통보에 의하여 적법하게 해제되었다고 판단하였다.

그러나 분할인도계약에서 분할부분에 관한 의무 불이행이 계약전체에 영향을 주는 경우에는 이와 달리 취급된다. 즉 어느 인도에 대하여 계약을 해제하는 매수인은, 이미 행하여진 인도 또는 장래의 인도가 그 인도와의 상호 의존관계로 인하여 계약 체결시에 당사자 쌍방이 예상했던 목적으로 사용될 수 없는 경

---

44) 석광현(10), 271면.

우에는, 이미 행하여진 인도 또는 장래의 인도에 대하여도 동시에 계약을 해제할 수 있다(CISG §73③).

우리나라 민법상 계약의 성질 또는 당사자의 의사표시에 의하여 일정한 시일 또는 일정한 기간내에 이행하지 아니하면 계약의 목적을 달성할 수 없는 '정기행위'의 경우에는 당사자 일방이 그 시기에 이행하지 아니한 때에는 상대방은 계약해제의 일반원칙상 요구되는 상대방에 대한 이행최고를 하지 아니하고 계약을 해제할 수 있다(민법 §545). 상법에는 이에 대한 특칙이 있어서 상인간의 '확정기매매'에 있어서 당사자의 일방이 이행시기를 경과한 때에는 상대방은 즉시 그 이행을 청구하지 아니하면 계약을 해제한 것으로 본다(상법 §68). 실제 사례에서는 과연 문제의 국제매매계약이 확정기매매에 해당하는지 여부가 문제되는 경우가 많다.

대법원 2009.7.9. 선고 2009다15565 판결

수출입업을 주요사업으로 하는 종합상사인 피고 효성물산 주식회사는 1990년 9월 28일 원고 쉘 패시픽 엔터뿌라이시스 주식회사와의 사이에 알루미늄을 합계 미화 522,500달러에 구입하되 대금결제는 매도인인 원고 회사를 수익자로 하는 취소불능 일람출급 신용장을 개설하는 방식에 의하기로 하고, 위 물품에 대한 인도장소까지의 운임, 보험료는 매수인이 부담하기로 하는 계약(이른바 C.I.F. 계약)을 체결하고, 위 계약에 따라 피고 회사는 개설은행 한국외환은행 홍콩지점, "선적은 1990.10.31. 이전", 유효기간 1990.11.10.으로 된 취소불능 신용장을 개설하여 주었다. 그런데 원고 회사는 위 물품을 1990년 11월 3일 호주의 포틀랜드 항에서 선적한 다음, 1990년 11월 26일 위 물품의 선적서류를 한국외환은행에 제시하고 그 매입을 요청하였으나 위 신용장의 유효기간이 경과되었다는 이유로 대금지급을 거절당하였다. 다른 한편 이 사건 매매계약상의 선적기일(shipping date)에 관하여는, 원고가 1990년 9월 28일자로 피고 회사에게 보낸 갑 제1호증(확정청약서, Firm Offer)의 기재에 의하면 선적기일이 "1990년 10월경"(AROUND OCTOBER, 1990)로 되어 있으나, 동일자로 작성된 을 제1호증(판매계약서, Sales Contract)의 기재에 의하면 "1990년 10월"(OCTOBER, 1990)로 되어 있고, 위 매매계약에 따라 피고가 의뢰하여 개설한 을 제2호증(신용장)의 기재에 의하면, "1990년 10.31.이전"(not later than Oct 31,1990)으로 기재되어 있으며, 원고는 위 신용장 개설을 통지받은 후 피고 회사에 보낸 1990년 10월 25일자 서신에서 신용장 개설비용의 부담에 관하여만 언급하고 있을 뿐 위 신용장 상의 선적기일에 대하여는 이의를 제기하지 아니하고 있으므로 원심은 결국 이 사건 선적기일은 "1990년 10월 31일까지"라고 할 것이라고 판단하였다.

대법원은 "국제해상매매계약에 있어서 이른바 C.I.F. 약관이 있는 경우에 매도인은 목적물을 계약 소정의 목적지까지 운송하기 위하여 운송계약을 체결하고 약정된 일자 또는 기간 내에 선적항의 본선상에 물품을 인도하여야 하고, 그 운송에 관한 선하증권 및 보험증권, 상품송장 등의 서류를 매수인(신용장이 개설된 경우에는 신용장개설은행)에게 교부하고 그 대금을 청구할 수 있는 것으로서, 이 경우에 선하증권상의 선적기일은 원칙적으로 계약상의 선적기일과 부합하여야 하는 것이므로, 이러한 C.I.F. 매매계약에 있어서 선적기간의 표기는 불가결하고 중요한 계약요건이 된다고 할 것이다. 더욱이 기록에 의하면 이 사건 매매의 목적물은 매매 당시 가격변동이 심하였던 원자재인 알루미늄이고, 매수인인 피고는 수출입을 주된 업무로 하는 종합상사로서 전매를 목적으로 하여 위 알루미늄 매매계약을 체결한 것임을 알 수 있고 이러한 경우에는 보통 매수인(수입상)은 수입원자재의 재고량, 수요 공급상황, 국제 및 국내의 가격동향, 선적지로부터 양륙지까지의 물품의 항해일수 등을 감안하여 가장 유리한 시점에 물품이 수입항에 도착되도록 매도인(수출상)과 교섭하여 선적기일을 정하는 것이므로 선적기일에 관한 약정은 계약상 특히 중요한 의미를 가진다고 할 것이며, 선적이 늦어지는 경우에는 사정에 따라서는 피고가 손해를 볼 우려가 있으며 매도인인 원고로서도 이러한 사정은 잘 알고 있었다고 보이고, 또 매매대금은 원고를 수익자로 하는 신용장을 개설하는 방법에 의하여 결제하기로 하였으므로 매도인인 원고로서는 계약상 내지 신용장상의 선적기간 내에 목적물이 선적되었다는 기재가 있는 선하증권을 신용장개설은행에 제시하여야만 은행으로부터 그 대금을 지급받을 수 있다는 등의 사정을 종합하면 이 사건 알루미늄 매매계약은 그 성질 또는 당사자의 의사표시에 의하여 약정된 선적기간 내에 선적되지 아니하면 계약의 목적을 달성할 수 없는 상법 제68조 소정의 이른바 확정기매매에 해당한다고 봄이 상당하고, 따라서 원고가 위 알루미늄을 약정된 선적기간 내에 선적하지 아니하였고 피고가 즉시 그 이행을 청구하지 아니한 이상, 피고에게는 위 상품을 인수할 의무는 없고, 이 사건 매매계약은 그로써 해제된 것으로 보아야 할 것이다."고 판시하였다.

II. 매도인의 불이행에 대한 매수인의 구제책

비엔나협약은 매도인의 불이행에 대한 매수인의 구제책에 관해서는 제3편 제2장 제3절(제45조부터 제52조까지)에서 규정하고 있다. 매도인의 의무 위반시 매수인은 계약해제권, 자조매각권, 특정이행청구권, 손해배상청구권을 가진다. 그런데 매수인이 매도인의 의무 위반시 이러한 권리를 행사하려면 전술한 바와 같이 물품의 적시 검사를 하고, 부적합성에 대한 통지를 하여야 한다.

1. 계약해제권

이는 매수인이 매도인과의 계약을 해제하고, 그 물품을 공급할 다른 공급자를 구하는 방법으로 불이행에 대처하는 것이다. 계약해제권을 행사하더라도 매도인의 불이행으로 인한 손해는 배상청구할 수 있다.

매수인은 계약 또는 비엔나협약상 매도인의 의무 불이행이 본질적 계약위반으로 되는 경우에 계약을 해제할 수 있다(CISG §49①(가)목). 매도인이 의무를 위반하였고 그 의무 불이행이 본질적 계약위반으로 되는 경우라면 의무 불이행이 언제 발생하였는지 그 시기는 상관이 없다. 전술한 바와 같이 본질적인 계약위반은 "그 계약에서 상대방이 기대할 수 있는 바를 실질적으로 박탈할 정도의 손실을 상대방에게 주는 경우"이다(CISG §25전단).

물품의 분할인도계약(instalment contract)에 있어서는 매도인이 물품의 일부만을 인도하거나 인도된 물품의 일부만이 계약에 적합한 경우에, 원칙적으로 매수인은 부족 또는 부적합한 부분에 대하여 계약을 해제할 수 있고(CISG §51①), 인도가 완전하게 또는 계약에 적합하게 이루어지지 아니한 것이 본질적 계약위반으로 되는 경우에 한하여 계약 전체를 해제할 수 있다(CISG §51②).

또한 매수인은 매도인의 의무 불이행 가운데 인도 불이행의 경우에는, 매도인이 제47조 제1항에 따라 매수인이 정한 합리적인 부가기간 내에 물품을 인도하지 아니하거나 그 기간 내에 인도하지 아니하겠다고 선언한 경우 계약을 해제할 수 있다(CISG §49①(나)목).

매수인의 계약해제는 매도인으로부터 처음부터 물품을 수령하지 않는 것과 일단 수령한 물품을 반환하는 것을 모두 포함한다. 비엔나협약은 매수인이 물품을 물리적으로 수령하는 것에 특별한 법적 의미를 부여하지 않으므로 매수인이 인도된 물품을 받는 것은 매수인의 지위에 중요한 의미를 갖지 않는다.

계약해제의 의사표시는 상대방에 대한 통지로 행하여진 경우에만 효력이 있다(CISG §26). 이처럼 상대방에 대한 통지를 요구하는 이유는 상대방에게 결함에 대한 치유권(CISG §48①)을 보장하기 위해서이므로 매수인이 적시에 통지를 하지 않은 경우에는 계약해제권을 상실한다. 만일 매도인이 통지를 받은 후 결함을 보완하는 치유를 한 경우 계약해제권은 상실되지만, 매수인은 그로 인하여 자신이 입은 손해의 배상은 청구할 수 있다.

만약 매도인이 인도기일 전에 물품을 인도하였는데 물품에 결함이 있는 경우에는, 매수인에게 불합리한 불편 또는 비용을 초래하지 아니하는 한, 매도인은 그 기일까지 누락분을 인도하거나 부족한 수량을 보충하거나 부적합한 물품에 갈음하여 물품을 인도하거나 또는 물품의 부적합을 치유할 수 있다(CISG §37전단). 그 경우 매수인은 이 협약에서 정한 손해배상을 청구할 권리를 보유한다(CISG §37후단).

만일 매도인의 인도 또는 치유 제안이 계약상 인도기일 이후에 행해진 경우에는, 매도인은 불합리하게 지체하지 아니하고 매수인에게 불합리한 불편 또는 매수인의 선급 비용을 매도인으로부터 상환받는 데 대한 불안을 초래하지 아니하는 경우에는, 자신의 비용으로 의무의 불이행을 치유할 수 있다(CISG §48①전단). 다만, 그 경우에도 매수인은 이 협약에서 정한 손해배상을 청구할 권리를 보유한다(CISG §48①후단).

매도인이 매수인에게 인도기일 이후 이행의 수령 여부를 알려 달라고 요구하였으나 매수인이 합리적인 기간 내에 그 요구에 응하지 아니한 경우에는, 매도인은 그 요구에서 정한 기간 내에 이행을 할 수 있다(CISG §48②전단). 매수인은 그 기간중에는 매도인의 이행과 양립하지 아니하는 구제를 구할 수 없다(CISG §48②후단).

매도인의 의무 불이행이 이미 본질적 계약위반으로 된 경우라도 매도인이 인도기일 이후에 치유권을 갖는가는 비엔나협약은 침묵하고 있어서 다툼이 있다. 그러나 유력한 입장은 비엔나협약의 매수인의 구제책에 대한 전체적 입장은 인도의 적시성과 물품의 적합성에 관한 분쟁 해결에 있어서 당사자들의 협력을 요구하는 것이다. 따라서 매도인이 적시에 적합한 치유를 할 수 있어서 매수인이 수령할 권한이 있는 것을 실질적으로 획득할 수 있다면 처음의 본질적 계약위반도 치유된다는 것이다.[45]

---

45) Folsom, Gordon & Ramsey(20), p. 135.

비엔나협약은 당사자 일방의 불이행이 있더라도 그것이 본질적 계약위반으로 되는지가 불확실하다는 점을 감안하여 부가기간(Nachfrist)을 설정할 수 있도록 허용하고 있다. 이것은 독일법에서 유래한 것이다. 매수인은 매도인의 의무이행을 위하여 합리적인 부가기간을 정할 수 있다(CISG §47①). 매도인으로부터 그 부가기간 내에 이행을 하지 아니하겠다는 통지를 수령한 경우를 제외하고, 매수인은 그 기간중 계약위반에 대한 구제를 구할 수 없다(CISG §47②전단). 만일 매도인이 그 부가기간 내에 이행을 하지않거나 그 기간 내에 인도하지 아니하겠다고 선언한 경우 매수인은 그 의무 불이행이 본질적 계약위반으로 되지 않더라도 계약을 해제할 수 있다(CISG §49①(나)목). 그러나 협약상 이처럼 매수인이 계약을 해제할 수 있는 것은 물품 인도불이행의 경우만이고 부적합한 물품을 인도한 불완전이행 또는 그밖의 의무 위반의 경우에는 해당이 없다.

매수인은 합리적인 길이의 부가기간을 부여하여야 하는데(CISG §47①), 관습이나 당사자간 합의된 관행이 없는 한, 적어도 물품의 수량·속성, 신용장 개설, 물품의 해상운송·부보, 매도인과의 거리 등을 고려하여 이행에 일반적으로 소요되는 기간을 부여하여야 할 것이다.

비엔나협약은 매수인의 계약해제권 행사에 조건을 부가하고 있다. 첫째, 매도인이 물품을 이미 인도한 경우에는, 매수인은 다음의 기간 내에 계약을 해제하지 아니하는 한 계약해제권을 상실한다(CISG §49②):

    (가) 인도지체의 경우, 매수인이 인도가 이루어진 것을 안 후 합리적인 기간 내
    (나) 인도지체 이외의 위반의 경우, 다음의 시기로부터 합리적인 기간 내
    (1) 매수인이 그 위반을 알았거나 또는 알 수 있었던 때
    (2) 매수인이 제47조 제1항에 따라 정한 부가기간이 경과한 때 또는 매도인이 그 부가기간 내에 의무를 이행하지 아니하겠다고 선언한 때.
    (3) 매도인이 제48조 제2항에 따라 정한 부가기간이 경과한 때 또는 매수인이 이행을 수령하지 아니하겠다고 선언한 때

둘째, 매수인이 물품을 수령한 상태와 실질적으로 동일한 상태로 그 물품을 반환할 수 없는 경우에는, 매수인은 계약을 해제하거나 매도인에게 대체물을

청구할 권리를 상실한다(CISG §82①). 그러나 이 규칙은 다음의 경우에는 적용되지 아니한다(CISG §82②):

(가) 물품을 반환할 수 없거나 수령한 상태와 실질적으로 동일한 상태로 반환할 수 없는 것이 매수인의 작위 또는 부작위에 기인하지 아니한 경우
(나) 물품의 전부 또는 일부가 제38조에 따른 검사의 결과로 멸실 또는 훼손된 경우
(다) 매수인이 부적합을 발견하였거나 발견하였어야 했던 시점 전에, 물품의 전부 또는 일부가 정상적인 거래과정에서 매각되거나 통상의 용법에 따라 소비 또는 변형된 경우

매수인은, 제82조에 따라 계약해제권 또는 대체물인도청구권을 상실한 경우에도, 계약과 이 협약에 따른 그 밖의 모든 구제권을 보유한다(CISG §82③).

또한 비엔나협약 제85조부터 제88조는 매수인이 매도인에게 반환하는 물품을 보관할 일정한 의무를 부과한다. 매수인이 물품을 수령한 후 그 물품을 거절하기 위하여 계약 또는 이 협약에 따른 권리를 행사하려고 하는 경우에는, 매수인은 물품을 보관하기 위하여 그 상황에서 합리적인 조치를 취하여야 한다(CISG §86①전단). 그러한 조치에는 그 비용이 불합리하지 아니하는 한, 매도인의 비용으로 물품을 제3자의 창고에 임치하는 것을 포함할 수 있다(CISG §87). 만일 매수인에게 발송된 물품이 목적지에서 매수인의 처분하에 놓여지고, 매수인이 그 물품을 거절하는 권리를 행사하는 경우에, 매수인은 대금 지급 및 불합리한 불편이나 경비소요없이 점유할 수 있는 경우에 한하여 매도인을 위하여 그 물품을 점유하여야 한다(CISG §86②제1문, 제2문). 다만, 매도인이나 그를 위하여 물품을 관리하는 자가 목적지에 있는 경우에는 매수인은 이러한 의무를 지지 아니한다(CISG §86②제3)문.

2. 자조매각권

매수인은 계약을 해제한 경우에 매도인이 물품을 점유하거나 반환받거나 또는 대금이나 보관비용을 지급하는 데 불합리하게 지체하는 경우에는, 상대방에

게 매각의사를 합리적으로 통지하는 한, 적절한 방법으로 물품을 매각할 수 있다(CISG §88①). 만일 물품이 급속히 훼손되기 쉽거나 그 보관에 불합리한 경비를 요하는 경우에는, 제86조에 따라 물품을 보관하여야 하는 매수인은 물품을 매각하기 위하여 합리적인 조치를 취하여야 한다(CISG §88②전단). 이 경우에 가능한 한도에서 매도인에게 매각의사가 통지되어야 하지만(CISG §88②후단), 매수인이 매도인에게 연락하여 전매에 관하여 그 지시를 받을 의무는 없다.

물품을 매각한 매수인은 매각대금에서 물품을 보관하고 매각하는 데 소요된 합리적인 비용과 동일한 금액을 보유할 권리가 있으나, 그 차액은 매도인에게 반환되어야 한다(CISG §88③).

계약의 해제는 손해배상의무를 제외하고 당사자 쌍방을 계약상의 의무로부터 면하게 하고(CISG §81①), 계약의 전부 또는 일부를 이행한 당사자는 상대방에게 자신이 계약상 공급 또는 지급한 것의 반환을 청구할 수 있다(CISG §81②전단). 따라서 매도인은 자신이 이미 공급한 물품의 반환청구권을 가지며, 매수인은 자신이 이미 지급한 대금의 반환청구권을 가진다. 이 경우 당사자 쌍방이 반환하여야 하는 경우에는 동시에 반환하여야 한다(CISG §81②후단). 또한 매수인은 다음의 경우에는 물품의 전부 또는 일부로부터 발생된 모든 이익을 매도인에게 지급하여야 한다(CISG §84②):

> (가) 매수인이 물품의 전부 또는 일부를 반환하여야 하는 경우
> (나) 물품의 전부 또는 일부를 반환할 수 없거나 수령한 상태와 실질적으로 동일한 상태로 전부 또는 일부를 반환할 수 없음에도 불구하고, 매수인이 계약을 해제하거나 매도인에게 대체물의 인도를 청구한 경우

물품이 계약에 부적합한 경우에, 대금의 지급 여부에 관계없이 매수인은 현실로 인도된 물품이 인도시에 가지고 있던 가액이 계약에 적합한 물품이 그때에 가지고 있었을 가액에 대하여 가지는 비율에 따라 대금을 감액할 수 있다(CISG §50전단). 대금감액청구권을 행사함에 있어 매도인에게 사전에 통지할 필요는 없다. 이것은 매수인이 향유하는 비정형적 구제책이라고 할 수 있다. 반드시 소송상 행사해야 하는 것은 아니지만, 이미 대금을 지급한 경우에는 소에 의하는

것이 대체로 불가피할 것이다. 현실로 인도된 물품의 가액과 계약에 적합한 물품의 가액을 산정하는 방법이나 입증의 어려움을 감안하면, 협약 제50조의 대금감액청구권은 물품의 품질, 수량의 부적합의 경우에 모두 적용할 수 있기는 하지만, 품질 미달보다는 수량 부족의 경우에 보다 용이하게 적용될 것이다.

다만, 매도인이 제37조나 제48조에 따라 의무의 불이행을 치유하거나 매수인이 동 조항에 따라 매도인의 이행 수령을 거절한 경우에는 대금을 감액할 수 없다(CISG §50후단). 또한 대금감액을 청구한 매수인은 동시에 손해배상청구는 할 수 있지만, 물품 결함의 치유 또는 대체물 공급을 청구할 수는 없다.

3. 특정이행청구권

비엔나협약 제46조는 매도인으로부터 합의한 물품을 수령하지 못한 매수인이 매도인에게 손해배상이 아니라 물품의 인도와 같은 의무의 "이행을 청구"할 수 있도록 하고 있다(CISG §46①전단). 이러한 특정이행(specific performance) 청구는 물품 또는 대체물의 인도, 수리, 대금 지급, 그밖에 법원이 정당하다고 판단하는 수단을 포함한다.

비엔나협약 제28조는 "당사자 일방이 이 협약에 따라 상대방의 의무이행을 요구할 수 있는 경우에도, 법원은 이 협약이 적용되지 아니하는 유사한 매매계약에 관하여 자국법에 따라 특정이행을 명하는 판결을 하여야 하는 경우가 아닌 한, 특정이행을 명하는 판결을 할 의무가 없다."고 규정하므로, 특별히 예외적인 상황에서만 특정이행청구를 허용하는 국내법을 갖고 있는 미국의 경우에는 법원은 통상 통일상법전에 따라 "물품이 고유하거나 그것과 비견되는 다른 적절한 상황"이고 "매수인이 합리적인 노력 후에 해당 상품을 입수할 수 없거나 그러한 노력이 불가능함을 합리적으로 나타내는 상황"에서만(UCC §2-716) 특정이행청구를 허용한다.

또한 매수인이 이미 그 청구와 양립하지 아니하는 구제를 구한 경우에는 특정이행 청구는 허용되지 아니한다(CISG §46①후단).

물품이 계약에 부적합한 경우에, 매수인은 대체물의 인도를 청구할 수 있다

(CISG §46②전단). 다만, 그 부적합이 본질적 계약위반을 구성하고, 그 청구가 물품 부적합의 통지와 동시에 또는 그 후 합리적인 기간 내에 행하여진 경우에 한한다(CISG §46②후단). 물품이 계약에 부적합한 경우에, 매수인은 모든 상황을 고려하여 불합리한 경우를 제외하고, 매도인에게 수리에 의한 부적합의 치유를 청구할 수 있다(CISG §46③전단). 수리 청구는 물품 부적합의 통지와 동시에 또는 그 후 합리적인 기간 내에 행하여져야 한다(CISG §46③후단).

4. 손해배상청구권

비엔나협약은 매수인이 매도인의 불이행으로 입은 손해배상의 청구를 할 수 있다고 규정한다(CISG §45①(나)목). 손해배상액의 산정에 관해서는 협약 제74조부터 제78조까지 규정하고 있는데, 이는 매도인의 매수인에 대한 손해배상청구의 경우에도 적용된다.

손해배상을 청구하는 경우 불이행 당사자의 과실을 증명할 필요는 없으며, 통상손해는 물론 특별손해(consequential damages), 당사자의 기대, 신뢰 및 지연이자 모두 보호대상이다.

당사자 일방의 계약위반으로 인한 손해배상액은 이익의 상실을 포함하여 그 위반의 결과 상대방이 입은 손실과 동등한 금액으로 한다(CISG §74전단). 그 손해배상액은 위반 당사자가 계약 체결시에 알았거나 알 수 있었던 사실과 사정에 비추어, 계약위반의 가능한 결과로서 발생할 것을 예견하였거나 예견할 수 있었던 손실을 초과할 수 없다(CISG §74후단). 이것이 비엔나협약의 손해배상액에 관한 일반원칙이다. 통설은 손해배상을 청구하는 원고가 손해에 대하여 입증해야 하는 정도는 합리적인 정도의 확실성으로 본다.[46]

계약위반을 주장하는 당사자는 이익의 상실을 포함하여 그 위반으로 인한 손실을 경감하기 위하여 그 상황에서 합리적인 조치를 취하여야 한다(CISG §77전단). 계약위반을 주장하는 당사자가 그 조치를 취하지 아니한 경우에는, 위반당사자는 경감되었어야 했던 손실액만큼 손해배상액의 감액을 청구할 수 있다

---

46) Folsom, Gordon & Ramsey(20), p. 143.

(CISG §77후단).

　당사자가 대금 그 밖의 연체된 금액을 지급하지 아니하는 경우에, 상대방은 손해배상청구권과 별개로, 그 금액에 대한 이자를 청구할 수 있다(CISG §78).

　비엔나협약은 제75조 및 제76조에서 손해배상액에 관한 일반원칙에 대한 대체적 특정 수단을 언급한다. 이러한 손해배상액 원칙은 매수인이 계약을 해제한 경우이든 매도인이 부적합한 물품에 대하여 치유한 경우이든 적용된다.

　계약이 해제되고 계약해제 후 합리적인 방법으로, 합리적인 기간 내에 매수인이 대체물을 매수하거나 매도인이 물품을 재매각한 경우에, 손해배상을 청구하는 당사자는 계약대금과 대체거래대금과의 차액 및 그 외에 제74조에 따른 손해액을 배상받을 수 있다(CISG §75).

　만일 계약이 해제되고 물품에 시가가 있는 경우에, 손해배상을 청구하는 당사자는 제75조에 따라 구입 또는 재매각하지 아니하였다면 계약대금과 계약해제시의 시가와의 차액 및 그 외에 제74조에 따른 손해액을 배상받을 수 있다(CISG §76①전단). 다만, 손해배상을 청구하는 당사자가 물품을 수령한 후에 계약을 해제한 경우에는, 해제시의 시가에 갈음하여 물품 수령시의 시가를 적용한다(CISG §76①후단). 제1항의 적용상, 시가는 물품이 인도되었어야 했던 장소에서의 지배적인 가격, 그 장소에 시가가 없는 경우에는 물품 운송비용의 차액을 적절히 고려하여 합리적으로 대체할 수 있는 다른 장소에서의 가격을 말한다(CISG §76②).

　통상 대륙법계 국가에서 패소한 당사자는 상대방이 지출한 변호사비용을 배상하는데, 미국 법원들은 일반적으로 변호사비용이 실체적 비용이 아니라 절차적 비용이라는 이유에서 배상에 포함시키지 않는 경향이다.

　매수인은 매도인에 대하여 1) 협약 제74조에 따라 직접 및 간접 손해로 인한 모든 배상을 청구하거나 2) 협약 제75조에 따라 대체물을 매수하고 계약대금과 대체거래대금과의 차액 및 그 외에 제74조에 따른 손해액을 청구하게 되는데, 계약위반을 주장하는 당사자는 합리적인 조치를 취하여야 한다는 전술한 협약 제77조의 영향으로 매수인은 대체로 전자의 방법을 채용한다.[47]

III. 매수인의 불이행에 대한 매도인의 구제책

비엔나협약은 매수인의 불이행에 대한 매도인의 구제책에 관해서는 제3편 제3장 제3절(제61조부터 제65조까지)에서 규정하고 있다.

1. 계약해제권

매도인은 매수인의 해제권의 경우와 마찬가지로 계약 또는 이 협약상 매수인의 의무 불이행이 "본질적 계약위반"으로 되는 경우에 계약을 해제할 수 있다(CISG §64①(가)목). 매도인은 매수인이 대금지급을 하지 않거나 물품수령의무를 이행하지 아니하는 경우 부가기간(Nachfrist)을 정할 수 있는데(CISG §63①), 매수인으로부터 그 부가기간 내에 이행을 하지 아니하겠다는 통지를 수령한 경우를 제외하고, 매도인은 그 기간중 계약위반에 대한 구제를 구할 수 없다(CISG §63②전단). 그러나 매수인이 부가기간 내에 대금지급 또는 물품수령 의무를 이행하지 아니하거나 그 기간 내에 그러한 의무를 이행하지 아니하겠다고 선언한 경우 매도인은 계약해제를 선언할 권리를 갖게 된다(CISG §64①(나)목).

계약해제를 위해서는 매도인은 매수인에게 통지를 해야 한다(CISG 조26). 계약해제권을 행사하면 매도인은 매수인에게 물품 인도를 거부할 수 있다. 또한 매수인에 대하여 손해배상을 청구할 수 있다(CISG §61②).

매수인이 이미 대금을 지급한 경우에는 매도인의 계약해제권 행사는 시간적 제한이 있어서, 1) 매수인의 이행지체의 경우, 매도인은 매도인이 이행이 이루어진 것을 알기 전에 계약을 해제하지 아니하는 한 계약해제권을 상실하고(CISG §64②(가)목), 2) 매수인의 이행지체 이외의 위반의 경우, 매도인은 다음의 시기로부터 합리적인 기간 내에 계약을 해제하지 아니하는 한 계약해제권을 상실한다(CISG §64②(나)목):

(1) 매도인이 그 위반을 알았거나 또는 알 수 있었던 때
(2) 매도인이 제63조 제1항에 따라 정한 부가기간이 경과한 때 또는 매수인

---

47) Folsom, Gordon & Ramsey(20), pp. 145-146.

이 그 부가기간 내에 의무를 이행하지 아니하겠다고 선언한 때

매수인이 아직 대금을 지급하지 않은 경우에는 매도인은 인도한 물품의 반환을 청구할 수 있다고 해석된다(CISG §§64①(나)목, 81②전단). 미국 통일상법전(UCC §§ 2-507, 2-702) 하에서는 매도인이 일단 인도하고 매수인이 수령한 물품을 반환받기는 용이하지 않기 때문에 그와 다르다. 비엔나협약은 물품의 소유권과 무관하고(CISG §4), 법원은 협약이 정하고 있는 특정이행을 제한적으로만 허용하기 때문에 만일 매수인의 채권자가 개입된 경우에는 매도인이 계약해제 후 인도한 물품을 반환받기는 기대하기 어렵다.

매수인이 물품 인도의 수령을 지체하거나 또는 대금지급과 물품 인도가 동시에 이루어져야 함에도 매수인이 대금을 지급하지 아니한 경우로서, 매도인이 물품을 점유하거나 그 밖의 방법으로 그 처분을 지배할 수 있는 경우에는, 매도인은 물품을 보관하기 위하여 그 상황에서 합리적인 조치를 취하여야 한다(CISG §85전단). 그러한 합리적 조치에는 그 비용이 불합리하지 아니하는 한, 매수인의 비용으로 물품을 제3자의 창고에 임치하는 것이 포함될 수 있다(CISG §87). 매도인은 매수인으로부터 합리적인 비용을 상환 받을 때까지 그 물품을 보유할 수 있으므로(CISG §85후단), 물품을 매수인에게 인도하고 비용을 상환받을 수 있다.

매도인은 계약을 해제한 경우에 매수인이 물품을 점유하거나 반환받거나 또는 대금이나 보관비용을 지급하는 데 불합리하게 지체하는 경우에는, 상대방에게 매각의사를 합리적으로 통지하는 한, 적절한 방법으로 물품을 매각할 수 있다(CISG §88①). 만일 물품이 급속히 훼손되기 쉽거나 그 보관에 불합리한 경비를 요하는 경우에는, 제85조에 따라 물품을 보관하여야 하는 매도인은 물품을 매각하기 위하여 합리적인 조치를 취하여야 한다(CISG §88②전단). 이 경우에 가능한 한도에서 매수인에게 매각의사가 통지되어야 하지만(CISG §88②후단), 매도인이 매수인에게 연락하여 전매에 관하여 그 지시를 받을 의무는 없다.

물품을 매각한 매도인은 매각대금에서 물품을 보관하고 매각하는 데 소요된 합리적인 비용과 동일한 금액을 보유할 권리가 있으나, 그 차액은 매수인에게

반환되어야 한다(CISG §88③).

2. 대금지급청구권

매수인이 계약을 불이행하는 경우에 매도인 입장에서 가장 간단한 구제수단은 매수인을 제소하여 대금을 청구하는 것이다.

매도인의 매수인에 대한 대금지급청구는 비엔나협약 제62조에서 인도의 수령 또는 그 밖의 의무에 대한 것과 함께 규정되어 있는데, 매도인이 계약에 따라 급부를 이행하였고(CISG §30), 지급기일이 도래하였어야 하고(CISG §58), 매도인이 그 청구와 양립하지 아니하는 구제를 구하지 않았어야 한다(CISG §62후단).

그러나 그러한 대금지급청구는 매도인의 특정이행청구권에 기능적으로 상응하는 것이다. 전술한 대로 비엔나협약 제28조는 "당사자 일방이 이 협약에 따라 상대방의 의무이행을 요구할 수 있는 경우에도, 법원은 이 협약이 적용되지 아니하는 유사한 매매계약에 관하여 자국법에 따라 특정이행을 명하는 판결을 하여야 하는 경우가 아닌 한, 특정이행을 명하는 판결을 할 의무가 없다."고 규정하므로, 매도인의 대금지급청구는 법정지법이 특정이행청구를 허용하는 경우에만 주효할 수 있다. 매수인의 물품의 인도의 수령 또는 신용장의 개설 등 그 밖의 의무 역시 특정이행을 청구하기 위해서는 법정지의 국내법이 그것을 적극적으로 허용하는지 여부가 중요하다.

3. 손해배상청구권

비엔나협약은 또한 매도인에게 손해배상청구를 허용한다(CISG §61①(나)목). 매도인이 손해배상을 청구하는 권리는 다른 구제를 구하는 권리를 행사함으로써 상실되지 아니한다(CISG §61②).

손해배상액의 산정은 매수인의 경우와 마찬가지로 비엔나협약 제74조부터 제78조에서 규정되고 있다. 따라서 손해배상액의 기본원칙은 "당사자 일방의 계약위반으로 인한 손해배상액은 이익의 상실을 포함하여 그 위반의 결과 상대방이 입은 손실과 동등한 금액으로 한다. 그 손해배상액은 위반 당사자가 계약 체결시에 알았거나 알 수 있었던 사실과 사정에 비추어, 계약위반의 가능한 결과로서 발생할 것을 예견하였거나 예견할 수 있었던 손실을 초과할 수 없다."(CISG §74)는 것이다.

    매도인이 매수인의 계약 불이행 이후에 물품을 재판매한 경우 매도인이 받을 수 있는 손해배상액에 관해서는 의문이 있다. 매도인은 재판매에 의하여 매수인의 불이행으로 인한 손해를 만회 또는 경감하였다고 하는 주장이 가능하기 때문이다. 그러나 비엔나협약 제74조는 손해배상액은 위반의 결과 상대방이 입은 손실로서 일실이익을 포함하므로 법원은 매수인이 불이행하여 입은 첫 번째 매도 기회에서의 이익 상실분을 매도인에게 배상하고 있다. 다만, 그러한 배상을 위해서는 매도인이 매수인에 대한 무산된 매도에 추가하여 두 번째 매도를 할 의도와 능력이 실제 있었을 것을 조건으로 한다.[48]

    또한 매도인은 매수인의 대금지급 연체이자도 청구할 수 있다(CISG §78).

---

48) Folsom, Gordon & Ramsey(20), p. 152.

제 4 장 정형거래조건

제1절 서론

Ⅰ. 정형거래조건의 의의

정형거래조건(designation commercial terms)은 물품매매계약에서 거래대상인 물품의 대금·지급방법·품질 및 수량, 인도, 위험의 이전, 책임의 귀속 및 정도, 비용의 분담, 권리의 이전 등 "거래조건에 관한 당사자의 권리와 의무를 정하는 사전에 정해놓은 일련의 원칙들을 원용하는 것"으로 "거래 당사자들에게 상호 이익에 가장 부합되는 구성을 선택할 수 있게" 해준다.[1]

정형거래조건 가운데 국제상업회의소(ICC)가 국제무역거래에 관한 거래조건을 모아놓은 Incoterms가 가장 널리 사용되는데, 이것은 1936년에 처음 제정된 이래 국제거래 및 운송 관행의 변화에 맞추어 주기적으로 개정되어, 2020년에 제9차 개정본(Incoterms 2020)이 발표되었으며, ICC가 상표권을 갖고 있다.

가장 보편적으로 사용되는 정형거래조건은 FOB, FAS, CIF, CFR이다. 거래당사자들은 계약서에 간단히 "FOB" 또는 "CIF"와 같은 인용 문구를 포함시킴으로써 정형거래조건을 계약 내용으로 할 수 있다. 각 Incoterms 규칙은 그러면 예컨대 매도인이 물품을 인도하기 위하여 언제 어떤 행위를 해야 하는지, 매수인이 물품을 수령하기 위하여 언제 어떤 행위를 해야 하는지, 각 당사자가 어떤 비용을 부담해야 하는지 등 매도인과 매수인이 언제 어떤 행위를 해야 하고, 그로

---

[1] Folsom, Gordon & Ramsey(20), pp. 174-175.

부터 어떤 효과가 발생하는지에 관하여 정의하게 된다.

Ⅱ. Incoterms의 법적 성질

　Incoterms의 법적 성질에 관해서는 견해가 갈려서 유엔국제상거래법위원회(UNCITRAL)가 제정한 비엔나협약(1980), '해상물건운송에 관한 함부르크조약(The Convention on the Carriage of Goods by Sea)'(1978)과 마찬가지로 일반적 성질의 통일거래조건(uniform conditions of general character)의 일종이라는 견해[2], 국제거래에 적용되는 보통계약조항이라고 보는 견해[3], 국제물품매매계약에서 사용되는 일종의 약관이라는 견해[4] 그리고 매매관습 또는 거래관습이 성문화된 국제관습규범이라고 보는 견해[5]가 있다. 생각건대 Incoterms는 국제물품매매에서 사용되는 보통거래약관의 초안이면서 우리나라의 거래주체가 관여하는 국제물품매매에 있어서는 이것에 의하여 거래조건이 정해지는 상관습이 존재한다고 볼 수 있다. 그 이유는 다음과 같다.

　국제상업회의소(ICC)는 비정부기구이기 때문에, Incoterms는 국내 입법 또는 국제조약으로서의 정형적 법적 효력은 갖고 있지 않다. 그래서 Incoterms 자체는 당사자들간의 국제거래계약을 직접 규율하지는 않고, 국제거래 분야에서의 문서화된 관습과 관행으로서 당사자들이 명시적으로 국제물품매매계약에 편입시켜서 사용하는 계약초안이라 할 수 있다. 계약 당사자의 일방이 사전에 복수의 상대방과 사용하기 위하여 일방적으로 작성해야 하는 약관의 요건에는 미달하므로 그 자체 약관은 아니다. 만일 당사자들이 Incoterms를 계약에 편입시키지 않은 경우라도 그것은 널리 사용되는 국제거래관행으로서의 효력을 가질 수 있다. 그러므로 Incoterms는 비엔나협약 제9조 제2항에서 언급하고 있는 "당사자가

---
2) Schmitthoff(80), pp. 45~46.
3) 우홍구, "INCOTERMS 1990의 구조와 법적 성격", 「상거래법의 이론과 실제(안동섭교수화갑기념논문집)」, 1995, 125면.
4) 이기수·신창섭(19), 181면.
5) 최준선(15), 120면(관습법은 아니고 매매 당사자간 체결된 계약의 보완적 기능을 하거나 법률문제 해석의 기준이 된다고 한다.).

알았거나 알 수 있었던 관행으로서 국제거래에서 당해 거래와 동종의 계약을 하는 사람에게 널리 알려져 있고 통상적으로 준수되고 있는 관행"에 해당하는 것이다.

따라서 Incoterms의 법적 지위는 비엔나협약과도 유사하다. 양자를 비교하면 비엔나협약과 Incoterms는 그 기능이 유사한데, 비엔나협약은 임의법규이므로 당사자가 Incoterms를 선택한다면 그것이 우선한다. Incoterms는 계약의 성립에 관하여 규정하고 있지 않으나 비엔나협약은 매매계약의 성립문제, 즉 청약과 승낙, 그 취소 또는 철회, 그 효력발생시점, 계약의 성립시점 등에 관하여 규정하고 있다. 계약의 내용, 의무불이행, 대금지급 장소와 시기 등에 관하여 Incoterms에는 규정이 없으나 비엔나협약은 규정하고 있다. 그러나 물품의 인도조건, 보험계약의 체결 및 운송계약의 체결 등에 관해서는 비엔나협약보다 Incoterms가 훨씬 상세히 규정하고 있다. 위험의 이전시기에 관해서는 Incoterms가 규정하고 있지만, 위험이전의 효과에 관해서는 규정이 없으며 비엔나협약에 규정이 있다. Incoterms의 최대의 단점은 계약위반에 대한 구제조항이 없는 점이다. 그러나 비엔나협약은 당사자의 권리구제방안을 규정하고 있다.

제2절 Incoterms의 내용

Ⅰ. 총론

Incoterms 2020은 국제거래의 당사자들이 11가지 상이한 정형거래조건 원칙들 가운데 선택할 수 있도록 제공한다. 그 각각은 매도인과 매수인의 10가지 구체적 권리와 의무를 정의한다. 11가지 원칙들은 다음과 같다.[6]

---

6) Incoterms 2010은 종전의 정형거래조건 13개를 11개로 줄이고, 비용 및 위험 부담의 분기점으로 적용되던 "선측난간(ship's rail)" 개념을 폐지하고 "본선에 적재(on board the vessel)"로 변경한 바 있었다. Incoterms 2020은 Incoterms 2010의 DAT(Delivered at Terminal) 조건 대신 DPU(Delivered at Place Unloaded) 조건으로 변경하였다.

정형거래조건	내용	분류
EXW (Ex Works)	공장인도조건	시설 내 인도조건
FCA (Free Carrier)	운송인인도조건	주운임 미지급 조건
FAS (Free Alongside Ship)	선측인도조건	
FOB (Free On Board)	본선인도조건	
CPT (Carriage Paid To)	운송비지급인도조건	주운임 지급필 조건
CIP (Carriage and Insurance Paid To)	운송비·보험료지급인도조건	
CFR (Cost and Freight)	운임포함인도조건	
CIF (Cost Incurance and Freight)	운임보험료포함인도조건	
DPU (Delivered at Place Unloaded)	양륙지인도조건	도착지인도조건
DAP (Delivered at Place)	목적지인도조건	
DDP (Delivered Duty Paid)	관세필인도조건	

당사자는 이 11가지 상이한 거래조건들을 여러 가지 방식으로 분류할 수 있다. 매도인과 매수인의 책임을 기준으로 스펙트럼의 한쪽 끝에는 EXW가 있어서, 이 조건 하에서 매도인은 단지 물품을 자신의 영업소나 공장에서 인도하기만 하면 된다. 스펙트럼의 반대쪽 끝에는 DDP가 있는데 이 조건하에서는 매도인은 물품을 모든 절차를 끝내고 매수인의 장소에 인도하여야 하며 매수인의 본국에서 수입통관의 책임과 비용까지 모두 부담해야 한다. 따라서 매도인에게 가장 적은 책임을 부과하고 가장 일찍 위험이 매수인에게 넘어가는 EXW와 그 반대의 DDP 사이에 다른 9개의 조건들의 스펙트럼이 있다.

11개의 거래조건들을 조합하는 다른 방법은 운송인을 포함하는 것(EXW)과 포함하지 않는 것(나머지 10개 조건)으로 분류하는 것이고, 셋째 방법은 '해상 및 내수로 운송 조건(Rules for Sea and Inland Waterway Transport)'(FAS, FOB, CFR, CIF)과 복합운송을 포함한 모든 종류의 운송방법에 적용할 수 있는 '모든 운송방식 조건(Rules for Any Mode or Modes of Transport)'(EXW, FCA, CPT, CIP, DPU, DAP, DDP)으로 분류하는 것이다. 국제상업회의소(ICC)가 분류한 방법이다.

넷째 방법은 물품매매계약의 내용으로 운송계약(shipment contract)의 7개 조건(FCA, FAS, FOB, CPT, CIP, CFR, CIF)과 목적지계약(destination contract)[7]의 3개 조건(DPU, DAP, DDP)으로 분류하는 것이다. 운송계약에서는 매도인이 물품을 운송인에게 인도하고 운송인과 운송계약을 체결하는 것만이 요구되지만, 대조적으로 목적지계약에서는 매도인은 물품을 운송인에게 인도하고 운송인과 운송계약을 체결하는 것 외에 지정된 장소까지의 운송의 비용과 위험을 부담해야 한다.

Ⅱ. Incoterms의 포맷

11개 거래조건의 Incoterms상 의무는 가장 가까운 단(column)의 10가지 의무를 정하는 정확히 일치하는 포맷으로 구성된다. 각 단은 번호가 매겨진 항을 가지며 각 항은 왼쪽 단에 매도인의 의무, 오른쪽 단에 매수인의 의무를 표시하여 각 당사자의 구체적, 상응하는 의무를 규정한다.

A1/B1	일반의무
A2/B2	인도/수령
A3/B3	위험의 이전
A4/B4	운송
A5/B5	보험
A6/B6	인도/운송서류
A7/B7	수출/수입 처리(clearance)
A8/B8	검사/포장/화인(marking)
A9/B9	비용분담
A10/B10	통지

Incoterms를 복합운송을 포함한 모든 종류의 운송방법에 적용할 수 있는 '모든 운송방식 조건'과 '해상 및 내수로 운송 조건'으로 분류하여 계약서에 실제로 표기하는 형식을 보면 다음과 같다.

모든 운송방식 조건
EXW (인도장소의 이름 삽입)
FCA (인도장소의 이름 삽입)
CPT (목적 장소의 이름 삽입)

---

7) 전술한 대로 이는 매매계약에서 매도인에게 물품을 매수인의 영업소에서 또는 그밖의 매도인의 영업소 이외의 장소에서 인도할 것을 요구하는 경우를 말한다.

> **CIP** (목적 장소의 이름 삽입)
> **DAP** (목적 장소의 이름 삽입)
> **DPU** (목적 장소의 이름 삽입)
> **DDP** (목적 장소의 이름 삽입)

이 조합에서는 매도인은 상품을 매도인의 구내(premises) 또는 다른 지정된 장소 (예컨대 작업장, 공장 또는 창고)에서 상품을 매수인에게 이용가능하게 해 주어야 한다. 이 집단은 또한 매도인측의 매수인이 지정한 운송인에게 인도할 의무 (FCA), 인도의무를 넘어 매도인의 운송인에게 운송비용을 지급할 의무 (CPT) 또는 매도인의 운임, 상품의 운송인에게의 운송을 커버하는 보험료를 지급할 의무(CIP)와 같은 추가적 의무를 포함한다. DAP, DDP, DPU에서 매도인은 상품을 지정된 장소에서 매수인의 처분에 인도하는 데 필요한 모든 비용과 위험을 부담하여야 하고 또한 적용가능한 경우에는 상품 수출을 위한 준비까지 마쳐야 한다.

> **해상 및 내수로 운송 조건**
>
> **FAS** (선적항의 명칭 삽입)
> **FOB** (선적항의 명칭 삽입)
> **CFR** (도착항의 명칭 삽입)
> **CIF** (도착항의 명칭 삽입)

이 조합에서는 매도인은 상품을 매수인이 지명한 운송인에게 인도하여야 한다. 일부 조건하에서는 매도인은 매도인의 항구까지의 운임을 운송인에게 지급하여야 하고 해상운송이나 매도인의 항구에서 매수인의 항구까지의 운송의 운임을 지급할 의무는 없다(FAS, FOB). 다른 조건들은 매도인이 매수인의 항구까지의 해상운송의 운임을 지급할 것을 요구하거나(CFR) 그 외에 상품의 보험료까지 지급할 의무를 요구한다(CIF).

Ⅲ. 개별 거래조건의 내용

1. EXW (Ex Works)

공장인도조건. 매도인은 매도인의 영업장 또는 기타 지정장소에서 물품을 매수인의 임의처분 상태에 둘 의무를 진다. 예컨대, 계약서에 'EXW Busan'이라고 기재하면 물품들은 부산의 매도인의 공장이나 창고 등 시설에서 매수인에 의하여 수령된다. 합의된 지점이 없으면, 매도인이 목적상 최선의 장소를 지정할 수 있고 그러한 장소는 흔히 매도인의 영업장이다. 매도인은 물품의 운송이나 보험에 관하여 개입할 의무가 없으며 매수인에게 수령을 위하여 통지를 할 의무만 있다. 매도인은 당사자간 매매계약에 적합한 상업송장을 제공하여야 하지만 물품에 대한 권리증서나 수출허가를 획득할 의무는 없다.

매수인은 물품이 매수인의 임의처분상태로 놓여졌을 때 물품 수령 의무를 지고 대금을 지급하여야 한다. EXW 거래조건 하에서 매수인은 수출과 수입 절차를 거치고 관련 보안검색을 마칠 책임을 진다.

Incoterms EXW 거래조건은 계약 하의 지급 또는 검사권에 대하여 아무 언급이 없다. 위험은 물품의 인도장소인 매도인의 영업장 또는 기타 지정장소(작업장, 보세창고, 공장 등)에서 물품이 매도인으로부터 매수인의 임의처분상태로 놓여졌을 때 이전한다. 매수인은 그 시점부터 모든 위험, 운송비, 조세 공과금을 부담한다. 이 조건은 일반적으로 가격견적을 내는 때에 사용된다.

2. FCA (Free Carrier)

운송인인도조건. 매도인은 매도인의 영업장 또는 기타 지정장소에서 매수인이 지정한 운송인에게 수출통관한 물품의 인도의무를 진다. 매도인은 그리고 나서 매수인에게 그러한 사실을 통지할 의무가 있다. Incoterms 2020의 FCA 거래조건은 매도인의 종업원이 물품을 합의한 인도 장소까지 운반하는 거래관행을 허용하고 있다. 후자의 경우에 매도인은 물품이 매도인의 운송수단으로부터 "내릴 준비를 하고(ready for unloading)" 운송인 또는 매수인이 지정한 제3자의 "처분 하에 놓여지는(at the disposal of)" 때에 인도의무를 이행한 것이 된다.

　FCA 거래조건은 특히 매도인이 봉인한 컨테이너에 든 물품을 운송주선인이나 기타의 물류회사에게 직접 인도하는 경우에 적합하므로 운송의 한 부분 이상에서 컨테이너로 운송하는 거래는 통상 이 거래조건에 의한다. 물론 이와 달리 매도인은 물품을 자신이 제조하는 대신 이미 운송중인 물품을 선하증권 등의 매수를 통하여 매수인을 위하여 조달할 수도 있다.

　Incoterms 2020의 FCA 거래조건은 물품이 해상운송되는 경우의 선적 선하증권(on board bill of lading)을 처리하는 특별원칙을 도입하였다. 이 경우 매도인은 물품을 운송인에게 인도한다. 매수인이 운송인에게 선적 후 매도인에게 운송서류를 발급하라고 지시한 경우에는 매도인은 그 서류를 매수인에게 (통상 은행 시스템을 통하여) 송부하여야 한다.

　위험은 매도인의 영업장 또는 기타 지정장소에서 매수인이 지정한 제1운송인에게 물품을 인도할 때에 매도인으로부터 매수인으로 이전한다. 이 때 매수인이 아직 통지를 받지 못하였더라도 마찬가지이다. 매도인은 당사자간 계약에 적합한 상업송장(또는 그와 대등한 전자문서), 필요한 수출허가를 제공하고 물품이 인도되었음을 증명하는 증거(또는 그와 대등한 전자문서)를 제공하여야 한다.

　매수인은 운송인 지정 및 운송계약 체결(다만, 특약에 의해 매도인이 운송계약을 체결하는 경우는 제외), 대금지급, 수입 통관 및 관련 보안검색 의무를 부담한다. FCA 거래조건은 다른 거래조건과 마찬가지로 대금지급 시기 및 장소 또는 운송 후의 검사 등에 관하여 규정하지 않고 있다.

3. FAS (Free Alongside Ship)

　선측인도조건. 매도인은 지정선적항에서 본선의 선측에 물품을 인도할 의무를 진다. 지정선적항은 조건 뒤에 괄호 안에 "FAS(New York)" 형식으로 기재된다. FAS 조건은 통상 중량할증운임 또는 총량화물(예컨대, 발전기, 보트)에 이용되지만, 운송의 한 부분 이상에서 컨테이너에 의하여 운송되는 물품(이것에는

FCA가 통상 이용된다)에는 이용되지 않는다.

매도인은 물품의 제조, 포장, 표시, (측정, 무게 달기, 수량 검사 등의) 검사 비용을 부담하며 이것은 Incoterms의 다른 거래조건들에서도 마찬가지이다. 이와 달리 매도인은 물품을 자신이 제조하는 대신 이미 운송중인 물품을 선하증권 등의 매수를 통하여 매수인을 위하여 조달할 수도 있다. 흔히 석유와 같은 재화가 후자의 방식으로 거래되며 그러한 방식의 매매를 연달아 주인이 바뀌는 점을 따서 이른바 string sales라고 한다. 매도인은 물품이 계약에 적합한 것을 보여주는 상업송장(commercial invoice) 및 탁송 전 검사증 등의 서류를 매수인에게 교부하여야 한다.

매도인은 물품을 본선의 선측에 놓아야 하므로 본선의 선측에 놓기 전까지 육상 또는 내수 운송비용도 당연히 부담해야 한다. 또한 매도인은 물품을 본선의 선측에 놓으면 되므로 일반적으로는 그 이후의 물품의 운송이나 보험을 책임지지 않으며 주선할 필요도 없다. 그러나 실무에서는 매수인과 매도인 간의 특약에 의하여 매도인이 선박을 마련하고 보험에 부치는 조치까지 하는 경우가 많다(extended FOB 또는 FOB clause providing for additional services). 이 경우 매도인은 그러한 조치를 매수인의 비용으로 처리한다. 우리 대법원은 "본선인도조건(FOB)과 같은 신용장상의 운송조건은 기본적으로는 수출입계약 당사자 사이의 비용 및 위험부담에 관한 약정이지만, 본선인도조건으로 체결된 수출입 매매계약에 있어서는 당사자 사이에 특별한 약정이 없는 한 매수인이 용선계약을 체결하거나 기타 선복을 확보하여 화물을 선적할 선박을 매도인에게 통지하여 줄 의무가 있는 것이고 매도인에게는 스스로 선복을 확보하여 화물을 선적할 의무가 없는 것이므로, 매도인과 매수인이 본선인도조건으로 수출입매매계약을 체결하면서도 매수인이 선복을 확보하지 않고 매도인이 수출지에서 선복을 확보하여 운송계약을 체결하되 운임은 후불로 하여 운임후불(Freight Collect)로 된 선하증권을 발행받아 매수인이 수하인 또는 선하증권의 소지인으로서 화물을 수령할 때 운송인에게 그 운임을 지급하기로 약정하였다면, 이는 매수인이 매도인과의 내부관계에서는 운임을 부담하되 운송인과의 관계에서는 매도인이 매수인의 대리인이 아닌 본인으로서 운송계약을 체결하는 것으로 볼 것이 아니라, 매수인이 매도인에게 자신을 대리하여 운송계약을 체결하는 권한까지 부여하였다고 봄이 상당하다."고 하였다.[8]

선적비용은 매도인이 부담하지만(FOB A-6), 실제로는 정기선에 선적할 경우에는 선적비용은 운임의 일부에 포함되므로(berth term), 매수인이 부담하는 결과가 되며, 전술한 것처럼 아예 매도인이 수출지에서 선복을 확보하여 운송계약을 체결하되 운임은 후불로 하여 운임후불로 된 선하증권을 발행받아 매수인이 수하인 또는 선하증권의 소지인으로서 화물을 수령할 때 운송인에게 그 운임을 지급하기로 약정하는 경우도 있다.

적부(積付)를 위한 비용은 매수인의 부담이지만(FOB B-6), 특약으로 매도인의 부담으로 하는 경우 이를 FOB Stowed라고 한다.

항만의 적체 등 어떠한 이유로 선박이 지정한 기일 또는 기간 내에 도착하지 않아서 선적을 하지 못한 경우에는 매도인에게는 잘못이 없는 경우이므로 그 때 발생한 추가비용을 매수인이 부담하며, 선적하지 못한 물품에 대한 위험은 매수인이 부담한다(FOB B-5).

매수인이 지정한 선박에 물품이 선적된 후 해상운송인은 운송계약의 상대방 당사자인 매수인이 아니라 송하인인 매도인에게 선하증권을 발행하므로, 매도인은 대금지급과 상환으로 이 선하증권을 매수인에게 교부한다.

매도인은 물품을 본선의 선측에 놓고 매수인에게 인도한 사실(또는 매수인의 선박이 물품을 인수하지 않았다는 사실)을 통지하고, 당해 물품의 매매에 관하여 수출국 정부의 수출허가가 필요한 경우 수출 허가 등 수출국이 요구하는 절차와 보안검색을 이행하고(FOB A-2), 포장·검량(檢量)의 비용을 지급하여야 한다(FOB A-9).

매수인은 선박에 관한 통지를 하여야 하는데(FOB B-3·7), 표준매매계약서식에는 '선적일의 15일전까지 통지한다'는 식의 통지시기를 특정하는 조항을 두는 경우가 많고, 선박이 어떤 것으로 정해지느냐가 중요한 원유매매계약 등에서는

---

[8] 대법원 1996.2.9. 선고 94다27144 판결. 따라서 그러한 경우 운송계약의 당사자는 해상운송인과 매수인이다(대법원 2012.10.11.자 2010마122 결정).

통지의무에 관하여 특히 상세하게 규정한다. 약정한 기간 내에 매수인이 선박을 지정하지 않는 경우에는 영국의 판례에 따르면, "FOB 계약에서는 시간적 요소가 본질적으로 중요한 의미를 가지므로, 매도인은 최고 후 계약을 해제하여 물품인도의무를 면할 수 있다."고 한다.9) 비엔나협약에 의하더라도 매수인의 선박지정의무 불이행은 계약해제사유로 될 수 있다(협약 §64(1)(가)).

매수인은 원칙적으로 목적지까지의 운송인 지정 및 운송계약 체결 의무(다만, 특약에 의해 매도인이 운송계약을 체결하는 경우는 제외)를 부담하고 수입국에서의 수입허가, 통관 등 절차와 보안검색을 이행하고 비용을 지급한다. 수입국의 통관상 필요한 원산지증명서(certificate of origin) 또는 영사송장(Consular documents)을 취득하기 위한 비용은 매수인이 부담한다(FOB B-10).

Incoterms는 다른 모든 거래조건들에서와 마찬가지로, 매수인은 당사자 간 계약에서 정한 대로 대금을 지급하고 물품을 수령할 의무를 부담한다고 규정한다. 그러나 Incoterms는 지급의 시기 및 장소, 물품의 검사, 또는 물품의 권리의 매도인에서 매수인으로의 이전 등과 같은 실체법적 쟁점에 관해서는 언급하지 않는다. 따라서 그러한 부분은 적용가능한 국내법에 의하여 해결된다.

4. FOB (Free On Board)

본선인도조건. "FOB (Busan)"과 같은 형식으로 선적항은 조건 뒤 괄호안에 기재된다. 위험은 매도인이 선적항에서 매수인이 지정한 본선에 물품을 적재한 때에 매도인으로부터 매수인으로 이전되며, 매도인은 지정선적항에서 물품을 매수인이 지정한 본선에 적재하여 인도할 의무를 지며, 공장에서 지정된 선적항까지의 내수운송에 대한 위험과 비용을 부담한다. FAS에서와 마찬가지로 매도인은 물품을 자신이 제조하는 대신 이미 운송중인 물품을 선하증권 등의 매수를 통하여 매수인을 위하여 조달할 수도 있다. 매도인은 본선에 적재한 그 지점부터는 운송이나 보험을 조정할 의무를 지지 않지만, 매수인에게 물품을 선적했음을 (또는 매수인이 지정한 본선이 물품을 수령하지 않았음을) 매수인에게 통지

---

9) *Olearia Tirrena S. p. A. v. Algemeine Oliehandel* [1972] 2 Lloyd's REp. 341.

할 의무는 부담한다. 매도인은 물품이 계약에 적합한 것을 보여주는 상업송장 및 탁송 전 검사증 등의 서류를 매수인에게 교부하여야 하며 수출 허가 등 수출국이 요구하는 절차와 보안검색을 이행하고 그 비용을 지급하여야 한다.

매수인은 운송인 지정 및 운송계약 체결 의무(다만, 특약에 의해 매도인이 운송계약을 체결하는 경우는 제외), 그리고 선적항에서 본선에 적재된 물품을 운송할 책임과 비용을 부담한다. 그러나 Incoterms는 대금 지급의 시기 및 장소, 물품의 선적 후의 검사, 또는 물품의 권리의 매도인에서 매수인으로의 이전 등과 같은 실체법적 쟁점에 관해서는 언급하지 않는다. FOB 거래조건은 성질상 일반적으로 '서류에 대한 지급(payment against document)'에 관한 합의를 반영하거나 매수인의 지급 이전의 물품 검사권을 제한하지 않는다. 다만 그러한 조건이 명시적으로 추가되어 있거나 특정 거래에서 알려진 관습이 있는 경우에는 예외이다. 또한 FOB 거래조건은 매도인이 선하증권을 입수하여 교부하여야 한다는 합의를 반영하지 않는다. 매수인은 수입 허가 등 수입국이 요구하는 절차와 보안검색을 이행하고 그 비용을 지급하여야 한다.

5. CPT (Carriage Paid To)

운송비지급인도조건. 매도인은 합의된 장소에서 자신이 지정한 운송인에게 물품을 인도하며, 지정 목적지까지의 운송비를 부담할 의무를 진다. 매도인은 매수인에게 물품이 제1운송인에게 인도되었다는 것을 통지해야 하고 매수인이 물품을 수령할 수 있기 위하여 요구되는 통지를 해야 한다. 매도인은 또한 당사자간 계약에 적합한 상업송장을 제공해야 하고 수출 및 관련 보안검색 절차 및 허가를 받을 책임을 진다. 위험은 매도인이 합의된 장소에서 자신이 지정한 운송인에게 물품을 인도할 때에 매도인으로부터 매수인으로 이전된다.

매수인은 물품이 운송인에게 인도된 때에 그 물품의 인도를 수령하고, 대금을 지급할 의무를 부담하고, 매도인이 송부하는 당사자간 계약에 적합한 운송서류를 수령하고 지정목적지에서 운송인으로부터 물품을 현실로 수령하고 수입 통관과 관련 보안검색을 받을 의무를 부담한다.

CPT 거래조건은 복합운송 등 모든 운송방식에 대하여 이용할 수 있다는 점을 제외하고는 CFR 거래조건에 상응한다. 그러나 CPT 거래조건은 CFR과 달리 물품 인도를 위하여 선박에 선적할 것을 필요로 하지 않기 때문에 복합운송과 컨테이너 운송에 적합하다. 그 이유는 CPT 거래조건 하에서 매도인은 물품을 컨테이너 터미널에 있는 운송인에게 넘기면 자기의 의무를 이행한 것이 되기 때문이다.

6. CIP (Carriage and Insurance Paid To)

운송비·보험료지급인도조건. CIP 거래조건은 복합운송 등 모든 운송방식에 대하여 이용할 수 있다는 점을 제외하고는 CIF 거래조건에 상응한다. 또한 CIP 거래조건은 CPT 거래조건과 매도인이 보험을 계약하고 보험료를 지급할 의무가 있다는 점을 제외하고는 동일한 내용이다. 매도인은 합의된 장소에서 자신이 지정한 운송인에게 물품을 인도하며, 지정 목적지까지의 운송비 및 보험료를 부담할 의무를 진다.

Incoterms 2020 하에서 CIP 거래조건은 CIF 거래조건과 보험 커버리지에 관하여 상당히 다를 수 있다. 즉 후술하듯이 CIF는 단지 최소기준 수준만-이른바 "Institute Cargo Clause (C)"-을 요구하지만, CIP는 최대 수준의 커버리지-이른바 "Institute Cargo Clause (A)"-를 요구한다. 후자는 전손담보 운송물보험이다.

위험은 매도인이 합의된 장소에서 자신이 지정한 운송인에게 물품을 인도할 때에 매도인으로부터 매수인으로 이전된다.

매수인은 물품이 운송인에게 인도된 때에 그 물품의 인도를 수령하고, 지정 목적지에서 운송인으로부터 물품을 현실로 수령할 의무를 부담한다.

7. CIF (Cost Incurance and Freight)

운임보험료포함인도조건. FAS나 FOB의 경우 거래조건 뒤의 괄호 안에 표시된 것은 선적항인 것과 달리, CIF의 거래조건 뒤의 괄호 안에는 CIF (Los Angeles)와 같이 목적항이 표시된다.

매매계약에 "CIF (Los Angeles)"이라고 표시된 경우, 매도인이 로스앤젤레스까지 화물에 대한 운임 및 적하보험료를 부담하는 거래조건이다. CIF의 특징은 운송인이 발행한 선하증권 등의 선적서류, 보험자가 발행한 해상보험증권(marine insurance policy) 및 매도인이 발행한 송장(送狀)(invoice)을 매도인이 매수인에게 교부하는 형태로 매도인의 물품인도의무가 이행되고, 특약이 없는 한 매수인은 선적서류와 상환으로 대금을 지급할 의무를 부담한다는 점이다. 이러한 "지급에 대한 서류" 거래의 특징으로 인하여 영국의 판례에서는 CIF 매매는 물품의 매매가 아닌 선적서류 자체의 매매이고,[10] 물건의 인도는 서류를 통한 상징적 인도로 이론구성을 하는 경향[11]이 있다. 그러나 CIF 매매는 단순한 서류 자체의 매매가 아니라 물품의 매매의 형식이고 어디까지나 선적서류의 교부에 의하여 이행되는 것으로 파악하여야 한다(CIF A-1).

매도인은 지정선적항에서 물품을 자기가 조정한 운송인의 본선에 적재하여 인도하며 지정목적항까지의 운임 및 보험료를 지급할 의무를 진다. 매도인은 운송회사와 목적항까지의 운송계약을 체결해야 한다. 매도인은 약정한 선적기일 또는 선적기간 내에 지정선적항에서 물품을 매수인이 지정한 본선에 적재하여 인도할 의무를 지며, 공장에서 지정된 선적항까지의 내수운송에 대한 위험과 비용을 부담한다. 따라서 위험은 물품이 "본선에 적재된 때(on board the vessel)"에 매수인에게 이전한다(CIF B-5). 매도인은 선택적으로 물품을 자신이 제조하는 대신 이미 운송중인 물품을 선하증권 등의 매수를 통하여 매수인을 위하여 조달할 수도 있다.

CIF는 매도인이 물품에 부보하는 보험은 최소기준 수준만-이른바 'Institute Cargo Clause (C)'-을 요구하지만, 매수인이 예컨대 전쟁·스트라이크 등의 위험까지 부보할 것을 요구하면 매도인은 매수인의 비용으로 추가적인 보험 커버리지

---

10) 매수인이 계약조건에 일치하는 선적서류와 교환으로 대금을 지급할 의무를 위반한 경우에는, 매도인이 계약조건에 일치하는 물품을 선적하지 않았던 것이 후에 판명되어도 매수인의 대금지급의무위반을 이유로 매도인이 계약을 해제할 수 있고, 매수인은 매도인에 대하여 손해배상책임을 면하지 못한다고 하였다. Berger & Co. Inc. v. Gill & Duffus S. A. [1984] A. C. 382.
11) *Arnhold Karberg & Co. v. Blythe, Green, Jourdain & Co.* [1915] 2 K. B. 495.

의 보험계약을 해야 한다. 어느 경우이든 보험은 좋은 평판을 가진 보험회사와 송장 기재 대금의 110% 이상을 부보해야 하고(CIF A-3), 보험사고 발생시 매수인이 보험회사에 보험금을 직접청구할 수 있어야 한다.

CIF의 거래조건은 매수인으로의 위험의 이전과 비용 부담의 시점이 분리된다. 매도인은 도착항까지의 운송비와 보험료를 지급해야 하지만, 물품을 선적항에서 본선에 적재하면 인도의무를 면한다. 물품의 위험도 선적항에서 본선에 물품을 적재한 때에 매도인으로부터 매수인으로 이전한다.

매수인은 물품이 운송인에게 인도된 때에 그 물품의 인도를 수령하고, 수입통관과 보안검색을 받아야 하고 지정목적지에서 운송인으로부터 계약과 합치하는 물품을 현실로 수령할 의무를 부담한다. 매수인은 해상운임과 적하보험료를 제외하고 운송 중에 생긴 비용 일체를 부담하여야 한다.

CIF의 거래조건의 가장 중요한 측면은 요구되는 운송서류와 관련된다. 매수인이 아니라 매도인이 목적항까지의 운송계약을 체결할 책임이 있기 때문에, 매도인은 매수인이 도착항에서 운송인으로부터 물품을 인도하도록 청구할 수 있는 선하증권, 상업송장 및 탁송 전 검사증 등의 운송서류를 획득하고 지체 없이 매수인에게 교부해야 한다(CIF A-3·4·8). 나아가서, 달리 합의하지 않는다면, CIF의 거래조건 하의 운송서류는 매수인이 제3 매수인에게 서류를 양도하거나 운송인에 대한 통지를 통하여 운송중인 물품을 전매할 수 있게 하는 것이어야 하는 선적선하증권(함부르크조약 §6①전단) 또는 선적증명(on board notation)이 있는 수령선하증권(함부르크조약 §§6①후단·7②) 등 선적일자가 기재된 것이어야 한다(CIF A-8). 이러한 운송서류를 입수하는 전통적인 방식은 "지급에 대한 서류" 거래이든 신용장 거래이든 간에, 매도인이 운송인으로부터 선하증권을 받고 통상 여러 은행들을 통하여 그 서류를 매수인에게 송부하는 것이다.

매도인은 매수인에게 물품이 본선에 적재되었다는 통지와 매수인이 도착시 물품을 수령할 수 있기 위하여 필요한 통지를 해야 하고 수출 허가 등 수출국이 요구하는 절차와 보안검색을 이행하여야 한다. 당해 물품의 매매에 관하여 수출국 정부의 수출허가가 필요한 경우, 허가를 받는 것은 매도인의 의무이다(CIF

A-2). 포장·검량(檢量)의 비용도 매도인이 부담하여야 한다(CIF A-9). 그러나 수입국의 통관상 필요한 원산지증명서 또는 영사송장을 취득하기 위한 비용은 매수인이 부담한다(CIF B-10).

현대 통상 관행은 또한 운송인에 대한 통지로 운송중인 물품을 전매할 수 있게 하는 '유통불능 화물송장(nonnegotiable waybill)'을 허용하지만, 대부분의 법제에서는 이 방법을 지지하는 규칙을 갖고 있지 않다. 따라서 불확실성을 피하기 위하여 매도인이 이러한 대안에 의존하기를 원하는 경우에는 국제해사기구(CMI)의 Uniform Rules for Sea Waybills (1990)과 같이 운송계약에 매수인의 "운송인에 대한" 상응하는 권리의 정의를 명시해야 한다. 그러나 매수인에게 그러한 권리를 부여하기 위하여 운송인에게 물품을 매수인의 지시에 따라 인도하라는 취소불가능 지시를 내리는 순간 매도인은 즉시 물품에 대한 모든 통제를 상실하므로 위험이 따른다는 점은 명심해야 한다.

밀접한 관련이 있는 쟁점은 매수인이 매도인에게 언제 대금을 지급하는지와 매수인이 지급 이전에 물품을 사전 검사할 권리를 보유하는가 여부이다. Incoterms 2020의 CIF 정의는 양 쟁점에 대한 명시적 규정이 없다. 그러나 전통적으로 CIF 거래조건은 매수인과 매도인 사이의 '지급에 대한 서류(documents against payment)' 합의를 반영하는 것으로 널리 이해되고 있다. 그러한 합의하에서 매수인은 매도인이 계약에 합치하는 선하증권 등 필요한 서류를 제시하면 이를 수령하고 대금을 지급하여야 한다(CIF B-1·8). 매도인은 통상적으로 이들 서류를 은행 시스템을 통하여 송부한다. 은행은 매도인의 대리인으로서 매수인이 물품매매계약에서 정한 가격을 매도인에게 지급한 후에 선하증권을 매수인에게 전달할 것이다. 따라서 매수인은 거의 물품이 운송중인 동안에 그리고 운송 후 매수인의 검사가 가능하기 전에 "서류에 대해서 지급한다." 이에 관한 매수인의 권리는 선하증권이 당사자들의 매매계약에서 규정한 대로 상품을 설명하고 있는 것을 확보하기 위한 검사에 제한되고 매수인은 물품을 검사할 기회를 갖지 못한 채 대금을 지급해야 한다. 영국의 판례에서는 CIF 조건 매매에서 특약이 없는 한 매도인의 선적서류인도의무와 매수인의 대금지급의무는 동시이행의 관계에 있는 것으로 해석하고 있기도 하다.[12] 따라서 보통 이 문제를 해결하기 위해서 선적 전에 매수인이 신뢰할 수 있는 제3자의 검사증명서를 선적서류의 하나로 첨부하도록 약정한다.

Incoterms의 CIF 규칙은 물품 자체의 권리 문제는 언급하지 않는다. 그러나 물품에 적용되는 선하증권의 교부에 의하여 동 선하증권을 평온하게 점유하는 사람은 물품에 대한 권리도 획득한다.

8. CFR (Cost and Freight)

운임포함인도조건. CFR 거래조건은 CIF 거래조건과 거의 동일하며 유일한 예외는 보험에 관한 부분이어서 매도인이 운송중의 물품의 보험계약을 체결하거나 그 비용을 지급할 의무를 부담하지 않는 것이다. CFR 거래조건은 CIF 거래조건과 마찬가지로 매도인에게서 매수인으로 비용 부담이 바뀌는 지점과 물품의 인도 및 위험이 이전되는 지점이 분리된다. 매도인이 제조한 물품을 운송하여 선적항에서 자기가 조율한 목적항까지의 운송계약에 따른 운송인의 본선에 물품을 적재한 때에 위험은 매도인으로부터 매수인으로 이전된다. 매도인은 지정선적항에서 물품을 본선에 적재하여 인도하며 지정목적항까지의 운임을 부담할 의무를 진다. 이와 달리 매도인은, FAS 거래조건 하에서와 같이, 물품을 자신이 제조하는 대신 이미 운송중인 물품을 선하증권 등의 매수를 통하여 매수인을 위하여 조달할 수도 있다. 또한 CIF 거래조건과 마찬가지로, CFR 거래조건 뒤에 표시된 괄호안의 항구는 선적항이 아니라 목적항이다. 그리고 CIF 거래조건과 마찬가지로, CFR은 대금의 지급방법이나 운송 후의 물품 검사에 관한 규정이 없지만 매도인이 매수인이 운송중인 물품을 그 서류의 교부에 의하거나 운송인에 대한 통지에 의하여 전매할 수 있게 하는 운송서류를 획득할 것을 요구한다. 전통적인 거래관행에서 이것은 통상 유통가능 선하증권을 필요로 하는 것으로 이해된다.

매수인은 물품이 운송인에게 인도된 때에 그 물품의 인도를 수령하고, 지정

---

12) Clemens Horst Co. v. Biddel Bros. [1912] A. C. 18.

목적지에서 운송인으로부터 물품을 현실로 수령할 의무를 부담한다.

9. DAP (Delivered at Place)

　목적지인도조건. DAP 거래조건 하에서 매도인은 수입통관 없이 계약에서 정해진 지정목적지에서 도착운송수단의 하역준비상태로 매수인의 임의처분 상태에 둘 의무를 진다. 지정목적지의 개념은 도시, 항구, 또는 터미널 등 광범위할 수 있으므로 매도인은 당사자간 계약에서 가능한 한 최대한 상세하게 지정목적지를 구체화하는 것이 유리하다.

　위험은 지정목적지에서 도착한 운송수단의 하역준비상태로 매수인의 임의처분 상태에 놓을 때에 매도인으로부터 매수인으로 이전된다. DAP와 아래의 DPU 하에서 공히 매도인은 운송계약을 하고, 운임을 지급하고, 지정된 목적항까지의 위험을 인수할 책임을 진다. 양자는 모두 복합운송을 포함한 모든 운송방식에 사용되며, 양 거래조건은 운송중의 보험에 관하여 언급하지 않지만 모두 매도인이 운송중 위험을 부담하기 때문에 매도인이 보험계약을 하고 보험료를 지급하지 않으면 위험이 현실화된 경우 모든 경제적 부담을 해야 한다. 아래의 DPU와 반대로, DAP 거래조건 하에서는 하역준비상태로 매수인의 임의처분 상태에 놓으면 되기 때문에 매도인은 지정목적지에서 물품을 양륙할 책임은 없다. 그러나 매도인은 지정목적지에서의 수입 통관이나 보안검색 등의 책임은 지지 않는다.

　DAP 거래조건 하에서 매도인은 매수인에게 매수인이 지정목적지에서 물품을 수령할 수 있게 하는 데 필요한 서류를 제공하여야 하고, 매수인에게 매수인이 물품을 수령할 수 있게 하기 위하여 요구되는 통지를 해야 한다. 매도인은 매매계약과 적합한 상업송장 및 당사자간 계약에서 요구되는 적합성의 증거(예컨대, 운송전 검사증)를 제공해야 한다.

　매수인은 물품이 지정목적지에서 매수인의 임의처분 상태로 놓여졌을 때 대금을 지급하고 인도된 물품을 수령하고, 매도인으로부터 운송서류를 수령하고 수입 및 관련 보안검색을 받을 의무를 부담한다. DAP 거래조건은 지급 시기 및 장소 또는 매수인의 운송후 검사권에 대하여 규정하고 있지 않으며, 매도인이 선하증권을 획득해야 하거나 매수인이 유통가능 선하증권의 제시에 대하여 지급해야한다는 요건은 없다. 따라서 명시되지 않았다면 묵시적인 "지급에 대한 서류" 합의를 인정할 이유는 없다. 반면에, 당사자들은 매도인이 운송인에 의한 물품 처분을 통제하는 서류를 제시한 때에 매수인이 대금을 지급한다는 요건에 명시적으로 합의할 수 있다.

10. DPU (Delivered at Place Unloaded)

양륙지인도조건. DPU 거래조건은 Incoterms 2020에서 새로 추가한 정형거래조건이다. Incoterms 2010의 DAT (Delivered at Terminal) 거래조건에 상응하는 것이다. ICC가 명칭을 변경한 이유는 첫째, 이 조건 하의 목적지는 터미널이 아닌 어떤 장소이든 될 수 있다는 점, 둘째, 이 조건 하에서 매도인은 외국의 지정된 장소에서 물품을 양륙할 책임을 진다는 것이다. 후자가 전술한 DAP와 핵심적인 차이이다. 따라서 DPU 거래조건 하에서, 매도인은 수입통관 없이 물품을 도착운송수단에서 하역하여 그 장소에서 매수인의 임의처분 상태에 둘 의무를 진다. 양륙장소는 매도인 입장에서 외국의 목적지에 있는 부두, 컨테이너 야적장, 또는 철도 야적장이나 철도 터미널, 또는 공항 터미널이 포함될 수 있다.

위험은 도착한 운송수단에서 하역하여 양륙지에서 매수인의 임의처분 상태에 놓일 때에 매도인으로부터 매수인으로 이전된다.

DPU 거래조건 하에서, DAP와 마찬가지로, 매도인이 수출절차에 대한 책임을 지고 수입이나 보안검색에 대해서는 책임지지 않는다. 매도인은 매수인에게 물품 수령에 필요한 서류를 제공해야 하고, 그러면 매수인은 물품이 양륙지에서 도착운송수단에서 하역하여 매수인의 임의처분 상태로 놓여졌을 때 물품에 대한 위험을 인수하고 물품을 수령하고 대금과 비용을 지급하고 수입이나 보안검색에 대한 절차를 이행할 의무를 부담한다.

DPU 거래조건은 특히 고객들에게 신뢰성을 보이고, 비용을 통제하고, 물품의 품질을 유지하기 위하여 자기의 공급망을 통제하기를 바라는 매도인에게 가치있는 거래조건이다. 이러한 타입의 매도인은 통상 운송주선인이나 운송인과의 확립된 관계에 의존하고, 단일 선하증권 하에서 또는 하나의 컨테이너 안에 자기의 물품을 해외의 복수의 고객들에게 송부할 수 있다. 해외의 목적지에 도착하면, 물품은 각 고객들에게 인도하기 위하여 배분된다.

11. DDP (Delivered Duty Paid)

관세필인도조건. 매도인은 수입통관된 물품을 지정목적지에서 도착운송수단의 하역준비상태로 매수인의 임의처분 상태에 둘 의무를 진다. 따라서 매도인에게 Incoterms 거래조건 가운데 가장 높은 의무를 부과하는 거래조건이다.

위험은 매도인이 수입통관을 이행하고 지정목적지에서 도착운송수단의 하역준비상태로 매수인의 임의처분 상태에 놓을 때에 매도인으로부터 매수인으로 이전된다.

매수인은 물품이 지정목적지에서 매수인의 임의처분 상태로 놓여졌을 때 물품을 수령할 의무를 부담한다.

제 5 장 신용장

제1절 국제물품매매의 대금결제

국제물품매매계약은 통상 먼저 매수 또는 매도 의사가 있는지에 관한 문의(inquiry)가 당사자 사이에 오가고, 특히 당사자가 원하는 물품의 수량과 대금을 중심으로 거래조건의 견적(estimation; quotation)이 오가고, 계약교섭(negotiation)을 한 후 의향서(letter of intent)를 주고받고 최종적으로 매매계약의 체결에 이르게 된다. 이후 계약 내용대로 물품을 매수인에게 인도하고, 매수인이 대금을 매도인에게 지급하는 계약의 이행이 있게 된다.

국제물품매매에 있어 대금의 결제방식에는 1) 매수인이 개인수표(personal check)나 은행수표(banker's check, cashier's check)을 우송하거나 우편송금방식(mail transfer: M/T) 또는 전신송금방식(telegraphic transfer: T/T), 송금소액환(demand draft: D/D) 등을 이용하여 대금을 매도인에게 송금하여 주는 송금방식(remittance basis)과 2) 매도인이 물품을 선적한 후 은행에 대하여 운송서류, 보험증권 및 상업송장 등 필요한 서류를 담보로 매매대금을 액면액으로 하여 발행한 환어음을 할인받거나 신용장을 이용하여 대금을 추심하는 추심방식(collection basis), 3) 매도인과 매수인 사이에 채권매입업자가 개입하여 대금채권을 매입한 후 추심하는 국제팩토링방식으로 나눌 수 있는데 주로 추심방식이 널리 이용된다.

추심방식으로 대금을 결제하는 경우 통상의 국제물품매매에서는 신용장이 널리 이용된다. 그러나 신용장 개설에는 비용이 소요되기 때문에, 매도인이 수출보험에의 부보를 통하여 무신용장 추심거래를 하기도 한다. 특히 장기공급계약에 기초하여 확립된 사업관계를 확립한 신용도가 높은 매매업자들 사이에서는 매도인이 일정한 기간(예컨대 30일이나 90일처럼) 내에 지급하기로 하는 매수인의 약속에만 의존하여 물품을 인도하기로 합의하는 'open credit' 기반으로 거래를 한다.[1] 이것의 발달된 현대식 버전이 예컨대 Walmart와 같은 거대 국제 매수인과 그 공급망내의 매도인 사이의 확립된 관계를 포함하는 공급망 금융(supply chain financing: SCF)이다. 이 방식에서는 국제적 거대기업인 매수인이 적기에 대금을 지급하지 않을 위험은 낮기 때문에 은행은 비용대비 효율 기반으로 건별로 대출과 같은 직접 금융을 제공한다. 거대 매수인에 의한 적기의 지급 보장 하에서 은행은 기꺼이 공급자가 물품을 생산하는 데 있어 투입비용을 커버할 수 있도록 금융을 제공한다. 매도인은 그러면 매우 낮은 금융비용(즉 대출에 대한 이자)으로 물품의 판매를 위한 가격책정 모델을 구축한다. 보다 최근에는 인터넷 기업가들은 핀테크의 일환으로 탈중앙집중식 블록체인 기술에 기초하여 SCF 시장에 진입하려고 시도하고 있다.

예컨대 매도인과 매수인 간에 CIF 정형거래조건으로 신용장 결제조건에 의한 물품매매계약을 체결한 경우의 이행과정을 요약하면 다음과 같다:

① 매도인은 물품을 운송인에게 인도하기 전에 매수인이 적기에 대금을 지급할 것을 보장받기를 원하기 때문에 매수인(수입업자, 신용장 발행의뢰인)은 매매계약[2] 조건에 따라 자기의 거래은행에 신용장개설을 의뢰하여 매도인(수출업자) 앞으로 신용장을 발행한다.
② 개설은행은 매도인이 있는 지역의 은행(통지은행)을 경유하여 매도인에게 신용장개설 사실을 통지한다. 매도인은 수익자가 된다.
③ 매도인은 매매계약의 조건에 따라 상품을 운송하도록 위임하기 위하여 해운회사와 화물운송계약을 체결한다.
④ 매도인은 보험회사와 해상화물운송보험계약을 체결한다.
⑤ 매도인은 물품을 선적한다.

---

1) Folsom, Gordon & Ramsey(20), p. 263.
2) 이 물품매매계약은 전술한 비엔나협약(CISG)이 규율하며, 계약당사자는 매도인과 매수인만이고 은행이나 운송인은 당사자가 아니다.

⑥ 매도인은 운송회사로부터 선하증권(B/L)을 수령함과 동시에 매수인에게 물품 선적 사실을 통지한다.
⑦ 대금의 추심을 위하여 매도인은 상업송장(commercial invoice), 선하증권(B/L), 해상보험증권(marine insurance policy) 등 선적서류(shipping documents)를 첨부한 환어음, 즉 화환어음(documentary bill of exchange)을 상업신용장에서 지정된 은행에 제출하여 할인을 받는다.
⑧ 할인을 해준 은행은 신용장발행은행에 화환어음을 제시하여 매도인에게 지급한 할인금을 회수한다.
⑨ 신용장발행은행은 매수인에게 화환어음을 제시하고, 매수인으로부터 화환어음의 지급을 받고 매수인에게 선적서류를 인도한다.
⑩ 매수인은 해운회사에 선적서류를 제시하여 상품을 수령한다.

Incoterms 2020의 CIF 정의에는 명시적 규정이 없지만 전통적으로 CIF 거래조건은 매수인과 매도인 사이의 "지급에 대한 서류" 합의를 반영하는 것으로 널리 이해된다. 그러한 합의하에서 매수인은 매도인이 계약에 합치하는 선하증권과 신용장 등 필요한 서류를 제시하면 이를 수령하고 대금을 지급하여야 한다(CIF B-1·8). 매도인은 통상적으로 이들 서류를 은행 시스템을 통하여 송부한다. 매수인의 주거래은행은 매도인측에서 제시한 신용장이 매매계약 내용과 합치하는지를 확인하고 신용장에 기재된 금액을 지급할 것이다.

제2절 신용장에 의한 대금결제

Ⅰ. 신용장

1. 신용장의 의의

신용장(L/C)이란 은행의 조건부 지급확약서이다. 신용장에 대하여 적용되는 법은 제1차 세계대전 이전에는 주로 영국에서 개발되었고, 그 후에는 미국의 법원에서 개발되었다. 그러나 미국경제가 20세기에 성숙되자, 필요성을 느낀 입법자는 통일상법전(UCC) 제5편에 신용장에 관한 국내법을 제정하게 되었다. 다른 조항들과 마찬가지로 통일상법전은 강행법이 아니고 그 결과 당사자들간의 계약이 우선하는 결과를 가져왔다.

신용장에 관한 국제적 통일적 해석기준으로 국제상업회의소(ICC)가 제정한 제6차 신용장통일규칙(UCP 600)[3]이 현재 이용된다. 전술한 정형거래조건, Incoterms와 마찬가지로 UCP 600은 국제상업회의소(ICC)가 발간하고 그에 관한 저작권을 가진 일련의 계약조건들이다. 동 규칙은 신용장을 "그 명칭이나 표현에 관계없이 개설은행이 신용장 조건과 일치하는 서류의 제시에 대하여 지급하겠다는 확약으로서 모든 취소불가능한 약정"을 의미한다고 정의한다(UCP 600 §2제7문).

신용장통일규칙(UCP 600)의 법적 성질에 관해서는 견해가 갈리는데, 프랑스, 독일, 네덜란드, 벨기에 등에서는 관습법으로 인정되고, 영국에서는 표준 거래조건으로 인정되고 있다. 미국에서는 당사자 간에 다른 약정이 없는 한 국내법인 통일상법전(UCC) 제5편이 우선 적용되고, 신용장통일규칙은 보충적으로만 적용된다.[4] 만약 수출국과 수입국의 국내강행법규나 수출상과 수입상 간의 특약이 그와 다른 내용을 정하고 있을 경우에는 이것들이 신용장통일규칙보다 우선 적용되어야 한다.

신용장통일규칙(UCP 600)은 신용장의 문면에 동 규칙이 적용된다는 것을 명시적으로 표시한 경우 모든 화환신용장[위 규칙이 적용 가능한 범위 내에서는 보증신용장(standby L/C)을 포함한다]에 적용된다. 신용장통일규칙은 신용장에서 명시적으로 수정되거나 그 적용이 배제되지 않는 한 모든 당사자를 구속한다

---

[3] 국제상업회의소(ICC)는 1933년에 UCP의 최초의 버전을 발간하였고 그 이래로 약 10년 마다 업데이트하여 왔다.
[4] 다만, New York, Alabama, Arizona 및 Missouri 주에서는 신용장통일규칙이 UCC보다 우선적용된다. 통일상법전(UCC) 제5편의 신용장 관련 내용은 1995년 UCP와 가깝게 내용을 개정하였기 때문에 거의 유사하나 상이한 부분이 있다. 가장 현저한 차이는 UCP는 사기를 처리하는 규정이 없다는 점이어서 그 부분에 대해서는 UCC가 보충 적용된다. Folsom, Gordon & Ramsey(20), p. 279.

(UCP 600 §1)고 규정한다.

우리 대법원은 "SWIFT(The Society for Worldwide Interbank Financial Telecommunication) 방식에 의하여 개설된 신용장에는 개설 당시에 시행중인 신용장통일규칙이 적용되도록 되어 있으므로(SWIFT 사용편람 참조), 비록 신용장의 문면상에 국제상업회의소가 제정한 신용장통일규칙이 적용된다는 명문의 기재가 없다고 하더라도, 다른 특별한 사정이 없는 한 해당 신용장에는 그 신용장이 개설될 당시 시행중인 신용장통일규칙이 적용된다."고 판시한 바 있다.[5]

국제물품매매에 있어서 매도인과 매수인은 멀리 떨어져 있기 때문에 매도인의 상품과 매수인의 지급이 동시에 교환될 수가 없다. 신용장은 이러한 문제를 해결하여 당사자간에 상대방의 계약 이행을 보장함으로써 불확실성을 배제하기 위하여 사용하는 것으로서 은행이 매수인을 위하여 자기의 신용을 매도인에게 제공하는 수단이므로 매수인을 위한 지급보증기능을 수행한다. 한편 매도인은 물품을 선적하고 운송서류를 확보하는 즉시 이를 은행에 제시하여 할인받음으로써 물품대금을 회수할 수 있고 이것은 매도인이 은행으로부터 자금 대출을 받는 것과 다를 바 없으므로 신용장은 매도인에 대한 금융기능도 수행한다.

신용장 거래와 관련한 소송은 대체로 수익자나 매입은행이 개설은행을 상대로 신용장 대금의 지급을 구하는 형태로 이루어진다. 개설은행은 명목상 서류의 일치 여부를 문제 삼아 신용장 대금의 지급을 거절하나, 실제 분쟁은 수출업자의 부도로 개설은행이 신용장 대금의 결제를 받지 못하게 되거나 수출업자가 물품의 하자나 시세의 변동으로 인한 손해를 피하고자 개설은행에게 신용장 대금의 지급 거절을 요구하여 발생하는 경우가 많다. 이 경우 쟁점은 개설은행이 신용장 대금의 지급을 거절한 정당한 사유의 존부이다.[6]

2. 신용장의 종류

신용장(L/C)에는 다음과 같은 종류가 있다.

---

[5] 대법원 2003.1.24. 선고 2001다68266 판결.
[6] 대법원 법원행정처, 「국제거래재판실무편람」, 2015, 61면.

(1) 주신용장과 내국신용장

주신용장(master L/C)은 원신용장이라고도 하며, 국제물품매매에서 1차적으로 개설된 신용장이다. 내국신용장(domestic L/C)은 수출 이행에 필요한 완제품이나 원자재를 국내에서 조달하기 위해, 해외에서 받은 신용장을 근거로 국내의 납품업체나 하청업체에 발행하는 제2의 신용장을 말한다.

(2) 취소불능신용장과 취소가능신용장

신용장은 개설한 이후 취소가 가능한지를 기준으로 취소불능신용장(irrevocable L/C)과 취소가능신용장(revocable L/C)으로 구분할 수 있다. 다만 신용장은 취소불능이라는 표시가 없더라도 원칙적으로 취소가 불가능하다고 해석된다(UCP 600 §3제2문).

(3) 양도가능신용장과 양도불능신용장

신용장통일규칙(UCP 600)은 은행은 자신이 명시적으로 승낙하는 범위와 방법에 의한 경우를 제외하고는 신용장을 양도하는 것을 용인할 의무가 없다(UCP 600 §38a)고 하여 양도불능신용장이 원칙이고 은행이 그에 대한 예외를 인정할 수 있는 것으로 규정하고 있다. 양도가능신용장(transferable L/C)이란 제1수익자의 요청에 의하여 전부 또는 부분적으로 다른 수익자 (제2수익자)에게 이용하게 할 수 있는 신용장을 말하고, 양도불능신용장(nontransferable L/C)은 수익자의 변경이 불가능한 신용장을 말한다. 양도가능신용장은 신용장 자체가 "양도가능"이라고 특정하여 기재하고 있어야 한다(UCP 600 §38b제1문).

양도은행이라 함은 신용장을 양도하는 지정은행, 또는 어느 은행에서나 이용할 수 있는 신용장의 경우에는 개설은행으로부터 양도할 수 있는 권한을 특정하여 받아 신용장을 양도하는 은행을 말한다(동항제3문). 개설은행은 양도은행이 될 수 있다(동항제4문). 양도된 신용장(transferred L/C)이라 함은 양도은행이 제2수익자가 이용할 수 있도록 한 신용장을 말한다(동항제5문).

양도시에 달리 합의된 경우를 제외하고, 양도와 관련하여 발생한 모든 수수료(요금, 보수, 경비 또는 비용 등)는 제1수익자가 지급해야 한다(UCP 600 §38c).

분할청구 또는 분할선적이 허용되는 경우에 신용장은 두 사람 이상의 제2수익자에게 분할양도될 수 있다(UCP 600 §38d제1문). 양도된 신용장은 제2수익자의 요청에 의하여 그 다음 수익자에게 양도될 수 없다(동항제2문). 제1 수익자는 그 다음 수익자로 간주되지 않는다(동항제3문).

모든 양도 요청은 제2수익자에게 조건변경을 통지하여야 하는지 여부와 그리고 어떠한 조건 하에서 조건변경을 통지하여야 하는지 여부를 표시하여야 한다(UCP 600 §38e제1문). 양도된 신용장은 그러한 조건을 명확하게 표시하여야 한다(동항제2문).

신용장이 두 사람 이상의 제2수익자에게 양도되면, 하나 또는 둘 이상의 수익자가 조건변경을 거부하더라도 다른 제2수익자의 수락은 무효가 되지 않으며, 양도된 신용장은 그에 따라 변경된다(UCP 600 §38f제1문). 조건변경을 거부한 제2수익자에 대하여는 양도된 신용장은 변경 되지 않은 상태로 남는다(동항제2문).

양도된 신용장은 만일 확인(confirmation)이 있는 경우 그것을 포함하여 신용장의 조건을 정확히 반영하여야 한다(UCP 600 §38g제1문전단). 다만 예외적으로 ① 신용장의 금액, ② 그곳에 기재된 단가, ③ 유효기일, ④ 제시기간 또는 ⑤ 최종선적일 또는 주어진 선적기간위의 내용은 일부 또는 전부 감액되거나 단축될 수 있다(동항제1문후단). 부보되어야 하는 백분율은 신용장 또는 이 규칙에서 명시된 부보금액을 규정하기 위하여 높일 수 있다(동항제2문). 신용장의 개설의뢰인의 이름을 제1 수익자의 이름으로 대체할 수 있다(동항제3문). 만일 신용장이 송장을 제외한 다른 서류에 개설의뢰인의 이름이 보일 것을 특정하여 요구하는 경우, 그러한 요건은 양도된 신용장에도 반영되어야 한다(동항제4문).

제1수익자는 신용장에서 명시된 금액을 초과하지 않는 한 만일 있다면 자신의 송장과 환어음을 제2수익자의 그것과 대체할 권리를 가지고, 그러한 대체를 하는 경우 제1수익자는 만일 있다면 자신의 송장과 제2수익자의 송장과의 차액에 대하여 신용장 하에서 청구할 수 있다(UCP 600 §38h).

제1수익자가 만일 있다면 자신의 송장과 환어음을 제시하려고 하였으나 첫

번째 요구에서 그렇게 하지 못한 경우 또는 제1수익자가 제시한 송장이 제2수익자가 제시한 서류에서는 없었던 하자를 발생시키고 제1수익자가 첫번째 요구에서 이를 정정하지 못한 경우, 양도은행은 제1수익자에 대하여 더 이상의 책임이 없이 제2수익자로부터 받은 그대로 서류를 개설은행에게 제시할 권리를 갖는다(UCP 600 §38i).

제1수익자는 양도 요청에서, 신용장이 양도된 장소에서 신용장의 유효기일 이전에 제2수익자에게 결제 또는 매입이 이루어져야 한다는 것을 표시할 수 있다(UCP 600 §38j제1문). 이는 제38조 (h)항에 따른 제1수익자의 권리에 영향을 미치지 않는다(동항제2문).

제2수익자에 의한 또는 그를 위한 제시는 양도은행에 대하여 이루어져야 한다(UCP 600 §38k).

양도불능신용장, 즉 신용장이 양도가능하다고 기재되어 있지 않다는 사실은, 수익자가 신용장 하에서 받거나 받을 수 있는 어떤 대금을 준거법의 규정에 따라 양도할 수 있는 권리에 영향을 미치지 않는다(UCP 600 §39제1문). 이 조항은 오직 대금의 양도에 관한 것이고 신용장 하에서 이행할 수 있는 권리를 양도하는 것에 관한 것은 아니다(동항제2문).

(4) 일람출급신용장과 기한부신용장

일람출급신용장(At Sight L/C)은 만기가 없이 신용장을 제시하면 즉시 지급되는 신용장을 가리킨다. 기한부신용장(usance L/C, time L/C)은 연지급신용장(deferred payment L/C)이라고도 불리는 것으로서, 만기까지 제시가 금지되므로 그 동안 신용을 공여하는 신용장을 말한다. 예를 들어 '60 days after b/l date' 조건의 기한부신용장이라면 매수인은 선적일로부터 60일이 되는 날 대금을 은행을 통해 매도인에게 지급하는 것이다. 기한부신용장 가운데 매수인에게 신용 공여를 해주는 자가 매도인이 아니라 매수인의 거래은행인 형태의 신용장을 Banker's Usance L/C라고 한다. Banker's Usance L/C의 경우 매도인은 즉시 은행에 신용장을 제시하여 지급받을 수 있고 매수인이 만기까지 대금을 지급할 의무를 면제받으므로 매도인의 입장에서는 일람출급신용장과 같다.

(5) 보통신용장과 매입제한신용장

매입제한신용장(restricted negotiable L/C)은 수출지에서 이용할 매입은행을 미리 지정하여 놓은 신용장이고 그러한 제한이 없는 것이 보통신용장(general open L/C)이다. 이는 매수인이 특정 은행이 제공하는 이자율이 보다 더 유리하거나 외환에 관한 전문성이 있는 은행이어서 업무처리상 편의 때문에, 또는 특수한 관계에 있는 해당 은행에게 수수료 수입을 증대시켜주고 싶은 경우 등에 사용된다. 매입제한신용장에 기재되는 문언은 예컨대 다음과 같다: "Negotiation under this credit is restricted to Busan Bank, This credit is available only through Busan bank(이 신용장의 네고는 부산은행에 제한되며, 이 신용장은 부산은행을 통해서만 거래할 수 있다)."

(6) 회전신용장, 선대신용장, 기탁신용장, 동시개설신용장

회전신용장(revolving L/C)은 매도인이 네고를 하고 매입은행이 개설은행에 대금지급 사실을 통지하거나 일정기간이 경과하면 이전과 동일한 조건의 신규 신용장으로 재사용될 수 있는 신용장을 말한다. 회전신용장은 동일한 거래상대방과 주기적으로 같은 물품을 거래하는 경우에 흔히 사용된다. 이러한 경우 다른 방법으로 거래시마다 새 신용장을 개설하는 방법이나 할부 선적 신용장을 개설하는 방법이 사용될 수 있지만 신규 신용장 개설시마다 수수료가 발생하므로 부담이 커지고, 할부 선적 신용장을 이용하는 경우 만일 한 번이라도 수출상이 상품 선적을 불이행하는 경우 그 후에는 모든 할부선적이 무효가 되게 된다.

선대(先代)신용장은 매도인이 통상의 대금 추심을 기다릴만큼 자금사정이 충분하지 않은 경우 또는 수출품이 집하과정이 필요한 플랜트나 농수산물 등에 해당하는 경우 편의상 매수인 거래은행의 신용장이 개설됨과 동시에 매도인에게 대금 중 일정액을 선지급받을 수 있게 하는 신용장이다.

기탁신용장(escrow L/C)은 신용장 조건이 매도인이 선적을 하면 매수인이 매도인과 합의한 신용장개설은행과 같은 제3자에게 대금을 지급하고 수입이 완료된 후 제3자가 매도인에게 송금해주는 방식으로 결제되는 신용장이다.

백투백신용장(back-to-back L/C)은 하나의 거래에서 함께 사용되는 두 개의 신용장으로 구성된다. 백투백신용장은 통상 매수인과 매도인 사이에 중개인과 같은 중개자가 개입하는 연계무역의 경우 또는 매도인이 자신의 매수인에 대한 판매의 일부로서 판매할 상품을 공급자로부터 조달하는 경우에 사용된다. 보통 백투백신용장의 기초가 된 주신용장(master L/C)에는 매도인이 이 신용장을 수령하면 그 때부터 일정한 기간 이내에 매수인을 수익자로 하는 반대신용장(Counter L/C)을 개설해야만 해당 신용장이 유효하다는 문구가 기재되어 있다. 반대신용장은 매도인의 채무이행을 담보하기 위한 보증신용장(stand-by L/C)으로서 매도인의 채무불이행시 수익자인 매수인이 보증신용장의 조건에 따라 지급청구를 하면 개설은행은 주채무의 이행 여부를 불문하고 보증계약에서 정한 금액을 지급한다.

(7) 그밖의 분류

신용장은 확인여부를 기준으로 확인신용장(confirmed L/C)과 무확인신용장(unconfirmed L/C), 상환청구의 가능여부를 기준으로 상환청구가능신용장(with recourse L/C)과 상환청구불능신용장(without recourse L/C), 매입신용장(negotiation L/C)과 지급신용장(straight L/C)으로 구분된다.

보증신용장(stand-by L/C)은 매수인의 거래은행이 매수인의 매매계약상 채무이행에 대하여 보증하는 기능이 강조되는 신용장으로서 본계약과 독립된 채무관계를 형성한다. 매수인의 모기업 또는 은행이 발행하는 '지급보증서(letter of guaranty)'도 보증신용장와 유사한 기능을 하지만 이것은 보증신용장과 달리 본계약에 종속·부수된다.

【Theme- Guaranty와 Warranty】

보증(Guaranty)은 당사자 중 어느 일방(채권자인 당사자)이 타방 당사자(채무자인 당사자)의 당해 계약상의 채무이행에 의문이 있을 때 이를 보강하기 위하여, 계약당사자가 아닌 제3자로 하여금 일정한 요건의 충족을 전제로 채무이행을 대신하게 하는 것으로 우리 민법상 주채무자를 위하여 보증인이 부담하는 보증채무와 같다. 그러므로 보증책임은 채무자의 불이행이 있으면 발생한다.

워런티(Warranty)는 이와 달리 계약당사자 자신이 직접 목적물에 대하여 당해 계약의 목적 달성에 관계된 부수적이고 종속적인 사항을 정하여 보장하는 것이다. 물품매매계약에서의 매도인이 매수인에게 매도하는 물품에 대하여 계약적합성이 있음을 보장하거나, 또는 자동차 제조업체가 판매하는 차량에 대하여 10년 또는 주행거리 10만 km까지 동력장치에 대하여 보장하는 것과 같이 계약물품의 성능, 품질, 내구성, 애프터서비스 등에 관하여 매도인이 일정한 보장을 한 경우가 이에 해당한다. Warranty를 위반하였다고 하여 그 이유만으로 곧바로 당해 계약을 해제할 수 있는 것은 아니고, 이를 위반하여 손해가 발생한다면 그 손해배상을 청구할 수 있다.

3. 신용장 거래의 통상적인 과정[7]

(1) 신용장의 개설

① 매도인과 매수인의 매매계약 체결

매도인과 매수인의 법률관계는 매매에 대한 사법상의 법리에 의하여 결정된다. 그러나 신용장거래에는 독립추상성의 원칙이 적용되므로 신용장은 매매계약에 기하여 개설되기는 하지만 그 계약과는 아무런 관계가 없거나 구속받지 아니한다. 따라서 매매계약에서 대금의 지급을 신용장에 의하여 결제하도록 약정하여 신용장이 개설되면 당사자 간의 매매계약과는 독립하여 신용장의 특유한 법리에 의한 법률관계가 성립된다.

② 신용장의 개설의뢰

매수인이 매매계약을 이행하기 위하여 자신의 거래은행에 신용장의 개설을 의뢰할 때는 우선 그 은행과 신용장 개설계약을 체결하여야 한다. 매수인과 개설은행의 관계는 개설계약에 의하여 결정된다. 즉 개설계약에 따라 매수인은 개설의뢰인의 지위에서 개설은행에 대하여 신용장의 개설에 따른 지시의 완전·명확 의무, 대금의 보상의무 등을 부담하고, 한편 개설은행은 개설의뢰인에 대하

---

[7] 대법원 법원행정처, 「국제거래재판실무편람」, 2015, 62~64면.

여 매수인의 지시를 준수할 의무, 신용장을 개설하여 통지할 의무, 매입은행 등으로부터 제시된 선적서류를 조사할 의무 등을 부담한다.

③ 신용장 개설의 통지요청

신용장을 개설한 신용장 개설은행은 매도인(수익자)이 소재하는 국가의 거래은행에게 수익자 앞으로 신용장이 개설되었음을 알려 주도록 요청하게 된다.

④ 통지은행의 개설통지

개설은행으로부터 통지요청을 받은 통지은행(advising bank)은 수익자에게 신용장이 개설되었음과 그 신용장의 내용을 알려 주게 된다.

<신용장의 서식>

Commercial Letter of Credit

Citi Bank
12 Main Street 30
San Francisco, CA. USA
Mr. Juan Armas

July 5, 2021

LUKO Products, Co.
76 S Bascom Ave
Campbell, CA. USA

Dear Mr. Armas:

We have been instructed by the BNK Busan Bank, Busan, South Korea that it has opened an irrevocable credit in your favor in the amount of USD $169,468 available by your sight drafts on the Citi Bank accompanied by:

1. Full Original Set On Board Negotiable Bills of Lading in triplicate endorsed to the BNK Busan Bank, Daeyeon Branch.

2. Insurance Policy covering marine risk at 110% of value.

3. Commercial invoice in triplicate issued by LUKO Products covering:

50,000 Christmas Lights in Red, Green, and Yellow

5,000 White Angel Ornaments

5,000 Candy Cane Ornaments

5,000 Sparkling Red Bells

10,000 Super Deluxe 18″ Christmas Wreaths

All documents must indicate Letter of Credit No. 7151-C. All drafts must be marked "drawn under Letter of Credit No. 7151-C confirmed by the Citi Bank, San Francisco Branch." Drafts must be presented to us by no later than July 31, 2021.

This credit is subject to the Uniform Customs and Practice for Documentary Credits (UCP 600) 2007 version, International Chamber of Commerce Publication No. 600.

We confirm the credit and hereby undertake to purchase all drafts drawn as specified above and accompanied by the documents so specified.

Sincerely,

James Damon
General Manager, International
Credit Dept.

(2) 선적서류의 제시와 신용장의 매입

⑤ 상품의 선적 등

신용장 개설을 통지받은 매도인(수익자)은 계약상품을 직접 생산하여 또는 다른 생산업자로부터 구입하여 매수인(개설의뢰인)에게 송부하기 위하여 선박에 선적하고 선하증권(B/L) 등을 교부받는다.

⑥ 선적서류의 제시와 매입의뢰

⑦ 매입대금 지급 - 수익자와 매입은행의 법률관계

매도인은 신용장의 수익자로서, 물품의 선적완료 후 교부받은 선하증권과 기타 신용장에서 요구하는 환어음, 상업송장, 보험증권 등의 서류를 완비하여 신용장이 정한 매입은행에 매입을 요청하면서 서류를 제시한다. 매입은행은 제시된 선적서류가 신용장 조건과 일치하는지 여부를 확인한 후 어음 또는 선적서류를 매입한다. 매도인은 어음 등을 매입은행에 매도함으로써 일단 대금을 회수한다.

⑧ 선적서류의 송부

매입은행은 매입한 선적서류 등을 개설은행에 송부하면서 신용장 대금의 상환을 요청한다.

⑨ 신용장 대금의 상환

신용장 개설은행은 매입은행이 보내온 선적서류가 신용장 조건에 일치하는지 여부를 제시일 익일부터 제5은행영업일까지(UCP 600 제14조) 사이에 검토한 후 매입은행에 신용장 대금을 상환한다. 검토 결과 서류가 신용장 조건에 일치하지 아니한다고 결정한 경우에는 지급을 거절하고 제시인에게 위와 같은 기간 내에 불일치사항을 명시하여 통지하여야 한다(UCP 600 제16조).

(3) 대금의 결제

⑩ 선적서류 도착 통지

매수인(개설의뢰인)에게 선적서류의 도착을 알리면서 대금의 결제를 요청하게 된다.

⑪ 대금결제와 선적서류의 인도

선적서류의 도착을 통지받은 매수인은 개설은행에 대금을 결제하고 개설은행으로부터 선적서류를 인도받는다.

⑫ 물품도착 통지, ⑬ 선하증권의 제시와 상품의 인수

선박회사는 매수인에게 물품의 도착을 통지하고, 매수인은 선박회사나 그 대리인에게 선하증권을 제시하고 그것과 상환으로 상품을 수령한다.

<선하증권의 서식>

BILL OF LADING		
(For Multimodal Transport or Port to Port Shipment)		
(SHIPPER) LUKO Products, Co.	HAPAG-LLOYD REFERENCE HL-B-07915	
(consignee) To order of Shipper	(5) BOOKING NO. B-1592	(5A) BILL OF LADING NO. B-256
	(6) EXPORT REFERENCE	
Notify Address (Carrier not responsible for failure to notify)	(7) FORWARDING AGENT. F.M.C. NO. Western Hastings & Co. 333 O'Farrell St. San Jose, CA. USA Phone: (01)(31)791-5643	
	(8) POINT AND COUNTRY OF ORIGIN Campbell, CA. USA	
(4) NOTIFY PARTY (COMPLETE NAME AND ADDRESS) Value Industries, Inc.	(9) ALSO NOTIFY - ROUTING & INSTRUCTIONS Notify on arrival in Ben Nutter Evergreen Port	

Worthington, Ohio			Mrs. J. Monteiro for further instructions	
(12) PRE-CARRIAGE BY* Container Truck		(13) PLACE OF RECEIPT BY PRE-CARRIER* San Jose	Phone: 136-735-0311 Trucks to deliver to Pier 15 Docks receipts required	
(14) VESSEL VOY FLAG M/V Reefer Sun II		(15) PORT OF LOADING San Francisco	(10) LOADING PIER/TERMINAL PIER 17	(10A) ORIGINAL(S) TO BE RELEASED AT
(18) PORT OF DISCHARGE Busan, South Korea		(17) PLACE OF DELIVERY BY ON-CARRIER*	(11) TYPE OF MOVE (IF MIXED, USED BLOCK 20 AS APPROPRIATE	
PARTICULARS FURNISHED BY SHIPPER				
MKS. & NOS. (CONTAINER NOS.) (18) Value Industries, Inc. Order No. 52 Made in USA	NO. OF PKGS. (19)	HM	DESCRIPTION OF PACKAGES AND GOODS (20) Container 56A-TRU 1,424 Cartons Christmas Decorations Import License No. 14776 Letter of Credit No. 7151-C **CLEAN ON BOARD NO TRANSSHIPMENT ALLOWED**	GROSS WEIGHT (21) 5,252 lbs.	MEASUREMENT (22) 1,950 C.F.

II. 신용장의 법률관계

1. 신용장계약의 당사자

개설의뢰인(applicant)은 신용장 개설을 신청한 당사자를 의미한다(UCP 600 §2제2문). 수익자(beneficiary)는 신용장 개설을 통하여 이익을 받는 당사자를 의미한다(동조 제4문). 제시자(presenter)는 신용장의 제시를 하는 수익자, 은행 또는 다른 당사자를 의미한다(동조 제14문). 제시(presentation)는 신용장에 의하여 이루어지는 개설은행 또는 지정은행에 대한 서류의 인도 또는 그렇게 인도된 그 서류 자체를 의미한다(동조 제13문). 일치하는 제시(complying presentation)는 신용장 조건, 적용 가능한 범위 내에서의 이 규칙의 규정, 그리고 국제표준은행관행에 따른 제시를 의미한다(동조 제5문).

개설은행(issuing bank)은 개설의뢰인의 신청 또는 그 자신을 위하여 신용장을 개설한 은행을 의미한다(동조 제10문).

확인은행(confirming bank)은 개설은행의 수권 또는 요청에 의하여 신용장에 확인을 한 은행을 의미한다(동조 제7문). 확인(confirmation)은 일치하는 제시에 대하여 결제 또는 매입하겠다는 개설은행의 확약에 추가하여 확인은행이 하는 확약을 의미한다(동조 제6문).

결제(honour)는 다음과 같은 내용을 의미한다(동조 제9문):
    a. 신용장이 일람지급에 의하여 이용가능 하다면 일람출급으로 지급하는 것.
    b. 신용장이 연지급에 의하여 이용가능하다면 연지급을 확약하고 만기에 지급하는 것.
    c. 신용장이 인수에 의하여 이용가능하다면 수익자가 발행한 환어음을 인수하고 만기에 지급하는 것.

매입(negotiation)은 일치하는 제시가 있으면 지정은행이, 지정은행에 상환하여야 하는 은행영업일[8] 또는 그 전에 수익자에게 대금을 지급하거나 대금지급에 동의함으로써 환어음(지정은행이 아닌 은행 앞으로 발행된) 및/또는 서류를 매수(purchase)하는 것을 의미한다(동조 제11문). 이 규정에서 정한 서류의 매입이란 매입을 수권받은 지정은행이 '현금, 계좌입금 등의 방법으로 수익자에게 현실적인 대가를 즉시 지급'하거나 '대금지급 채무를 부담'하는 방법으로 이루어질 수 있다. 후자의 방법에 따른 매입이 되려면 매입은행이 특정 일자에 수익자에게 대가를 확정적으로 지급하기로 하는 무조건적인 채무를 부담함으로써 현실적인 대가 지급을 갈음할 수 있어야 한다.[9] 전자의 방법을 일람지급매입

---

[8] 은행영업일(banking day)은 신용장통일규칙이 적용되는 행위가 이루어지는 장소에서 은행이 통상적으로 영업하는 날을 의미한다(UCP 600 §2제3문).
[9] 대법원 2012.1.27. 선고 2009다93817 판결.

(sight negotiation), 후자의 방법을 '장래지급매입(time negotiation)' 또는 '대금지급채무부담방식'이라 부른다.10)

통지은행(advising Bank)은 개설은행의 요청에 따라 신용장을 통지하는 은행이다(동조 제1문). 지정은행(nominated bank)은 신용장에서 권한을 받은 특정한 은행을 의미하고, 모든 은행에 대한 수권이 있는 신용장의 경우에는 모든 은행을 의미한다(동조 제12문).

2. 신용장거래의 특징

(1) 서류에 의한 거래

신용장거래의 기본적 성질은 그것이 '서류에 의한 거래(the documentary sale transaction)'라는 것이다. 즉 은행은 서류로 거래하는 것이며 그 서류가 관계된 물품, 용역 또는 의무이행으로 거래하는 것은 아니다(UCP 600 §5). 이는 신용장의 추상성의 원칙을 선언하는 것이다. 신용장은 매도인과 매수인 사이의 물품매매거래와 무관하고 물품 자체와도 무관하다. 따라서 은행은 선적서류를 매입하거나 선적서류를 인도하는 경우 서류의 내용이 사실과 부합하는가의 여부는 심사하지 아니하며, 제시된 서류가 신용장의 조건을 충족하기만 하면 대금을 지급한다.11) 반대로 서류에 하자가 있으면 은행은 신용장 대금의 지급을 거절하여야 하고, 만약 은행이 지급한 경우 신용장 개설의뢰인은 그 상환을 정당하게 거절할 수 있다.12)

---

10) 정하윤, "백투백신용장거래에서 매입의' 개념-대법원 2017.11.14. 선고 2017다216776 판결을 중심으로-", 「법학연구」 제61권 제1호, 2020, 16면.
11) 대법원 2003.11.28. 선고 2001다49302 판결.
12) 대법원 2002.2.21. 선고 99다49750 판결.

제5장 신용장 191

<확인신용장을 포함한 거래의 모든 단계>

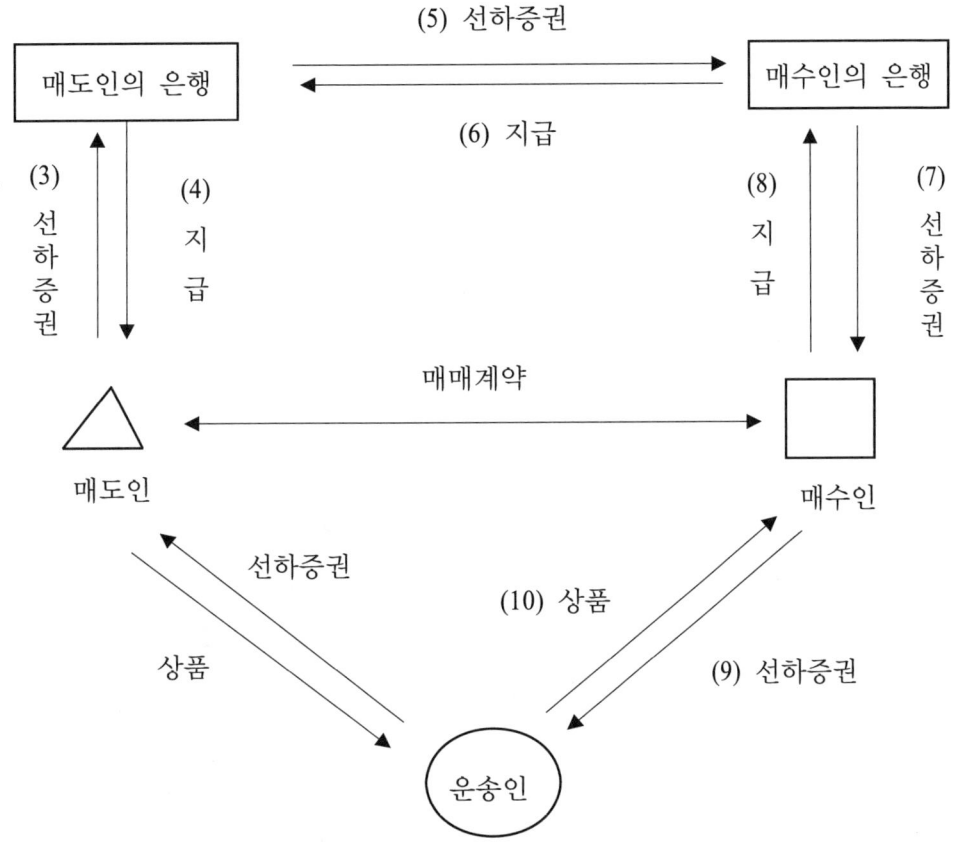

위의 그림에서 (1) 매도인은 상품을 제조하여 운송인에게 인도한다.

(2) 운송인은 상품을 선적하고 매도인에게 선하증권을 발행하여 교부한다.

(3) 매도인은 확인은행으로 행동하는 매도인의 은행에 선하증권, 상업송장, 보험증서 등을 제시한다.

(4) 매도인의 은행은 선하증권이 신용장에 합치하는지 결정하기 위하여 선하증권을 검사한다. 매도인의 은행은 서류들이 합치한다고 결정하고 매도인에게 지급한다.

(5) 매도인의 은행은 서류들을 발행은행인 매수인의 은행으로 전달한다.

(6) 매수인의 은행은 선하증권이 신용장에 합치하는지 결정하기 위하여 선하증권을 검사한다. 매수인의 은행은 서류들이 합치한다고 결정하고 매도인의 은행에 신용장하에서의 지급에 대하여 변제한다.
(7) 매수인의 은행은 서류들을 매수인에게 전달한다.
(8) 매수인의 은행은 매수인의 계좌에서 차변에 계입한다(debit). 또는 매수인은 매수인의 은행에 지급한다.
(9) 매수인은 운송인에게 선하증권을 제시한다.
(10) 운송인은 매수인에게 상품을 인도한다.

(2) 독립추상성 원칙

신용장의 독립추상성 원칙(the independence principle)이란 신용장 개설은행은 신용장 및 그것이 요구하는 서류가 흠 없이 제시되기만 하면 매매계약의 원인관계나 자금관계의 항변으로부터 차단된 채 그 대금을 무조건 지급하여야 한다는 원칙이다. 이 원칙은 매입은행 및 거래은행을 매매계약 등에 대한 구속으로부터 해방시키고, 상품거래에 대한 충분한 지식이나 경험이 없이도 안심하고 환어음을 지급, 인수, 매입하도록 하여 신용장거래가 원활하고 적극적으로 이루어지도록 하는 기능을 한다.[13]

신용장통일규칙(UCP 600)은 제4조에서 신용장의 원인관계와의 독립성을 규정하고 있다. 신용장은 그 본질상 그 기초가 되는 매매 또는 다른 계약과는 별개의 거래이고(UCP 600 §4a제1문), 신용장에 그러한 계약에 대한 언급이 있더라도 은행은 그 계약과 아무런 관련이 없고, 또한 그 계약 내용에 구속되지 않는다(동조 제2문). 따라서 신용장에 의한 결제, 매입 또는 다른 의무이행의 확약은 개설의뢰인 또는 수익자와 개설의뢰인의 사이의 관계에서 비롯된 개설의뢰인의 주장이나 항변에 구속되지 않는다(동조 제3문). 수익자는 어떠한 경우에도 은행들 사이 또는 개설의뢰인과 개설은행 사이의 계약관계를 원용할 수 없다(동조 제4문).

---

[13] 대법원 법원행정처, 「국제거래재판실무편람」, 2015, 65면.

개설은행은 개설의뢰인이 원인계약이나 견적송장 등의 사본을 신용장의 일부분으로 포함시키려는 어떠한 시도도 하지 못하게 하여야 한다(UCP 600 §4b).

이 원칙에 따라 매입은행은 환어음이 신용장조건에 일치하기만 하면 개설은행으로부터 대금을 상환받을 권리가 있으므로[14] 원인관계인 매매계약의 불이행 여부에 관하여 우려할 필요 없이 수익자로부터 환어음을 매입할 수 있고, 개설은행은 수익자에 대하여 원인관계상의 항변을 할 수 없지만 개설의뢰인에 대하여 독립·추상적인 채권을 가지게 된다.

(3) 독립추상성 원칙의 예외

신용장을 이용한 사기(fraud) 또는 위조(forgery), 예컨대, 매매목적물을 선적하지 아니하고 선박회사와 공모하여 허위의 선적서류를 발급받든가, 아예 선적서류를 위조하는 경우와 같이 독립추상성의 원칙을 이용하여 부당한 이득을 꾀하는 경우에는 원칙에 대한 예외를 인정할 필요가 있다. 다만 이러한 예외를 과도하게 인정할 경우에는 신용장의 국제거래 결제수단으로서의 효용이 그만큼 줄어들고, 반면 예외를 좁게 인정할 경우에는 신용장이 사기의 수단으로 악용될 염려가 있다.

신용장통일규칙에는 독립추상성 원칙의 예외에 관한 규정이 없다. 따라서 이는 각국의 국내법이 해결해야 하는 문제이다. 영미법계 국가에서는 이를 '사기예외의 법리(Fraud Rule)'로 규율하고 있다. 예컨대, 미국통일상법전(UCC) §5-114(2)에서는 독립추상성 원칙의 예외로 첫째, 서류가 사실상 위작되었거나 사기적일 것, 즉 위조, 변조된 선적서류를 제시한 경우, 둘째, '거래에 있어서 사기'가 있는 경우를 규정하고 있다. 다만 이러한 사유가 있는 경우에도 지급을 요구하는 자가 어음 등의 정당한 소지인인 경우에는 예외가 허용되지 아니한다.

대륙법계에서는 독립추상성 원칙의 예외에 대하여 신의성실의 원칙이나 권리남용의 법리로 규율하는 것이 다수설·판례이나 불법행위의 법리를 적용하여야 한다는 견해도 있다.

---

14) 대법원 2003.10.9. 선고 2002다2249판결.

대법원 1997.8.29. 선고 96다37879, 43713 판결

선적서류가 위조된 경우에 개설은행이 상환의무를 이행할 당시 그 서류가 위조된 문서임을 알고 있었거나 위조된 문서라고 의심할 만한 충분한 이유가 있었고, 또한 매입은행도 위조행위의 당사자로서 관련이 되어 있거나 매입 당시 서류가 위조된 문서임을 알고 있었거나 또는 위조된 문서라고 의심할 만한 충분한 이유가 있었을 경우에는 신의성실의 원칙상 개설은행은 신용장대금의 상환을 거절함이 마땅하고, 매입은행도 개설은행에게 신용장대금의 상환을 구할 권리가 없으며, 설사 개설은행이 매입은행에게 신용장대금을 지급하였다고 하더라도 개설의뢰인 또는 개설의뢰인의 보증인에 대하여 신용장대금의 결제를 청구할 수 없다.

대법원 2017.11.14. 선고 2017다216776 판결

[배경사실] 대한민국 법인 SteelM Co. Ltd('스틸엠'이라 한다)은 일본 고철상('수출상'이라 한다)과 직접 협상하여 이 사건 고철의 수입거래에 관한 사항을 정했는데도, 아랍에미리트 법인 United Metal이 수출상으로부터 이 사건 고철을 구입하고 이를 다시 스틸엠이 United Metal로부터 수입하는 형태를 취하여 이 사건 고철을 수입하기로 하였다. 스틸엠은 United Metal이 수입자로서 피고들(은행 1과 은행 2)로부터 2통의 신용장("이 사건 각 신용장"이라 한다)을 개설받아 이를 이용하여 일본 고철상으로 하여금 이 사건 고철을 선적하여 국내로 운송하게 하였다. FIM Bank plc(원고)는 United Metal의 개설의뢰를 받아 수출상을 수익자로 하여 2통의 백투백신용장을 개설하였다. 원고는 이 사건 각 백투백신용장 개설 당시(2011. 11. 18.과 2011. 11. 29.) United Metal과 사이에 "원고가 이 사건 각 신용장의 요구서류가 법률을 준수하여 제시된 것으로 판단하는 경우, 원고는 그 서류들을 매입하고 그 서류들이 법률을 준수하지 않음을 이유로 거절되어 지급되지 않을 위험으로부터 수익자를 면책하고 개설/확인은행의 채무불이행이 발생하는 경우 지급하기로 확약한다."는 내용의 이 사건 각 신용장 매입에 관한 약정을 하였다. 운송인은 이 사건 고철을 선적하면서 수출상에게 통지처가 스틸엠이고 수하인을 '피고들 은행 지시'에 따르도록 기재한 이 사건 각 선하증권을 발행·교부하였다. 그리고 동시에 선하증권의 통지처가 수하인인 스틸엠이 아니고, 철강제조업자로 되어 있는 각 통관용 선하증권도 발행하였다. 이 사건 고철은 대한민국 포항에 도착하여 통관용 선하증권으로 입항 전 수입통관 수속을 마친 후 2011. 12. 5. 반출되어 철강제조업자에게 바로 인도되었다. 그리고 철강제조업자는 스틸엠에게 고철대금을 지급하였다. 수출상의 거래은행인 A은행은 이 사건 각 백투백신용장을 그 수익자인 수출상으로부터 매입하여 개설은행인 원고에게 요구서류와 환어음을 송부하고 그 대금의 지급을 요청하였고, 원고는 A은행으로부터 요구서류와 환어음을 송부받은 후, United Metal로부터 2011. 12. 15. 53,064,345엔, 2011. 12. 28. 77,963,900엔을 지급받아(실제로는 신용장의 수익자인 United Metal에 대한 대출금으로 처리하였다), A은행에 2011. 12. 20. 53,064,345엔, 2011. 12. 28. 77,948,320엔을 각 지급

하였다. 원고는 A은행에 이 사건 각 백투백신용장 대금을 상환하고 이 사건 각 신용장의 요구서류와 각 어음금액 54,390,953엔 및 79,912,997엔의 환어음 2매를 교부받아 이를 보관하던 중, 2012. 1. 24. 피고 1 은행에게 이 사건 제1신용장의 요구서류와 54,390,953엔의 환어음을 송부하면서 대금상환을 요청하였고, 피고 2 은행에게 이 사건 제2신용장의 요구서류와 79,912,997엔의 환어음을 송부하면서 제2신용장의 상환은행인 B 은행 동경지점에 대금상환을 요청하였다. 위 각 요구서류와 환어음은 2012. 1. 31. 피고들에게 도착하였다. 피고 1 은행은 원고의 이 사건 제1신용장대금 상환요청에 대하여 2012. 2.7. 위 신용장 요구서류에 불일치가 있다는 이유로 지급거절의 통지를 하였다. 원고의 이 사건 제2신용장 대금 상환요청에 대하여, 상환은행인 B 은행 동경지점은 2012. 1. 25.경 피고 2 은행이 상환요청을 철회하였다며 지급을 거절하였고, 피고 2 은행은 2012. 2. 7. 위 신용장 요구서류에 불일치가 있다는 이유로 지급거절의 통지를 하였다. 원고는 2013. 2. 19. 중계무역상(신용장의 수익자)인 United Metal에게 이 사건 제1신용장대금으로 54,390,953엔을, 이 사건 제2신용장대금으로 79,912,997엔을 각 지급하였다.

1, 백투백신용장을 개설한 것이 신용장의 매입에 해당하는지

신용장통일규칙(UCP 600) 제2조는 '매입(negotiation)'에 관하여 "일치하는 제시가 있으면 지정은행이, 지정은행에 상환하여야 하는 은행영업일 또는 그 전에 수익자에게 대금을 지급하거나 대금지급에 동의함으로써 환어음(지정은행이 아닌 은행 앞으로 발행된) 및/또는 서류를 매수(purchase)하는 것을 의미한다."라고 정하고 있다. 이 규정에서 정한 서류의 매입이란 매입을 수권받은 지정은행이 현금, 계좌입금 등의 방법으로 수익자에게 현실적인 대가를 즉시 지급하거나 대금지급 채무를 부담하는 방법으로 이루어질 수 있다. 후자의 방법에 따른 매입이 되려면 매입은행이 특정 일자에 수익자에게 대가를 확정적으로 지급하기로 하는 무조건적인 채무를 부담함으로써 현실적인 대가 지급을 갈음할 수 있어야 한다(대법원 2012.1.27. 선고 2009다93817 판결 참조). 중개무역업자의 거래은행이 백투백신용장을 개설하면서 주신용장의 매입에 관한 약정을 체결하더라도, 이러한 약정은 특정 일자에 수익자에게 대가를 확정적으로 지급하기로 하는 약정으로 볼 수 없으므로 현실적인 대가 지급을 갈음할 수 있는 무조건적인 대가 지급채무를 부담하는 것에 해당하지 않는다. 또한 매입은행으로 지정된 은행이 수익자에게 대금을 지급하거나 대금지급에 동의하는 것은 매입은행이 신용장 대금을 상환받아야 하는 은행영업일 또는 그 이전에 이루어져야 하고, 서류 심사기간은 최장 5은행영업일이다[제6차 개정 신용장 통일규칙(UCP 600) 제14조 b항]. 따라서 일람지급 취소불능 화환신용장의 경우 매입은행은 신용장 개설은행에 서류가 도달한 날의 다음 날부터 5은행영업일이 지나기 전에 매입대금을 수익자에게 지급하여야 한다. 원고가 이 사건 각 신용장과 관련 서류가 피고들에게 도달되어 지급제시된 다음 날인 2012. 2. 1.부터 5은행영업일이 훨씬 지난 2013. 2. 19. United Metal에 그 매입대금에 해당하는 금액을 지급하였다. 따라서 이 사건 각 신용장의 매입대금을 지급기일에 적법하게 지급하였다고 볼 수도 없다.

2. 신용장거래의 독립추상성의 원칙을 악용한 사기 여부

스틸엠은 이 사건 고철이 국내에 도착하면, 정상적인 수입대금 결제과정을 통하여 이 사건 각 신용장에서 요구하는 진정한 선하증권을 교부받아 이용하는 것이 아니라, 별도로 작성된 이른바 통관용 선하증권을 이용하여 이 사건 고철을 미리 반출하여 판매하였다. 이처럼 이 사건 고철이 반출되어 판매된 상태이므로, 이 사건 각 신용장의 개설은행인 피고들로서는 그 신용장 대금을 상환하면서 요구서류와 일치하는 서류를 교부받더라도 이에 대한 담보권을 취득할 수 없었다.

이 사건 각 신용장의 수익자인 United Metal은 스틸엠과의 이전 거래 내용, 이 사건 고철 수입거래에 관여한 경위와 목적에 비추어 스틸엠이 이 사건 각 신용장을 위와 같이 부정한 사기적 거래방법으로 악용한다는 사정을 알았거나 충분히 예상할 수 있었다. 수익자인 United Metal은 이 사건 각 신용장 개설의뢰인인 스틸엠과 공모하여 이미 이 사건 고철이 모두 반출된 상태였는데도, 신용장 거래의 독립·추상성을 악용하여 이 사건 각 신용장의 개설은행인 피고들에게 신용장 대금을 청구하였다. 이는 신용장거래의 구조와 성격에 비추어 신용장거래를 빙자한 사기거래로서 허용되지 않는다. 따라서 피고들은 위에서 보았듯이 이 사건 각 신용장을 적법하게 매입하지 않은 원고에 대하여 수익자의 사기 거래를 이유로 신용장 대금의 지급을 거절할 수 있다.

원심은 같은 취지에서 이 사건 각 신용장의 개설은행인 피고들은 수익자인 United Metal에 신용장 대금 상환의무를 부담하지 않기 때문에 이 사건 각 신용장 서류의 제시자로서 또는 수익자인 United Metal의 권리 양수인으로서 이 사건 각 신용장 대금의 상환을 구하는 원고에 대해서도 대항할 수 있다고 판단하였다. 원심의 판단에 상고이유 주장과 같이 신용장의 독립·추상성의 원칙에 대한 예외인 사기적 청구와 그 적용 범위에 대한 법리를 오해하거나, 원고와 유나이티드 메탈의 사기적 거래에 대한 악의 또는 가담 여부에 관하여 논리와 경험의 법칙에 반하여 자유심증주의의 한계를 벗어난 잘못이 없다.[15]

3. 신용장의 요건

신용장은 그 신용장이 이용가능한 은행을 명시하거나 모든 은행에서 이용가능한지 여부를 명시하여야 한다(UCP 600 §6a제1문). 매입제한신용장(restricted negotiable L/C)은 수출지에서 이용할 매입은행을 미리 지정하여 놓은 신용장이다. 지정은행에서 이용가능한 신용장은 또한 개설은행에서도 이용할 수 있다(동조 제2문).

---

15) 이 판례의 평석으로 정하윤, "백투백신용장거래에서 매입의 개념-대법원 2017.11.14. 선고 2017다216776 판결을 중심으로-", 「법학연구」 제61권 제1호, 2020, 119면 이하.

신용장은 그 신용장이 일람지급, 연지급, 인수 또는 매입에 의하여 이용가능한지 여부를 명시하여야 한다(UCP 600 §6b).

신용장은 개설의뢰인을 지급인으로 하는 환어음에 의하여 이용가능하도록 개설되어서는 안 된다(UCP 600 §6c).

신용장은 제시를 위한 유효기일을 명시하여야 한다(UCP 600 §6d i제1문). 신용장 대금의 결제 또는 매입을 위한 유효기일은 제시를 위한 유효기일로 본다(동조 i제2문).

신용장이 이용가능한 은행의 장소가 제시를 위한 장소이다(동조 ii제1문). 모든 은행에서 이용 가능한 신용장에서의 제시장소는 그 모든 은행의 소재지가 된다(동조 ii제2문). 개설은행의 소재지가 아닌 제시장소는 개설은행의 소재지에 그 장소를 추가한 것이다(동조 ii제3문).

신용장통일규칙 제29조 (a)항에 규정된 경우를 제외하고, 수익자에 의한 또는 수익자를 위한 제시는 유효기일 또는 그 전에 이루어져야 한다(UCP 600 §6e).

4. 신용장의 효력

(1) 개설은행의 의무

신용장에서 규정된 서류들이 지정은행 또는 개설은행에 제시되고, 그것이 신용장 조건에 일치하는 제시이며 다음 조건들에 의하여 여신이 가능할 경우 개설은행은 결제의 의무를 부담한다(UCP 600 §7a):

    i. 신용장이 개설은행에서 일람지급, 연지급 또는 인수에 의하여 이용될 수 있는 경우

    ii. 신용장이 지정은행에서 일람지급에 의하여 이용될 수 있는데, 지정은행이 대금을 지급하지 않는 경우

    iii. 신용장이 지정은행에서 연지급에 의하여 이용될 수 있는데, 지정은행이 연지급의 의무를 부담하지 않는 경우, 또는 그와 같은 연지급의 의무를 부담하였으나 만기에 대금을 지급하지 않는 경우

    iv. 신용장이 지정은행에서 인수에 의하여 이용될 수 있는데, 지정은행이 지정은행을 지급인으로 한 환어음을 인수하지 않거나 그 환어음을 인수하였더

라도 만기에 지급하지 않는 경우
v. 신용장이 지정은행에서 매입에 의하여 이용될 수 있는데, 지정은행이 매입하지 않는 경우

개설은행은 신용장의 개설시점으로부터 취소가 불가능한 결제의 의무를 부담한다(UCP 600 §7b).

개설은행은 일치하는 제시에 대하여 결제 또는 매입을 하고, 그 서류를 개설은행에 송부한 지정은행에 대하여 신용장 대금을 상환할 의무를 부담한다(UCP 600 §7c제1문). 인수신용장 또는 연지급신용장의 경우 일치하는 제시에 대응하는 대금의 상환은 지정은행이 만기 이전에 대금을 먼저 지급하였거나 또는 매입하였는지 여부와 관계없이 만기에 이루어져야 한다(동항 제2문). 개설은행의 지정은행에 대한 상환의무는 개설은행의 수익자에 대한 의무로부터 독립적이다(동항 제3문).

대법원 2002.2.21. 선고 99다49750 전원합의체 판결

신용장 거래에 있어서 개설은행은 수익자나 매입은행 등으로부터 지급을 위하여 제시받은 선적서류가 문면상 신용장 조건과 일치하는지의 여부를 정해진 기간 내에 조사·확인하여 만일 거기에 불일치가 있으면, 그것이 사소한 것이어서 그 서류에 의하더라도 충분히 신용장 조건이 의도하는 목적을 충족시킬 수 있는 등의 특별한 사정이 인정되는 경우를 제외하고는 개설의뢰인의 명시적인 지시가 없는 한 신용장대금을 지급하지 말아야 하고, 개설은행이 이에 위반하여 임의로 불일치의 흠이 있는 서류의 수리를 결정하거나 혹은 상당한 주의를 기울여 서류를 조사하지 않음으로써 흠이 있는 서류에 의하여 신용장대금을 지급한 것이라면 개설은행은 원칙적으로 개설의뢰인에 대하여 그 대금의 결제를 청구할 수 없고, 개설의뢰인으로부터 신용장금액에 해당하는 자금을 이미 예치 받았다면 그 예치금의 반환을 거절할 수 없다. 그리고 신용장 개설은행이 수익자나 매입은행 등으로부터 선적서류를 제시받은 후 거기에 문면상 신용장의 조건과 일치하지 않는 흠이 있음에도 불구하고, 신용장대금 지급조건에 위반하여 일방적으로 신용장대금을 미리 지급한 다음 개설의뢰인에게 선적서류를 송부한 경우, 당사자간 특약이 없는 한 이를 인수한 개설의뢰인에게 선적서류를 점검·확인하고 상당한 기간 내에 개설은행에게 선적서류가 신용장 조건과 불일치하는 점을 통지하여 이의를 제기하여야 할 의무가 있어 개설의뢰인이 이를 게을리 하였을 때에 개설은행에 대하여 선적서류와 신용장 조건의 불일치를 이유로 신용장대금의 상환을 거절하거나 신용장대금 예치금의 반환을 청구할 수 없게 된다고 볼 수는 없으며, 또 그렇게 보아야 할 신용장거래상의 관행이 존재한다거나

혹은 신의칙에 기하여 위와 같은 의무와 그 해태에 따른 효과를 인정하여야 한다고 보기도 어렵다. 이와 달리 당사자간 특약이 없는데도 신용장 개설의뢰인의 선적서류 점검·확인 의무를 인정하고 이를 이행하지 않는 경우, 개설의뢰인은 원칙적으로 개설은행에 대하여 선적서류와 신용장 조건의 불일치를 이유로 신용장대금의 상환을 거절하거나 신용장대금 예치금의 반환을 청구할 수는 없다는 취지의 대법원 1998.3.27. 선고 97다16114 판결의 견해는 앞서 본 법리에 저촉되는 한도에서 이를 변경하기로 한다.

(2) 확인은행의 의무

신용장에서 규정된 서류들이 확인은행 또는 다른 지정은행에 제시되고, 그것이 신용장 조건에 일치하는 제시일 경우 확인은행은 다음과 같은 경우 결제의 의무를 부담한다(UCP 600 §8a ⅰ):

    a) 신용장이 확인은행에서 일람지급, 연지급 또는 인수에 의하여 이용될 수 있는 경우
    b) 신용장이 다른 지정은행에서 일람지급에 의하여 이용될 수 있는데, 해당 지정은행이 대금을 지급하지 않는 경우
    c) 신용장이 다른 지정은행에서 연지급에 의하여 이용될 수 있는데, 해당 지정은행이 연지급의 의무를 부담하지 않는 경우, 또는 그와 같은 연지급의 의무를 부담하였으나 만기에 대금을 지급하지 않는 경우
    d) 신용장이 다른 지정은행에서 인수에 의하여 이용될 수 있는데, 해당 지정은행이 그 지정은행을 지급인으로 한 환어음을 인수하지 않거나 그 환어음을 인수하였더라도 만기에 대금을 지급하지 않는 경우
    e) 신용장이 다른 지정은행에서 매입에 의하여 이용될 수 있는데, 해당 지정은행이 매입하지 않는 경우

신용장이 확인은행에서 매입의 방법으로 이용 가능하다면, 확인은행은 상환청구 없이 매입하여야 한다(UCP 600 §8a ⅱ).

확인은행은 신용장에 확인을 추가하는 시점으로부터 취소가 불가능한 결제 또는 매입의 의무를 부담한다(UCP 600 §8b).

확인은행은 일치하는 제시에 대하여 결제 또는 매입을 하고 그 서류를 확인은행에 송부한 다른 지정은행에 대하여 신용장 대금을 상환할 의무를 부담한다

(UCP 600 §8c제1문). 인수신용장 또는 연지급신용장의 경우 일치하는 제시에 대응하는 대금의 상환은 다른 지정은행이 그 신용장의 만기 이전에 대금을 먼저 지급하였거나 또는 매입하였는지 여부와 관계없이 만기에 이루어져야 한다(동항 제2문). 확인은행의 다른 지정은행에 대한 상환의무는 확인은행의 수익자에 대한 의무로부터 독립적이다(동항 제3문).

어떤 은행이 개설은행으로부터 신용장에 대한 확인의 권한을 받았거나 요청받았음에도 불구하고, 그 준비가 되지 않았다면, 지체 없이 개설은행에 대하여 그 사실을 알려주어야 하고, 이 경우 신용장에 대한 확인 없이 통지만을 할 수 있다(UCP 600 §8d).

(3) 신용장 및 이에 대한 조건변경의 통지

신용장 및 이에 대한 조건변경은 통지은행을 통하여 수익자에게 통지될 수 있다. 확인은행이 아닌 통지은행은 결제나 매입에 대한 어떤 의무의 부담 없이 신용장 및 이에 대한 조건변경을 통지한다(UCP 600 §9a).

대법원 2012.1.27. 선고 2009다93817 판결

제6차 개정 신용장통일규칙(UCP 600) 제2조와 제9조 제a항의 규정 내용에 비추어 보면, 통지은행의 신용장 개설통지란 통지은행이 수익자에게 개설은행의 신용장 개설 사실과 그 내용을 알리는 것에 불과할 뿐 반드시 신용장의 원본 제시나 교부를 필요로 하는 것은 아니며, 또한 매입은 단지 지정은행이 '환어음 및/또는 서류' 자체를 매수하는 것을 의미하므로, 매입을 하면서도 신용장 원본의 제시나 교부가 반드시 필요하다고 할 수 없다. 따라서 통지은행이 수익자에게 신용장 개설통지를 할 때 신용장 원본을 교부하지 않거나 혹은 매입은행이 수익자로부터 신용장 관련 서류를 매입할 때 신용장 원본을 제시받지 않았다 하더라도 그러한 신용장 개설통지나 매입도 여전히 적법·유효하다.

통지은행은 신용장 또는 그 조건변경을 통지함으로써 신용장 또는 그 조건변경에 대한 외견상의 진정성이 충족된다는 점과 그 통지가 송부 받은 신용장 또는 그 조건변경의 조건들을 정확하게 반영하고 있다는 점을 표명한다(UCP 600 §9b).

통지은행은 수익자에게 신용장 및 그 조건변경을 통지하기 위하여 다른 은행(이하 "제2의 통지은행"이라 한다)을 이용할 수 있다(UCP 600 §9c제1문). 제2 통지은행은 신용장 또는 그 조건변경을 통지함으로써 신용장 또는 그 조건변경에 대한 외견상의 진정성이 충족된다는 점과 그 통지가 송부 받은 신용장 또는 그 조건변경의 조건들을 정확하게 반영하고 있다는 점을 표명한다(동항 제2문).

신용장을 통지하기 위하여 통지은행 또는 제2의 통지은행을 이용하는 은행은 그 신용장의 조건변경을 통지하기 위하여 동일한 은행을 이용하여야만 한다(UCP 600 §9d).

은행이 신용장 또는 그 조건변경을 통지하도록 요청받았으나 이를 수락하지 않을 경우 신용장, 조건변경 또는 통지를 송부한 은행에 지체 없이 이를 알려주어야 한다(UCP 600 §9e).

은행이 신용장 또는 그 조건변경을 통지하도록 요청받았으나, 신용장, 그 조건변경 또는 통지의 외견상 진정성에 대한 요건을 충족하지 못한다고 판단한 경우, 지체 없이 그 지시를 송부한 것으로 되어 있는 은행에 그 사실을 통지하여야 한다(UCP 600 §9f제1문). 그럼에도 불구하고 통지은행 또는 제2의 통지은행이 신용장 또는 그 조건변경을 통지하기로 한 경우, 그 은행은 수익자 또는 제2의 통지은행에게 신용장, 그 조건변경 또는 통지가 외견상 진위성에 대한 요건을 충족하지 못한다는 점을 알려주어야 한다(동항 제2문).

(4) 신용장 조건의 변경

이 규칙 제38조에서 규정한 경우를 제외하고 신용장은 개설은행, 확인은행이 있는 경우에는 그 확인은행, 그리고 수익자의 동의가 없이는 조건변경되거나 취소될 수 없다(UCP 600 §10a).

개설은행은 신용장에 대한 조건을 변경한 경우 그 시점으로부터 변경 내용에 대하여 취소 불가능하게 구속된다. 확인은행은 조건변경에 대한 확인을 연장할 수 있고, 그 조건변경을 통지한 경우 그 시점으로부터 취소 불가능하게 그 내용에 구속된다(UCP 600 §10b제1문). 그러나, 확인은행이 조건변경에 대하여 확인을 연장함이 없이 통지만을 하기로 선택한 경우 지체 없이 개설은행에 그 사실을 알려주어야 하고, 그 통지에서 수익자에게 그 사실을 알려주어야 한다(동항 제2문).

원신용장(또는 이전에 조건변경이 수락된 신용장)의 조건은 수익자가 조건변경을 통지한 은행에 대하여 변경된 내용을 수락한다는 뜻을 알려줄 때까지는 수익자에 대하여 효력을 가진다(UCP 600 §10c제1문). 수익자는 조건변경 내용에 대한 수락 또는 거절의 뜻을 알려주어야 한다(동항 제2문). 수익자가 위 수락 또는 거절의 뜻을 알리지 않은 경우, 신용장 및 아직 수락되지 않고 있는 조건변경 내용에 부합하는 제시가 있으면 수익자가 그러한 조건변경 내용을 수락한다는 뜻을 알린 것으로 간주한다(동항 제3문). 이 경우 그 순간부터 신용장은 조건이 변경된다(동항 제4문).

신용장의 조건변경을 통지하는 은행은 조건변경을 송부한 은행에게 조건변경 내용에 대한 수락 또는 거절의 뜻을 통보하여야 한다(UCP 600 §10d).

조건변경에 대하여 일부만을 수락하는 것은 허용되지 않으며, 이는 조건변경 내용에 대한 거절의 의사표시로 간주한다(UCP 600 §10e).

수익자가 일정한 시간 내에 조건변경을 거절하지 않으면 조건변경이 효력을 가지게 된다는 규정이 조건변경 내용에 있는 경우 이는 무시된다(UCP 600 §10f).

(5) 전신과 사전통지된 신용장 및 그 조건변경

진정성이 확인된 신용장 또는 조건변경의 전신은 유효한 신용장 또는 조건변경으로 간주되고, 어떤 추가적인 우편확인은 무시된다(UCP 600 §11a제1문). 전신의 내용에서 "상세한 명세가 추후 송부될 것" 또는 그와 유사한 취지의 단어가 표현되어 있거나, 또는 우편확인이 유효한 신용장 또는 조건변경이라고 표현되어 있는 경우, 이러한 전신은 유효한 신용장 또는 조건 변경으로 보지 않는다(UCP 600 §11a제2문). 그 경우 개설은행은 지체 없이 전신과 불일치하지 않는 조건으로 유효한 신용장을 개설하거나 조건변경을 하여야 한다(동항 제3문).

신용장의 개설 또는 조건변경에 대한 사전적인 통지(이하 "사전통지"라 한다)는 개설은행이 유효한 신용장 또는 조건변경을 개설할 수 있을 경우에만 송부되어질 수 있다(UCP 600 §11b제1문).

사전통지를 보낸 개설은행은 이와 불일치하지 않는 조건으로 지체없이 취소불가능하고 유효한 신용장을 개설하거나 조건변경을 하여야 한다(동항 제2문).

(6) 지정

지정은행이 확인은행이 아닌 경우, 결제 또는 매입에 대한 수권은 지정은행이 결제 또는 매입에 대하여 명백하게 동의하고 이를 수익자에게 통보한 경우를 제외하고는 그 지정은행에 대하여 결제 또는 매입에 대한 어떤 의무도 부과하지 않는다(UCP 600 §12a).

개설은행은 어떤 은행이 환어음을 인수하거나 연지급의 의무를 부담하도록 지정함으로써 그 지정은행이 대금을 먼저 지급하거나 또는 인수된 환어음을 매수하거나, 또는 그 지정은행이 연지급의 의무를 부담하도록 권한을 부여한다(UCP 600 §12b).

확인은행이 아닌 지정은행이 서류를 수취하거나 또는 심사 후 서류를 송부하는 것은 그 지정은행에게 결제 또는 매입에 대한 책임을 부담시키는 것이 아니고, 또한 그것이 결제 또는 매입을 구성하지도 않는다(UCP 600 §12c).

(7) 은행간 상환약정

신용장에서 지정은행(이하 "청구은행"이라 한다)이 다른 당사자(이하 "상환은행(reimbursing bank)"이라 한다)에게 청구하여 상환을 받도록 규정하고 있다면, 그 신용장은 상환과 관련하여 신용장 개설일에 유효한 은행간 상환에 대한 국제상업회의소 규칙의 적용을 받는지 여부를 명시하여야 한다(UCP 600 §13a).

신용장이 상환과 관련하여 은행간 상환에 대한 국제상업회의소 규칙의 적용을 받는다는 사실을 명시하지않으면 아래 내용이 적용된다(UCP 600 §13b본문). 개설은행은 신용장에 명시된 이용가능성에 부합하는 상환권한을 상환은행에 수여하여야 한다. 상환권한은 유효기일의 적용을 받지 않아야 한다(UCP 600 §13bⅰ).

청구은행은 신용장의 조건에 일치한다는 증명서를 상환은행에 제시하도록 요구받아서는 안 된다(동항 ii).

신용장의 조건에 따른 상환은행의 최초 지급청구시에 상환이 이루어지지 않으면, 개설은행은 그로 인하여 발생한 모든 비용과 함께 모든 이자 손실에 대하여도 책임을 부담한다(동항 iii).

상환은행의 수수료는 개설은행이 부담한다(동항 iv제1문). 그러나 그 수수료를 수익자가 부담하여야 한다면, 개설은행은 신용장과 상환수권서에 그러한 사실을 명시할 책임을 부담한다(동항 iv제2문). 상환은행의 수수료를 수익자가 부담하여야 한다면, 그 수수료는 상환이 이루어질 때에 청구은행에 지급하여야 할 금액으로부터 공제된다(동항 iv제3문). 상환이 이루어지지 아니한다면, 상환은행의 수수료는 개설은행이 부담하여야 한다(동항 iv제4문).

최초 지급청구시에 상환은행에 의한 상환이 이루어지지 아니한 경우 상환을 제공할 개설은행 자신의 의무는 면제되지 아니한다(UCP 600 §13c).

(8) 신용장의 심사

1) 엄격일치의 원칙

지정에 따라 행동하는 지정은행, 개설은행 그리고 확인은행은 전술한 바와 같이 신용장의 일치하는 제시에 대하여 결제할 의무를 부담하는 데 그에 앞서 서류에 대하여 "문면상 일치"하는 제시가 있는지 여부를 "단지 서류만에 의해서" 심사하여야 한다(UCP 600 §14a).

이것을 "엄격일치의 원칙(doctrine of strict compliance)"이라 한다. 신용장 서류심사에 있어 엄격일치의 원칙이란 신용장 거래에 있어 은행에 제시되는 모든 서류는 신용장 조건과 문면상 엄격히 일치하여야 하고, 신용장 조건과 문면상 엄격히 일치하지 않는 서류는 수리를 거절하여야 한다. 즉 신용장이 문면상 신용장조건과 엄밀히 일치하지 않으면 무효이므로 은행은 대금을 지급할 의무가 없다는 원칙을 말한다. 실무상 문제되는 것은 신용장 조건과 신용장의 유효기간, 제출된 서류와 신용장 조건의 문면상의 일치 여부, 어음금액·송장금액·신용장금액의 상호 일치 여부, 신용장과 송장간 상품의 명세·단가·수량의 일치 여부, 보험서류의 종류 및 부보조건과 신용장 조건의 일치여부, 운송서류상의 선적일자가 신용장에 기재된 선적기일내인지 여부, 분할선적·환적의 경우 신용장 조건과의 일치여부, 관련 서류 상호간의 일치 여부 등이다.

엄격일치의 원칙은 본래 국제물품매매계약에서 목적물의 실체 확인에 제약이 많은 매수인을 보호하기 위하여 도입된 원칙이었다. 매매물품에 대한 현실적 접근이 힘든 매수인이 유일하게 의존할 수 있는 것은 통상 선적서류뿐이므로, 매수인이 제시한 신용장 조건과 일치하는 이러한 서류에 대해서만 지급이행을 담보하고자 했기 때문이다. 그러나 신용장 거래의 특징상 은행에 의한 서류의 확인·조사가 주로 형식 심사로 치우치게 되면서, 매매 당사자 간의 실질적인 분쟁으로부터 지급주체인 은행을 보호하는 방향으로 엄격일치의 원칙의 취지가 변화하였다.16)

엄격일치의 원칙을 따른 판례의 예를 보면, 1943년 영국법원은 제시된 서류상의 "machine shelled groundnut kernels"라는 문구는 신용장에서 요구된 "Coromandel groundnuts"와 불일치하다고 보아 결제 거부가 정당하다고 판시하였는데, 비록 양 표시가 물품에 적용되는 무역에 있어서 그것은 "널리 인정되고 있었던(universally acknowledged)" 관행이지만 영향을 미치지 못한다고 보았다.17)

1998년의 한일은행 사건18)에서는 관련서류에는 "Sung Jun"으로 기재된 수익자가 신용장에 "Sung Jin"으로 잘못 기재된 경우에 개설은행이 결제를 거부한 것은 정당하다고 판시하였고, 2013년에 영국법원은 신용장에 수익자가 "Bulgrains Co. Ltd."로 기재되었지만 제시된 서류에는 "Bulgrains & Co. Ltd."로 기재되어 있던 경우에 신한은행이 결제를 거부한 것이 정당하다고 판시한 사건19)이 있다.

---

16) Brooke Wunnicke et al., Standby and Commercial Letters of Credit, 3rd ed., 2000, para. 18.02; 서지민, "영미 판례법상 신용장 서류심사에 관한 엄격일치원칙의 적용과 한계", 「기업법연구」 제32권 제1호, 2018, 262면 주 29..
17) *J.H. Rayner & Co. Ltd. v. Hambro's Bank, Ltd*, 1 K.B. 36 (1943).
18) *Hanil Bank v. PT. Bank Negara Indonesia*, 148 F.3d 127 (2nd Cir. 1998)
19) *Bulgrains & Co. Ltd. v. Shinhan Bank*, [2013] EWHC 2498 (QB).

심사기간은 지정에 따라 행동하는 지정은행, 확인은행이 있는 경우의 확인은행 그리고 개설은행에게는 제시가 일치하는지 여부를 결정하기 위하여 "제시일의 다음날로부터 기산하여 최장 5 은행영업일"이 각자 주어진다(UCP 600 §14b 제1문). 이 기간은 유효기일 내의 제시일자나 최종제시일 또는 그 이후에 발생하는 사건에 의해서 단축되거나 달리 영향을 받지 아니한다(동항 제2문).

제19조, 제20조, 제21조, 제22조, 제23조, 제24조 또는 제25조에 따른 하나 이상의 운송서류 원본이 포함된 제시는, 신용장통일규칙에서 정하고 있는 선적일 후 21일보다 늦지 않게 수익자에 의하거나 또는 그를 대신하여 이루어져야 하고, 어떠한 경우라도 신용장의 유효기일보다 늦게 이루어져서는 아니 된다(UCP 600 §14c).

2) 엄격일치의 원칙의 완화

당사자에 의하여 엄격일치의 원칙이 악용되어 거래의 공평한 해결을 저해하는 경우가 있게 되자 미국의 일부 법원들은 엄격일치원칙을 수정 내지 완화하여 신용장 조건과 서류가 실질적으로, 즉 상당히 일치하면 신용장 조건을 충족한 것으로 보는 '상당일치' 또는 '실질적 일치' 기준을 일부 사건에서 적용하였다.[20] 그 근거는 개설은행이 단지 인쇄기술적 실수, 예컨대 콤마(,)의 누락이나 위치가 잘못된 경우 등과 같은 사소한 실수에도 그것을 이유로 서류를 거절할

---

20) Lawrence Laudisi v. American Exchange National Bank, 239 N.Y. 234, 146 N.E. 347 (1924)('특정지점까지 목적지를 나타내는 송장 및 양도가능선하증권'에 대하여 어음을 지급하도록 허용된 은행은 그 설명서에 필요한 물품의 선적을 표시한 후, 그 설명을 완료하고 그 물품들이 신용장(상품명세에 "특정 종류의 포도"를 기재)에 기재되어 있는 것임을 나타내는 적절한 송장(상품을 단순히 'Grapes'라고 기재)에 의해 보충되는 선하증권(상품을 'Grapes'라고 기재)을 근거로 신용장 문면과 선하증권 문면의 형식적 불일치에도 불구하고 지급하는 것이 정당하다고 판시하였다.); Davidcraft Corp. v. First National Bank of Maryland, 1986 WL 1030 (N.D. Ill. 1986)(신용장 조건에서 'Joe Tung of Davidcraft's Taiwan Office'라고 서명된 검사증명서를 요구하고 있었는데, 실제 제출된 검사증명서에는 'of Davidcraft's Taiwan Office'라는 표시가 생략된 'Joe Tung'이라는 서명만 있어 지급이 거절되었다. 법원은 "이와같은 하자는 사안의 사실관계와 당사자들의 모든권리의무를 무효로 할 정도의 명백한 오류가 아니다"면서 "당사자간의 신뢰의 원칙에 기반하여 사소하거나 경미한 하자는 무시될 수 있고 그렇다고 하여 신용장 거래의 본질이 왜곡되지는 않는다."고 판시하였다.).

수 있다면, 국제거래에서 신용장의 이용을 저해할 우려가 있기 때문이다.

그러므로 제6차 신용장통일규칙은 신용장 지급거절의 주된 이유가 서류의 불일치 때문인 점을 감안하여 엄격일치의 원칙을 상당히 완화하였다. 즉 "신용장, 서류 그 자체 그리고 국제표준은행관행의 문맥에 따라 읽을 때의 서류상의 정보는 그 서류나 다른 적시된 서류 또는 신용장상의 정보와 반드시 일치될 필요는 없으나, 그들과 저촉되어서는 아니 된다"(UCP 600 §14d)고 규정하여 신용장 서류와 조건의 일치 여부는 은행이 국제표준은행관행(ISBP)에 의하여 판단하도록 하고 있다.

이에 대하여 엄격일치의 원칙을 옹호하는 입장에서는 은행의 자의적인 판단이 엄격일치원칙의 근본을 해한다는 관점에서 그 완화에 대하여 비판한다.[21] 은행이 제시된 신용장을 평가함에 있어서 유일한 보호수단은 서류 자체이기 때문에, 전통적인 기준은 신용장의 조건에 관한 '엄격한 준수'이었고, 비록 UCP가 '준수하는 제시'에 대하여 살짝 다른 문언 형식을 도입하기는 하였지만 위의 UCP 600 §14d에는 엄격한 준수 기준이 남아있다는 것이 통설적 견해이다.[22]

결국 엄격일치 원칙의 적용에 있어서 국제표준은행관행이 무엇인지가 쟁점이 된다. 무엇이 국제표준은행관습인지는 구체적 사안에 따라 판단할 수밖에 없지만 ICC 은행기술실무위원회가 신용장 서류심사와 관련하여 신용장통일규칙(UCP)의 내용을 보충하기 위하여 제정한 주석 형식의 추록[23]인 국제표준은행관행(ISBP)이 가장 중요한 근거가 된다. 엄격일치의 원칙은 위 국제표준은행관행에 의하여 수정되는 한도 내에서 '상당일치의 원칙' 내지는 '실질일치'의 방향으로 움직이고 있다.[24]

2000년에 한 미국 연방지방법원은 현재의 신용장 심사의 원칙은 "신용장과 제시된 문서 사이에 한 글자 한 글자 그대로 일치할 것을 요구하는 것은 이론적

---

21) 대법원 법원행정처, 「국제거래재판실무편람」, 2015, 68면.
22) Folsom, Gordon & Ramsey(20), p. 282.
23) ISBP는 2002년 최초 ISBP 645로 공표되었고, 2007년 ISBP 681, 2013년 ISBP 745로 개정되었다.
24) 국제거래재판실무편람 (2015), 68면.

으로 불가능하기 때문에 인쇄 성질의 경미한 오차를 허용하는 상식에 입각한, 사건별 접근방법"으로 묘사하고 원산지증명서의 목적지 기재 "Zhangjiagng"과 수익자가 제시한 신용장의 목적지 기재 "Zhangjiagang"간의 불일치, 신용장의 매도인 상호 "Voest-Alpine USA Trading Corp."과 실제 상호 "Voest-Alpine Trading USA Corp"간의 불일치를 이유로 한 은행의 결제 거부는 부당하다고 판시하였다.25)

2009년 우리 대법원도 "신용장 첨부서류가 신용장 조건과 문언대로 엄격하게 합치하여야 한다고 하여 자구 하나도 틀리지 않게 완전히 일치하여야 한다는 뜻은 아니며, 자구에 약간의 차이가 있더라도 그 차이가 경미한 것으로서 문언의 의미에 차이를 가져오는 것이 아니거나 단지 신용장에 표시되어 있는 상품의 기재를 보완하고 특정하기 위한 것으로서 신용장 조건을 전혀 해하는 것이 아님을 문면상 알아차릴 수 있는 경우에는 신용장 조건과 합치하는 것으로 보아야 하고, 그 판단은 구체적인 경우에 신용장 조건과의 차이가 국제적 표준은행거래 관습에 비추어 용인될 수 있는지 여부에 따라야 한다."고 판시하였다.26)

대법원 2009.10.29. 선고 2007다52911,52928 판결

1. 신용장 대금 항목의 과부족 규정과 별도로 부가조건에 신용장 금액의 자동증감을 규정하고 있는 경우, 가격조항과 실제수량에 의하여 산정된 신용장 대금이 과부족 규정에서 정한 범위를 초과하더라도 신용장 조건에 반하지 않는지 여부

국제상업회의소 제5차 개정 신용장통일규칙(The Uniform Customs and Practice for Documentary Credits, 1993 Revision, ICC Publication No. 500) 제37조 b항이 "신용장에 달리 명시되지 않은 한 은행은 신용장에서 허용된 금액을 초과한 금액으로 발행한 상업송장을 수리하지 않을 수 있다"고 규정하고 있고, 위 신용장통일규칙이 적용되는 스위프트(SWIFT, 국제은행간 금융통신조직) 방식으로 개설된 신용장이 신용장 금액란에서 신용장 대금의 10% 범위 내의 과부족을 허용하고 있다 하더라도, <u>화물이 유류와 같이 가격 변동이 심하여 신용장 개설 당시에 단위가격을 정할 수 없는 때에는 신용장에 부가조건으로 가격조항을 두어 신용장 개설 무렵의 일정 기간이나 시점의 국제 유류시장에서의</u>

---

25) Voest-Alpine Trading USA Corp. v. Bank of China, 167 F. Supp. 2d 940, 947 (S.D. Tex. 2000).
26) 대법원 2009.10.29. 선고 2007다52911,52928 판결. 같은 취지로 대법원 2009.12.24. 선고 2009다56221 판결; 대법원 2011.1.13. 선고 2008다88337 판결 등.

고시가격에 따라 단위가격을 결정하도록 규정하고, 이러한 가격 변동에 따른 신용장 금액의 증감을 고려하여 신용장 대금 항목의 과부족 규정과 별도로 부가조건에 "신용장 금액은 가격조항에 기한 어떠한 증가·감소도 수용될 수 있도록 신용장 조건의 추가적 변경 없이 자동적으로 증감한다"고 규정하게 된다. 이러한 경우 신용장의 금액란에서 정하고 있는 금액은 일응의 기준이 될 뿐 화물의 실제 단위가격과 수량을 반영한 것이라 할 수 없고 신용장 대금은 신용장 개설 후 가격조항에 따른 단위가격의 증감과 실제 선적수량에 의하여 결정되는 것을 예정하고 있는 것이므로, 신용장 개설 후 위와 같이 가격조항과 실제수량에 의하여 산정된 신용장 대금이 신용장 금액란에서 정한 10%를 초과한다고 하더라도 신용장 조건에 어긋나는 것이라고 할 수 없다.

2. 신용장의 문면과 조건 심사에 대한 엄격 일치의 원칙과 그 예외

신용장 첨부서류가 신용장 조건과 문언대로 엄격하게 합치하여야 한다고 하여 자구 하나도 틀리지 않게 완전히 일치하여야 한다는 뜻은 아니며, 자구에 약간의 차이가 있더라도 그 차이가 경미한 것으로서 문언의 의미에 차이를 가져오는 것이 아니거나 단지 신용장에 표시되어 있는 상품의 기재를 보완하고 특정하기 위한 것으로서 신용장 조건을 전혀 해하는 것이 아님을 문면상 알아차릴 수 있는 경우에는 신용장 조건과 합치하는 것으로 보아야 하고, 그 판단은 구체적인 경우에 신용장 조건과의 차이가 국제적 표준은행거래관습에 비추어 용인될 수 있는지 여부에 따라야 한다.

3. 신용장의 상품명세와 모순되지 않는 일반용어로 표시된 반출지시서의 상품명세 기재

신용장의 상품명세와 송장의 상품명세는 '경유 원산지 대만(gasoil origin Taiwan)' 또는 '경유 원산지 일본(gasoil origin Japan)'으로 상품명세와 원산지의 기재가 모두 일치하고 있으나 반출지시서의 상품명세에는 'Korean gasoil 0.043% Sulphur'라고 기재되어 있는 사안에서, 위 반출지시서의 상품명세의 기재는 신용장의 상품명세와 모순되지 않는 일반용어로 표시된 것으로 신용장 조건과 일치한다고 한 사례.

4. 수익자가 인증 없이 반출지시서 사본상의 상품명세를 일부 정정한 경우

제5차 개정 신용장통일규칙(The Uniform Customs and Practice for Documentary Credits, 1993 Revision, ICC Publication No. 500) 제15조 1문에 의하면, "은행은 모든 서류의 형식, 충분성, 정확성, 진정성, 위조 여부 또는 법적 효력에 대하여, 또는 서류에 명기 또는 부기된 일반조건 및/또는 특별조건에 관하여 아무런 의무나 책임을 부담하지 않는다"고 규정하고 있고, 국제상업회의소가 그 산하 은행위원회의 승인하에 결정한 국제표준은행관행 제10조는 "환어음을 제외하고 수익자 자신이 발행한 서류로서 공인, 사증 또는 기타 동종의 인증이 되어 있지 아니한 서류상 정정 또는 변경은 인증할 필요가 없다"고 규정하고 있으므로, 신용장에서 수익자가 신용장 대금 청구시 수익자가 발행한 반출지시서 사본을 제출서류로 요구하고 있고, 수익자가 정정 또는 변경을 인증하지 않고 반출지시서 사본상의 상품명세를 일부 정정하였다고 하더라도 반출지시서 사본이 서류로서의 정규성과 상태성을 잃는다고 볼 수 없다.

5. 신용장통일규칙 소정 기간이 지난 후의 새로운 하자 주장

제5차 개정 신용장통일규칙(The Uniform Customs and Practice for Documentary Credits, 1993 Revision, ICC Publication No. 500) 제14조 d항 i호는 "개설은행 및/혹은 확인은행(있는 경우), 또는 이들을 대리하는 지정은행이 서류를 거절하기로 결정한 경우에는 서류접수일 다음 영업일로부터 기산하여 제7 은행영업일의 마감시간까지 지체 없이 전신 또는 그 사용이 불가능할 경우에는 기타 신속한 방법으로 그 취지를 통지하여야 한다. 이러한 통지는 서류를 송부하여 온 은행에게 또는 서류를 수익자로부터 직접 받은 경우 수익자에게 하여야 한다."고 규정하고 있고, 같은 항 ii호는 "위와 같은 통지를 할 경우 은행은 서류를 거절하게 된 모든 하자사항(all discrepancies)을 명시하여야 하며, 동시에 그 은행은 서류를 제시인의 지시를 기다리며 보관하고 있는지 아니면 이를 제시인에게 반송중에 있는지 여부를 기재하여야 한다."고 규정하고 있는바, 위 규정들의 취지에 비추어 매입은행으로부터 신용장 및 그 관련서류를 제시받은 개설은행이 신용장 및 그 서류의 하자를 이유로 신용장 대금의 지급을 거절할 경우, 개설은행은 달리 특별한 약정이 없는 한 위 신용장통일규칙이 정한 소정의 기간 내에 매입은행에게 그 모든 거절 사유를 구체적으로 명시하여 통보하여야 하고, 그 기간이 지난 후에는 최초에 명시하지 아니한 새로운 하자를 주장하여 신용장 대금 지급을 거절할 수 없다.

6. 신용장 개설은행은 신용장에 관하여 은행에 제시된 서류가 문면상으로 신용장 조건과 엄격하게 합치하는지 여부를 상당한 주의를 기울여 조사하면 되는 것이고 신용장 관련서류 자체가 다른 신용장의 관련서류와 바뀐 것인지 여부까지 조사·점검할 의무는 없다. 그러나 신용장 개설은행이 여러 건의 신용장 관련서류를 같은 날 송부받아 심사하는 과정에서 신용장의 관련서류 일부가 뒤바뀐 사실을 알았거나, 조금만 주의를 기울이면 쉽게 알 수 있었음에도 불구하고 오히려 신용장의 조건과 바뀐 관련서류의 명세가 불일치한다는 것을 하자로 내세워 신용장 대금의 지급을 거절하는 것은 신의칙상 허용되지 않는다.

국제표준은행관행 ISBP 745

단어나 문장에 있어서의 철자 오류 그리고 / 또는 타자 실수에 의하여 그 의미에 영향을 주지 않는 경우 그러한 오류는 해당 문서를 하자서류로 만들지 않는다. 예컨대, 상품의 명세에 "machine" 대신 "mashine", "fountain pen" 대신 "fountan pen" 또는 "model" 대신 "modle"이라고 한 경우 이러한 오류는 해당 문서를 하자서류로 만들지 않는다.[27] 선하증권상의 주소에 오자가 있고, 화인에 사각형이 빠진 경우 중대한 하자가 아니다. 신용장에 화인이나 분류번호에 관한 명시가 없으면, 선하증권과 원산지 증명서에 화인 분류번호 상호 불일치로 수리·거절하지 못한다.

그러나 상품 명세가 "model 321" 대신 "model 123"이라고 되어있는 경우 타자 오류로 간

---

27) ISBP 745E, A23.

주되지 않을 것이고 선하증권에는 40PKGS(포대)로 되어있고 상업송장에는 40M/TONS (미터톤)으로 기재된 경우, 또는 상업송장 5통 중 4통은 물품중량이 85,162MT로 표시되고 1통은 88,162MT로 표시되었다면, 서류상호간의 불일치로 보아서 해당 문서는 하자서류로 인정될 것이다.

국제표준은행관행 ISBP 745

복합운송서류에 관하여 "multimodal"과 "combined" transportation의 사용이 모두 허용된다.28)

신용장에 "제3자의 서류 수리가능(third party documents acceptable)"이라는 문구는 선적인이나 서류의 발행자가 제3자인 상황을 의미하는 것일 수 있지만 어느 경우인지 모호하기 때문에 은행은 이 문구를 무시하여야 한다.29)

신용장 심사에 관하여 상당일치의 원칙을 인정하였지만 해당 사건에서는 불일치로 판시한 판례를 살펴보면 아래와 같다.

대법원 1985.5.28. 선고 84다카696 판결

대법원은 "은행은 모든 서류가 문면상 신용장조건과 합치(in accordance with)하는지의 여부를 상당한 주의를 기울여(with reasonable care) 점검하여야 한다. 서류 상호간에 문면상 모순(inconsistent with)되는 것은 신용장 조건과 합치되지 않는 것으로 본다." 그러나 "위에서 상당한 주의(reasonable care)라 함은 상품거래에 관한 특수한 지식경험에 의함이 없이 은행원으로서의 일반적인 지식경험에 의하여 기울여야 할 객관적이고 합리적인 주의를 가리키며 은행원은 이러한 주의를 가지고 신용장과 기타 서류에 기재된 문언을 형식적으로 엄격하게 해석하여 신용장조건과의 합치여부를 가려낼 의무가 있고 실질적인 심사의무는 없는 것이다." "서류가 신용장조건과 문언대로 엄격하게 합치하여야 한다고 하여 자구하나도 틀리지 않게 완전히 일치하여야 한다는 뜻은 아니며, 자구에 약간의 차이가 있더라도 은행이 상당한 주의를 기울이면 그 차이가 경미한 것으로서 문언의 의미에 차이를 가져오는 것이 아니고 또 신용장조건을 전혀 해하는 것이 아님을 문면상 알아차릴 수 있는 경우에는 신용장조건과 합치하는 것으로 보아야 할 것이다."고 전제하고 "이 사건에서 먼저 신용장에 기재된 상품명세와 3통의 상업송장에 기재된 상품명세를 비교하여 보건대, 전자는 상품명세서 "Sketch paper 7,560 Sheets at $40, Total U.S $302,400, origin Japan, C & F Kimpo Airport" 라고 되어 있고, 후자는 화인(Marks & Nos. 貨印. 또

---

28) ISBP 745, D1, c, D2, p. 38.
29) ISBP 745, A19. p. 22.

는 하인(荷印)), 명세(Description), 수량(Quantity), 단가(Unit Price), 금액(Amount)의 각란을 설정하고 명세란에 "Sketch paper 55cm X 40cm", 수량란에 각 "2,520 sheets" 단가란에 "at $40.00", 금액란에 각 "U.S $600,800.00", 하인란에 "CRN-278 KIMPO NO 2/20 MADE IN JAPAN", 그리고 단가란과 금액란 상단에 걸쳐 "C. and F. Kimpo Airport" 라고 기재되어 있다.

무릇 상품의 명세는 상품의 명칭뿐만 아니라 그 상품을 특정하는 제한적 기재를 모두 포함하는 것이므로 위 신용장의 상품명세란에 기재된 상품명칭외의 수량, 단가, 금액 및 원산지 등도 상품명세에 관한 기술이라고 볼 것인바, 상업송장에는 명세란 외에 별도로 수량, 단가, 총액의 각란을 두어 상품명세에 관한 기술을 하고 있으므로 이들 각란의 기재내용을 종합하여 신용장기재와의 일치여부를 가려야할 것이다.

그러고 보면 양자의 상품명세에 관한 기술중 차이가 나는 점은 첫째로, 신용장에는 상품명칭을 "Sketch paper" 라고 기재하고 규격표시를 하지 않고 있음에 반하여 상업송장에는 상품명칭인 "Sketch paper" 아래에 "55cm × 40cm" 라는 규격표시를 첨가하고 있는 점과 둘째로, 신용장에는 상품명세 중에 원산지 표시로 "origin Japan" 이라고 기재하고 있는데 상업송장에는 상품명세란에 원산지표시가 없고 하인란에 "MADE IN JAPAN" 이라고 기재하고 있는 점이라고 하겠다.

우선 상업송장에 첨가된 규격표시에 관하여 보건대, 위와 같은 정도의 규격표시는 신용장에 기재된 상품의 개념을 확장하거나 그 품질을 저하시키는 성질의 표시가 아닐뿐 아니라 단가등 다른 상품명세기재에 의하여 문면상 물품의 동일성이 뒷받침되고 있다고 보여지므로 상업송장에 위와 같은 정도의 규격표시가 첨가된 것을 가지고 상품명세에 관한 문언의 의미에 차이를 가져오거나 신용장조건을 해하는 기재라고 볼 수 없다고 할 것이다.

그러나 원산지표시에 관하여 보건대, 상업송장의 하인란은 송하물의 의장에 표시할 하인을 기재한 것으로서 하인은 송하물을 선적지나 양육지 등에서 다른 화물과 용이하게 식별할 수 있도록 하기 위하여 특정한 기호, 목적지 및 원산지 등을 송화물의 의장에 표시한 것에 지나지 않으므로, 이러한 하인란에 기재된 원산지 표시는 이를 상업송장의 상품명세에 관한 기술(Description)에 포함된다고 볼 수 없는 것이다.

결국 이 사건 신용장에서는 원산지가 일본인 Sketch paper를 요구하고 있음에도 불구하고 상업송장에 기술된 상품명세에는 원산지표시가 누락되어 있어 이러한 상품명세는 신용장기재와 일치한다고 볼 수 없는 것이므로 이 점에서 벌써 피고의 원고에 대한 이 사건 신용장대금 지급거절은 적법한 것으로서 원고의 이 사건 청구를 배척한 원심조치는 정당하고 이 점에 관한 논지는 이유없다."판시하였다.

신용장통일규칙 제3조는 신용장의 문구의 의미 해석에 관하여 다음과 같이 정하고 있다:

　　　　이 규칙에서는 다음과 같이 해석한다.

-적용 가능한 경우, 단수의 단어는 복수의 단어를 포함하고, 복수의 단어는 단수의 단어를 포함한다.
-서류는 자필, 팩시밀리서명, 천공서명, 스탬프, 상징 또는 그 외 기계식 또는 전자식 확인방법으로 서명될 수 있다.
-공증, 사증, 공인 또는 이와 유사한 서류의 요건은 그 요건에 부합하는 것으로 보이는 서류상의 모든 서명, 표시, 스탬프 또는 라벨에 의하여 만족될 수 있다.
-서로 다른 국가에 위치한 같은 은행의 지점들은 다른 은행으로 본다.
-서류의 발행자를 표현하기 위하여 사용되는 "first class(일류)", "well known(저명한)", "qualified(자격 있는)", "independent(독립적인)", "official(공적인)", "competent(능력 있는)" 또는 "local(현지의)"라는 용어들은 수익자를 제외하고, 해당 서류를 발행하는 모든 서류 발행자가 사용할 수 있다.
-서류에 사용하도록 요구되지 않았다면 "신속하게(prompt)", "즉시(immediately)" 또는 "가능한 한 빨리(as soon as possible)"라는 단어들은 무시된다.
-"그 시경(on or about)" 또는 이와 유사한 표현은 어떠한 일이 첫날과 마지막 날을 포함하여 특정 일자의 전 5일부터 후 5일까지의 기간 중에 발생해야 하는 규정으로 해석된다.
-선적기간을 정하기 위하여 "to", "until", "till", "from", 그리고 "between"이라는 단어가 사용된 경우 이는 (기간에) 명시된 일자 또는 일자들을 포함하고, "before"와 "after"라는 단어는 명시된 일자를 제외한다.
만기(滿期)를 정하기 위하여 "from"과 "after"라는 단어가 사용된 경우에는 명시된 일자를 제외한다.
-어느 월의 "전반(first half)"과 "후반(second)"이라는 단어는 각 해당 월의 1일부터 15일까지, 16일부터 해당 월의 마지막 날까지로 해석되며, 그 기간 중의 모든 날짜를 포함한다.
-어느 월의 "초(beginning)", "중(middle)", "말(end)"이라는 단어는 각 해당 월의 1일부터 10일, 11일부터 20일, 21일부터 해당 월의 마지막 날까지로 해석되며, 그 기간 중의 모든 날짜가 포함된다.

3) 신용장 심사와 기준

(가) 형식적 심사

은행은 서류에 대하여 "문면상 일치하는 제시가 있는지 여부"를 단지 "서류만에 의해서 형식적 심사"하여 신용장 조건과 문면상 엄격히 일치한 서류만을 수리하고, 신용장 조건과 문면상 엄격히 일치하지 않는 서류는 수리를 거절하면 된다.

또한 신용장은 영업시간 내 제시하여야 은행이 심사할 의무가 있어서 은행은 자신의 영업시간 외의 제시를 수리할 의무가 없다(UCP 600 §33).

(나) 심사기준

상업송장 이외의 서류에서, 물품, 서비스 또는 의무이행의 명세는, 만약 기재되는 경우, 신용장상의 명세와 저촉되지 않는 일반적인 용어로 기재될 수 있다(UCP 600 §14e). 이는 엄격일치를 완화한 상당일치 기준의 예로 볼 수 있다.

신용장에서 누가 서류를 발행하여야 하는지 여부 또는 그 정보의 내용을 명시함이 없이 운송서류, 보험서류 또는 상업송장 이외의 다른 어떠한 서류의 제시를 요구한다면, 그 서류의 내용이 요구되는 서류의 기능을 충족하는 것으로 보이고 또한 그밖에 제14조 (d)항에 부합하는 한 은행은 제시된 대로 그 서류를 수리한다(UCP 600 §14f).

제시되었으나 신용장에서 요구되지 아니한 서류는 무시될 것이고 제시자에게 반환될 수 있다(UCP 600 §14g).

조건과 일치함을 나타낼 서류를 명시함이 없이 신용장에 어떠한 조건이 담겨 있다면, 은행은 그러한 조건이 기재되지 아니한 것으로 간주하고 무시할 것이다(UCP 600 §14h). 이처럼 서류를 명시하지 않으면서 신용장에 담겨 있는 조건을 '비서류적 조건(non-documentary conditions)'이라고 한다. 예컨대 "선령이 25년 미만인 선박에 선적할 것", "목재상자에 포장할 것" 등이다. 비서류적 조건은 신용장거래가 서류에 의한 거래라는 원칙에 반하므로 신용장통일규칙은 은행이 이를 심사하지 말고 무시하도록 하고 있는 것이다.

국제표준은행관행 ISBP 745

국제표준은행관행(ISBP)은 신용장에 "선령이 25년 미만인 선박에 선적할 것"이라고 표시했다면, 선박 건조일자를 증명서에 기재하거나 선박연령이 15년 미만이라는 증명이 있어야 하며, 신용장에 "packing in wooden cases"라는 조건이 명시되었으나 이에 관한 증명서가 첨부되지 않았다면 무시되어야 한다고 설명하고 있다.[30]

신용장통일규칙의 이러한 규정에도 불구하고 우리 대법원은 일정한 경우 비서류적 조건의 효력을 인정하고 있다. 즉 신용장 거래에도 원칙적으로 계약자유의 원칙이 적용될 수 있는 이상, 신용장에 기재된 비서류적 특수조건의 내용이 당해 신용장 기재의 문언자체에 의하여 완전하고 명료한지 여부, 당해 신용장 개설 및 비서류적 특수조건이 삽입된 경위, 비서류적 특수조건의 내용, 수익자가 그 비서류적 특수조건을 응낙하였는지 여부 및 그 특수조건의 성취에 관하여 수익자가 관여할 수 있는 정도 등 여러 사정에 비추어, 신용장에 부가된 이와 같은 비서류적 특수조건이 신용장의 본질에 비추어 바람직하지 않다 하더라도 이를 무효라고 볼 수 없는 경우가 있고, 일단 그 유효성이 인정되는 경우에는 그 후에 그와 같은 조건의 존재를 인식하거나 충분히 인식할 수 있었던 당해 신용장 매입은행에게도 그 특수조건의 효력은 미치므로, 당해 신용장 매입은행이 이와 같은 특수조건이 성취되었다는 사실을 주장·증명하지 못하는 한 신용장 개설은행은 신용장 매입은행에게 신용장 대금을 지급할 의무가 없다는 것이다.[31] 또한 조건의 성취에 관하여 수익자가 관여할 수 없다 하더라도 수익자가 그와 같은 사정을 용인한 경우에도 그러한 조건은 유효하다고 보고 있다.[32]

대법원 2002.5.28. 선고 2000다50299 판결

소외 주식회사 이에이치(EH)상사(이하 '소외 회사'라고 한다)가 홍콩 소재 후아치아오(Hua Chiao, 華僑)은행(이하 '개설은행'이라 한다)으로부터 신용장을 개설받은 소외 롱월인터내셔날에게 기성복을 수출함에 있어, 피고(한국수출보험공사)는 1998. 3. 10. 원고(주식회사 신한은행)에게 이 사건 수출신용보증서를 발급하여 원고가 이를 담보로 소외 회

---

30) ISBP 745, A4, p. 16.
31) 대법원 2008.9.11. 선고 2007다74683 판결 등.
32) 대법원 2000.5.30. 선고 98다47443 판결.

사로부터 환어음 등을 매입하는 방법으로 대출한 후 수입자로부터 그 수출대금을 지급받지 못하게 되는 경우 수출자가 원고에 대하여 부담하게 되는 상환채무를 피고가 대지급하기로 하는 수출신용보증계약을 체결하였는데, 위 수출신용보증계약약관 제6조 제4호에는 원고가 신용장 조건 또는 수출계약의 주요 사항을 위반하여 발행된 환어음 등을 매입한 경우에 피고는 면책된다고 규정되어 있는 사실, 한편 위 개설은행이 발행한 이 사건 신용장에는 필요서류로서 '상품이 정상적인 상태임을 확인하는 신용장 개설의뢰인측의 옹청람(Wong)과 홍웨민(Hung)이 작성하고 서명한(그 서명은 우리가 보관하고 있는 자료상의 그것과 일치하여야 한다.) 검사증명서 원본' 등이 규정되어 있고, 또한 위 신용장에는 제5차 신용장통일규칙이 적용된다고 되어 있었는데, 원고는 1998. 3. 18. 소외 회사에게 이 사건 신용장에 기한 환어음과 검사증명서 등 선적서류를 매입하는 방법으로 511,612,000원을 대출함에 있어 검사증명서상에 기재된 옹청람과 홍웨민의 서명이 위 개설은행의 보관 자료상의 서명과 일치하는지에 관하여 아무런 조사를 하지 아니한 사실, 그 무렵 원고는 소외 회사로부터 매입한 환어음 등을 위 개설은행에게 송부·제시하였으나 개설은행은 1998. 4. 27.경 원고에게 검사증명서상에 기재된 옹청람과 홍웨민의 서명이 자신이 보관하고 있는 자료상의 서명과 일치하지 아니한다는 이유로 신용장대금의 지급을 거절한다고 통보한 사실을 인정한 다음, 이 사건 신용장은 검사증명서상의 옹청람과 홍웨민의 서명이 개설은행의 보관 자료상의 서명과 일치하는 검사증명서를 필요서류로서 요구하고 있음에도 원고는 검사증명서상의 옹청람과 홍웨민의 서명이 위 개설은행의 보관 자료상의 서명과 일치하지 아니하는 검사증명서를 포함한 환어음 등을 매입하였다고 할 것이고, 이는 원고가 신용장 조건을 위반하여 발행된 환어음 등을 매입한 경우에 해당하므로 결국 피고는 이 사건 수출신용보증계약 제6조 제4호에 따라 면책된다고 원심은 판단하였다.

대법원은 "이 사건 신용장의 필요서류인 '상품이 정상적인 상태임을 확인하는 신용장 개설의뢰인측의 옹청람과 홍웨민이 작성하고 서명한(그 서명은 우리가 보관하고 있는 자료상의 그것과 일치하여야 한다.) 검사증명서 원본'에 관하여 보건대, 그 중 괄호 밖 부분은 서류의 검사에 의하여 그 충족 여부를 충분히 판단할 수 있는 서류적 조건이라고 할 것이나, 나머지 괄호 안의 "서명이 우리가 보관하고 있는 자료상의 그것과 일치하여야 한다."는 부분은 첨부서류 이외에 개설은행에 의뢰하여 그 서명의 일치 여부를 확인하기 전에는 충족 여부를 판별할 수 없는 비서류적 조건에 해당한다.

그런데 기록과 원심이 인정한 사실에 비추어 살펴보면, 위 비서류적 조건에 해당하는 부분의 내용은 신용장 기재의 문언 자체에 의하여 완전하고 명료하다고 할 것이고, 검사증명서의 위조를 방지하기 위하여 위와 같은 조건을 붙일 필요성도 있다고 보이며, 수익자를 포함한 이 사건 신용장 개설 당사자 사이에 그 조건에 따르기로 합의가 성립되어 있고, 나아가 위 조건은 이 사건 신용장 서류를 매입하려는 자가 언제든지 신용장 개설은행에 조회·확인함으로써 손쉽게 성취될 수 있는 것임을 알 수 있으므로, 이와 같은 신용장이 개설된 경위 및 비서류적 조건을 삽입할 필요성, 비서류적 조건의 내용, 수익자가 그 비서류적 조건을 응낙하였는지 여부, 그 조건의 성취에 관하여 매입자가 관여할 수 있는 정도 등에 비추어 보면, 신용장에 부가된 이와 같은 비서류적 조건은 신용장의 본질에 비추어 바람직하지 않기는 하지만 이를 무효라고는 할 수는 없다고 할 것이고, 일단 그 유효성이 인정되는 한 그 이후에 그와 같은 조건의 존재를 인식하거나 충분히 인식할 수 있었던 신용장 매입은행인 원고에게도 그 특수조건의 효력은 미친다고 볼 것이다.

그렇다면 원심이 이 사건 신용장의 필요서류인 검사증명서 규정에 대하여 괄호 안의 부분까지 포함하여 모두 서류적 조건에 해당한다고 본 것은 잘못이라고 할 것이지만, 나아가 가정적 판단으로 앞서 본 법리에 따라 위 비서류적 조건이 무시될 수 있다는 원고의 주장을 배척한 것은 결과에 있어 정당하고, 거기에 상고이유 제4점에서 주장하는 바와 같은 신용장에 관한 법리오해 등의 위법이 있다고 할 수 없다."고 판시하였다.[33]

서류는 신용장 개설일 이전 일자에 작성된 것일 수 있으나 제시일자보다 늦은 일자에 작성된 것이어서는 아니 된다(UCP 600 §14i).

수익자와 개설의뢰인의 주소가 어떤 요구서류에 나타날 때, 그것은 신용장 또는 다른 요구서류상에 기재된 것과 동일할 필요는 없으나 신용장에 기재된 각각의 주소와 동일한 국가 내에 있어야 한다(UCP 600 §14j제1문). 수익자 및 개설의뢰인의 주소의 일부로 기재된 세부 연락처(팩스, 전화, 이메일 및 이와 유사한 것)는 무시된다(동항 제2문). 그러나 개설의뢰인의 주소와 세부 연락처가 제19조, 제20조, 제21조, 제22조, 제23조, 제24조 또는 제25조의 적용을 받는 운송서류상의 수하인 또는 통지처의 일부로서 나타날 때에는 신용장에 명시된 대로 기재되어야 한다(동항 제3문).

어떠한 서류상에 표시된 물품 선적인 또는 송하인은 신용장의 수익자일 필요가 없다(UCP 600 §14k).

운송서류가 이 규칙 제19조, 제20조, 제21조, 제22조, 제23조 또는 제24조의 요건을 충족하는 한, 그 운송서류는 운송인, 소유자, 선장, 용선자 아닌 어느 누구에 의해서도 발행될 수 있다(UCP 600 §14l).

---

33) 따른 판례로서 대법원 2008.9.11. 선고 2007다74683 판결 등.

(다) 신용장에 첨부되는 서류

일반적으로 매도인은 신용장과 함께 환어음을 발행하여 제시함으로써 어음금액을 지급받는다. 그러나 신용장통일규칙 제7조a항에서 규정하는 다섯 가지 방법 가운데 어느 하나의 방법에 의하여 대금은 결제될 수 있다. 즉 환어음은 신용장과 함께 반드시 제출되어야 하는 서류는 아니다.

① 상업송장

상업송장은 (제38조가 적용되는 경우를 제외하고는) 수익자가 발행한 것으로 보여야 하고(UCP 600 §18ai), 이 규칙 제38조(g)항이 적용되는 경우를 제외하고는) 개설의뢰인 앞으로 발행되어야 하고(동항 ii), 신용장과 같은 통화로 발행되어야 하며(동항 iii), 서명될 필요는 없다(동항 iv).

지정에 따라 행동하는 지정은행, 확인은행이 있는 경우의 확인은행 또는 개설은행은 신용장에서 허용된 금액을 초과하여 발행된 상업송장을 수리할 수 있고, 이러한 결정은, 문제된 은행이 신용장에서 허용된 금액을 초과한 금액을 결제(honour) 또는 매입하지 않았던 경우에 한하여, 모든 당사자를 구속한다(UCP 600 §18b).

상업송장상의 물품, 서비스 또는 의무이행의 명세는 신용장상의 그것과 일치하여야 한다(UCP 600 §18c). 상업송장은 이처럼 신용장과 엄격히 일치해야 하는 중요한 서류이다. 그밖에 신용장에 의하여 요구되는 가장 중요한 서류는 운송서류이다. 이것들은 매매계약 당사자가 아닌 독립적인 제3자가 발행하기 때문이다.

② 복합운송의 선하증권

어떤 명칭을 사용하든 간에 복수의 상이한 운송방식을 커버하는 선하증권에는 운송인의 명칭이 표시되고 ① 운송인, 또는 운송인을 위한 또는 그를 대리하는 기명대리인, ② 선장, 또는 선장을 위한 또는 그를 대리하는 기명대리인에 의하여 서명되어야 한다(UCP 600 §20a i 제1문). 운송인, 선장 또는 대리인의 서명은 운송인, 선장 또는 대리인의 서명으로서 특정되어야 한다(동항 i 제2문). 대리인의 서명은 그가 운송인을 위하여 또는 대리하여 또는 선장을 위하여 또는 대리하여 서명한 것인지를 표시하여야 한다(동항 i 제3문).

복수의 상이한 운송방식을 커버하는 선하증권에는 물품이 신용장에서 명시된 선적항에서 기명된 선박에 본선적재 되었다는 것을 ① 미리 인쇄된 문구 또는 ② 물품이 본선적재된 일자를 표시하는 본선적재표기의 방법으로 표시하여야 한다(동항ⅱ제1문). 선하증권이 선적일자를 표시하는 본선적재표기를 포함하지 않는 경우에는 선하증권 발행일을 선적일로 본다(동항ⅱ제2문). 그러나 선하증권에 본선적재표기가 된 경우에는 본선적재표기에 기재된 일자를 선적일로 본다(동항ⅱ제3문).

복수의 상이한 운송방식을 커버하는 선하증권에는 신용장에 기재된 선적항으로부터 하역항까지의 선적을 표시하여야 한다. 선하증권이 a) 신용장에 기재된 선적항이 아닌 장소를 선적항으로 표시하는 경우 또는 b) 선박, 선적항 또는 하역항과 관련하여 '예정된(intended)'이라는 표시 또는 이와 유사한 제한을 포함하는 경우에도, 신용장에 기재된 선적항과 선적일 및 선적선박명을 표시하는 본선적재표기가 요구된다(동항iii).

복수의 상이한 운송방식을 커버하는 선하증권은 유일한 선하증권 원본이거나 또는 원본이 한 통을 초과하여 발행되는 경우 선하증권에 표시된 전통(full set)이어야 한다(동항iv).

복수의 상이한 운송방식을 커버하는 선하증권에는 운송조건을 포함하거나 또는 운송조건을 포함하는 다른 출처를 언급하여야 한다(동항 v 제1문). 운송조건의 내용은 심사되지 않는다(동항 v 제2문).

복수의 상이한 운송방식을 커버하는 선하증권에는 용선계약에 따른다는 어떤 표시도 포함하지 않아야 한다(동항vi).

이 조의 목적상, 환적은 신용장에 기재된 선적항으로부터 하역항까지의 운송 도중에 하나의 선박으로부터 양하되어 다른 선박으로 재적재되는 것을 의미한다(UCP 600 §20b).

복수의 상이한 운송방식을 커버하는 선하증권은 전운송이 하나의 동일한 선하증권에 의하여 포괄된다면 물품이 환적될 것이라거나 환적될 수 있다는 것을 표시할 수 있다(UCP 600 §20c ⅰ).

환적이 될 것이라거나 될 수 있다고 표시하는 선하증권은, 물품이 컨테이너, 트레일러, 래시 바지에 선적되었다는 것이 선하증권에 의하여 증명되는 경우에는 비록 신용장이 환적을 금지하더라도 수리될 수 있다(동항ⅱ).

운송인이 환적할 권리를 갖고 있음을 기재한 선하증권의 조항은 무시된다 (UCP 600 §20d).

③ 비유통 해상화물운송장

어떤 명칭을 사용하든 간에 '비유통 해상화물운송장(non-negotiable sea waybill)'은 운송인의 명칭이 표시되고 ① 운송인, 또는 운송인을 위한 또는 그를 대리하는 기명대리인, ② 선장, 또는 선장을 위한 또는 그를 대리하는 기명대리인에 의해서 서명되어야 한다(UCP 600 §21a ⅰ 제1문). 운송인, 선장 또는 대리인의 서명은 운송인, 선장 또는 대리인의 서명으로서 특정되어야 한다(동항 ⅰ 제2문). 대리인의 서명은 그가 운송인을 위하여 또는 대리하여 또는 선장을 위하여 또는 대리하여 서명한 것인지를 표시하여야 한다(동항 ⅰ 제3문).

비유통 해상화물운송장은 물품이 신용장에 기재된 선적항에서 기명된 선박에 본선적재 되었다는 것을 ① 미리 인쇄된 문구 또는 ② 물품이 본선적재된 일자를 표시하는 본선적재표기의 방법으로 표시하여야 한다(동항ⅱ제1문). 비유통 해상화물운송장이 선적일자를 표시하는 본선적재표기를 하지 않은 경우에는 비유통 해상화물운송장의 발행일을 선적일로 본다(동항ⅱ제2문). 비유통 해상화물운송장에 본선적재표기가 된 경우에는 본선적재표기에 기재된 일자를 선적일로 본다(동항ⅱ제3문). 비유통 해상화물운송장이 선박명과 관련하여 "예정선박"이라는 표시 또는 이와 유사한 제한을 포함하는 경우에는 선적일과 실제 선박명을 표시하는 본선적재표기가 요구된다(동항ⅱ제4문).

비유통 해상화물운송장은 신용장에 기재된 선적항으로부터 하역항까지의 선적을 표시하여야 한다. 비유통 해상화물운송장이 신용장에 기재된 선적항을 선적항으로 표시하지 않는 경우 또는 선적항과 관련하여 "예정된"이라는 표시 또는 이와 유사한 제한을 포함하는 경우에는, 신용장에 기재된 선적항과 선적일 및 적재선박명을 표시하는 본선적재 표기가 요구된다(동항iii제1문). 이 조항은 기명된 선박에의 본선적재가 미리 인쇄된 문구에 의하여 비유통 해상화물운송장에 표시된 경우에도 적용된다(동항iii제2문).

비유통 해상화물운송장은 유일한 비유통 해상화물운송장 원본이거나 또는 원본이 한 통을 초과하여 발행되는 경우 비유통 해상화물운송장에 표시된 전통이어야 한다(동항iv).

비유통 해상화물운송장은 운송조건을 포함하거나 또는 운송조건을 포함하는 다른 출처를 언급하여야 한다(동항ⅴ제1문). 운송조건의 내용은 심사되지 않는다(동항ⅴ제2문).

비유통 해상화물운송장에는 용선계약(charter party)에 따른다는 어떤 표시도 포함하지 않아야 한다(동항ⅵ).

이 조의 목적상, 환적은 신용장에 기재된 선적항으로부터 하역항까지의 운송 도중에 한 선박으로부터 양하되어 다른 선박으로 재적재되는 것을 의미한다(UCP 600 §21b). 비유통 해상화물운송장은 전운송이 하나의 동일한 비유통 해상화물운송장에 의하여 포괄된다면 물품이 환적될 것이라거나 환적될 수 있다는 것을 표시할 수 있다(UCP 600 §21cⅰ). 환적이 될 것이라거나 환적될 수 있다고 표시하는 비유통 해상화물운송장은, 물품이 컨테이너, 트레일러, 래시 바지에 선적되었다는 것이 비유통 해상화물운송장에 의하여 증명되는 경우에는 비록 신용장이 환적을 금지하더라도 수리될 수 있다(동항cⅱ). 운송인이 환적할 권리를 갖고 있음을 기재한 비유통 해상화물운송장의 조항은 무시된다(UCP 600 §21d).

④ 용선계약부 선하증권

어떤 명칭을 사용하든 간에 '용선계약에 따른다는 선하증권(용선계약부 선하증권)(charter party B/L)'은 ① 선장, 또는 '선장을 위한 또는 그를 대리하는 기명대리인', ② 선주, 또는 '선주를 위한 또는 그를 대리하는 기명대리인', ③ 용선자, 또는 '용선자를 위한 또는 그를 대리하는 기명대리인'에 의해서 서명되어야 한다(UCP 600 §22aⅰ제1문). 선장, 선주, 용선자 또는 대리인의 서명은 선장, 선주, 용선자 또는 대리인의 서명으로서 특정되어야 한다(동항 i 제2문). 대리인의 서명은 그가 선장, 선주 또는 용선자를 위하여 또는 대리하여 서명한 것인지를 표시하여야 한다(동항 i 제3문). 선주를 위하여 또는 대리하여 또는 용선자를 위하여 또는 대리하여 서명하는 대리인은 선주 또는 용선자의 명칭을 표시하여야 한다(동항 i 제4문).

용선계약부 선하증권은 물품이 신용장에 기재된 선적항에서 기명된 선박에 본선적재되었다는 것을 ① 미리 인쇄된 문구 또는 ② 물품이 본선적재된 일자를 표시하는 본선적재표기의 방법으로 표시하여야 한다(동항 ii 제1문). 용선계약부 선하증권이 선적일자를 표시하는 본선적재표기를 하지 않은 경우에는 용선계약부 선하증권의 발행일을 선적일로 본다. 용선계약부 선하증권에 본선적재표기가 된 경우에는 본선적재표기에 기재된 일자를 선적일로 본다(동항 ii 제2문).

용선계약부 선하증권은 신용장에 기재된 선적항으로부터 하역항까지의 선적을 표시하여야 한다(동항 iii 제1문). 하역항은 또한 신용장에 기재된 바에 따라 일정 범위의 항구들 또는 지리적 지역으로 표시될 수 있다(동항 iii 제2문). 용선계약부 선하증권은 유일한 용선계약부 선하증권 원본이거나 또는 원본이 한 통을 초과하여 발행되는 경우 용선계약부 선하증권에 표시된 전통이어야 한다(동항 iv).

비록 신용장의 조건이 용선계약의 제시를 요구하더라도 은행은 용선계약을 심사하지 않는다(UCP 600 §22).

⑤ 항공운송서류

어떤 명칭을 사용하든 '항공운송서류(air transport document)'는 운송인의 명칭을 표시하고 운송인 또는 '운송인을 위한 또는 그를 대리하는 기명대리인'에 의하여 서명되어야 한다(UCP 600 §23a i 제1문). 운송인 또는 대리인의 서명은 운송인 또는 대리인의 서명으로서 특정되어야 한다(동항 i 제2문).

대리인의 서명은 그 대리인이 "운송인을 위하여 또는 운송인을 대리하여 서명한 것인지"를 표시하여야 한다(동항 i 제3문).

항공운송서류에는 물품이 운송을 위하여 수리되었다는 것을 표시하여야 한다(동항 ii).

항공운송서류에는 발행일을 표시하여야 한다(동항iii제1문). 항공운송서류가 실제 선적일에 대한 특정한 부기를 포함하지 않는 경우에는 이 일자를 선적일로 본다(동항iii제2문). 항공운송서류가 실제 선적일에 대한 특정한 부기를 포함하는 경우에는 부기에 기재된 일자를 선적일로 본다(동항iii제3문). 운항번호와 일자와 관련하여 항공운송서류에 나타나는 그 밖의 모든 정보는 선적일을 결정할 때 고려되지 않는다(동항iii제4문).

항공운송서류에는 신용장에 기재된 출발공항과 도착공항을 표시하여야 한다(동항iv).

항공운송서류는 비록 신용장이 원본 전통을 규정하더라도 송하인 또는 선적인용 원본이어야 한다(동항v).

항공운송서류는 운송조건을 포함하거나 또는 운송조건을 포함하는 다른 출처를 언급하여야 한다(동항vi제1문). 항공운송서류의 운송조건의 내용은 심사되지 않는다(동항vi제2문).

이 조항의 목적상, 환적은 신용장에 기재된 출발공항으로부터 도착공항까지의 운송 도중 하나의 항공기로부터 양하되어 다른 항공기로 재적재되는 것을 의미한다(UCP 600 §23b).

항공운송서류는 전운송이 하나의 동일한 항공운송서류에 의하여 포괄된다면 물품이 환적될 것이라거나 환적될 수 있다는 것을 표시할 수 있다(UCP 600 §23c i). 환적이 될 것이라거나 환적될 수 있다고 표시하는 항공운송서류는 비록 신용장이 환적을 금지하더라도 수리될 수 있다(동항ii).

⑥ 도로, 철도 또는 내수로 운송서류

어떤 명칭을 사용하든 '도로, 철도 또는 내수로 운송서류(road, rail or inland waterway transport document)'는 운송인의 명칭을 표시하고 또한 ① 운송인, 또는 '운송인을 위한 또는 그를 대리하는 대리인'이 서명하거나 또는 ② 운송인 또는 '운송인을 위한 또는 대리하는 기명대리인'이 서명, 스탬프 또는 부기에 의하여 물품의 수령을 표시하여야 한다(UCP 600 §24a i 제1문).

운송인 또는 대리인에 의한 모든 서명, 스탬프 또는 물품수령 부기는 운송인 또는 대리인의 그것으로서 특정되어야 한다(동항 ⅰ 제2문).

대리인에 의한 모든 서명, 스탬프 또는 물품수령 부기는 대리인이 운송인을 위하여 또는 운송인을 대리하여 서명하였거나 행위한 것을 표시하여야 한다(동항ⅰ제3문). 철도운송서류가 운송인을 특정하지 않았다면, 철도회사의 서명 또는 스탬프가 문서가 운송인에 의하여 서명되었다는 점에 대한 증거로 승인된다(동항ⅰ제4문).

도로, 철도 또는 내수로 운송서류는 신용장에 기재된 장소에서의 선적일 또는 물품이 선적, 발송, 운송을 위하여 수령된 일자를 표시하여야 한다(동항ⅱ제1문). 운송서류에 일자가 표시된 수령스탬프, 수령일 또는 선적일의 표시가 없다면 운송서류의 발행일을 선적일로 본다(동항ⅱ제2문).

도로, 철도 또는 내수로 운송서류에는 신용장에 기재된 선적지와 목적지를 표시하여야 한다(동항ⅲ).

도로운송서류(road transport document)는 송하인 또는 선적인용 원본으로 보이거나 또는 그 서류가 누구를 위하여 작성되었는지에 대한 표시가 없어야 한다(UCP 600 §24bⅰ).

"duplicate"라고 표시된 철도 운송서류는 원본으로 수리된다(동항ⅱ). 철도 또는 내수로 운송서류는 원본 표시 여부에 관계없이 원본으로 수리된다(동항ⅲ).

운송서류에 발행된 원본 통수의 표시가 없는 경우 제시된 통수가 전통을 구성하는 것으로 본다(UCP 600 §24c).

이 조항의 목적상 환적은 신용장에 기재된 선적, 발송 또는 운송지로부터 목적지까지의 운송 도중 동일한 운송방법 내에서 어떤 하나의 운송수단으로부터 양하되어 다른 운송수단으로 재적재되는 것을 의미한다(UCP 600 §24d).

도로, 철도 또는 내수로 운송서류는 전운송이 하나의 동일한 운송서류에 의하여 포괄된다면 물품이 환적될 것이라거나 환적될 수 있다는 것을 표시할 수 있다(UCP 600 §24eⅰ). 비록 신용장이 환적을 금지하더라도 환적이 될 것이라거나 될 수 있다는 표시가 된 도로, 철도 또는 내수로 운송서류는 수리될 수 있다(동항ⅱ).

⑦ 특송배달영수증, 우편영수증 또는 우편증명서

어떤 명칭을 사용하든 간에 운송을 위하여 물품을 수령하였음을 증명하는 특송배달영수증(courier receipt)은 특송배달업체의 명칭을 표시하고, 신용장에 물품이 선적되기로 기재된 장소에서 기명된 특송배달업체가 스탬프하거나 서명하여야 하고(UCP 600 §25aⅰ), 집배 또는 수령일자 또는 이러한 취지의 문구를 표시하여야 한다(동항ⅱ제1문). 이 일자를 선적일로 본다(동항ⅱ제2문).

특송배달료가 지급 또는 선지급되어야 한다는 요건은, 특송배달료가 수하인 이외의 제3자의 부담임을 증명하는 특송배달 업체가 발행한 운송서류에 의하여 충족될 수 있다(UCP 600 §25b).

어떤 명칭을 사용하든 간에 운송을 위하여 물품을 수령하였음을 증명하는 우편영수증 또는 우편증명서는 신용장에 물품이 선적되기로 기재된 장소에서 스탬프되거나 또는 서명되고 일자가 기재되는 것으로 보여야 한다. 이 일자를 선적일로 본다(UCP 600 §25c).

⑧ "갑판적재", "내용물 부지약관" 과 운임에 대한 추가비용 문구

운송서류는 물품이 갑판에(on deck) 적재되거나 적재될 것이라는 표시를 하여서는 안 된다(UCP 600 §26a제1문). 물품이 갑판에 적재될 수도 있다고 기재하는 운송서류상의 조항은 수리될 수 있다(동항제2문).

"선적인이 적재하고 검수하였음(shipper's load and count)"과 "선적인의 내용신고에 따름(said by shipper to contain)"과 같은 조항이 있는 운송서류는 수리될 수 있다(UCP 600 §26b).

운송서류는 스탬프 또는 다른 방법으로 운임에 추가되는 요금을 언급할 수 있다(UCP 600 §26c).

⑨ 무고장 운송서류

은행은 단지 무고장 운송서류(clean transport document)만을 수리한다(UCP 600 §27제1문). 무고장 운송서류는 물품 또는 포장의 하자상태를 명시적으로 선언하는 조항 또는 부기가 없는 운송서류를 말한다(동항제2문). "무고장(clean)"이

라는 단어는 비록 신용장이 운송서류가 "무고장 본선적재(clean on board)"일 것이라는 요건을 포함하더라도 운송서류상에 나타날 필요가 없다(동항제3문).

⑩ 보험서류와 부보범위

보험증권(insurance policy), 보험증서(insurance certificate) 또는 포괄보험의 확인서(declaration under an open cover)와 같은 보험서류(insurance document)는 보험회사(insurance company), 보험인수인(underwriter) 또는 그들의 대리인 또는 수탁인에 의하여 발행되고 서명된 것으로 보여야 한다(UCP 600 §28a제1문). 대리인 또는 수탁인에 의한 서명은 보험회사 또는 보험중개인을 대리하여 서명했는지의 여부를 표시하여야 한다(동항제2문).

보험서류가 한 통을 초과한 원본으로 발행되었다고 표시하는 경우, 모든 원본 서류가 제시되어야 한다(UCP 600 §28b).

잠정적 보험영수증(cover notes)은 수리되지 않는다(UCP 600 §28c).

보험증권은 보험증서나 포괄보험의 확인서를 대신하여 수리 가능하다(UCP 600 §28d).

보험서류의 일자는 선적일보다 늦어서는 안 된다(UCP 600 §28e제1문). 다만 보험서류에서 최소한 선적일자 이전에 부보의 효력이 발생함을 나타내고 있는 경우에는 그러하지 아니하다(동항제2문).

보험서류는 부보금액을 표시하여야 하고 신용장과 동일한 통화로 표시되어야 한다(UCP 600 §28f ⅰ).

신용장에 부보금액이 물품의 가액, 송장가액 또는 그와 유사한 가액에 대한 백분율로 표시되어야 한다는 요건이 있는 경우, 이는 요구되는 부보금액의 최소한으로 본다(동항ⅱ제1문). 신용장에 부보 범위에 부보금액에 대한 명시가 없는 경우, 부보금액은 최소한 물품의 CIF 또는 CIP 가액의 110%가 되어야 한다동항ⅱ제2문). 서류로부터 CIF 또는 CIP 가액을 결정할 수 없는 경우, 부보금액의 범위는 요구된 결제 또는 매입 금액 또는 송장에 나타난 물품에 대한 총가액 중 더 큰 금액을 기준으로 산출되어야 한다(동항ⅱ제3문).

보험서류는 최소한 신용장에 명시된 수탁지 또는 선적지로부터 양륙지 또는 최종 목적지 사이에 발생하는 위험에 대하여 부보가 되는 것이어야 한다(동항 iii).

신용장은 요구되는 보험의 종류를 명시하여야 하고, 부보되어야 할 추가 위험이 있다면 그것도 명시하여야 한다(UCP 600 §28g제1문). 만일 신용장이 "통상의 위험(usual risks)" 또는 "관습적인 위험(customary risks)"과 같이 부정확한 용어를 사용하는 경우 보험서류는 특정위험을 부보하지 않는지 여부와 관계없이 수리된다(동항제2문).

신용장이 "전손담보(all risks)"를 요구하고 보험서류가 "전손담보" 표기 또는 문구를 포함하여 제시되는 경우에는, "전손담보"가 제목인지 여부와 관계 없이, 보험서류는 어떤 위험이 부보에서 배제된다고 규정하였는지 여부와 관계 없이 수리된다(동항제3문).

보험서류는 어떠한 제외문구(exclusion clause)에 대한 언급을 포함할 수 있다(UCP 600 §28i). 보험서류는 부보범위가 일정한도 본인부담이라는 조건 또는 일정한도 이상 보상 조건 (일정액 공제제도, deductible)의 적용을 받고 있음을 표시할 수 있다(UCP 600 §28j).

⑪ 신용장의 유효기일 또는 최종제시일의 연장

신용장의 유효기일 또는 최종제시일이 제시가 되어야 하는 은행이 제36조에서 언급된 사유 외의 사유로 영업을 하지 않는 날인 경우, 유효기일 또는 경우에 따라 최종제시일은 그 다음 첫 은행영업일까지 연장된다(UCP 600 §29a).

만일 제시가 그 다음 첫 은행영업일에 이루어지는 경우, 지정은행은 개설은행 또는 확인은행에 제시가 제29조(a)항에 따라 연장된 기한 내에 이루어졌음을 기재한 표지서류를 제공하여야 한다(UCP 600 §29b).

최종선적일은 제29조 (a)항에 의하여 연장되지 않는다(UCP 600 §29c).

⑫ 신용장의 금액·수량·단가의 허용오차

신용장 금액 또는 신용장에서 표시된 수량 또는 단가와 관련하여 사용된 "about" 또는 "approximately"라는 단어는, 그것이 언급하는 금액, 수량 또는 단가에 관하여 10%를 초과하지 않는 범위 내에서 많거나 적은 편차를 허용하는 것으로 해석된다(UCP 600 §30a).

만일 신용장이 수량을 포장단위 또는 개별단위의 특정 숫자로 기재하지 않고 청구금액의 총액이 신용장의 금액을 초과하지 않는 경우에는, 물품의 수량에서 5%를 초과하지 않는 범위 내의 많거나 적은 편차는 허용된다(UCP 600 §30b).

물품의 수량이 신용장에 기재된 경우 전량 선적되고 단가가 신용장에 기재된 경우 감액되지 않은 때, 또는 제30조(b)항이 적용되지 않는 때에는, 분할선적이 허용되지 않더라도 신용장 금액의 5% 이내의 편차는 허용된다(UCP 600 §30c 제1문). 이 편차는 신용장이 특정 편차를 명시하거나 제30조(a)항에서 언급된 표현을 사용하는 때에는 적용되지 않는다(동항 제2문).

⑬ 물품의 분할청구 또는 분할선적

분할청구 또는 분할선적은 허용된다(UCP 600 §31a).

개시되고 같은 운송구간을 위한 선적을 증명하는 두 세트 이상의 운송서류로 이루어진 제시는, 그 운송서류가 같은 목적지를 표시하고 있는 한 비록 다른 선적일자 또는 다른 선적항, 수탁지 또는 발송지를 표시하더라도 분할선적으로 보지 않는다(UCP 600 §31b제1문). 제시가 두 세트 이상의 운송서류로 이루어지는 경우 어느 운송서류에 의하여 증명되는 가장 늦은 선적일를 선적일로 본다(동항 제2문). 같은 운송방법 내에서 둘 이상의 운송수단상의 선적을 증명하는 하나 또는 둘 이상의 세트의 운송서류로 이루어진 제시는, 비록 운송수단들이 같은 날짜에 같은 목적지로 향하더라도 분할선적으로 본다(동항 제3문).

둘 이상의 특송배달영수증, 우편영수증 또는 우송확인서로 이루어진 제시는 만일 특송배달영수증, 우편영수증 또는 우송확인서가 같은 특송배달용역 또는 우체국에 의하여 같은 장소, 같은 날짜 그리고 같은 목적지로 스탬프가 찍히거나 서명된 것으로 보이는 경우에는 분할선적으로 보지 않는다(UCP 600 §31c).

⑭ 물품의 할부청구 또는 할부선적

신용장에서 할부청구 또는 할부선적이 일정한 기간 내에 이루어지도록 명시된 경우 동 할부 거래를 위하여 배정된 기간 내에 할부청구나 할부선적이 이루어지지 않으면 동 신용장은 해당 할부분과 향후 할부분에 대하여 더 이상 이용될 수 없다(UCP 600 §32).

4) 심사결과에 따른 조치

(가) 일치하는 제시의 효력

개설은행은 "제시가 일치한다"고 판단할 경우 결제하여야 한다(UCP 600 §15a). 확인은행은 제시가 일치한다고 판단할 경우 결제 또는 매입하고 그 서류들을 개설은행에 송부하여야 한다(동조 b). 지정은행은 제시가 일치한다고 판단하고 결제 또는 매입할 경우 그 서류들을 확인은행 또는 개설은행에 송부하여야 한다(동조 c).

(나) 하자 있는 서류, 권리포기 및 통지

지정에 따라 행동하는 지정은행, 확인은행이 있는 경우의 확인은행 또는 개설은행은 제시가 일치하지 않는다고 판단하는 때에는, 결제 또는 매입을 거절할 수 있다(UCP 600 §16a). 그러나 수익자가 신용장이나 첨부서류에 있는 하자를 유효한 기간 내에 추완하여 치유하게 되면 은행은 결제 또는 매입을 거절할 수 없다. 하나의 제출서류만으로는 하자가 있다고 판단될 수 있어도 제출된 모든 서류를 종합적으로 고려하면 하자가 치유될 수 있는 경우에는 치유된 것으로 인정할 수 있다고 하는 이른바 '서류세트의 이론(doctrine of the set of documents as a whole)'[34])은 엄격일치의 원칙을 완화하는 이론이자 하자의 치유를 보다 폭넓게 인정하는 법리로 볼 수 있다.

---

34) 영국의 Midland Bank Ltd. v. Seymour [1955] 2 Lloyd's Rep. 147(신용장 조건에 'invoice and B/L evidencing shipment of Hong Kong duck feathers 85 per cent clean, 12 bales each weighing about 190 lbs'라고 기재되어 있었으나 선하증권에는 단순히 '12 bales Hong Kong duck feathers'라고만 기재되어 은행의 지급이 거절되었다. 법원은 "신용장거래의 수익자가 제출된 서류와 신용장조건과의 일치를 확인하기 위해서는, 오류가 있는 하나의 서류 자체만을 놓고 판단해서는 안 되며, 제출된 모든 서류의 의도를 파악하고 모든 서류의 전체적인 기재 사항들을 중심으로 파악하여야 한다"고 판시하면서 특정서류에 하자나 오류가 존재한다하더라도 제공된 서류전체가 의도하는 바가 그러하지 않다면 그러한 하자가 치유된다는 견해를 피력하였다.).

수익자가 하자있는 신용장을 제시하였더라도 만일 은행이나 개설의뢰인이 사전 또는 사후에 명시적으로 하자의 주장을 포기하였다고 믿을 만한 사유가 존재하고 따라서 이를 신뢰한 수익자가 하자보정의 기회를 상실한 경우에는 추후에 그 하자를 이유로 신용장지급을 거절할 수 없다. 신용장통일규칙은 당사자들의 이익을 위하여 신용장의 하자에 대한 권리포기가 가능하도록 하고 있다. 즉 개설은행은 제시가 일치하지 않는다고 판단하는 때에는, 자신의 독자적인 판단으로 하자에 대한 권리포기를 위하여 개설의뢰인과 교섭할 수 있다(UCP 600 §16b제1문). 그러나 그러한 권리포기를 위한 교섭으로 인하여 제14조 (b)항에 규정된 기간(심사기간-5 은행영업일)이 연장되지는 않는다(동항 제2문).

지정에 따라 행동하는 지정은행, 확인은행이 있는 경우의 확인은행 또는 개설은행이 결제 또는 매입을 거절하기로 결정하는 때에는, 제시자에게 그러한 취지로 한번에 통지하여야 한다(UCP 600 §16c제1문). 통지에는 다음 사항을 기재하여야 한다(동항 제2문):
 i. 은행이 결제 또는 매입을 거절한다는 사실 그리고
 ii. 은행이 결제 또는 매입을 거절하는 각각의 하자 그리고
 iii. a) 제시자의 추가지시가 있을 때까지 은행이 서류를 보관할 것이라는 사실, 또는
 b) 개설의뢰인으로부터 권리포기를 받고 이를 받아들이기로 동의하거나 또는 권리포기를 받아들이기로 동의하기 이전에 제시자로부터 추가지시를 받을 때까지 개설은행이 서류를 보관할 것이라는 사실, 또는
 c) 은행이 서류를 반환할 것이라는 사실 또는
 d) 은행이 사전에 제시자로부터 받은 지시에 따라 행동할 것이라는 사실

제16조 (c)항에서 요구되는 통지는 전신으로, 또는 그것의 이용이 불가능하다면 다른 신속한 수단으로, 제시일의 다음날로부터 기산하여 5영업일의 종료시보다 늦지 않게 이루어져야 한다(UCP 600 §16d). 지정에 따라 행동하는 지정은행, 확인은행이 있는 경우의 확인은행 또는 개설은행은, 제16조 (c) (iii) (a) 또는 (b)에서 요구되는 통지를 한 후라도, 언제든지 제시자에게 서류를 반환할 수 있다(UCP 600 §16e).

개설은행 또는 확인은행이 이 조항의 규정에 따라 행동하지 못하면, 그 은행은 서류에 대한 일치하는 제시가 아니라는 주장을 할 수 없다(UCP 600 §16f). 예컨대 은행이 제시된 서류의 하자를 알고도 수익자에게 이를 통지하지 않음으로써 신용장의 유효기간이 경과되어 하자를 보정할 기회를 상실한 경우 은행은 그 하자를 이유로 하여 신용장의 지급을 거절할 수 없다. 이것은 영미법계의 '표시에 의한 금반언(estoppel by representation)'의 법리의 구현이라고 해석되나 대륙법계의 신의칙을 적용해도 같은 결론을 도출할 수 있다.

개설은행이 결제를 거절하거나 또는 확인은행이 결제 또는 매입을 거절하고 이 조항에 따라 그 취지의 통지를 한 때에는, 그 은행은 이미 지급된 상환 대금을 이자와 함께 반환 청구할 권리를 갖는다(UCP 600 §16g).

적어도 신용장에서 명시된 각각의 서류의 원본 한 통은 제시되어야 한다(UCP 600 §17a). 서류 자체가 원본이 아니라고 표시하고 있지 않은 한, 은행은 명백하게 원본성을 갖는 서류 발행자의 서명, 마크, 스탬프 또는 라벨이 담긴 서류를 원본으로 취급한다(동조 b).

서류가 달리 표시하지 않으면, 은행은 또한 다음과 같은 서류를 원본으로 수리한다(동조 c):

  i. 서류 발행자의 손으로 작성, 타이핑, 천공서명 또는 스탬프된 것으로 보이는 것 또는
  ii. 서류 발행자의 원본 서류용지 위에 작성된 것으로 보이는 것 또는
  iii. 원본이라는 표시가 제시된 서류에는 적용되지 않는 것으로 보이지 않는 한, 원본이라는 표시가 있는 것

신용장이 서류 사본의 제시를 요구하는 경우, 원본 또는 사본의 제시가 모두 허용된다(동조 d).

신용장이 "in duplicate", "in two folds" 또는 "in two copies"와 같은 용어를 사용하여 복수의 서류의 제시를 요구하는 경우, 이 조건은 그 서류 자체에 달리 정함이 없는 한 적어도 한 통의 원본과 나머지 수량의 사본을 제시함으로써 충족된다(동조 e).

5) 은행의 면책

(가) 서류의 효력에 대한 면책

은행은 어떤 서류의 방식, 충분성, 정확성, 진정성, 위조 여부 또는 법적 효력 또는 서류에 명시되거나 위에 추가된 일반 또는 특정조건에 대하여 어떠한 책임도 지지 않는다(UCP 600 §34제1문). 또한 은행은 어떤 서류에 나타난 물품, 용역 또는 다른 이행의 기술, 수량, 무게, 품질, 상태, 포장, 인도, 가치 또는 존재 여부 또는 물품의 송하인, 운송인, 운송중개인, 수하인 또는 보험자 또는 다른 사람의 선의 또는 작위 또는 부작위, 지불능력, 이행 또는 지위에 대하여 어떠한 책임도 지지 않는다(동조 제2문).

(나) 전송과 번역에 대한 면책

신용장에 기재된 방법에 따라서 알림 말, 서신 또는 서류가 전송 또는 송부되는 때, 또는 신용장에 송달 서비스의 선택에 대한 지시 사항이 없어서 은행이 자체적인 판단하에 선정하였을 때, 알림 말의 전송 또는 서신이나 서류의 송부 과정에서 일어나는 지연, 전달 도중의 분실, 훼손 또는 다른 실수로 발생하는 결과에 대하여 은행은 어떠한 책임도 지지 않는다(UCP 600 §35제1문).

지정은행이 제시가 신용장 조건에 일치한다고 판단한 후 서류를 개설은행 또는 확인은행에 송부한 경우, 지정은행의 결제 또는 매입 여부와 무관하게, 비록 서류가 지정은행과 개설은행 또는 확인은행 사이 또는 확인은행과 개설은행 사이의 송부 도중 분실된 경우에도 개설은행 또는 확인은행은 결제 또는 매입을 하거나, 그 지정은행에게 상환하여야 한다(동조 제2문).

은행은 기술적인 용어의 번역 또는 해석에서의 잘못에 대하여 어떠한 책임도 지지 않고 그러한 용어를 번역하지 않고 신용장의 조건을 전송할 수 있다(동조 제3문).

(다) 불가항력 면책

은행은 천재지변, 폭동, 소요, 반란, 전쟁, 테러행위 또는 어떤 파업 또는 직장폐쇄 또는 자신의 통제 밖에 있는 원인에 의한 영업의 중단으로부터 발생하는 결과에 대하여 어떠한 책임도 지지 않는다. 은행은 자신의 영업이 중단된 동안에 만료된 신용장 하에서는 결제 또는 매입을 하지 않는다(UCP 600 §36).

(라) 지시받은 당사자의 행위에 대한 면책

개설의뢰인의 지시를 이행하기 위하여 다른 은행의 용역을 이용하는 은행은 개설의뢰인의 "비용과 위험 하에" 그렇게 하는 것이다(UCP 600 §37a).

개설은행이나 통지은행은 비록 자신의 판단 하에 다른 은행을 선정하였더라도 그가 다른 은행에 전달한 지시가 이행되지 않은 데 대하여 어떤 책임도 지지 않는다(동조 b).

다른 은행에게 용역의 이행을 요청하는 은행은 그러한 지시와 관련하여 발생하는 다른 은행의 요금, 보수, 경비 또는 비용 (이하 "수수료"라 한다) 에 대하여 책임이 있다(동조 c제1문). 신용장이 수수료가 수익자의 부담이라고 기재하고 있고 그 수수료가 신용장대금에서 징수되거나 공제될 수 없는 경우 개설은행은 그 수수료에 대하여 여전히 책임이 있다(동조 c제2문). 신용장 또는 조건변경은 수익자에 대한 통지가 통지은행 또는 둘째 통지은행이 자신의 수수료를 수령하는 것을 조건으로 하여서는 안 된다(동조 c제3문).

개설의뢰인은 외국의 법과 관행이 부과하는 모든 의무와 책임에 대하여 은행에 보상할 의무와 책임이 있다(동조 d).

제 6 장 국제기술이전

제1절 국제기술이전의 현황

　국제거래에서 로열티와 라이선스 수수료 지급으로 측정되는 기술이전은, 지난 20년간 극적으로 증가하였다. 유엔무역개발회의(UNCTAD)에 따르면 기술이전비는 2005년부터 2007년까지 1740억 달러였지만, 2017년에 3330억 달러에 달하였다. 2018년 기준으로 지난 5년간의 기술이전료의 연간 증가율은 약 5%였으나, 그것은 2010년 이래 정체되어 있는 대외직접투자(FDI) 증가율을 1% 이상 초과한다.[1] 물론 선진국들이 기술이전 분야를 지배하고 있어서 2012년 기준 세계의 로열티와 라이선스 수수료의 85%는 미국 (43%), EU의 주요회원국들(31%), 그리고 일본(11%)이 수취하였다.[2]

　기술이전은 지난 십년간 많은 논쟁을 불러 일으켰다. 그 중심에는 중국, 브라질, 인도 등의 경제개발을 위하여 선진국의 기술이 필요한 개발도상국들의 보호되는 정보를 현재의 보유자들의 권리와 수익 동기와 관계 없이 신속하게 그리고 충분히 확보하려는 희망이 있었다.[3]

　개도국들은 값싼 노동을 극대화하여 세계시장에서 경쟁력 있는 상품을 개발할 수 있는 생산공정을 원한다. 자동화기계와 같은 자본집약적 생산공정에 대해서는 상대적으로 관심이 적다. 다국적기업들은 보유하고 있는 전유적 정보를 라

---

[1] UNCTAD, *Handbook of Statistics 2018*, at 20 & 22 (2018).
[2] UNCTAD, *Handbook of Statistics 2013*, at 300 (2013).
[3] Folsom, Gordon & Ramsey(20), p. 333.

이선스나 판매를 통하여 공유할 의사가 있을 수 있지만, 핵심기술을 나누기는 꺼린다.

선진국들은 흔히 다른 선진국들로부터 첨단기술을 획득하기를 원한다. 그 수단방법은 가리지 않는데, 한 예로 과거 IBM의 컴퓨터기술을 절취하려던 일본 기업들의 행위가 FBI에 적발된 적이 있었다. 미국에서는 Office of Export Administration이 전략적 기술 유용을 통제하기 위하여 수출면허 절차를 이용한다. 그러나 노르웨이와 일본 회사들에 의한 면허서류 위조를 통하여 구 소련이 저소음 잠수함 추진장치 기술을 획득한 적이 있다. 또한 1988년 '다목적 무역 및 경쟁력 법(Omnibus Trade and Competitiveness Act)'이 미국 연방의회에서 일본 기업 Toshiba를 타겟으로 입법된 적도 있다.

기술이전을 통제하는 주요 수단은 수출 면허(license)나 franchise 계약이다. 일국의 정보 보유자는 타국의 정보를 보유하는 법적 보호권을 우선 획득한다. 예외가 거의 없이, 지재권은 지리적으로 국내제도의 산물이다. 이것은 세계시장에서 지재권을 획득하는 것이 매우 큰 비용이 소요되게 하는 이유이다.

일단 기술을 획득하면 보유자는 다음에는 타국의 사람에게 그 권리를 수수료를 받고 사용허락한다. 이 정보 공유는 기술의 전유적 통제가 상실되거나 최소한 경쟁자가 출현할 위험을 높인다. 지적 재산의 약탈도 점점 빈발하고 있다. 실로, 어떤 나라에서는 지재권 절취가 경제성장을 위한 개발전략이 되기까지 하였다.

개도국들, 선진국들, 그리고 시장경제가 아닌 국가들은 UNCTAD에서 기술이전을 위한 국제적 행위규범 마련에 합의하려고 시도하고 있다. 그러한 규범에 대한 입장은 나뉘어서 개도국들은 국제적 법적 강제력이 있는 규정이 되어야 한다고 주장하고, 선진국들은 국제적 기술이전에 대한 지침이 되어야 한다고 주장한다.

미국인은 수입기술에 대하여 지급하는 로열티가 자기가 해외에 수출한 기술에서 받는 로열티의 10분의 1에 불과하다는 사실에서 일부 논쟁의 경제효과가 설명된다. 많은 사람들은 국제 기술이전 규범의 개발이 국제적인 선진국과 후진

국간 대화에 가장 중요한 성질이라고 본다. 그러나 아직 실현되지 못하였다. 실로, 세계무역기구(WTO)의 TRIPs협정이 어느 정도 그러한 규범으로서 기능하고 있다.

제2절 WTO 무역관련 지재권협정

I. TRIPs 개요

'세계무역기구(WTO) 설립을 위한 마라케쉬협정'은 부속서(Annex) 1C '무역관련 지적재산권협정(TRIPs)'을 포함하여 1994년 4월 15일 서명되었고 1995년 1월 발효되었다. TRIPs는 기술이전에 수반되는 지적재산권의 국제거래에 적용되는 다자조약이며 전세계 150여개의 WTO 회원국들에게 구속력이 있다. 우리나라에서는 1994년 12월 국회의 동의를 거쳐 1995년 1월 1일부터 발효되었다.

TRIPs는 위조상품의 생산 및 무역 등 지재권 침해에 대한 국제적 벌칙규정과 제재수단의 미비, 컴퓨터 프로그램 등 신기술분야의 지재권 보호 미흡 등의 WTO 출범 이전의 국제무역에 관한 기본규범인 GATT가 갖던 한계를 타결하고 지재권의 국제무역상의 왜곡과 장애를 완화하면서도 지재권 보호가 정당한 무역에 대한 장애가 되지 않도록 명료화하고 신기술분야의 지재권 보호를 위한 규정을 마련하기 위한 것이다.

TRIPs는 7부 73개조로 구성되어 있다. 제1부(일반규정 및 기본원칙)에 파리협약(Paris Convention), 베른협약(Berne Convention), 로마협약(Roma Convention), 워싱턴조약(Washington Convention) 등 지재권 관련 기존 국제협약의 규정을 수용하고(§§1~2), 내국민대우원칙(§3)과 최혜국대우원칙(§4)을 선언하고, 권리소진(exhaustion)에 관한 문제는 협정상 분쟁해결 절차의 대상이 되지 아니한다는 점을 명시하였다(§6).[4]

---

[4] 이에 따라 권리소진을 인정할 수 있게 함으로써 사용허락(license)를 받은 기술 및 상표

제2부는 저작권 및 저작인접권, 상표권, 지리적 표시, 의장권, 특허권, 컴퓨터 집적회로 배치설계권, 미공개정보 등 각 지재권의 취득가능성, 범위 및 사용에 관한 기준에 관하여 규정하고, 모든 종류의 지재권의 사용허가(license) 계약에 있어 반경쟁관행의 통제에 관한 사항을 규정하였다.

II. 지적재산권의 보호

1. 보호대상 지재권

TRIPs는 저작권(copyrights) 및 저작인접권의 보호와 관련하여 전통적인 저작권 보호대상인 문학, 예술창작물 외에도 컴퓨터 프로그램과 자료 편집물(databases 등)도 저작물로서 보호대상에 포함하였고(§10), 컴퓨터 프로그램, 영상저작물 및 음반의 저작권자에게 대여를 허가, 금지할 수 있는 배타적 대여권을 부여하였다(§11). 사진저작물 또는 응용저작물이 아닌 저작물의 보호기간은 자연인의 수명을 기준으로 계산하지 아니하는 경우에는 승인된 발행후 50년 또는 작품 제작후 50년으로 하였고(§12), 음반 제작자 및 실연가의 저작인접권을 50년간 보호하고, 방송기관의 저작인접권을 20년간 보호하고, 또한 음반에 대한 저작인접권은 원칙적으로 베른 협약 제18조를 준용한다고 규정함으로써 소급보호를 인정하였다(§14⑥).

2. 상표권의 보호

TRIPs는 상표권(trademarks)의 보호와 관련하여 상표는 사업자의 상품 또는 서비스를 다른 사업자의 상품 또는 서비스로부터 식별시킬 수 있는 성명, 문자, 숫자, 도형 및 색채로 구성된다고 규정하여(§15) 상표에 대한 최초의 국제적으로 합의된 정의를 제공하였다. 등록된 상표의 소유자는 모든 제3자가 소유자의 동의없이 등록된 상표의 상품, 또는 서비스와 동일 또는 유사한 상품 또는 서비스

를 사용하여 만든 제품을 사용허가를 준 국가에 역수출하거나 제3국에 수출하는 것이 가능하게 되었다.

에 대해 동일 또는 유사한 표지의 사용으로 인하여 혼동의 가능성이 있을 경우, 거래과정에서 이의 사용을 금지할 수 있는 배타적 권리를 가진다고 규정하고 (§16①), 상품 및 서비스에 대해 파리협약 제6조의2를 적용토록 함으로써 등록되지 않은 상표라고 하더라도 널리 알려진 유명상표는 보호하였다(§16②·③).

상표의 보호기간은 7년 이상으로 하되, 무한정 갱신이 가능하도록 하였다(§18). 다만, 정당한 사유없이 3년이상 사용하지 않는 경우 상표의 등록취소가 가능하도록 하였다(§19①).

3. 지리적표시의 보호

TRIPs는 지리적표시(geographical indications)의 보호와 관련하여 상품의 특정 품질, 명성 및 기타 특성이 생산지(기후, 풍토)와 밀접한 관련이 있을 경우 동 생산지를 알리는 표시(예: Feta 치즈, Bordeaux 포도주, Tennessee 위스키)를 지재권으로 보호하고(§22①) 회원국은 이해당사자가 1) 당해 상품의 지리적근원에 대해 대중의 오인을 유발하는 방법으로 진정한 원산지가 아닌 지역을 원산지로 한다고 표시하거나 암시하는 상품의 명명 또는 소개 수단의 사용 또는 2) 파리협약(1967년) 제10조의 2의 의미내에서의 불공정경쟁행위를 구성하는 사용 행위를 금지할 수 있는 법적 수단을 제공하도록 하였다(§22②).

포도주와 주류(wines and spirits)의 지리적표시에 대해서는 추가적인 보호를 규정하여 원산지를 허위로 표시하지 않고, "~종류", "~유형", "~양식", "~모조품" 등으로 표현하는 행위가 대중의 오인을 초래하지 않는 경우에도 금지하였다(§23①). 그러나 상품, 서비스, 포도주의 일반 명칭으로서 통용어에서 관습적으로 사용되는 용어가 되었거나(예: 샴페인, 꼬냑), 또는 선의로 타국에서 장기간 사용하고 있던 지리적 표시는 보호의 예외로 인정할 수 있도록 하였다(§24⑥).

4. 디자인권의 보호

TRIPs는 의장(industrial designs)의 보호와 관련하여 "새롭거나 독창성이 있는 (new or original) 독립적으로 창작된 의장"은 보호하도록 하고, 다만 회원국은 본질적으로 기술적 또는 기능적 고려에 의해 요구되는 의장에는 이러한 보호가 미치지 아니한다고 규정할 수 있도록 하였다(§25①). 보호되는 의장의 권리자는 제3자가 권리자의 동의없이 보호의장을 복제하였거나 실질적으로 복제한 의장을 지니거나 형체화한 물품을 상업적 목적으로 제조, 판매 또는 수입하는 행위를 금지할 권리를 갖는다(§26①). 의장권은 최소한 10년간 보호된다(§26③). 또한 직물의장에 대해서는 그 특성을 감안하여, 회원국에서 심사와 공고 절차를 가능한 간소화하도록 하였으나, 회원국이 이러한 의무를 의장법 혹은 저작권법을 통해 이행할 것인지는 회원국의 자유에 맡겼다(§25②).

5. 특허권의 보호

TRIPs는 특허권(patents)의 보호와 관련하여 "신규성, 진보성 및 산업상 이용가능성"을 가진 "모든 기술분야의 물질과 제법"에 대해 특허로서 보호를 인정하되(§27①제1문), 아래 사항은 특허 대상에서 제외할 수 있도록 하였다:

- 발명의 상업적 이용의 금지가 인간, 동물 또는 식물의 생명 또는 건강의 보호를 포함, 필요한 경우 공공질서 또는 공서양속을 보호하거나, 또는 환경에의 심각한 피해를 회피하기 위하여 필요한 경우(§27②)
- 인간, 또는 동물의 치료를 위한 진단방법, 요법 및 외과적 방법(§27③(가)목)
- 미생물 이외의 동물과 식물의 생산을 위한 생물학적 제법(단, 식물변종은 특허 또는 특별법으로 보호해야 함)(§27③(나)목)

2013년 인도 대법원은 미국 제약사 Novartis가 항암제 Gleevac에 대하여 출원한 특허에 대하여 "ever-greening", 즉 기존 특허발명에 대하여 사소하고(small), 중요하지 않은(inconsequential) 변화를 가한 것으로 간주하여 인도법이 특허부여의 요건으로 요구하는 '개선된 치료효력(improved therapeutic efficacy)'을 증명하지 못하였다고 판시하고 특허를 불허하였다.[5]

특허는 발명지, 기술분야, 제품의 수입 또는 국내생산 여부에 따른 차별없이 허용하여야 하고(§27①제2문), 특허권은 출원일로부터 최소 20년간 존속한다(§33).

---

[5] Folsom, Gordon & Ramsey(20), p. 336.

회원국은 아래 요건에 해당하는 경우 강제실시권(compulsory licensing)[6] 발동이 가능하다(§31본문). 단, 강제실시권을 발동하여 생산한 제품은 주로 국내 시장공급에만 사용하며, 권리자에게는 적절한 보상이 필요하다.
-원칙적으로 동 강제실시에 앞서 사용예정자가 합리적인 상업적 조건하에 권리자로부터 승인을 얻기 위한 노력을 하고 이러한 노력이 합리적인 기간내에 성공하지 아니하는 경우에 한하여 허용될 수 있는데,
-이러한 요건은 국가 비상사태(national emergency), 극도의 긴급 상황(extreme urgency) 또는 공공의 비상업적 사용의 경우에 회원국에 의하여 면제될 수 있다(§31(나)목).

태국 정부는 과거 암, 심장병 및 AIDS 치료제에 관하여 특허의 강제실시권을 발동한 바 있다. 토착민들의 전통의약품에 기초한 제약특허의 정당성에 대하여는 상당한 논쟁이 있으며, 이를 일종의 바이오 해적행위로 보는 견해도 있다. 일각에서는 바이오특허의 원산지를 공시하고 관련 토착민들에게 그 사실을 알리고 동의를 받을 것, 그리고 그 특허의 수익을 분배할 것을 요구하도록 TRIPs를 개정하자는 제안이 있다.[7]

6. 집적회로 배치설계의 보호

TRIPs는 반도체 집적회로 배치설계(layout-designs (topographies) of integrated circuits)의 보호와 관련하여 집적회로에 대한 1989년 워싱턴 조약 내용의 대부분을 수용하고(§35), 배치설계, 배치설계가 포함된 집적회로 또는 이것이 내장된 제품도 보호대상으로 포함하며(§36), 선의의 구매자에 대한 보호를 규정한다(§37①). 즉 IC 배치설계권을 침해한 줄 모르고 IC칩을 구매한 사람이 제조·유통 수출하는 행위는 불법이 아닌 것으로 간주한다. 다만, 권리자가 침해사실을 선의의 구매자에게 통보한 이후에는 이러한 행위를 하는 것이 불법이나, 이런 경우에도 기 주문품과 재고품은 합리적인 사용료를 지급한 후 계속 이용 가능하다.

---

6) 이는 권리자의 승인없이 특허대상의 다른 사용을 허용하는 조치이다.
7) Folsom, Gordon & Ramsey(20), p. 336.

IC 배치설계에 대해서는 특허권과 유사한 강제실시권 발동이 가능하며(§37 ②), IC 배치설계의 보호기간은 등록출원일로부터 또는 세계의 어느 지역에서 발행하였는지에 관계없이 최초의 상업적 이용일로부터 10년 이상이다(§38).

7. 일정한 미공개정보의 보호

TRIPs는 회원국이 불공정경쟁에 대한 효과적 보호를 보장하는 과정에서 아래 요건을 갖춘 미공개정보(undisclosed information)를 보호하도록 한다(§39①·②):

- 전체로서 또는 그 구성요소의 정밀한 배열 및 조합의 형태로서 당해 정보의 종류를 통상적으로 다루고 있는 업계의 사람들에게 일반적으로 알려져 있지 않거나 쉽게 접근될 수 없다는 의미에서 비밀인 것
- 비밀이기 때문에 상업적 가치를 갖는 것, 그리고
- 적법하게 동 정보를 통제하고 있는 자에 의해서 비밀로 유지하기 위한, 그 상황하에서 합리적인 조치의 대상이 되는 것

영업비밀(trade secret)이 이러한 요건하에 미공개정보로서 보호될 수 있다. 반면 노우하우(knowhow)는 상업적으로 가치있는 지식으로서 영업비밀이 될 수도 있고 아닐 수도 있으며, 특허를 부여받을 수도 부여받을 수 없을 수도 있어서 그 경계가 모호하다. 노우하우는 등록에 의하여 배타적 법적 권리를 획득할 수 없고, 공공재와 같아서 일단 공중에 배포되면 누구든지 그것을 이용할 수 있고 회수가 거의 불가능하다. 배타적 권리가 없는 경우에는 노우하우의 비공개성을 보전하는 것이 사업전략상 중요해진다. 누구나 아는 노우하우에 대하여 값을 치를 사람은 없을 것이기 때문이다. 만일 경쟁자가 노우하우에 접근하였다면, 회사의 시장내 위치는 위기에 봉착한다. 극소수의 사람만이 아는 코카콜라 제법이 세계에서 가장 비밀이 잘 보전된 노우하우 비밀인 이유가 거기에 있다.

노우하우는 대체로 계약, 불법행위 및 영업비밀에 관한 법의 기능에 의하여 보호된다. 그러나 종업원이 알고 있는 고용주의 노우하우에 대하여 아무리 공개를 금지하는 계약을 체결하였더라도 퇴직 등의 경우에 노우하우의 누수가 있을

수 있고 법으로 그에 대하여 고용주에게 만족스러운 구제를 제공하기 어렵다. 미국의 '1996년 경제스파이 단속법(the Economic Espionage Act of 1996)'은 외국정부나 그밖의 다른 사람을 위한 영업비밀의 유용에 대하여 형사처벌을 규정하고 있다. 동법은 영업비밀을 유용한 자를 벌금, 몰수 및 징역형에 처하고 특히 영업비밀의 절취에서 얻은 모든 수익과 유용에 사용하거나 사용하려 한 재화(빌딩, 자본재 등)의 몰수를 규정한다.

또한 TRIPs는 WTO 회원국에 대하여 신규 화학물질을 이용한 의약품 또는 농약품의 판매를 허가하는 조건으로 작성에 상당한 노력이 소요된 미공개 실험결과 또는 기타 자료의 제출을 요구하는 경우, 이러한 자료를 불공정한 상업적 사용으로부터 보호하도록 하고 있다(§39③).

8. 지재권남용의 규제

TRIPs는 경쟁을 제한하는 지적재산권에 관한 일부 사용허가 관행 또는 조건이 무역에 부정적 영향을 줄 수 있고 기술이전 및 전파를 방해할 수 있다는 것을 인정하고(§40①), 회원국이 각종 지재권의 사용허락(licence) 계약에 있어서 반경쟁 관행을 통제하기 위하여 특정한 경우에 있어서 관련시장의 경쟁에 부정적 영향을 주는 지적재산권의 남용을 구성하는 사용허락 관행 또는 조건을 자기나라 법에 명시할 수 있도록 허용하고(§40②전단) 회원국의 관련 법률과 규정에 비추어 예를 들어 배타적인 일방적 양도조건, 유효성 이의제기 금지조건, 강제적인 일괄 사용허락 등을 포함하는 이러한 관행을 금지 또는 통제하기 위하여, 이 협정의 그 밖의 규정과 일치하는 범위내에서 적절한 조치를 취할 수 있다고 규정한다(§40②후단).

9. TRIPs 개정

2001년말, WTO의 Doha 라운드 교섭이 개시되었고, TRIPs가 개도국들에 적용되는 문제에 관하여 검토하였다. 또한 Qatar 각료회의에서는 'TRIPs 협정과 공중보건에 관한 성명'이 채택되었다. 동 성명에는 TRIPs 협정은 회원국들의 공중보건 보호를 위한 조치를 금지하지 않으며, 동협정은 회원국들의 공중보건 보호권을 지지하고, 특히 의약품에 대한 접근을 증진하는 방식으로 해석되고 집행되어야 한다는 내용이 담겼다. 그 후 2003년까지 WTO 의약품협정이 위의 각료회의 성명을 실행할 방법에 관하여 최종적으로 마련되었다. 개정 TRIPs 협정은 2005년 12월 6일 의정서(Protocol)에 의하여 개정되어 2017년 1월 23일 발효되었다. 개정 TRIPs 협정은 제31bis조를 신설하여 개도국의 공중보건을 처리하기 위하여 필요한 강제실시 및/또는 특허약의 복제약의 수입이 허용되었다. 미국의 압력으로 멕시코, 싱가포르, 카타르 등의 보다 앞선 개도국들은 국가 비상사태나 극도의 긴급 상황을 제외하고는 강제실시권을 부여하지 않는 안에 동의하였으나 캐나다, 중국, 유럽연합, 인도, 한국 및 그밖의 WTO 회원국들은 그에 반대하였고 약품 제조 능력이 없는 국가들에 대하여 약품의 생산을 허가하였다.

제 7 장 대외직접투자계약

제1절 서론

Ⅰ. 대외직접투자의 의의

1. 대외직접투자의 현대적 형식과 방식

국제통화기금(IMF)은 대외직접투자(FDI)를 "투자자의 국가 외의 경제에서 운영하는 기업에서 지속적인 이익을 획득하기 위한 투자이며, 투자자의 목적은 기업의 경영에서 효과적인 선택을 가지는 것을 유지하는 것"이라고 정의하고 있다.[1] FDI는 "일국의 사업주체에 의한, 자본, 기술 및 기타 자원의 투자를 통하여 획득한, 그 이익을 장기간 소유하는, 해외에서의 기업의 설립이나 인수"로 정의할 수 있다.[2]

1980년대 중반까지는 상품교역이 국가들 사이의 국제거래의 가장 주된 채널이었다. 1950년대, 1960년대, 및 1970년대에 대외직접투자보다 상품수출이 더 빨리 성장하였다. 그러나 1980년대에 이 패턴은 변하기 시작하였고, 대외직접투자(FDI)의 성장률은 상품교역 성장률을 추월하였다. 대외직접투자는 1980년대에 극적으로 상승하기 시작하여 세계경제의 통합이 심화되는 주된 원인으로 되었

---

1) International Monetary Fund, *Balance of Payments Manual* ¶408 (1980).
2) Chow & Schoenbaum(20), p. 16.

다. 1980년부터 2004년까지 24년간 세계 산업생산은 60%, 또는 연간 평균 2% 증가하였다. 수출액으로 표시된 세계교역은 이 기간 동안에 210% 또는 연평균 4.8% 증가하였다. 대외직접투자의 경우에는 증가가 더 극적이어서, 1973년부터 1997년까지 780%, 연평균 9.5% 증가하였다.

대외직접투자는 2007년에 정점에 달하여 3조 달러에 달하였고, 글로벌 불황에 따라 2009년에 1조 2천억 달러로 감소하였다. 그러나 대외직접투자 주식가치는 27조 6600억 달러에서 31조 5200억 달러로 증가하였다.[3]

대외직접투자의 두 가지 주요 범주는 기존 기업의 인수합병(M&A)과 새로운 회사의 설립, 즉 개발투자(greenfield investment)이다. 글로벌 개발투자는 인수합병을 초과한다. 예컨대, 2017년에 개발투자액은 7,200억 달러에 달하였지만, 인수합병은 6,940억 달러였다.[4] 개발투자와 인수합병은 주재국 경제(host economy)에 미치는 영향이 현저히 다르다. 적어도 단기적으로 인수합병은 주인만 바뀌는 것일 뿐 새 생산설비를 설치하지 않기 때문에 주재국에 개발투자 프로젝트와 동일한 발전 편익을 가져오지 않는 것으로 평가된다.[5] 물론 대부분의 외국인 투자자의 인수합병은 그것을 발판으로 한 추가 투자로 이어진다.

전세계의 대외직접투자의 총액은 2018년에 전년보다 13%가 감소하여 13억 달러였다. 그 감소의 원인으로는 2017년 말에 도입된 미국의 조세개혁에 따라 2018년 1/4분기와 2/4분기에 미국 다국적기업들이 그동안 누적된 해외 수익을 대규모로 회수함에 따른 것으로 진단되었다.[6]

종래 대외직접투자의 원천은 미국, EU 및 일본이 선도하는 선진국들이었다.[7] 그러나 선진국들에서의 대외직접투자액이 2019년에 58 퍼센트 감소하는 것과 대조적으로 개도국이나 전환국에서의 FDI 감소폭은 8 퍼센트로 더 완만한 것에서 볼 수 있듯이, 2019년 하반기 이후 개도국의 대외직접투자 총량은 전세

---

3) UNCTAD, *World Investment Report 2018*, at 2 & 20 (2018).
4) *Id.* at 2.
5) UNCTAD, *World Investment Report 2012*, at 6 (2012).
6) UNCTAD, *World Invest Report 2019*, at 10 (2019).
7) UNCTAD, *World Investment Report 2012*, at xi (2012).

계 FDI 가운데 약 3분의 2를 점하고 있다.[8]

2. 대외직접투자 결정

대외직접투자는 대체로 국내에서 성공한 기업이 해외의 대리상이나 배급업자(distributors)를 통하여, 그리고 계약제조(contract manufacturers)를 통하여 사업을 확장하는 방식에서 한 걸음 더 나아가서 직접 해외 자회사(foreign subsidiary)나 합작투자회사(joint venture company)를 세워서 상품의 제조를 하는 방안이다. 대외직접투자를 선택함으로써 해당 기업은 다국적기업이 된다. 대외직접투자는 통상 자본과 그밖의 자원의 주요 장기 약정이다. 다국적기업은 성공적인 대외직접투자 프로젝트를 위해서 막대한 돈을 투자한다. 자본지출도 막대할 뿐 아니라, 성공적인 대외직접투자 프로젝트는 통상 선임경영진과 회사의 핵심 인력들의 가족과 함께 오랜 체류를 위하여 해외로 이동이 필요한 중요한 시간의 투입도 포함한다. 종업원들이 가족과 함께 해외로 배치되는 것의 비용과 해외 현지 종업원들의 병렬적 노동 쟁점은 흔히 중요한 문제이다. 또한 사업실패로 인한 배급관계나 실시허락협정의 종료는 비용과 법적 쟁점을 포함할 수 있다. 해외사업을 해결하고 모든 종업원을 송환하는 것은 해결에 수년이 걸리는 복잡한 법적 문제이다. 대외직접투자의 철수는 또한 흔히 심각한 사업실패로 간주된다. 대외직접투자에 요구되는 비용과 약정의 수준을 감안하면 대외직접투자 결정은 기업의 역사에 분수령이 되는 사건이다.[9]

기업이 대외직접투자를 하는 동기로는 새로운 시장 진출(market penetration), 사업에 대한 관리와 통제의 강화, 지적재산권의 보호, 해외에서의 연구개발(R&D abroad) 그리고 세계경쟁(global competition) 등이 있다.[10] 구체적으로 해외에서 주문을 받아서 수출의 방법으로 상품을 직접 판매하는 경우에는 현지 시장에 대한 정보 부족과 유통망의 결여로 불이익을 받을 수 있다는 점, 대리상/배급

---

[8] UNCTAD, *World Investment Report 2021*, at x (2021).
[9] Chow & Schoenbaum(20), p. 368.
[10] *Id.* at 369~371.

업자를 통하여 또는 계약제조나 프랜차이즈를 통하여 진출하는 경우에는 상표권을 실시자와 공유하고 그 매출액의 일부만을 가맹비, 수수료 등의 명목으로 받게 되는데 만족스럽지 못한 액수일 수 있고, 해외의 지역 배급업자, 판매대리상, 또는 지재권의 실시권자는 공격적으로 해외시장을 경영하려는 능력·자원, 또는 의지가 결여되거나 부족할 수 있다는 점, 지재권을 해외 주체에게 실시허락하는 경우 보안 위반, 부적절한 사용, 침해 및 해적행위(commercial piracy) 등의 위험을 야기할 수 있어서 지재권을 직접 관리하거나 지재권을 실시허락하는 해외 기업의 지분을 취득할 필요가 있는 점, 세계시장에서 브랜드와 기술을 전세계적인 상품 이미지와 일관성을 유지하면서 마케팅할 필요성이 있는 점, 본국에서 개발한 기술을 해외시장에 재적용하는 단계를 넘어서 해외시장의 수요와 환경에 맞추어 새로운 기술을 연구·개발할 필요가 있다는 점, 많은 개도국들은 조세혜택, 외환, 수수료의 리베이트, 토지 임차 우대 제공 등을 시장에 조기에 진입하는 외국투자자에게 제공하고, 시장이 성숙하면 이들 우대 유인들은 점차 감소되고 나중에는 진입이 어려운 진입장벽에 직면할 수 있다는 점 등으로 설명할 수 있다.

Ⅱ. 대외직접투자의 전세계 동향

1. 2020년까지의 성장기

1990년부터 지난 30년간 전세계의 대외직접투자 투자규모는 1990년대 연평균 4151억달러에서 2010년대에는 연평균 1조 3519억 달러였다. 유엔무역개발회의(UNCTAD)가 지난 30년간 대외직접투자와 다국적기업의 활동을 관찰한 바로는 20년간은 급속한 대외직접투자의 성장기였고, 10년간은 침체기였고 대외직접투자는 2010년에 정점에 달하였고, 물리적 생산시설에 대한 대외직접투자는 2010년대에는 정체되었다.11) Covid-19로 인하여 전세계 대외직접투자 총량은 2019년보다 35 퍼센트 감소하여 2020년에 15조 달러였다.12)

---

11) UNCTAD, *World Investment Report 2020,* at xi (2020).

그러한 FDI 성장의 배경은 1990년 이후 30년간의 국제통상체제 구축과 공산권의 체제전환이었다. 1990년대는 1995년 우루과이라운드 발효와 세계무역기구(WTO) 출범, 1993년 유럽연합(EU) 출범, 1994년 북미자유무역협정(North America Free Trade Agreeent: NAFTA) 발효 등으로 우호적인 FDI 환경이 만들어 졌다. 1990년 초 소련 붕괴와 중국의 개방개혁으로 냉전이 끝나고 공산권이 서방 주도의 국제경제체제에 편입되면서 서방의 투자대상 영역이 넓어졌다. 체제전환국들은 WTO와 국제통화기금(IMF)에 가입해 서방주도의 경제체제를 받아들였다. 저임금을 활용해 서방 투자를 유치했다. 중·동유럽은 미국의 멕시코, 일본의 아시아처럼, 유럽의 생산기지가 되었다. 중국은 개방·개혁으로 전세계 투자를 흡수해 '세계의 공장'이 되었다.[13] 1979년 경제적 민주화의 시기에 저개발국이었던 중국은 2010년에 일본을 추월하고 세계 2대 경제대국이 되었다. 2017년 기준 중국의 GDP는 12조 2380억 달러로 세계경제의 15.20%에 달하였다. 같은 해 미국의 GDP는 19조 5900억 달러(세계경제의 24.3%), 일본의 GDP는 4조 8720억 달러(6.1%), EU(28개 회원국)의 GDP는 17조 3130억 달러(21.5%)였다.

투자업종은 제조업보다 서비스업이 대세가 되었다. 전세계 투자를 주도하는 미국, 영국, 프랑스, 독일, 일본 등 경제협력개발기구(OECD) 회원국의 FDI에서 비제조업 비중은 50~80%에 달한다. 기술 발달로 원료비와 생산비의 제조업 부가가치 비중은 줄었지만 연구개발·기술·디자인·마케팅 등의 서비스업은 발전했다. 정치·문화·전략적 이유로 제한·금지되었던 서비스업은 우루과이라운드의 '서비스무역에 관한 일반협정'과 글로벌화로 각국의 투자개방이 확대되었다. 체제전환국들도 비제조업 국영기업의 민영화를 통해 서방의 투자를 받았다. 시장경제체제 전환에 필요한 경영·금융·회계·컨설팅·물류 등과 숙박·오락·문화컨텐츠·관광·소매유통 등에서 서방의 투자를 받았다.[14]

UNCTAD에 따르면 국제 M&A(cross-border M&A)는 1990년 2094건 980억 달러에서 2020년에는 6201건 4750억달러로 증가했다.[15]

---

12) UNCTAD, *World Investment Report 2021*, at x.
13) 이영선(코트라 시카고무역관장), "해외직접투자 축소시키는 신냉전", 내일신문 22면 2022.7.14.
14) 위의 글.

2. 최근의 위기요인들

그러나 2017년 트럼프 행정부는 중국을 표적으로 한 것임을 분명히 하면서, 일방적으로 수입 철강과 알루미늄에 대한 관세를 인상하고, 중국은 주로 농산물인 128개 미국의 수출상품들에 대한 관세를 인상하여 대응함으로써 이른바 미·중 무역전쟁이 시작되었다.[16] 중국은 2017년 기준 미국의 최대 무역상대국으로서 양국의 교역합계는 6360억 달러였고, 중국의 무역흑자액은 3750억 달러였다. 이러한 무역수지가 미국의 대중 제재의 직접적 원인이 된 것으로 보이나, 다른 한편 중국이 무역을 통하여 벌어들인 달러는 미국에 대한 직접투자와 미국 국채 구매에 주로 사용되고 있었던 점에서 이러한 미·중 무역전쟁의 결과 미국에 대한 중국의 대외직접투자는 감소할 것이 분명하다.

2021년 우크라이나 정부군과 친러 분리주의 반군 세력 사이의 국지적 분쟁에서 비롯되어 러시아의 침공으로 발발한 우크라이나 러시아 전쟁, 이에 따른 서방국가들의 대러시아 경제제재와 러시아에서의 서방 기업들의 철수 등 신냉전 대상국에 대한 투자중단이나 회수, 우크라이나에 대한 러시아의 입장에 동조하는 중국에 대한 견제 움직임은 전술한 미·중 무역전쟁과 맞물려 그 파급효과가

---

15) UNCTAD, *World Investment Report 2021*, at 3 (2021).
16) 이후 중국의 국영기업들의 보조금을 제재하기 위하여 미국의 반덤핑 및 상계관세법의 사용과 집행 강화를 명하는 대통령 행정명령이 발해졌고, '1988년 종합무역법(the Omnibus Trade Act of 1988)' 19 U.S.C. §2420, 이른바 수퍼 301조에 따라 중국이 미국 기업의 지재권을 보호하지 않는 것에 대한 보복으로 중국의 600억 달러 상당의 수입품에 대하여 관세를 부과하였으며, '1977년 비상경제수권법(the Emergency Economic Powers Act of 1977)' 50 U.S.C. §1701(a)에 따라 미국 기술기업에 대한 중국의 신투자를 "비상하고 예외적인 위협(unusual and extraordinary threat)"으로 간주하고 차단하기 위한 일방적 조치를 취하였다. 또한 '2015년 무역촉진 및 집행법(The Trade Facilitation and Enforcement Act of 2015)' 19 U.S.C. §4421에 따라 중국을 무역에서의 경쟁상 이익을 얻기 위한 환율조작국 감시대상으로 등재하였다. 중국이 미국의 6백억 달러 상당의 상품에 대하여 25%의 관세를 부과한 것에 대한 보복으로 미국은 중국 수출품 2천억 달러 상당에 대하여 추가로 25%의 관세를 부과하였다. 또한 '외국의 적대자(adversary)'에 대하여 조치를 취하는 것을 허용하는 '정보와 상업적 기술 및 서비스 공급체인에 관한 행정명령(the Executive Order on Securing the Informational and Commercial Technological and Service Supply Chain)'을 발령하고, 미국 상무부는 중국의 테크기업 화웨이(Huawei)를 목록에 올려서, 미국 회사들이 화웨이에게 장비를 판매하거나 기술 이전을 원하는 경우 미국 상무부로부터 허가를 받도록 요구하였다.

확산되는 등 신냉전시대로의 변화를 가져와서 전세계 대외직접투자 규모의 축소를 가져오지 않을지 우려되고 있다.

제2절 대외직접투자의 법적 규율

Ⅰ. 국제투자법

1. 대외직접투자를 보호하는 법제

(1) 전통적 기본틀: 국제사법재판소

본국에서 기업을 하고 있던 투자자는 전술한 대로 대외직접투자를 하는 것에 의하여 다국적기업(MNE), 또는 글로벌기업이 되는데, 흔히 MNE와 투자의 주재국(host country) 사이에 투자 분쟁이 발생하였을 때 분쟁해결을 위하여 이용가능한 법정이 필요하게 된다. 전통적으로 외국투자자의 가장 중요한 관심사의 하나는 주재국이 외국투자자의 투자국내의 사업용 자산을 예상치 못하게 압수 또는 수용(taking, expropriation)할 수 있다는 것이다. 이런 일들이 발생하면, 그런 조치가 행해진 국가의 법원에 호소하는 것은 통상 무익하다. 외국투자자는 원고로서 자국 정부의 도움을 받아 분쟁을 국제연합(UN)의 전문기구인 국제사법재판소(ICJ)[17])에서 해결하기를 시도하는 것이 전통적인 기본틀이었다.

(2) 제도개혁 필요성의 인식

20세기 중엽까지 존재하였던 대외직접투자에 대한 전통적인 국제법적 접근

---

17) ICJ는 상설 국제법원으로서 유엔헌장에 근거하여 1945년 네델란드 헤이그에 설립된 기관이다. 개인은 제소권이 없고 분쟁 당사국들이 합의하여 법원에 제소하여야 관할권을 행사할 수 있으며, 분쟁을 국제법에 따라 재판하는 것을 임무로 한다. 유엔총회 또는 안전보장이사회는 법적 문제에 대해 국제사법재판소에 유권해석을 내려줄 것을 요청할 수 있다.

방법은 실제로 발생한 분쟁에서 그 한계를 노출함에 따라 결국 변경되게 되었다. 제2차세계대전 종전후, 국제사법재판소(ICJ)에 제소된 아래 *Anglo-Iranian Oil Co.*사건[18], *Barcelona Traction* 사건[19] 및 *ELSI* 사건[20]에서 ICJ는 각각 상이한 장애를 언급하면서, 원고의 주재국 정부의 수용에 대한 제소의 청구 본안의 문제를 심리하기를 거부하였다. 국제투자자들은 이에 실망하였고, 이로써 ICJ가 투자분쟁을 효과적으로 해결하는 법정이 될 수 없다는 한계가 드러났다. 따라서 제도개혁의 필요성이 인식되고 개혁 시도가 확산되었다.

Anglo-Iranian Oil Co. 사건(1952)

Anglo-Iranian Oil Co. 사건에서 Anglo-Iranian Oil Company Ltd. (AI)는 영국에서 설립되고 현재는 BP인 정유회사인데, 이란에 대규모 투자를 하였다. 투자금의 일부는 영국 정부의 지원을 받은 것이었다. AI의 사업의 법적 기초는 1933년 4월에 서명된 양여협정(Concession Agreement)이었다. 동협정은 AI에게 이란에서 60년간 이란 정부에 지급되는 상당한 로열티를 대가로 하여 석유 채굴을 할 전속적 권한을 부여하였다. 분쟁은 1953년 3월에, 이란 의회가 석유산업을 국유화하고 국영 석유회사인 National Iranian Oil Company를 창설하는 법률을 제정하면서 발생하였다. AI는 1933년 협정에 규정된 중재조항을 발동하였으나, 이란 정부는 중재를 거부하였다. 이에 영국 정부는 이란 정부를 ICJ에 손해와 일실수익을 배상받기 위하여 제소함으로써 개입하였다. ICJ는 국제사법재판소 규정 제41조 하에서의 권한을 행사하여, 임시구제를 허용하였는데, 그것을 이란 정부는 거부하였다. 이란 정부는 또한 ICJ가 규정 제36(2)조에 따라 관할권을 갖는다는 것을 부정하였다. 이 쟁점은 진화하여 1930년 이란이 발표한 "이 선언의 승인 후에 직접적으로나 간접적으로 이란이 승인한 조약이나 협약의 적용에 관련된 상황 또는 사실과 관련하여 현재의 선언의 만족 후에 발생하는" 모든 분쟁에 대해서 ICJ에게 관할권을 부여한다는 선언과 관련해서도 분쟁이 발생하였다. 영국 정부는 양여협정은 조약은 아니지만, 1930년 선언은 그 선언 후에 발생한 "상황 또는 사실"에 대하여 언급하고 있으므로 ICJ는 관할권이 있다고 주장하였다. 그래서 영국과 이란(Persia) 정부는 1928년 조약을 체결하였는데 이 조약은 이란에서 영국인은 국제법에 적합하게 대우될 것이라고 규정하였기 때문에, ICJ는 관할권이 있다고 하였다.

ICJ는 그러나 9대 5로, 이란은 1930년 선언에서 "조약이나 협약(treaties or conventions)"에

---

18) *Anglo-Iranian Oil Co. Case* (U.K. v. Iran), 1952 I.C.J. 93 (July 22).
19) Case Concerning Barcelona Traction, Light and Power Company (Belgium v. Spain), Second Phase, 1970 I.C.J. 3 (Feb. 5).
20) *Case Concerning Elettronica Sicula S.p.A.* (U.S. v. Italy), 1989 I.C.J. 15 (July 20).

대하여 언급하고, 양여협정은 조약이 아니라 국제법이 아닌 이란 국내법에 따른 사적 계약이므로 ICJ는 관할권을 갖지 않는다고 판시하고 수용 쟁점에 대하여 심리하지 않았으므로, 결과적으로 이란 정부는 이 사건에서 승리하였다.21)

Barcelona Traction 사건(1970)

이 사건에서는 스페인의 카탈로니아 지방에 발전소를 건설하고 전력을 공급하기 위하여 캐나다 토론토에서 1911년에 설립된 지주회사 Barcelona Traction (BT)가 문제였다. 대부분의 BT의 지분은 벨기에인들(일부 자연인, 일부 법인)이 소유하였다. BT는 주로 스페인의 이익을 위하여 채권을 발행하여서 많은 부채를 지게 되었다. 채권자 중 한 사람의 청원에 의하여, BT는 스페인 법원에서 파산 선고되었고, 그 자산은 압류되었다. BT는 그리고 나서 회생을 위하여 구조조정되어 주로 스페인의 이익을 위하여 신주가 발행되었다. BT의 구주주들의 권리에 관한 배상문제에 관한 수년의 교섭 후, 벨기에는 스페인 정부의 BT에 대한 처분을 이른바 "점진적(creeping) 국유화"라고 주장하면서 9천만 달러의 배상을 청구하면서 스페인을 상대로 ICJ에 제소하였다. 벨기에의 ICJ에서의 청구의 근거는 1927년 벨기에와 스페인간의 양여협정이었다. 스페인은 벨기에는 BT가 설립될 때 발기인이 아니었고, BT의 영업소도 벨기에에 없으며 국제법은 외국회사의 주주를 대표하는 국가의 권리를 인정하지 않으므로 원고적격이 없다는 것을 이유로 ICJ의 관할권을 반대하였다. ICJ는 법적 이익이 중요하므로 모든 국가는 그 집행에 법적 이익을 갖지만, 회사투자권은 법적 이익의 범주에 들지 않으므로 벨기에는 외교적으로 BT의 이익을 대표할 수 없고, 국제법은 국가의 권리와 독립된 주주권을 인정하지 않는다고 설명하였다. ICJ는 "국제법은 회사만의 청구를 위한 캐나다 국민 신분을 인정한다."고 판시하였다.22) ICJ는 또한 국제투자에 관한 법적 문제는 "시스템과 이익의 극심한 충돌을 발생시켰다."고 코멘트를 하였다.23)

ELSI 사건(1989)

Elettronica Sicula S.p.A. (ELSI)는 이탈리아 팔레르모에서 전자장비를 제조하는 이탈리아 회사였다. ELSI는 미국의 주요 전자제품 제조회사인 Raytheon Manufacturing Company의 완전자회사였다. 1968년에 Raytheon은 15년간의 ELSI에 대한 자본과 기술의 투자 후에 수익성 없는 실패로 인정하고 ELSI를 폐업하기로 결정하였다. Raytheon은 따라서 사업종료 플랜을 작성하여 그 종업원들에게 통지하였다. 서신이 그 종업원들에게 종료를 전달 한 직후, 팔레르모 시장은 1865년법을 인용하면서, "엄중한 공적 필요성" 때문에 ELSI

---

21) 이 판결로 이란은 사실상 승소하였지만, 이 승리는 미국 중앙정보국(CIA)이 이란을 상대로 1953년에 쿠데타(Iranian coup d'état)에 주된 요인이 되었다.
22) 1970 I.C.J. 3 ¶88.
23) Id. ¶¶89-90.

의 공장에 대한 통제를 취하였다고 하였다. Raytheon은 시장의 명령에 불복하였지만, ELSI의 신임 이사들은 파산을 선언하기로 의결하였고 법원이 선임한 수탁자가 공장과 그 자산을 인수하였다. 6년간 Raytheon은 그 자산을 회수하거나 보상을 받기 위하여 이탈리아 법원에 구제를 신청하였으나 성공하지 못하였다. Raytheon은 결국 미국 국무부의 지원을 요청하였다. 1974년에 미국 국무부는 이탈리아에게 Raytheon을 지지하는 외교문서를 제출하였으나 이탈리아는 4년후에야 청구를 거부하는 회신을 하였다. 외교문서가 오간지 거의 10년이 지나서 미국 국무부와 이탈리아는 사건을 ICJ에 회부하는 데 합의하였다. 미국의 국제적 청구는 이탈리아 지방정부의 조치는 '이탈리아-미국간 우호통상항해조약(the Italia-United States Friendship, Commerce and Navigation Treaty)' 및 그 의정서를 위반한 "creeping 국유화"라는 것이었다. 1989년에 ICJ는 미국에 의하여 제기된 수용과 "취득(taking)"의 문제는 손실이 이탈리아 정부의 행위 또는 ELSI 자신의 경솔한 재무상 결정 중 어느 것에 의하여 발생하였는지 판단할 수 없으므로 동 법정에서 해결할 수 없다고 판시하였다.24) ICJ의 1989년 판결은 분쟁이 발생한 지 무려 21년후에 내려졌다.

2007년 *Ahmadou Sadio Diallo* 사건25)에서 ICJ는 다시 투자와 관련한 외교적 보호의 국제법을 고려하였다. 이 사건은 기니아 국민이고 두 개의 회사의 이사 및 주요주주였던 Diallo의 체포, 억류 및 추방(expulsion)을 포함하였다. 두 개의 회사는 Africacom-Zaire와 Africontainers로서 양자 모두 콩고법에 의하여 설립되었다. 사건은 Diallo가 두 회사의 금전채권을 회수하기 위한 법적 절차를 밟고 있는데 발생하였다. ICJ는 "전통적인 국제법에 따라 국가는 자국민을 위하여 국제적으로 잘못된 법의 위원회에 의한 피해에 관하여 외교적 보호권을 행사할 수 있다"는 것을 인정하였다.26) 따라서 ICJ는 기니아는 Diallo의 두 회사의 주주로서의 직접적 권리와 관련하여 외교적 보호권을 집행할 수 있다는 것은 인정하였다.27) 그러나 ICJ는 이 사건에서 기니아가 두 회사와 관련하여 외교적 보호권을 행사할 수 있었다는 주장은 기각하였다.28) ICJ는 ELSI 사건에서는 미국이 미국 회사를 위하여 청구권을 주장하였으나, ELSI 사건은 전통적인 국제법을 포함하지 않았고, 우호·통상·항해조약에 근거하였다는 점을 이유로 이 사건과 다르다

---

24) 1989 I.C.J. 15, ¶119.
25) *Republic of Guinea v. Democratic Republic of the Congo (DRC),* 46 I.L.M. 712 (2007).
26) 46 I.L.M. 712 at ¶48.
27) *Id.* at ¶64.
28) *Id.* at ¶87.

고 보았다.29) ICJ는 양자 및 다자간 투자협정 때문에 "외교적 보호의 역할은 약간 약화되었다"고 지적하였다.30)

(3) 현대적 국제투자법의 기본틀

ICJ가 국제투자분쟁 해결을 위하여 적절한 제도가 되지 못한다는 점에 대한 인식은 새로운 국제투자법을 위한 기본틀 마련을 위한 개혁을 시도하게 하였다. 이 새 토대는 1) 양자투자협정, 2) 자유무역협정 등의 다자간 무역협정, 3) 국제투자분쟁해결센터(ICSID)의 법과 중재판정 등을 통하여 지난 50년간 건설되어 왔고 이 분야의 법을 크게 변화시켰다.

1) 양자투자협정

국제투자법의 주요 법원은 오늘날 양자투자협정(BITs)이다. 투자를 위한 기준들은 1959년의 양자조약에서 처음 개발되었는데,31) 최초의 역사적 양자조약은 '투자촉진 및 보호협정(Treaty for the Promotion and Protection of Investments)'과 그 의정서 및 외교문서의 교환이었다.32) 이 작은 출발로부터 현재 전세계에서 발효된 양자조약들의 네트워크가 성장하였다. 2022년 현재 해외투자와 투자자의 보호라는 주요 목표하에 전세계에서 3천개 이상의 양자조약이 발효되어 있다. 우리나라의 경우 1960년 2월 19일 대한민국 정부와 미국 정부간의 교환각서 교환에 의하여 발효된 '한미투자보장에 관한 협정'(조약 제55호)이 최초의 양자투자협정이며,33) 2010년 5월 24일 서명되어 2021년 4월 7일 발효된 '한-짐바브웨 투자보호협정'(조약 제2473호)이 가장 최근에 발효된 양자투자협정이다.

미국의 경우 2021년 현재 1982년 서명되어 1991년 5월 30일 발효된 '미국-파

---

29) Id. at ¶88.
30) Id.
31) Hermann Abs & Hartley Shawcross, Draft Convention on Investments Abroad, in The Proposed Convention to Protect Private Foreign Investment: A Round Table, J. Pub. L. 115, 116~118 (1960).
32) Ger.Pak., Nov. 25, 1959, 457 U.N.T.S. 23.
33) 동 협정은 1965년 4월 16일 각서 교환으로 수정되었다.

나마 간 양자투자협정(U.S.-Panama Bilateral Investment Treaty)'을 포함하여 47개의 BITs가 발효중이다. 미국 국무부는 BITs의 목표를 1) 해외투자의 보호, 2) 사적 투자를 공개적이고, 투명하고, 비차별적인 방식으로 취급하는 시장지향적 국내정책들의 채택을 촉진하고, 3) 이들 목적과 부합하는 국제법 기준의 발전을 지원하는 것으로 설정하고 있다.[34]

양자조약의 전신의 하나는 오랫동안 무역과 투자에 관한 국제법의 주요수단이었던 '우호·통상·항해협정(TFCN)'이었다. 그러나 대체로 양자투자협정의 증가로 인하여 각국은 1970년대 이래로는 TFCN을 더 이상 체결하지 않고 있다.

때때로 대외직접투자의 허가와 보호를 위한 기준에 초점을 맞춘 다자간 투자조약의 체결로 양자 수준이 아니라 국제적 차원에서 투자를 규제하려는 시도가 행해져 왔다. 그러나 이들 시도는 결실을 맺지 못하였다.[35] 1994년 'WTO 무역관련 투자수단협정(TRIMs)'은 무역관련 사항만을 목적으로 하지만, 유일하게 성사된 투자에 관한 다자조약이다.

모든 양자투자협정은 대체로 유사한 적용범위를 갖고 있다. 당연히 체약국 사이에만 법적으로 구속력 있는 협정이다. 모든 양자투자협정은 투자자들을 위한 여섯 가지 핵심 편익을 갖고 있다.[36]

첫째, 외국인 투자와 투자자는 내국인대우(National Treatment: NT) 및 최혜국대우(Most-Favored Nation: MFN)를 부여받는다. 즉 모든 외국투자는 최소한 국내투자만큼 우호적 취급을 받아야 하고 모든 외국투자는 어떤 국가로부터의 것이든 평등하게 대우받는 것을 보장한다.

둘째, 투자관련 자금의 주재국으로부터 및 주재국으로의 이전가능성이 지체 없이 그리고 시장환율을 사용하여 보장된다.

셋째, 기업의 설립과 행위의 조건으로서 지역연고제(local content targets) 및 수출 쿼터제와 같은 이행요건은 허용되지 아니한다.

---

34) U.S. DEP'T OF STATE (2021), http://www.state.gov.
35) OECD의 1967년 '외국자산의 보호에 관한 협약 초안(draft Convention on the Protection of Foreign Property)'과 1995년 'OECD 후원 다자간 투자협정(the OECD-sponsored Mulitilateral Agreement on Invest)'은 모두 좌초하였다.
36) Chow & Schoenbaum(20), p. 383.

넷째, 투자자들은 자기들이 선택한 경영인력을 고용할 권리가 부여된다.

다섯째, 투자분쟁은 국제중재에 따른다.

마지막으로, 주재국의 투자 수용에 대한 명백한 한계가 수립되어 있고 수용이 발생할 때 "신속하고, 적절하고 효과적인" 보상 또는 "정당한(just)" 보상의 지급이 보장된다.[37] 이는 후술하는 Hull 공식의 수용이다.

2) 자유무역협정과 관세동맹

북미자유무역협정(NAFTA)과 그것을 대체하여 2020년 7월 발효된 USMCA[38]와 같은 지역내 자유무역협정(FTAs)과 정치·경제공동체로서 결성된 유럽연합(EU) 구성 조약도 대외직접투자에 대한 보호조항을 포함하고 있다.

NAFTA는 미국이 인접국들인 캐나다 및 멕시코와 맺은 자유무역협정으로 시장접근, 최혜국대우(MFN), '공정하고 형평에 부합하는 대우(FET)', 노동과 환경에 관한 의무, 외국인 투자 수용에 대한 보상 요건 등의 보호, 에너지·석유화학·농업·식품안전·통신·금융서비스·독점·국영기업·경쟁정책에 적용되는 특별한 규칙을 갖고 있고, 수출상과 국내산업에 대하여 국가의 무역구제책 조사 결과에 대하여 독립적이고 객관적인 양국 위원회에 이의신청하는 제도, NAFTA의 이행이나 해석에 관한 분쟁을 해결하는 3단계 분쟁해결 메카니즘(제1단계는 분쟁 당사자들 사이의 상담이며, 제2단계는 분쟁을 3국의 무역담당 장관으로 구성된 NAFTA 자유무역위원회로 회부하는 것이며, 3단계는 특정 패널에 의한 구속력 있는 중재 회부이다) 등을 포함하고 있다.[39]

USMCA는 "NAFTA 2.0"으로도 알려져 있는데, 지적재산권과 디지털 무역과 관련하여 25년된 NAFTA를 현대화하는 내용을 담고 있고, '캐나다-멕시코 포괄

---

[37] B.M. Clagett, *Just compensation in international law: the issues before the Iran-United States claims tribunal*. In: R.B. Lillich (ed.) 4 *The valuation of nationalized property in international law*, 31 (1987); M. Mohebi, *The international law character of the Iran-United States Claims Tribunal*, pp. 325~327 (1999).

[38] 도널드 트럼프 미국 대통령은 NAFTA이 미국인의 일자리를 뺏는다며 2017년 8월 상대국들과 재협상을 시작했고, 발효된 지 24년 만인 2018년 9월 30일 새롭게 합의한 무역협정을 USMCA라고 명명했다.

[39] Folsom, Gordon & Lopez(00), pp. 286~293.

적진보적환태평양동반자협정(the Comprehensive and Progressive Trans-Pacific Partnership: TPP-11)'로부터 여러 용어를 차용하였다. NAFTA와의 주된 차이는 환경 및 노동 규제가 강화되었고, 캐나다와 멕시코 자동차 부품에 대한 쿼터제를 통하여 미국의 자동차 생산을 증대하기 위한 유인이 강화되었으며, 캐나다의 낙농시장에 대한 접근이 더 보장되었고, 미국 상품을 구매하는 캐나다인들에 대한 면세한도를 증액하였다.

관세 및 비관세장벽의 제거를 목적으로 하는 무역에 관한 다자협정인 1947년 '관세 및 무역에 관한 일반협정(GATT)' 및 Tokyo Round(1973-1979), Urguay Round(1986-1994) 등의 GATT 후속 협상들은 마침내 1994년 '세계무역기구(WTO) 설립을 위한 마라케시협정'의 체결로 이어졌다. 그러나 선진국들은 이러한 시도가 주로 선진국의 관세율 저하로만 이어졌다는 점에서 불만을 표하고 양자협정이나 지역내 자유무역협정의 체결에 치중하고 있다. NAFTA는 이러한 배경에서 체결된 것이다.[40]

유럽연합(EU)의 기초가 된 EU 창설에 관한 마스트리트조약(the Maastricht Treaty)(1993)은 원래 EU를 3부분의 구성으로 구성하였다. 제1지주는 유럽공동체를 창설하는 기존 조약들로서 1957년 로마조약(the European Economic Community Rome Treaty)의 개정본(the European Community Treaty)[41] 및 1957년 유럽원자력공동체조약(the EURATOM Treaty)을 포함한다. 제2지주는 마스트리트조약의 제11조부터 제28조까지로서 공동의 외교 및 안보정책을 수립하는 규정을 포함한다. 제3지주는 마스트리트조약 제29조부터 제45조까지로서 형사정책 및 사법적 협력에 관한 규정들을 포함한다. 마스트리트조약은 수차례 중요한 개정이 있었는데, 특히 암스테르담조약(1999년 발효), 니스조약(2003년 발효) 및 리스본조약(2009년 발효)이 중요하다. 리스본조약은 유럽공동체조약의 명칭을 '유럽연합기능조약(TFEU)'으로 개정하고 기존 EU의 세 지주 구조를 폐지하고 EU에 단일 국제법인격을 부여하면서 유럽연합이사회, 유럽위원회, 유럽의회 등

---

40) Folsom, Gordon & Lopez(00), pp. 2~5.
41) 세번째 조약 공동체인 1951년 유럽석탄철강공동체(the European Coal and Steel Community of 1951)는 2002년에 실효되었고, 그 기능은 the EC Treaty로 배정되었다.

의 EU 기구들과 의사결정절차를 강화하고 있다.

우리나라는 1989년 설립된 아시아태평양경제협력체(Asia Pacific Economic Cooperation: APEC) 회원국이다.[42] APEC은 그 자체 자유무역협정이나 경제동맹은 아니지만 APEC 회담은 회원국 지도자들에게 비공식적으로 무역 자유화와 투자, 환경, 근로기준, 교육 및 질병예방 및 통제 등을 포함한 역내의 주요 문제들을 논의할 수 있게 하는 논단이 되어왔다.

우리나라는 2004년 한국-칠레 FTA를 시작으로 싱가포르(2006), 스위스(2006), 노르웨이(2006), 페루(2011), 미국(2012/2019)[43], 터키(2013/2018), 호주(2014), 캐나다(2015), 유럽연합(EU)(2015), 중국(2015), 베트남(2015), 뉴질랜드(2015), 콜롬비아(2016), 유럽자유무역연합(EFTA)(2017), 코스타리카·엘살바도르·온두라스·니카라과·파나마(2019), 영국(2021)과의 자유무역협정이 발효되었으며, 2020년 11월 15일 동남아시아국가연합(ASEAN)[44] 회원국 및 호주·중국·일본·뉴질랜드와 지역 자유무역협정인 '역내 포괄적 경제동반자 협정(Regional Comprehensive Economic Partnership Agreement)'(조약 제2498호)을 체결하여 2022년 1월 1일 발효되었다.

3) ICSID 협약

1960년대에 세계은행(World Bank)은 개도국에 대한 투자 확산을 위하여 국가들 간의 분쟁만이 아니라 민간 투자자들과 주재국 정부간의 분쟁을 해결하기 위한 조정·중재 시스템을 창설할 계획을 수립하였다. 그 결과가 1965년의 '국가와 타방국가 국민간의 투자분쟁의 해결에 관한 협약(Convention on the Settlement of Investment Disputes Between States and Nationals of Other States)'의 체결이었다. 이 협약은 세계은행의 일부로서 '투자분쟁의 해결을 위한 국제본

---

[42] 호주, 브루나이, 캐나다. 칠레, 중국, 홍콩, 인도네시아, 일본, 한국, 말레이시아, 멕시코, 뉴질랜드, 파푸아 뉴기니아, 페루, 필리핀, 러시아, 싱가포르, 대만, 태국, 미국, 베트남 등이 회원국이며, APEC 회원국들은 전세계 수출입의 약 반을 점한다.
[43] 2018년 미국 트럼프 행정부의 요청으로 재협상을 통하여 개정되어 2019년 발효되었다.
[44] 1967년 창설된 경제공동체로서 회원국은 인도네시아, 말레이시아, 필리핀, 싱가포르, 태국, 브루나이, 베트남, 라오스, 미얀마, 캄보디아, 동키모르 등이다.

부(ICSID)'를 설립하였기 때문에 일반적으로 'ICSID 협약' 또는 '워싱턴협약'으로 알려져 있다.45)

ICSID 협약의 주요 이점은 채약국의 민간 투자자들이 직접 주재국 정부에 대하여 중재제소를 할 수 있다는 것이다(동협약 §§1②·25①). 이것은 ICJ의 경우 국가간 제소만이 허용되던 것에 비하여 진일보한 것이다.

투자분쟁의 해결을 위한 국제본부(이하 '본부'라 한다)는 국제부흥개발은행(IBRD)의 주사무소에 소재한다(동협약 §2). IBRD는 1944년에 설립된 국제금융기구로서 워싱턴 D.C.에 소재하고 있다.46)

운영이사회(The Administrative Council)는 각 체약국 대표들이 모인 기구로서 IBRD 총재(president)가 당연직 의장이며(동협약 §5조), 본부의 행정규칙과 재정규칙, 조정 및 중재 절차 재정을 위한 의사규칙, 조정 및 중재 절차를 위한 규칙(이하 조정규칙 및 중재규칙이라 한다)의 채택, 본부의 수입, 지출의 연간 예산의 채택 등의 권한을 갖고 있다(동협약 §6).

ICSID 사무처(the Secretariat)는 1명의 사무총장(Secretary-General)과 1명 또는 그 이상의 사무차장 및 직원으로 구성된다(동협약 §9). 사무총장과 사무차장은 운영이사회가 의장의 지명에 의하여 동 이사회 이사 3분의 2 이상의 다수결에 의하여 6년을 초과하지 아니하는 임기로 선출된다(동협약 §10①).

조정위원단(the Panel of Conciliators)과 중재위원단(the Panel of Arbitrators)은 협약 제13조부터 제16조까지의 자격이 있는 위원으로 구성된다. 예컨대, 각 체약국은 각 패널에 꼭 자국민일 필요는 없는 4인씩 지명할 수 있고, 의장은 각 위원단에 10명을 지명한다(동협약 §13). 위원은 높은 덕망이 있고 법률, 상업, 산업이나 재정의 분야에 있어 서 공인된 자격이 있으며, 독립하여 판결할 수 있다고 신뢰를 받는 자라야 한다. 특히 중재위원의 경우 법률분야에 있어서의 자격이 특히 중요하다(동협약 §14①). 의장은 위원단에 복무할 자를 지명함에 있어서 이

---

45) 1965년 3월 18일 채택된 이 협약은 우리나라에서 조약 제234호로 1967년 3월 23일 발효되었다.
46) IBRD는 세계은행의 자금대출기관으로서 설립 당시에는 2차 세계대전으로 파괴된 유럽국가들의 복구를 위한 금융지원을 하였고, 이후 중위소득 개도국들에 대한 금융을 지원하고 있다.

에 부가하여 세계의 주요한 법제도와 경제활동의 주요 형태를 위원단에 대표하는 사람으로 지명할 것이 요구된다(동협약 §14②). 위원단의 위원의 임기는 6년이며 연임할 수 있다(동협약 §15①). 위원단의 위원의 사망이나 사직의 경우에는 그 위원을 지명한 당국은 그 위원의 잔여 임기동안 복무할 다른 자를 지명할 권한을 가진다(동협약 §15②). 한 명의 위원이 조정위원단과 중재위원단의 위원으로 복무할 수 있다(동협약 §16①).

본부의 관할 사건은 "분쟁 당사자가 본부에 제소할 것을 서면상으로 동의한 분쟁으로서 체약국(또는 당해 체약국에 의하여 본부에 대하여 지정한 동 체약국의 하부조직이나 기관)과 타방체약국의 국민간의 투자로부터 직접적으로 발생하는 모든 법적 분쟁"으로까지 확장되어 있다(동협약 §25①). 그런데 ICSID 협약은 "투자"를 정의하지 않고 있다. 따라서 만일 본부의 관할이 다투어지면, 절차의 최초 국면에서 관할 문제를 결정해야 한다. 협약 제41(1)조는 중재재판소가 결정한다고 하고 있다.

2013년 *Philip Morris* 사건[47)]에서는 우루과이가 담배의 판매와 포장에 관하여 규율하는 세 가지 공적 보건 조치를 발령하였고, 원고 Philip Morris Corporation 의 스위스 자회사들은 그 조치들이 자기들의 투자가치를 훼손하고 스위스-우루과이 양자투자협정의 규정을 위반했다고 주장하였다. 중재재판소는 "투자" 관할 쟁점을 중재재판소가 2003년 Salini 사건[48)]에서 언급한 다분지의 Salini 기준에 따라 검토하였다. Salini 기준은 투자는 1) 경제적 기여, 2) 일정한 유효기간, 3) 위험의 인수, 4) 주재국의 경제발전에 대한 기여, 및 5) 수익과 경제적 대가의 실현을 포함한다고 하였다. *Philip Morris* 사건에서, 중재재판소는 그 투자가 주재국의 경제발전에 기여하는지 여부의 쟁점에 집중하였다. 우루과이에서 흡연관련으로 5,000여명의 사람이 사망하였고, 흡연 질환의 직접적 보건비용이 매년 1억 5천만 달러에 달하기 때문에, 담배회사들의 투자는 우루과이의 경제발전을

---

47) *Philip Morris Brands Sàrl v. Oriental Republic of Uruguay*, ICSID Case No. ARB/10/7, Decision on Jurisdiction (July 2, 2013).
48) *Salini Costruttori S.p.A. v. Kingdom of Moroco*, ICSID No. ARB/00/4, Decision on Jurisdiction, ¶52 (July 23, 2001), 6 ICSID Rep. 400 (2004), 42 I.L.M. 609 (2003).

해쳤고, 계속하여 해치고 있다는 우루과이 정부의 주장에 중재법정은 무엇이 경제발전을 구성하는지에 대한 사후적 사실분석에 정사하는 것을 거부하고 투자는 투자로서의 성질을 잃지 않으면서 한 나라를 위하여 유용할 수도 있고 유용하지 않을 수도 있다고 판정하였다.

본부의 조정이나 분쟁이 개시되기 위해서는 분쟁 당사자들이 본부에 서명한 동의서를 제출해야 하며, 당사자들이 동의서를 제출하면 일방적으로 철회할 수 없다(동협약 §25①). 그러한 동의는 양자투자협정(BIT) 자체(체약국의 경우) 또는 그밖의 협정에 포함되어 있을 수 있다.

조정 절차를 제기하고자 하는 어느 체약국이나 어느 체약국의 국민은 이러한 취지의 요청서를 서면으로 사무총장에게 제출하여야 하며 사무총장은 요청서의 사본을 타방당사자에게 송부하여야 한다(동협약 §28①). 요청서에는 분쟁중의 문제, 당사자의 신원사항과 조정 및 중재 절차를 제기하기 위한 규칙에 따라서 조정 제기에 대한 동의 등에 관한 제 정보가 포함되어야 한다(동조 ②). 사무총장은 요청서에 포함된 정보에 의하여 그 분쟁이 명백히 본부의 관할권외라고 인정하는 경우가 아닌 한 요청서를 등록하여야 한다(동조 ③).

조정위원회는 제28조에 따라 요청서가 등록된 후 가능한 한 조속히 구성되어야 한다(동협약 §29①). 조정위원회는 당사자가 합의한 바에 따라 임명된 1명의 또는 홀수의 조정관으로서 구성된다(동조 ②(가)목). 당사자가 조정관의 수와 그의 임명방법에 관하여 합의하지 아니한 경우에는, 조정위원회는 각 당사자가 임명하는 1명의 조정관과 그 위원회의 위원장이 될 자로서 당사자의 합의에 의하여 임명될 제3의 조정관의 3명의 조정관으로써 구성된다(동조 ②(나)목).

투자 청구의 중재가능성은 당사자들 사이의 협정과 관련 BIT에 의하여 통제된다. 대부분의 BIT는 우선 국내 행정적 및 사법적 구제에 호소할 것을 요구하지만, 이 요구는 중재재판소에 의하여 포기된 것으로 간주된다.

중재소송절차를 제기하고자 하는 체약국이나 체약국의 국민은 서면으로 이와 같은 취지로 사무 총장에게 요청서를 송부하여야 하며 사무총장은 동 요청서의 사본을 타방당사자에게 송부하여야 한다(동협약 §36①). 요청서에는 분쟁중의 문제, 당사자의 신원사항 및 조정과 중재소송절차를 제기하기 위한 규칙에 따라서 중재 제기에 대한 동의 등에 관한 제 정보가 포함되어야 한다(동조 ②). 사무총장은 요청서에 포함된 정보에 의하여 그 분쟁이 명백히 본부의 관할권외라고 인정하는 경우가 아닌 한 그 요청서를 등록하여야 한다(동조 ③).

중재재판소는 제36조에 따라 요청서의 등록 후 가급적 신속히 구성되어야 한다(동협약 §37①). 중재재판소는 당사자가 합의하는 1명의 또는 홀수의 중재관으로써 구성되어야 한다(동조 ②). 당사자가 중재관의 수와 그의 임명방법에 관하여 합의하지 아니한 경우에는, 중재재판소는 각 당사자가 임명하는 1명의 중재관과 재판장이 될 자로서 당사자의 합의에 의하여 임명될 제3의 중재관의 3명의 중재관으로서 구성되어야 한다(동조 ③). 중재관의 과반수는 분쟁 당사자인 체약국 및 그의 국민이 분쟁 당사자인 체약국 이외의 국가의 국민이어야 한다(동협약 §39전단). 그러나, 1명의 중재관이나 중재재판소의 각 재판관이 당사자의 합의에 따라 임명된 때에는 그럴 필요가 없다(동조 후단).

결국 본부는 직접 분쟁을 해결하거나 조정하지 않고 다만 각 사건마다 지정된 중재재판소나 독립된 조정위원회에 그 규정과 절차를 제공한다. 따라서 본부의 업무는 행정적인 것에 국한된다. 이는 ICSID 분쟁해결장치를 통해 개인이 국제적인 영역에서 투자유치국과 분쟁당사자로서 대등한 지위에 설 수 있도록 하며 전통적인 국제투자분쟁 해결방식, 즉 투자자의 본국이 투자 유치국을 상대로 외교보호권을 행사하는 국가 대 국가의 분쟁해결 방식에 의하는 경우 투자자의 권리구제가 보장되지 않던 것을 방지한다. 그러나 본부는 민간투자자들을 보호하기 위한 실체적 규칙을 규정하고 있지 않고, 분쟁 당사자들이 해당 투자와 관련된 실체적 규칙을 합의해서 정할 수 있도록 한다. 즉, ICSID에 제기된 분쟁과 관련해서 적용할 실체적 규칙에 대하여 분쟁 당사자들의 합의가 없는 경우에는 중재재판소가 협약 제42조에 따라서 투자유치국의 법령과 국제법 규칙을 적용하게 된다.

2014년 *BG Group* 사건49)에서 미국 연방대법원은 법원은 지리적 소송요건에 대한 중재재판소의 판정을 어느 정도 존중하여야 하는가 하는 문제에 관하여 결정하였다. Roberts 대법원장과 Kennedy 대법관은 소수의견이었지만, 연방대법원

---

49) *BG Group PLC v. Republic of Argentina*, 134 S.Ct. 1198 (2014).

의 다수의견은 중재의 계약적 성질 때문에 당사자들이 중재재판소가 중재의 이용의 의미와 전제조건에 관한 다툼을 결정하게 하려는 의도였다고 추정된다고 결정하였다. 따라서 법원의 관할의 전제요건 심사는 중재재판소의 결정을 크게 존중하는 것이어야 하고, 오직 중재재판소의 결정이 당사자간의 중재협정의 해석 및 적용에서 이탈하고 정의롭지 못한 경우에 한하여 법원은 개입하여야 할 것이라고 하였다.50) 따라서 연방대법원은 이 사건에서 아르헨티나의 외국 투자자는, 사정을 종합하면, 지리적 소송요건을 준수할 의무에서 면제된다고 한 중재판정은 법원에 의해서 방해될 수 없다고 판결하였다.

ICSID의 중재에 적용가능한 실체법은 원칙적으로 당사자가 합의하는 법률이고, 이러한 합의가 없는 경우에는 때에는 분쟁 체약당사국의 법률(법률의 충돌에 관한 동국의 규칙을 포함한다) 및 적용할 수 있는 국제법의 규칙을 그 분쟁에 적용하여야 한다(동협약 §42①). 중재재판소는 법의 부존재나 불명을 이유로 명확하지 않다는 판결을 내릴 수 없다(동조 ②). 또한 ICSID의 중재법정은 당사자가 합의하는 경우 "형평과 선의 원칙에 따라(ex aequo et bono)" 분쟁을 결정할 권한을 가진다(동조 ③).

중재판정에 대하여 항소가 없더라도, 각 당사자는 다음 중 하나 이상의 이유로 사무총장 앞으로 신청서를 제출하여 판정의 무효를 요청할 수 있다(동협약 §52①):

 (가) 중재재판소가 적절히 구성되지 아니하였을 때
 (나) 중재재판소가 명백히 그의 권한을 이탈하였을 때
 (다) 중재재판소의 재판관에 독직이 있을 때
 (라) "기본적인 심리 규칙(fundamental rule of procedure)"으로부터 중대한 이탈이 있었을 때, 또는
 (마) 판정서에 그의 근거되는 이유를 명시하지 아니하였을 때

위의 다목은 중재위원의 일부에게 수뢰(corruption)가 있었던 경우를 말한다. 당사자의 판정 무효 신청은 판정이 내려진 날로부터 120일 이내에 이를 하여

---

50) *Id.* at 1213.

야 한다(동조 ②본문). 다만, 독직을 이유로 무효를 요청한 때에는 독직을 발견한 날로부터 120일 이내에 그리고 어떠한 경우라 할지라도 판정이 행하여 진 날로부터 3년 이내에 이러한 신청을 하여야 한다(동항 단서).

요청서를 접수하면 의장은 즉시 3명으로 구성된 특별위원회를 중재위원단으로부터 임명하여야 한다(동협약 §52③). 특별위원회는 중재 절차에 준한 절차를 통하여 판정 취소 신청에 대하여 판정한다(동협약 §52④). 만일 중재 판정이 무효로 된다면 그 분쟁은 어느 일방 당사자의 요청에 따라 본장 제2절의 규정에 따라 구성되는 새로운 재판소에 제출되어야 한다(동협약 §52⑤).

4) 투자자-국가간 분쟁해결절차(ISDS)

1960년대부터 세계 대부분의 국가들의 투자정책수단은 국제투자의 자유화(liveralization), 촉진(promotion), 간편화(facilitation)를 지향하여 왔다.[51] 2003년부터 2018년까지의 기간 동안, 국가의 투자정책에 따라 행해진 새로운 조치들의 경향은 항상 자유화·촉진 목적의 조치들의 수가 제한·규제 목적 조치들의 수를 능가하였다. 다만, 그 차이가 2003년에는 113대 12로 9배 이상 차이나던 것이 2018년에는 66대 34로 접근하였다.[52]

사실상 모든 국가는 통상 양자투자협정(BIT)과, 보통 BIT의 규정을 그대로 반영하는 규정들을 투자에 관한 장에 포함시키는 자유무역협정 및 무역우대협정들을 체결하여 왔다. 2018년 현재 전세계 국가들이 체결한 국제투자협정(IIAs)의 수는 총 3,317개이고 이는 2,932개의 BITs와 385개의 그밖의 IIAs, 즉 투자규정을 포함하는 양자 및 지역 자유무역협정으로 구성되었다.[53] 이들 IIAs의 중요한 측면은 투자자들에게 국제법 하에서의 보호를 제공하는 절차적 및 실체적 규정을 통하여 국제투자를 유인하고 촉진하려는 것이다. 절차적 수준에서, 채택된 주요 메카니즘의 하나는 '투자자-국가간 분쟁해결절차(ISDS)'의 도입이다. ISDS는 사적 투자자가 그것에 의하여 주재국 정부를 상대로 국제적 청구를 제소하

---

51) Chow & Schoenbaum(20), p. 386.
52) UNCTAD, *World Invest Report 2019*, at 84 (2019).
53) *Id.* at 99.

고, 그 사안에 대하여 법적으로 구속력 있는 결정을 내릴 수 있는 권한을 가진 국제중재패널의 심리를 받는, 국제공법 분쟁해결 절차이다. ISDS의 목적은 투자자에게 인정된 법의 원칙에 따라 모든 분쟁을 해결하는, 공평하고 객관적인 중재법정을 제공하는 것이다. ISDS는 따라서 국가 대 국가간 분쟁해결을 대체하고, 대부분의 사건에서 국가의 국내사법제도를 우회한다. IIAs내의 ISDS 규정들은 통상 중재가 ICSID 협약에 따른 투자분쟁의 해결을 위한 국제본부(ICSID) 또는 ICSID Extended Facility Rules, UNCITRAL Rules, 또는 스웨덴의 스톡홀름 상공회의소(the Stockholm Chamber of Commerce)의 중재규칙[54] 등과 같은 국제절차규칙들에 따라 수행되어야 한다고 규정한다.

국제투자자를 보호하는 ISDS 분쟁해결시스템과 WTO의 국제무역에서의 분쟁해결시스템의 차이는, 전자는 사적 투자자가 국가를 직접 제소할 수 있지만, 후자는 오직 WTO 회원국만이 다른 회원국을 상대로 직접 절차를 개시할 수 있다는 점이다.

나아가서, ISDS에서 적용가능한 법원칙은 국가의 국내 실체법이 아니고, 국제법 규정과 기준이다. IIAs내의 실체적 국제법원칙을 규율하는 원칙은 ① '내국인 대우(NT)', ② '최혜국 대우(MFN)', ③ '공정하고 형평에 부합하는 대우(FET)', ④ 최저 대우기준, ⑤ 신속하고, 적절하고 효과적인 보상 없이는 수용이 없다는 원칙, ⑥ 자본의 자유 이동, ⑦ 대우의 투명성 등이다.[55] 그밖에 '완전한 보호 및 안전(FPS)'도 많은 IIAs에 포함되는 원칙의 하나이다.[56]

FET의 의미가 무엇인지는 국제법상 확립된 개념이 존재하지 않지만 학자들은 '자의성과 차별성의 배제, 절차적 정당성, 그리고 투명성과 정당한 기대, 그리고 신의성실의 원칙'[57], 투자자가 획득하는 권리에 관한 '기본적 법제의 안정

---

54) 네덜란드 헤이그에 있는 상설중재법원(the Permanent Court of Arbitration)을 중재재판소로 규정하고 있다.
55) Chow & Schoenbaum(20), p. 387.
56) Romesh Weeramantry, Full Protection and Security and Its Overlap with Fair and Equitable Treatment in: Chaisse, Choukroune & Jusoh(21), pp. 342~345('캐나다-유럽연합 포괄적 무역 및 경제협정(the Comprehensive Trade and Economic Agreement between Canada and the European Union)' 제8.10(5)조와 같이 근래의 IIAs는 투자자와 투자의 물리적 안전(physical security)으로 보호범위를 국한하는 경향이라고 한다.).

성과 예측가능성(the stability and predictability of the legal framework)'[58]) 또는 "투명성(transparency)과 투자자의 정당한 기대보호, 강제와 위협으로부터의 자유, 적법절차(due process) 및 '절차적 적절성(procedural propriety)', 신의성실원칙(good faith)" [59])등을 그 판단기준으로 제시하고 있다. FPS와 FET는 구별이 쉽지 않은 개념들이지만 모든 국가의 외국인의 물리적 안전에 대한 보호의무에서 연원한 개념인 FPS가 현재 주재국의 자국에 대한 외국투자자와 투자를 적극적으로 물리적으로 보호할 의무인 것과 달리 FET는 주재국이 투자자의 투자결정에 영향을 미친 행위나 보장을 변경하거나 투자자가 적법하게 획득한 권리나 기대에 대한 기본적 법제를 변경하지 않을 부작위의무이고 어떠한 적극적 조치의무는 없다고 설명하는 견해[60])가 유력하다.

1990년대만 해도 ISDS 절차는 보편적이지 않았다. WTO 우루과이라운드 무역협정의 해인 1994년 현재, 오직 10개의 ISDS 절차만이 알려져 있었다. 그러나 그 이래로, ISDS는 확산되었다. 2019년 현재 중재재판소는 최소한 71개의 ISDS 사건에서 실체적 판정을 하였다. 39개의 ISDS 판정은 공개되었는데, 대부분의 판정은 1990년대 이전에 서명된 구세대 국제투자협정에 근거한 것이었다.[61]) 이 ISDS 숫자의 급격한 상승과 투자자-국가 중재의 다양성은 지속될 것으로 예상되고 있다.[62])

2019년 현재 1년 동안 약 60개의 ISDS 중재가 개시되었는데, ISDS 절차에서 투자자 승소가 약 26.9%나 되었다. 국가 승소는 36.6%였고, 나머지 23.5%는 화해로 종결되었으며, 10.6%는 판정 이전에 중단되었다.[63])

---

57) 강승관, "공정·공평한 대우원칙", 박덕영 외 13인, 「국제투자법」, 2012, 240면.
58) A. Newcombe & L. Paradell, Law and practice of investment treaties: standards of treatment, Kluwer, 2009, p. 286.
59) A. Reinisch & Christoph Schreuer, International protection of investments: the substantive standards, 2020, pp. 358~362.
60) Romesh Weeramantry, op. cit., pp. 354~355.
61) UNCTAD IIA Issues Note: Review of ISDS Decisions in 2019: Selected IIA Reform Issues.
62) Julian Chaisse & Rahul Donde, The State of Invester-State Arbitration: A Reality Check of the Issues, Trends and Directions in the Asian-Pacific, 51 Int'l Law. 47 (2018).

다음 그림은 1987년부터 2021년까지의 ISDS 중재사건수의 변화를 보여준다.

■ ICSID ■ Non-ICSID

연간 사건수

Cumulative number of known ISDS cases
1190

Source: UNCTAD, ISDS Navigator

2021년 현재 ISDS 중재절차의 총수는 1,190개였다. 2021년에 새로 개시된 ISDS는 42개국을 대상으로 한 것이었다. 그 중 캄보디아, 콩고, 핀란드, 말타 및 네덜란드는 처음으로 ISDS 청구를 받았다. 68개의 ISDS 사건은 국제투자협정(IIAs)에 따라서 개시되었다. 특히 에너지헌장조약(the Energy Charter Treaty: ECT, 1994)과 북미자유무역협정(NAFTA, 1992)이 가장 빈번하게 그에 의거하여 ISDS가 청구되고 있는 경향은 2021년에도 그대로 유지되고 있다.[64]

---

63) Investment Policy Hub, UNCTAD (2019).
64) UNCTAD IIA Issues Note: Facts on Investor-State Arbitrations in 2021: With A Special Focus on Tax-Related ISDS Cases.

2. 외국인 투자에 대한 주재국의 수용에 대한 책임

어떤 국가가 공공목적이나 기타 이유로 자국에 투자한 외국인의 투자를 수용 또는 국유화한 경우 그에 대한 보상 기준은 국제법에서 가장 논란이 많은 문제 중 하나였다. 그 논쟁은 외국 재산의 수용에 대한 보상 기준을 주재국 법률이나 국제법 가운데 어느 것이 결정할 것인가가 쟁점이다. 미국을 비롯한 투자수출국들은 유명한 Hull 보상 기준이나 국제법상 "신속하고 적절하며 효과적인" 기준을 보편적 기준으로 명시하였다. 그러나 주로 개도국들인 투자수입국들은 보상금은 주재국의 법원과 국가법에 따라 판단되어야 하며, 법원과 재판소가 해석하는 국제법과 반대되는 것이라고 주장하였다. 이 논쟁은 오늘날에도 계속 투자법 체제를 지배하고 있다.

(1) Hull 공식

대외직접투자자에 대한 주재국의 책임에 관한 전통적인 미국의 견해는 어떤 정부도 어떤 목적이든, "신속하고 효과적이고 적절한(prompt, adequate, and effective)" 보상을 지급하지 않고는 사유재산권을 수용할 자격이 없다는 것이다.[65] 이것은 1930년대에 미국 국무장관 Cordell Hull이 멕시코 정부의 일련의 농지수용행위에 의하여 피해를 입은 (멕시코에 투자한) 미국인들에 대한 보상을 멕시코 정부에 요구하면서 언급한 것에서 연원한 것이라서 Hull 공식(Hull formula)으로 알려져 있다. 그는 1938년 미국 외교 전문(US diplomatic communiqué)에서 국제법에서의 보상 기준에 대한 미국의 이해를 기술하면서 다음과 같이 썼다.[66]:

> 미국 정부는 모든 법과 형평성 하에서, 어떠한 목적에도, 신속하고 적절하며 효과적인 지급에 대한 규정 없이, 어떤 정부도 사유재산을 몰수할 권한이 없다는 것이 국제법에 대한 적용 가능한 선례와 인정된 권위가 그 선언을 지지한다는 것을 언급할 때 단지 자명한 사실을 공표할 뿐이다.

---

65) Chow & Schoenbaum(20), p. 381.
66) A. Lowenfeld (2002) *International economic law*. Oxford University Press, Oxford, pp. 397~403.

Hull 공식은 1927년 상설 국제사법재판소(the Permanent Court of International Justice: PCIJ)67)에 의해서 *Chorzòw Factory*가 관련된 일련의 사건68)에서도 표현되었다. 이 사건들은 폴란드에 있는 화약공장의 폴란드 정부에 의한 수용을 포함하였는데, 동 법원은 "약속 위반은 적절한 형태로 배상할 의무를 수반하는 국제법의 원칙이다. 그러므로 보상은 협약의 적용 실패의 필수적인 보완책이고 협약 자체에 이런 내용이 명시될 필요는 없다"고 전제하고69) "그 수용은 위법이며 가능한 한 모든 위법한 행위의 결과를 지우고, 그 조치가 없었더라면 있었을 상황을 재건할 정도로 보상이 지급되어야 한다"고 판시하였다.70)

미국과 다른 서방 국가의 경우, "신속하고 적절하며 효과적인" 보상은 국제법에서 수용에 대한 최소한의 교정 기준을 나타낸다.71) 이후 수십년간 자본수출국들은 Hull 기준을 각종 양자통상조약과 국제협정에 도입하는 국제기준으로 일관되게 반복하였다.72)

(2) Calvo 법리

Hull 공식은 20세기에 다수의 개도국과 사회주의 국가들에 의해서 비판되고 논쟁이 되었다. 다수국의 헌법들은, 특히 남미의 경우, 재산은 사회적 후생 기능을 한다고 선언한다. 그러므로 보상은 사전 또는 신속히 지급될 필요는 없고 보상액수는 사정의 형평을 고려하여 수용법의 규정에 따라 정해질 수 있다고 한

---

67) 흔히 World Court라고도 불리며 1922년부터 1946년까지 존속하였다.
68) *Factory at Chorzòw* (Germ. v. Pol.), 1927 P.C.I.J. (ser. A) No. 9 (July 26); *Factory at Chorzòw* (Germ. v. Pol.), 1928 P.C.I.J. (ser. A) No. 17 (Sept. 13); *Factory at Chorzòw* (Germ. v. Pol.), 1929 P.C.I.J. (ser. A) No. 19 (May 25).
69) *Factory at Chorzòw* (Germ. v. Pol.), 1927 P.C.I.J. (ser. A) No. 9 at 21 (July 26).
70) *Factory at Chorzòw* (Germ. v. Pol.), 1928 P.C.I.J. (ser. A) No. 17, at 47 (Sept. 13).
71) J.A. VanDuzer, P. Simons & G. Mayed (2013) *Integrating sustainable development into international investment agreements: a guide to developing countries negotiators.* Commonwealth Secretariat. p 157. See also, P. Peters (1995) *Recent development in expropriation clauses of Asian investment treaties.* Asian Yearb Int Law 5:57.
72) F.J. Nicholson (1965), The protection of foreign property under customary international law. Boston Coll. Law Rev. 6:391, 402; Hackworth (1942) Digest of International Law, 657 in Christoph Schreuer, The ICSID Convention: A Commentary (2001).

다. 이것은 이러한 견해를 확립한 아르헨티나의 법률가의 이름을 따서 Calvo 법리(the Calvo doctrine)라고 알려져 있다.73)

대부분의 개발도상국은 투자국들과의 양자조약에서는 부득이 Hull 기준을 수용하였지만 집단적인 유엔총회 결의74)와 공식 성명을 통해 "주권국가는 재산을 국유화하고 자연자원에 대한 통제를 주장할 권리(경제적 자주결정권)가 있다"는 점을 근거로 Hull의 "신속하고 적절하며 효과적인" 보상을 보편적 기준으로 인정하기를 거부하였다. 개도국들은 또한 외국인 재산의 수용에 대한 보상은 "경제 구조조정을 불가능하게 만들 것"이기 때문에 적용되지 않는다는 이유에서 "완전한 보상(full compensation)"이라는 개념을 거부했다.75) 기본적인 근거는 만약 완전한 보상을 지급해야 한다면 국유화를 하는 국가는 파산할 것이므로 "적절한(appropriate)" 보상을 지급하면 족하다는 것이다.76)

대표적으로 1974년 UN총회 국가 경제 권리와 의무 헌장에 관한 결의(UNGA Resolution on the Charter of Economic Rights and Duties of States)에서 다음과 같이 명시되었다:77)

> 적절한 보상은 국가가 관련 법규와 국가가 고려하는 모든 상황을 고려하여 그러한 조치를 채택한 국가에 의해 지급되어야 한다. 해당 보상 문제가 논란을 일으키는 경우, 국유화 국가의 국내법과 그 재판소에 의해 해결되어야 한다. …

유엔 결의안은 "적절한" 보상이라는 용어에 대한 해석을 하지 않고 미결로 남겼지만, 완전한 보상에는 미치지 못하는 것을 함의하는 "주어진 상황을 감안

---

73) Donald R. Shea, *The Calvo Clause: A Problem of Inter-American and International Law and Diplomacy* (1955).
74) See Permanent Sovereignty over Natural Resources, UN G.A. Res. 1803 (XVII), 17th Sess., Supp No. 17, U.N. Doc. A/5217, at 15 (1962); The Charter of Economic Rights and Duties of States, UN G.A. Res. 3281(XXIX), U.N. Doc. A/Res/29/3281 (Dec. 12, 1974); The Declaration on the Establishment of a New International Economic Order art. 2(c), UN G.A. Res. 3201 (S-VI), U.N. Doc. A/Res/S-6/3201 (May 1, 1974).
75) I. Brownlie, *Principles of public international law*, 7th ed., (2008) p. 534.
76) Pugh Friedmann (1959) *Legal aspects of foreign investment*, pp 730~731.
77) Charter of Economic Rights and Duties of States, UNGA. Res. 3281 (XXIX), 29th Sess., Supp. No. 31, U.N. Doc. A/9631 at 50 (1974) (찬성 120개국, 반대 6개국, 기권 10개국).

할 때 공정하고 합리적인"[78] 의미로 해석되고 있다.[79] 완전한 보상보다 적은 것은 자기결정, 독립, 주권, 그리고 평등의 원칙에서 예외가 될 수 있는, 더 빈곤한 국가의 경제적·사회적 현실의 맥락에서 개진되었다.[80] 구속력이 없는 UN총회 결의안 자체는 "국제 여론의 지배적 추세"를 반영하는[81] 정치적·프로그램적 발언으로 간주되었다.[82]

(3) Hull 기준의 수용

1980년대 이래로 개발도상국들에 대한 경제적 압력으로 인하여 Hull 기준을 그 국가들의 양자협정이 수용하게 되었다. 국제투자분쟁해결센터(ICSID)와 기타 민간 중재기관의 권고에 따라 이루어진 전세계 2,800개 이상의 양자투자협정(BITs)과 투자중재판정은 국제법에서 간접적이기는 하지만 Hull 기준에 유리한 발판을 제공하였다.[83] 점차적으로 대부분의 개도국들은 외국인투자를 유치하여야 하는 정치적, 경제적 현실 때문에 개별적인 양자조약에서 Hull 기준을 받아들였던 것이다.[84] Calvo 조항은 라틴 아메리카 국가들 사이에서조차 인기가 없어서, Calvo 조항의 오랜 지지자인 멕시코도 Hull 기준에 따른 NAFTA의 수용조항

---

78) LA. O'Connor, *The international law of expropriation of foreign-owned property: the compensation requirement and the role of the taking State.* 6 Loyola Int. Comp. Law Rev 365 (1983).

79) E. Lauterpacht, *Issues of compensation and nationality in the taking of energy investments.* 8 J. Energy Nat. Res. Environ. Law 241, 249 (1990).

80) I. Brownlie, *Principles of public international law*, 7th ed., (2008) p. 513; Oppenheim's *International Law,* 8th ed., *p.* 352 (1992); M. Sornarajah, *The international law on foreign investment*, 3rd ed., pp 484~485 (2010); J. Chaisse, C. Bellak, *Navigating the expanding universe of investment treaties: creation and use of critical index.* 18 J. Int. Econ. Law 7 9~115 (2015).

81) See *Libyan American Oil Company v Libyan Arab Republic*, Award, 53 (Apr.12, 1977), 62 I.L.R. 140 (1982).

82) A. Newcombe, L. Paradell, *Law and Practice of investment treaties: standards of treatment*, p. 30 (2009).

83) T.R. Braun, Globalization: the driving force in international law. In: M. Waibel et al (eds) The backlash against investment arbitration: perceptions and reality, p 493 (2010).

84) R. Rajesh Babu, Standard of Compensation for Expropriation of Foreign Investment in: Chaisse, Choukroune & Jusoh(21), p. 421.

(제11장)을 받아들였다.

국제법은 영토적 권한을 행사함에 있어 외국 재산을 수용하는 국가의 권리를 인정하고 있으며, 국제투자보호협정(IIPAs)을 포함한 여러 조약에서 수용의 요건이 잘 규정되어 있다. 국제법에서 합법적 수용에 필요한 것으로 간주되는 4가지 요건은 ① 공공 목적(public purpose), ② 적법절차(due process), ③ 비차별(nondiscrimination) 및 ④ 보상(compensation)이다.

적법한 수용과 위법한 수용 사이를 구별한 리딩 케이스는 Amoco 사건[85]이다. 이 사건은 이란 정부가 천연가스를 제조하는 이란 회사에 대한 AIF의 지분이익을 압류한 것에 관한 것이었다. 중재법정은 "만일 수용이 적법하다면, 수용당한 당사자는 자기가 상실한 사업의 수용일 현재의 가치와 동등한 보상을 받아야 하고, 그러나 위법한 수용의 경우에는 피해 당사자가 자기의 재화의 향유가치를 회복하거나 ⅰ) 상실한 날의 사업의 가치와 ⅱ) 수용 이후의 경험에 기초하여, 상실의 날보다 나중에 가능한 이행을 하는 경우의 가치와 후속손해를 배상받아야" 하는데, 이 사건에서 문제의 수용은 적용가능한 조약에 따라 위법하다고 판정하였다.[86]

중재재판소들의 보상판정에 대하여 한 경험론적 연구는 여러 판정들이 부여한 보상이 정확한 기준에 의하여 산정되지 못한 점에 관하여 비판하면서, 적법한 수용에 대한 보상과 위법한 수용에 대한 배상은 달라야 한다고 주장하고, 중재재판소들이 수용에 대한 보상을 (1) 당사자간 적용가능한 조약의 공식, (2) 전통적 국제법 또는 국가책임에 관한 국제법위원회의 논문에 기초한 기준 또는 (3) 경제적 공식에 근거한 외부기준 가운데 어느 기준에 근거할지에 대하여 합의하여야 한다는 점을 지적하였다.[87]

---

[85] *Amoco International Finance Corp. (AIF) v. Iran*, 15 IRAN-U.S. C.T.R. 189 (July 14, 1987).

[86] *Id.* at 300-301 ¶18.

[87] Steven R. Ratner, Compensation for Expropriations in a World of Investment Treaties: Beyond the Lawful/Unlawful Distinction, 111 Am. J. Int'l L. 1, 8 (2017)(중재판정들을 1) 사실상 보상에 관하여 불합의한 것, 2) 즉시 주재국이 지급을 거절한 것, 3) 주재국이 취한 절차가 조약을 위반한 것, 4) 주재국이 조약의 절차를 위반하거나 사실상 보상에 불합의한 것 등으로 분류하고 그것들 사이에 보상액을 달리 산정하는 방안을 제안하

(4) 점진적 수용에 대한 보상

한편 Hull 기준에 대한 가장 중요한 현대적 수정은 '점진적(creeping) 수용' 또는 '간접수용'에 대하여 보상을 하여야 한다는 법리의 추가이다. 이는 "과세 및 규제 조치 등에 의해 수용과 동일한 결과를 달성하고자 하는" 국가조치로 정의된다.[88] 미국법률협회(American Law Institute)의 재록(Restatement)은 점진적 수용을 "외국인의 재화를 조세, 규제, 또는 그밖의 몰수적 조치(confiscatory action), 또는 금지하거나, 불합리하게 개입하거나, 또는 부당하게 지연하는 조치"로 정의한다.[89] NAFTA와 ECT와 같은 모든 양자투자협정과 지역무역협정에서도 간접수용에 대해서 수용과 마찬가지로 보상을 하도록 정하고 있다.

1992년 세계은행 대외직접투자지침(World Bank Guidelines on the Treatment of Foreign Direct Investment)은 다음과 같이 명시한다: "한 국가는, 국적에 따른 차별 없이, 그리고 적절한 보상의 지급과 함께, 공공의 목적을 위하여 선의로, 적용 가능한 법적 절차에 따라 행해지는 경우를 제외하고, 자국의 영토에 대한 외국 민간 투자의 전부 또는 일부를 수용하거나 취하거나 '유사한 효과를 가지는 조치'를 취할 수 없다."[90]

미국 국무부와 미국 무역대표부가 다른 나라와 BITs를 교섭할 때 기초로 사용하는 2012년 모범 양자투자협정(2012 U.S. Model BIT)은 "어느 당사자도 1) 공공목적을 위하여, 2) 비차별적 방식으로, 3) 신속하고, 적절하며 효과적인 보상을 지급하면서, 그리고 4) 적법절차와 5) 최소대우기준을 준수하지 않으면서 수용 또는 국유화하거나 '그와 동등한 수단을 통하여 직접 또는 간접으로 대상이 되는 투자를 수용하거나 국유화'할 수 없다"고 규정하여(§6) 마찬가지 입장을 취하고 있다.

였다.).

[88] R. Dolzer, *Indirect expropriations: new developments?* 11 New York Univ. Environ. Law J. 264 (2002); J. Chaisse, *Promises and pitfalls of the European Union policy on foreign investment.* 15 J. Int Econ Law 66~68 (2012).

[89] The Restatement (third) of Foreign Relations Law of the United States §712 cmt. g (1987)

[90] Section IV (1), "Expropriation and Unilateral Alterations or Termination of Contracts", 1992.

그러나 보상이 필요하지 않은 "점진적 또는 간접 수용의 효과가 있는" 국가 조치와 보상이 필요한 간접수용 사이에 명확한 경계가 없다는 문제가 있다. 따라서 미국법률협회의 재록(Restatement)은 "다만 국가는 선의의 일반 과세, 규제, 범죄에 대한 몰수, 또는 일반적으로 국가의 경찰권 내로 인정되는 다른 종류의 행위에 의해 야기되는 재산의 손실이나 기타 경제적 불이익에 대해 책임을 지지 않는다."고 선언하여 과세나 규제 등 국가의 정상적인 조치들이 보상이 요구되는 간접수용으로 해석되지 않도록 하고 있다.

미국 모범 양자투자협정도 2004년 이래 "희귀한 상황을 제외하고 공중보건, 안전 및 환경과 같은 합법적인 공공 복지 목표를 보호하기 위해 설계되고 적용되는 당사국에 의한 비차별적 규제 조치는 간접수용을 구성하지 않는다"고 부속서에서 명시하고 있다.[91]

3. ISDS 개혁의 요구

세계의 대외직접투자(FDI)는 지난 수십년간 일시적 부침은 있었지만 크게 확대되는 방향으로 이동하여 왔다. 거의 모든 국가가 자국으로의 대외직접투자를 유치하기 위하여 가능한 정책들을 채택하고 외국 투자자의 자국 투자를 촉진하기 위하여 법제와 사회적 제도의 개선을 하여 왔다. 그 외에도 FDI를 위한 국제적 법과 정책의 기본틀이 창설되었고, 그 안에서 FDI는 융성할 수 있었다. 그리고 FDI를 많이 유치한 국가의 경제발전과 그 나라 국민들의 삶의 질 개선에 기여하였다.

그러나 ISDS 제도의 신뢰성에 대한 불만에서 비롯된 국제법 투자 제도의 개혁에 대한 요구가 다수 제기되어 왔다.[92] 물론 이러한 개혁 요구들은 FDI 자체

---

91) Annex B to the US Model BIT.
92) Susan D. Frank, *The Legitimacy Crisis in Investment Treaty Arbitration: Privatizing Public International Law Through Inconsistent Decisions*, 73 Fordham L. Rev. 1521, 1583 (2005); Elizabeth Warren, *The Trans-Pacific Partnership Clause Everyone Should Oppose*, WASH. POST (Feb. 25, 2015); Frank Garcia et al., Reforming the International Investment Regime: Lessons from International Trade Law, 18 J. of Int'l Econ. L. 861, 862 (2015); David D. Caron & Esmé Shirlow, *Dissecting Backlash: The Unarticulated Causes of Backlash and its Unintended Consequences,* in *The Judicialization of International Law a Mixed Blessing?*

를 반대하거나 방해하려는 것이 아니라, 과도하고 문제가 있는 국제투자 시스템을 처리하자는 것이다. IIAs와 ISDS 제도에 대한 주된 비판은 그것들이 국가의 공적 후생과 공익 보호를 위한 조치를 금지한다는 것이다. 예컨대, Philip Morris가 호주와 우루과이를 상대로 이들 정부가 국민보건을 목적으로 담배소비를 줄이기 위하여 판매되는 담배의 포장을 단순한 디자인으로 바꾸는 국내법 시행을 시도하자 이를 막기 위하여 중재절차를 개시한 것[93)]에 대해서 많은 비판이 가해졌다. 다만 이 사건에서 중재재판소는 최종적으로 우루과이 정부가 공중보건을 보호할 목적으로 취한 두 가지 담배 통제 조치에 대하여 지지하였고, 중재재판소의 주권적 규제 목적에 적절한 비중을 부여하는 능력과 의도의 모범례로 남았다.[94)]

이러한 IIAs와 ISDS 제도에 대한 비판에 대응하여, 일부 조약들은 현재 국가들에게 더 많은 규제적 자율성을 부여한다. 예컨대, EU와 캐나다가 2016년 체결한 '포괄적 경제 및 무역협정(Comprehensive Economic and Trade Agreement: CETA)'은 국가의 "공중보건, 안전, 환경 또는 공중도덕, 사회적 후생, 소비자보호, 문화적 다양성의 촉진과 보호"를 위하여 규제할 권리를 인정하였다.[95)] CETA는 또한 공정하고 형평에 부합하는 대우와 수용에 대하여 국가에게 규제적 자율성을 허용하려는 관점에서 투자자보호의 범위를 정하였다.[96)] CETA는 투자자 분쟁의 해결을 특별 조정재판소에 맡기지 않고 분쟁해결을 위한 상설 중재판소를 설치하였다.[97)] 유사한 규정은 2015년 발효된 '중국-호주 간 자유무역협정(the China-Australia Free Trade Agreement: ChAFTA)', 2017년 발효된 '캐나다-몽고 간 투자협정(BIT)'에도 포함되었다.

---

159 (Andreas Follesdal & Geir Ulfstein eds., 2018).

93) *Philip Morris Asia, Ltd. v. Commonwealth of* UNCITRAL PCA Case No. 2012-12, Award on Jurisdiction and Admissibility (Dec. 17, 2015); *Philip Morris Brands Sàrl v. Oriental Republic of Uruguay*, ICSID Case No. ARB/10/7, Award (July 8, 2016).

94) Tania Voon & Andrew Mitchell, *Philip Morris vs. Tobacco Control: Two Wins for Public Health, but Uncertainty Remains*, Columbia FDI Perspectives, p. 2 (2016).

95) CETA (EU-Can.), 2017 O.J. (L 11/23), §8.9.

96) Id. at §8.10.

97) *Id.* at §8.27.

또한 EU는 미국과의 '범대서양 무역 투자 동반자 협정(Transatlantic Trade and Investment Partnership: TTIP)'의 체결을 위한 교섭과정에서 ISDS를 "시대에 뒤떨어진" 것으로 평가하면서[98] ISDS 중재제도에 대한 신뢰의 결여 때문에 새로운 모델의 투자자분쟁 해결제도를 도입해야 한다고 주장하였다.[99]

나아가서 남아공화국, 인도네시아, 볼리비아, 에쿠아도르, 베네주엘라는 ISDS에 대한 불신으로 기존 양자투자협정(BIT)을 폐기하기도 하였다.[100]

투자분쟁 해결에 있어서 국가의 규제적 자율성을 허용하기 위한 또 다른 전략은 투자자에게 먼저 국내 사법절차를 이용하도록 ISDS 중재재판소의 관할을 제한하는 것이다.[101] 전술한 'EU-캐나다간 투자협정(CETA)'과 같은 일부 IIAs는 또한 투자 주재국에게 규제의 자율성을 위한 안전판으로 투자자에게 투자 심사 시 "부실표시(misrepresentation), 은폐(concealment), 독직(corruption), 또는 절차의 남용에 이르게 하는 행위"를 하지 않을 의무를 부과하고, 투자자가 그러한 의무를 위반한 경우 주재국에게 투자자에 대한 반소청구를 허용하고 있다.[102]

2011년 *White Industries Australia Ltd.* 사건[103]에서 ICSID 중재재판소는 Coal India에 대한 배상을 명하는 ICC 상업 중재 판정의 집행에 대한 10년 동안의 인도의 사법시스템에 의한 과도한 지연은 정의를 부정하는 것에 이르지는 않지만, White에게 '호주-인도 양자투자협정' 하에서 권리를 집행하고 청구권을 확인하는 것을 부정하여 인도가 동협정 제4조 제2항의 투자보호의무를 위반하는 결과를 초래하였다고 판정하고 2억 5천 8백만 루피의 금전적 보상을 명하였다. 중재재판소는 외국의 중재판정을 BIT에 따른 "투자"로 간주했고, 이러한 유효한 외

---

98) European Comm'n, Press Release, E.U. and U.S. Publish TTIP State of Play Assessment, ¶ 4 (Jan. 17, 2017), available at:http://trade.ec.europa.eu/doclib/press/index.cfm?id=1613.
99) Concept Paper, European Comm'n, Investment in TTIP and beyond-the path for reform (2015), available at: http://trade.ec.europa.eu/doclib/docs/2015/may/tradoc_153408.PDF
100) International Investment Agreements, UNCTAD, http://investmentpolicyhub.unctad.org/IIA.
101) Klara Polackova & Van der Ploeg, Protection of Regulatory Autonomy and Investor Obligations: Latest Trends in Investment Treaty Design, 51 Int'l Law. 109 (2018).
102) CETA (EU-Can.), 2017 O.J. (L 11/23), §18.3.
103) White Industries Australia Ltd v. The Republic of India (UNCITRAL), Final Award (Nov. 30, 2011), para 11.4.19.

국의 보상을 도외시하는 것은 수용에 해당할 수 있으므로 보상을 받을 자격이 있다고 본 것이다.104) 이 판정에 대한 대응으로 이후 인도는 자국의 모범 양자협정(India Model BIT)을 근본적으로 수정했다. 새로운 모범 양자협정은 "과세·규제"와 더불어 "당사국이 취한 모든 상업적인 행동은 수용 또는 그와 유사한 효과를 갖는 조치를 구성하지 아니한다"고 절대적으로 규정하고(§5.4). "당사국의 비차별적 규제조치나 정당한 공익이나 공중보건·안전·환경 등 공익목적을 보호하기 위해 설계·적용된 당사국의 사법기관의 조치 또는 판정은 이 조에 따른 수용에 해당하지 아니한다"고 명시하였다(§5.5).

싱가포르의 양자투자협정(§6.5.6), '역내 포괄적 경제동반자 협정'(§10.13④) 등은 TRIPs에 따른 강제실시권 발동이나 지식재산권의 취소, 제한 또는 생성(TRIPs §31본문)에 대하여 간접수용으로 보아 배상을 청구할 수 없도록 명시하고 있다.

이미 2003년에 *Feldman v. Mexico* 사건에서 ICSID 중재판정부는 "과거에는 특히 몰수적 과세, 기반시설 또는 필수적인 원료에 대한 접근 거부, 불합리한 규제 제도의 부과 등이 수용적 조치로 간주되어 왔다. 불리한 영향을 받는 사업이 보상을 요구할 수 있다면 이러한 유형의 합리적인 정부 규제는 달성될 수 없으며 국제관습법이 이를 인정한다고 해도 무방하다"라고 언급한 적이 있었다.105)

ISDS 개혁에 중심적 역할을 하여온 UNCTAD는 2015년에 FDI를 포함한 IIA에 대하여 1) 외국투자 주재국이 보건, 안전, 환경 규제에 관한 주권을 행사할 안전장치를 마련하고, 2) 투자 분쟁 해결제도를 개혁하고, 3) 투자를 촉진하고 활성화하고, 4) 책임 있는 투자를 확보하고, 5) IIA 제도의 일관성을 증진할 것 등의 5가지 정책 목적들을 개혁하자고 제안하였다.106)

또한 UNCTAD는 2019년 ISDS 판정들을 분석하여 ISDS 개혁 아젠다에 관한

---

104) P. Ranjan, The white industries arbitration: implications for India's investment treaty program. IISG, April 13, 2012. http://www.iisd.org/itn/2012/04/13/the-white-industries-arbitration-implications-for-indias-investment-treaty-program/.
105) Marvin Feldman v. Mexico, ICSID Case No. ARB(AF)/99/1, Award, 105 (Dec. 16, 2002), 18 ICSID 488 (2003).
106) UNCTAD *World Investment Report 2015*, at ⅺ.

중요한 쟁점들을 ① 주재국의 규제권한의 보전(예컨대 조약 적용범위로부터의 적용제외, 공정하고 형평에 부합하는 대우, 수용 및 차단조항(umbrella clauses)), ② 투자자분쟁해결제도의 개선(예컨대 ISDS 적용범위, 국내절차와의 관계, 반소청구), ③ 투자자책임의 보장(예컨대 주재국법 하에서의 투자의 적법성) 등으로 제시하였다. 특히 일부 2019년 중재판정들은 중재위원들과 중재재판소에 의한 일정한 중요 쟁점들에 관한 동떨어진 해석을 보여주었다고 평가하면서, 전형적으로 해석의 의문은 적용가능한 조약이 해당 쟁점에 관하여 충분한 상세한 내용을 규정하지 않고 중재재판소에게 넓은 재량여지를 남긴 경우에 제기된다는 점과 ISDS가 제기된 당사국이 보다 효과적으로 자신을 방어할 충분한 법적 근거가 조약에 결여된 경우가 있었다고 지적하였다.[107]

4. 대외직접투자보증 프로그램

세계은행은 전세계 대외직접투자(FDI)의 확대를 목적으로 한 프로그램으로 '다자간 투자보증청(the Multilateral Investment Guarantee Agency: MIGA)'을 설립하였다. MIGA는 개도국에의 투자에 수반되는 위험에 대하여 보험을 제공함으로써 개도국 투자를 촉진하려는 것이다. 투자자는 MIGA로부터 지역화폐의 환전불가, 수용, 계약위반, 전쟁 및 내전 혼돈, 테러행위 및 정치적 파업에 대하여 보험을 구입할 수 있다.

Lloyd's of London과 같은 민간 보험회사도 투자자에게 정치적 위험보험 상품을 판매하고, 수입상의 상품이나 용역에 대한 대금 미지급 위험을 부보하는 수출신용보험(export credit insurance)을 판매하고 있다.

우리나라는 1968년에 「수출보험법」을 제정하여 대한재보험공사가 수출보험을 판매하다가 1977년에 수출입은행으로 대행기관을 변경하였고, 2010년 「무역보험법」으로 법명을 개정하고 무역보험기금을 설치하고 한국무역보험공사가 수출보험과 수입보험을 판매하게 하였다. 그러나 이는 우리나라의 수출상

---

107) UNCTAD IIA Issues Note: Review of ISDS Decisions in 2019: Selected IIA Reform Issues.

이나 수입상을 위한 보험이며, 우리나라에 투자하려는 외국투자자의 경우에는 다른 민간보험이나 MIGA를 이용하는 것이 가능하다.

II. 대외직접투자에 대한 제한: 부패행위의 금지

대외직접투자를 하면 투자자는 외국 주재국의 정부 공무원으로부터의 뇌물의 요구, 지급, 증여 및 그밖의 편의 제공과 같은 부패행위를 할 유혹을 받을 수 있다. 이러한 부패행위는 미국이나 EU 회원국과 같은 선진국부터 개도국까지 모든 국가에서 있을 수 있다. 그러나 특히 개도국에서 심각할 수 있다. 다수의 사건들에서 엄격한 정부 규제는 소수의 지방정부 공무원에게 부유한 다국적기업의 투자 프로젝트의 운명을 좌우할 수 있는 결정에 대한 재량권을 부여한 경우, 부패 사건이 발생할 가능성이 크다는 것을 보여준다. 또한 우리나라의 「형법」의 뇌물관련죄 처벌조항, 「부정청탁 및 금품등 수수의 금지에 관한 법률」(약칭: 청탁금지법) 등은 기업의 부패행위를 방지하는 법제도이나 일부 개도국에서는 약한 법제 때문에 공무원의 권한 행사와 금전이 거래처럼 교환되는 것이 문화처럼 되어서 정부 공무원의 일부에 대한 부패는 거부할 수 없고 용인해야 하는 일처럼 되어 있는 경우도 있다.

미국의 '대외부패관행방지법(the Foreign Corrupt Practices Act: FCPA)'은 1977년에 대외직접투자에서의 부패 문제가 대두됨에 따라 그 처리를 위하여 시행되었다. FCPA의 뇌물수수금지 규정[108]은 미국 또는 외국의 주식을 발행하거나 '1934년 증권거래법(SEA)'에 따라 보고의무가 있는 발행인(issuers), 국내체재자(domestic concerns)[109], 그밖의 사람은 주간통상 또는 국가간통상(interstate commerce) 맥락에서 외국 공무원, 외국 정당, 또는 공직후보자에게, 외국 공무원이 그 공무원의 의무를 위반한 또는 사업을 획득하거나 유지하여 부적절한 이득을 확보하기 위하여 부정하게 가치 있는 것의 제안, 지급, 지급약속, 또는 지급

---

108) 15 U.S.C. §§78dd-1, 78dd-2, 78dd-3.
109) 동법상 국내체재자는 미국의 시민, 국민 또는 거주인과 미국법에 따라 설립되거나 미국에 주된 영업소가 있는 법인회사, 그밖의 사업조직을 말한다.

의 수권을 금지한다.110) 다만 FCPA는 보통 "윤활지급(grease payment)"이라고 불리는 예외를 인정한다. 이는 지급이 일상적인 정부행위의 이행을 보장하기 위한 지급을 허용하는 것이다.111) 또한 FCPA는 외국 공무원의 실정법 하의 적법한 행위 또는 외국정부 공무원에 의하여 초래된 여행과 숙박과 같은 "선의의 지출(bona fide expenditure)"에 대한 적극항변을 허용한다.112)

아직 우리나라에는 미국의 FCPA와 같이 직접적으로 우리나라 투자자의 해외에서의 부패행위를 금지하기 위한 국내법률은 없으나 우리나라는 1997년 12월 17일 'OECD 뇌물방지협약(the OECD Convention on Combating Bribery of Foreign Public Officials in International Business Transactions)'에 서명하였다. 이는 「외국공무원에 대한 뇌물제공방지를 위한 협약」(조약 제1475호)으로 1999년 2월 15일부터 발효되었다. 동조약은 헌법에 의하여 체결·공포된 조약으로서 법률과 같은 효력을 갖지만(헌법 §6①), 직접 처벌조항으로서의 효력을 발휘하는 것이 아니라 "각 체약당사국은 국제상거래의 수행에 있어 영업 기타 부당한 이익을 취득 또는 유지할 목적으로, 직접 또는 중개인을 통하여, 외국공무원으로 하여금 그 직무와 관련하여 어떠한 행위를 하게 하거나 하지 아니하도록 하기 위하여, 동인에게 당해 공무원 또는 제3자를 통하여 고의적으로 부당한 금전 기타의 이익을 제의·약속하거나 또는 공여하는 행위를 자국법상 범죄행위로 규정하도록 필요한 조치를 취하여야 한다."(동조약 §1①)와 "각 체약당사국은 외국공무원에 대한 뇌물제공행위를 교사·권유·방조하는 등의 공모 또는 이를 승인하는 행위를 형사상의 범죄로 규정하도록 필요한 조치를 취하여야 한다. 외국공무원에 대한 뇌물제공행위의 미수 및 음모는 체약당사국의 자국 공무원에 대한 뇌물제공 행위의 미수 및 음모와 같은 정도의 형사상의 범죄로 하여야 한다."(동조약 §1②), "제1항 및 제2항에서 규정하는 범죄는 이하에서 '외국공무원에 대한 증뢰죄'라 한다."(동조약 §1③)고 규정하여 외국공무원에 대한 증뢰죄를 처벌하는 법규를 입법할 의무를 체약국에 지우는 내용이다. 따라서 동조약 규정과 형법의

---

110) 15 U.S.C. §78dd-1(a).
111) 15 U.S.C. §78dd-1(b).
112) 15 U.S.C. §78dd(c)(1)-(2).

관련 규정을 종합하여 외국공무원에 대한 증뢰죄가 공무원에 대한 뇌물공여죄(형법 §133①)로 처벌할 수 있다고 볼 여지도 있지만, 죄형법정주의의 원칙(헌법 §12①후단, 형법 §1①)에 따라 명확한 범죄 구성요건과 그에 대한 형벌이 개별법으로 규정되어야 집행이 가능하지 않을까 생각된다.

제3절 대외직접투자의 형식

I. 비설립형식의 국제사업

물품매매거래는 가장 간단한 국제거래이고, 많은 기업들이 처음 국제적 사업에 진출할 때 선택하는 형태이다. 수출입거래는 보편적으로 되었는데, 인터넷과 전기통신기술의 발달로 상품과 서비스에 관한 정보는 큰 비용을 들이지 않고도 다수의 잠재적 해외 고객들에게 전달될 수 있기 때문이다. 그러나 거기에서 더 나아가서 해외진출을 하려는 기업(이하 이 절에서 A라고 함)은 두 가지 선택지가 있다.

하나는 비설립형식의 국제사업(non-establishment forms of international business)이다. 이것은 A가 해외시장에 현지의 대리상, 유통업자, 또는 계약제조업자나 프랜차이즈를 사용하여 진출하는 방법이다. 이들 비설립형식은 직접 물품매매거래를 통하여 가능한 것보다는 현지 사업에 대하여 더 큰 통제를 달성하게 한다. 계약제조와 가맹사업의 경우 기술(지적재산권)의 양도는 계약의 주요 쟁점이다. 현지기업은 통상 지적재산권에의 더 많은 접근을 희망하고, 반면에 A는 현지 사업이 성공하기에 충분한 정도의 지재권 접근을 허용하기를 원하지만 동시에 지재권을 보호하기를 원하기 때문이다.

두 번째는 A가 외국 시장에서 제조업체를 설립하거나 그 지분을 인수하여 현지 시장에 진출하는 방법이다. 이러한 설립형식은 비설립형식의 경우보다 당연히 현지 사업에 대하여 더 큰 통제를 행사할 수 있다.

1. 대리상과 배급계약

A는 현지의 자연인 또는 법인인 상인과 대리상계약(agency arrangements) 또는 배급계약(distributorships)을 체결하고 이들 유통업자를 통하여 외국시장에 진출할 수 있다.

대리상(agency)은 우리 상법상 "일정한 상인을 위하여 상업사용인이 아니면서 상시 그 영업부류에 속하는 거래의 대리 또는 중개를 영업으로 하는" 독립된 상인이다(동법 §87). 외국의 대리상은 현지에서 매수주문을 받아서 A에게 전달하고 A는 현지의 매수인에게 직접 매도하여서 거래를 완성하며 매수인은 통상 A에게 대금을 직접 지급하고, 대리상은 매출대금의 일부를 수수료(commission)로 지급받는다. 해외 대리상은 통상 매도인을 구속할 권한은 없지만, 본인-대리인(principal-agent) 관계가 매도인과 대리상 사이에 존재하므로, 대리상이 매도인을 구속할 수 있는지 여부는 대리상이 소재하고 있는 외국의 법에 달려있다. 일부 경우에는, 외국 대리상은 그렇게 할 묵시적 권한을 가지며, 모든 경우에 매도인은 그러한 권한을 대리상에게 명시적으로 수권할 수 있다.

배급업자(distributor)는 생산자 등으로부터 상품 판매의 위탁을 받아 이를 보관·관리하면서 현지의 고객에게 자기의 명의로 판매하는 독립된 상인이다. 배급업자는 대리상과 달리 상품을 A로부터 매입하여 재판매하므로 경영상 위험을 부담한다. 대리상/배급업자는 특정 지역에 대한 배타적인 권리를 갖기를 희망하고, 배타적인 협정은 심지어 지역법에 의해서 요구될 수도 있다. 대리상/배급업자가 상품을 판매하는 것에 상당한 자원과 시간을 소비하므로, 대리상/배급업자가 지역에 배타적 권리를 가지려고 하는 것은 당연하다. 그런데 배급업자와의 배타적 협정은, 대리상의 경우에는 생기지 않는 독점금지법이나 경쟁법 쟁점을 발생시킨다. 만일 A와 배급업자간의 배급협정이 배타적 영역상 권리를 규정한다면, 그 협정은 해당 국가의 독점금지법, 혹은 경쟁법에 위반되는 시장분할 관행으로 법적 제재를 받을 수 있음을 주의하여야 한다.

연방대법원은 1985년 *Mitsubishi Motors* 판결[113]에서 통상 중재부탁적격성

---

113) *Mitsubishi Motors Corp. v. Soler Chrysler-Plymouth, Inc.*, 473 U.S. 614 (1985).

(arbitrability)이 결여되는 것으로 간주되는 독점금지청구에 대하여 스위스 회사와 푸에르토리코 회사간의 판매협정의 국제적 성격 때문에 중재합의의 집행이 요구된다고 판시하였다.

Mitsubishi Motors 판결 (1985)

Mitsubishi Motors 사건에서는 일본 동경에 주된 영업소가 있는 Mitsubishi Motors Corporation (Mitsubishi)가 포함되었는데, Mitsubishi는 스위스 회사인 Chrysler International, S.A. (CISA)과 일본 회사인 Mitsubishi 중공업(Mitsubishi Heavy Industries, Inc.) 사이의 합작회사였다. 합작투자의 목표는 Mitsubishi가 제조한 자동차를 Chrysler와 Mitsubishi 상표를 붙여 Chrysler 딜러를 통하여 미국 밖에서 배급하려는 것이었다.

Soler Chrysler-Plymouth, Inc. (Soler)는 푸에르토리코 회사인데, CISA와 푸에르토리코의 일정 지역에서 Mitsubishi 제조 자동차를 공급받아 판매하기로 하는 배급협정을 체결한 배급업자였다. 1979년 10월 CISA, Soler 및 Mitsubishi는 Mitsubishi 상품의 Soler에 대한 직접판매를 규정하고 그 판매의 조건과 조항은 배급협정에 따르도록 하는 별도의 판매협정을 체결하였다. 동판매협정의 중재조항(Ⅵ)은 "[Mitsubishi]와 [Soler] 사이에서 이 협정의 제 Ⅰ-B조부터 Ⅴ조까지와 관련하여 제기될 수 있는 모든 분쟁, 다툼 또는 차이는 또는 그것의 위반에 대해서는 일본에서 일본 상사중재원의 규칙과 규정에 따라 최종적으로 해결한다."고 규정하였다. 1981년 봄 판매량을 맞추는 데 어려움을 겪은 Soler는 Mitsubishi에 일부 주문을 늦추거나 취소할 것을 요청하였고, 비슷한 시기에 자사가 수입한 자동차의 일정 물량을 미국과 다른 남미국에서 판매하려고 시도하였다. 그러나 Mitsubishi와 CISA는 그러한 전환을 거부하였다. Mitsubishi는 결국 Soler가 주문한 966대의 발송을 취소하였다. Mitsubishi는 푸에르토리코 미국 연방지방법원에 연방중재법(FAA)과 뉴욕조약, 판매협정의 중재조항에 따라 Soler와의 분쟁에 대하여 일본에서 중재를 명하여 달라고 청구하는 소를 제기하였다. Soler는 그 주장을 부정하면서 Mitsubishi와 CISA가 거래제한이 되는 시장분할을 공모하였고 이는 미국 셔먼법과 연방 자동차딜러의 날법(Automobile Dealers' Day in Court Act), 푸에르토리코 경쟁법과 딜러계약법에 위반된다고 하는 근거로 Mitsubishi와 CISA에 대하여 반소청구를 하였다. Soler는 시장분할계획을 실현하기 위하여 Mitsubishi는 Soler에게 북미, 중미 또는 남미에 있는 바이어에게 Soler가 Mitsubishi에게서 매수할 의무를 지는 자동차를 재판매하는 것을 허용하기를 거절한 것이고, Soler가 자사의 자동차를 Puerto Rico 밖에서 재판매하기 적합하게 만들기 위해서 주문한 히터나 안개등 같은 부품을 발송하기를 거절하였고, Soler와 Soler의 다른 푸에르토리코 내 배급업자를 배타적 Mitsubishi 배급업자로 일할 완전자회사로 강제로 바꾸려고 시도하였다고 주장하였다.

지방법원은 선행 판례114)를 인용하면서 독점금지법에 의하여 부여된 사소 청구권은 "중재에 의하여 집행되기에 부적절한 성격"의 것이라는 것은 인정하였지만 연방대법원의

Scherk 판결115)에 의존하여 이 사건 Mitsubishi-Soler 판매협정의 국제적 성격 때문에 비록 독점금지 청구에 대하여서도 중재합의의 집행이 요구된다고 판시하였다. 그러나 항소법원은 Scherk 판결이나 뉴욕협약이나 어느 쪽도 국제거래 사건에서 독점금지 청구의 중재부적격성 법리를 포기하지 않았다고 해석하면서 American Safety 판례116)의 법리에 의거하여 지방법원이 Soler의 독점금지청구에 대해서도 중재에 회부하라고 명령한 부분을 파기하였다.

연방대법원은 "중재의 바람직함과 중재법정의 능력에 대한 사법적 의심이 대체적 분쟁해결수단으로서의 중재의 발전을 방해하였던 과거를 지났다."고 언급하고 물론 당사자가 합의한 중재협정이 "사기 또는 압도적인 경제력으로부터 만들어져서 계약취소를 위한 근거를 제공하는" 경우라면 주목해야 하지만 그렇지 않다면 "연방중재법 자체는 그밖의 경우라면 중재적격성에 대하여 환대하는 질문을 왜곡하여 법규상 청구를 중재하기로 한 협정을 박대할 근거를 제공하지 않는다. 그것은 모든 법규상 권리를 함의한 논쟁이 중재에 적합하다는 것은 아니(지만) … 부적격한 것을 찾아내기 위하여 계약 해석 과정을 왜곡할 이유는 없다. … 법규상 청구를 중재하는 데 합의함으로써 당사자는 그 법규에 의해 제공되는 실질적인 권리를 포기하는 것이 아니며, 법관이 아닌 중재법정에 해결을 위하여 제출할 뿐이다. 그것은 법정의 심사 절차와 기회를 중재의 단순성, 비공식성 및 신속성과 교환하는 것이다."고 언급하면서 항소법원은 이 사건 당사자들이 유효한 중재합의를 하였다고 바로 판단하였다고 보았다. 이어서 독점금지 청구가 비록 그것들을 중재하기로 합의하였더라도 중재부적격인지에 관해서, 연방대법원은 American Safety 사건 법원이 제시하였던 ① "복잡한 독점금지 쟁점은 숙련된 법적 및 경제적 분석을 요하고, 따라서 신속, 서면 근거의 최소요건, 단순성, 상식과 간단한 형평의 기초개념에의 호소와 같은 중재과정의 강도에 부적합하다", ② "기업의 독점금지 규제에 대한 결정은 업계로부터 선택된 중재위원에게 맡기기에는 너무 중요하다", ③ "사적 당사자들은 3배배상을 위한 사소의 수단으로 정부의 독점금지법 집행을 지원하는 중추적 역할을 한다."는 근거에 대해서 각각 (①에 대하여) "중재위원이 지명될 때 분쟁의 예상 주제를 고려할 수 있으며, 중재규칙은 전형적으로 당사자가 고용하거나 중재법정이 지명하는 전문가의 참여를 규정한다." (②에 대하여) "당사자 및 중재기구가 유능하고 양심적이며 공평한 중재인을 유지할 수 있을 것" 그리고 (③에 대하여) "사소의 청구원인은 독점금지법을 집행하는 데 중심적인 역할을 (하지만) 사적 손해배상 구제의 중요성으로 인해 미국 법원 밖에서 청구되어서는 안된다는 결론이 내려지지는 않는다. … 사소 원고가 되려는 사람이 중재법정에서 법규상 소송의 원인을 효과적으로 입증할 수 있는 한, 소인이 된 법규는 계속

---

114) *American Safety Equipment Corp. v. J.P. Maguire & Co.*, 391 F.2d 821 (CA2 1968) App. to Pet. for Cert. in No. 83-1569, p. B9, quoting *Wilko v. Swan*, 201 F.2d 439, 444 (CA2 1953), rev'd, 346 U.S. 427, 74 S.Ct. 182, 98 L.Ed. 168 (1953).
115) *Scherk v. Alberto-Culver Co.*, 417 U.S. 506, 515~520.
116) *American Safety Equipment Corp. v. J.P. Maguire & Co.*, 391 F.2d 821 (1968).

해서 (독점금지에 대한) 교정 및 억제 기능을 수행할 것이다. 중재가 진행될 수 있도록 허용한 미국 법원은 판정 집행 단계에서 독점금지법 집행에서 적법한 이익을 보장할 기회를 갖게 될 것이다."이라고 보고 "최근 수십 년간 국제무역이 확대됨에 따라, 무역 과정에서 발생하는 분쟁을 해결하기 위해 국제중재를 이용하는 것도 확대되고 있다. … 중재법정이 국제법 질서의 중심적 위치를 차지하려면 국내법원이 "중재에 대한 오래된 사법부의 적대감"과 국내법에 따라 발생하는 청구권의 관할을 외국법원 또는 국경을 초월한 법정에 이양하지 않으려는 그들의 관례적이고 이해할 수 있는 성향을 "떨쳐버릴" 필요가 있다. 최소한 이정도까지, 국내법원은 국내의 중재적격성 개념을 상사중재를 선호하는 국제정책보다 하위에 놓을 필요가 있을 것이다. 따라서 … 이 중재협정은 "중재법의 명시적 규정에 따라 집행가능하다고" 판시하였다.

대리상과 배급업자 모두 독립된 상인으로서 현지에서 자기의 경영 정책을 수립하여 시행하기 때문에 A는 이들 이용하는 대리상이나 배급업자의 사업에 대하여 지시하거나 개입할 수 없다. 반면 A는 이들의 사업이 실패하더라도 직접적인 손실을 부담할 필요가 없다.

대리상이나 배급업자를 이용하는 방안은 현지의 법적 규제에 의하여 외국기업의 활동이 전면적으로 금지되는 국가 또는 정치적·경제적 위험이 큰 개발도상국 등에 A가 진출하려는 경우에 선택할 수밖에 없는 방법이다. 그러나 A는 그렇지 않은 국가에서도 현지 사정에 밝은 상인을 이용하기 위하여 또는 상품의 해외판매 초기에 적은 위험부담으로 시장 조사 등을 위하여 이 방안을 이용할 수 있다.

2. 계약제조

비설립형식의 국제사업의 다음 단계는 현지 제조업자에게 자사의 상품을 해외시장에서 제조하는데 필요한 지적재산권(예컨대, 상표권, 특허권, 실용신안권 등)의 사용허락을 부여하고 자사의 상품을 제조하게 하는 계약제조(Contract Manufacturing)이다. 이렇게 하면 A는 직접 물품매매거래를 하는 때에 비하여 상품 수송비와 보관비 등을 절감할 수 있다. 또한 해외시장에서 판매되는 상품은 국내 상품과 상이한 포장을 요하고 물리적 변경을 요할 수 있으므로 전문성을 갖춘 현지 제조업자를 이 분야에서 사용하는 것은 보다 큰 효율성을 창출할 수 있다.

A가 거래하는 목적이 상품이 아닌 서비스인 경우에는 가맹사업(franchising)에 의하여 계약제조와 동일한 효과를 기대할 수 있다. 사업방식 프랜차이즈(Business Format Franchising)에서 해외의 가맹사업자(franchisee)는 그 사업을 본사(franchisor)의 상호와 사업 정체성에 따라 운영한다. 가맹사업자는 일반적으로 표준화된 매장의 디자인을 갖추고 표준화된 운영방식을 추종하도록 요구된다. 다양한 상품과 용역이 이 방식으로 제공될 수 있다. 프랜차이즈의 이점은 해외의 가맹사업자 입장에서는 본사의 국제적 상표권과 상호를 단기간에 많은 투자 없이 인정받을 수 있고 풍부한 사업 경험을 가진 본사의 지도에 따라 가치 있는 상표권, 상호, 사업방식 및 지식을 획득할 수 있다는 것이고, 본사의 입장에서는 설립 방식보다는 적은 투자금으로 자신의 지재권과 기술을 보호받으면서 해외의 사업을 지배하고 수익을 올릴 수 있다는 점이다.

다음 계약서는 독일의 다국적기업 Siemens AG(매도인)("Siemens")와 미국 메릴랜드주 Bethesda에 본사가 있는 유통회사인 U.S.-China Industrial Exchange, Inc.(배급업자) 사이에 2001년 9월 25일 체결된 매도인의 의료장비를 중국에서 판매하기로 하는 배급계약(Distribution Agreement)서이다. Siemens Ltd. ("SLC")는 중국 베이징에 영업소가 있는 Siemens의 중국 대리상이다.

<배급계약서의 서식>

DISTRIBUTION AGREEMENT
between
Siemens Aktiengesellschaft, Berlin and Munich
- hereinafter referred to as "**Siemens**" -
and
U.S.-China Industrial Exchange, Inc., Bethesda, Maryland
- hereinafter referred to as "**the Distributor**" -

-Siemens and the Distributor hereinafter referred to individually as "a Party"
and collectively as "the Parties" -

Preamble

WHEREAS Siemens has appointed Siemens Ltd., China, Beijing (hereinafter referred to as "**SLC**") the sole agent for products, systems and services of certain Siemens Groups in the People's Republic of China and

WHEREAS Siemens has granted SLC the exclusive right to market and coordinate the sale of Contractual Products in the People's Republic of China, and WHEREAS the Parties agree to have certain rights exercised by the Distributor, the Parties hereby conclude the following Agreement:

1. Subject of the Agreement

1.1 Siemens hereby authorizes the Distributor to mediate and sell contractual Products in the Territory as defined below.

1.2 The Territory is the People's Republic of China excluding Hong Kong S.A.R.

1.3 Contractual Products are the products, systems and services of the Siemens Groups as listed in <u>Annex 1</u>.

1.4 The rights granted for Contractual Products under Subsection 1.1 above are exclusive. Siemens retains the right to sell Contractual Products in the Territory, as provided in Subsection 8.2.

1.5 This Agreement shall neither bind Siemens in any way to accept any orders nor confer to the Distributor any right or authority to obligate Siemens to accept orders.

1.6 The Distributor shall not assume obligations in the name of or on the account of Siemens and shall not make any representations or warranties on behalf of Siemens, except as expressly authorized by Siemens in writing.

1.7 The Distributor shall be deemed at all times to be an independent contractor and nothing contained herein shall be deemed to create the relationship of employer and employee, partnership or joint venture between the DistributorandSiemensor SLC.

1.8 Distributor may appoint its wholly owned subsidiary companies to undertake Distributor's obligations pursuant to this Agreement, provided, however, that Distributor continues to remain liable for performance of its obligations under this Agreement. Siemens has to approve in written.

Approval will not be unreasonably withheld. Stipulations made under this agreement also apply for Chindex's wholly owned subsidiary companies.

2. Sales Activities

2.1 The Distributor shall use its best efforts to promote, mediate and sell Contractual Products in the Territory. The Distributor shall maintain the organization necessary to ensure optimum sales activity for Contractual Products.

For this purpose, the Distributor shall, among other things:

2.1.1 maintain a stock of Contractual Products for demonstration purposes commensurate with the expected business; and

2.1.2 set up maintenance workshop facilities and showrooms corresponding to the requirements of the business;

2.1.3 provide adequate technical service for regular maintenance and repair of Contractual Products in the Territory, regardless of when a how these products have been brought into the Territory, and maintain a stock of spare parts sufficient to satisfy customer demand;

2.1.4 maintain adequate installation, erection and commissioning capabilities.

2.2 Siemens shall furnish the Distributor with product lists and other sales literature in appropriate quantity in English, if available. Furthermore, Siemens shall assist the Distributor, upon request, to the extent feasible in producing special sales literature according to the terms of a separate agreement.

2.3 The Parties shall agree upon a marketing and sales plan in which they shall jointly define the quarterly and annual sales targets/quotas for the Distributor in a separate written agreement which has to be duly signed by the parties until the end of September of each calendar year. At Siemens' request, such sales targets are to be reviewed on a quarterly basis.

3. Use of the Name Siemens and of the Trademark SIEMENS and other Trademarks

3.1 No reference to Siemens shall be made on the Distributor's stationery, visiting cards, sales promotional or other written material without the prior written approval of Siemens.

3.2 Subject to revocation by Siemens at any time, the Distributor shall be permitted to use the trademark SIEMENS and other trademarks registered in

Siemens' name for advertising and promotional purposes, provided that the Distributor observes the applicable Siemens directives and uses only those trademark designs approved in writing in advance by Siemens.

3.3 Upon termination of this Agreement, the Distributor shall immediately cease to use in any manner whatsoever the name Siemens and the trademark SIEMENS, as well as any other trademark in which Siemens has any rights.

4. Advertising

4.1 The Distributor shall advertise and promote Contractual Products in a manner intended to achieve optimum development of the business and in accordance with Siemens' advertising directives.

The Distributor shall obtain the written approval of Siemensprior to the implementation of any major advertising campaign.

4.2 Following agreement by the Parties, Siemens shall advise the Distributor concerning planning, organization and implementation of advertising for Contractual Products.

In addition, atthe Distributor's cost, Siemensshall supply the Distributor with sufficient samples of advertising material and other requisite material needed for the Distributor's own production of advertising material.

4.3 Siemensshall furnishthe Distributor advertising material relating to Contractual Products according to terms to be agreed upon.

5. Reporting and Records

5.1 The Distributor shall make regular reports to Siemens and SLC in the manner and at the intervals requested, in any event on a quarterly basis, concerning the business with Contractual Products, target review, the market situation, business prospects, activities of competitors and other pertinent developments. In case sales performance according to paragraph 2.3 is short of expectations, Siemens, SLC and Chindex will jointly analyze reasons thereof and common corrective actions shall be designed in view of along-term cooperation.

5.2 Distributor shall maintain a complete record of all sales of Contractual Products, showing customer name, date of sale, instrument model and serial number, and copies of sales order acknowledgments and invoices for all Contractual Products. Distributor shall also maintain a complete record of all service calls relating to Contractual Products, showing customer name, date of call, instrument model and serial number, nature of call, service work performed and other information as Siemens may reasonably request. The records referred to in this Section, or copies thereof, shall be supplied to Siemens upon its request. The records may be used by Siemens for such purposes as it deems useful in its discretion.

6. Training of Personnel

Subject to prior agreement concerning the number of trainees and the kind, extent, location and duration of their training, Siemens shall train suitably qualified personnel of the Distributor. Unless otherwise agreed upon, the Distributor shall bear the costs for the trainees, including travel and living expenses.

7. Inquiries

7.1 SLC shall forward direct inquiries from the Territory tothe Distributor for further action.

7.2 The Distributor shall forward to Siemens any and all inquiries regarding Contractual Products that are received from countries located outside the Territory and shall forward to SLC any and all inquiries from within the Territory regarding products, systems and services not defined in Annex 1. The Distributor, however, shall have no claim to compensation from the aforementioned referrals.

8. Transactions

8.1 Transactions concerning Contractual Products shall be performed by the Distributor in its own name and on its own account or by Siemens on a commission basis.

Transactions on a commission basis are those which Siemens effects in the Territory.

8.2 Siemens reserves the right to perform transactions on a commission basis, e.g., in cases involving unusual technical or financial risks, or if required by law or requested by governmental authorities or international institutions. Or if, the Contractual Products are part of an order the substantial part of which involves other products of Siemens or its affiliated companies or if the Contractual Products are sold under a Soft loan other than US Exim.

9. Performance of Transactions on Distributor's Own Account, Spare Parts

9.1 Distributor shall place its orders directly with Siemens or an affiliated company designated by Siemens, and all correspondence concerning orders, deliveries and payments shall be addressed to Siemens or the aforementioned affiliated company. It is understood that the affiliated company for the purpose of this Agreement shall be Acuson Corporation at 1220 Charleston Road, Mountain View, CA 94043, United States of America as well as Siemens Ltd. China (and affiliated companies).

9.2 Prices for Contractual Products purchased by the Distributor are quoted in regularly updated price lists or in the offers made by Siemens in individual cases.

9.3 The Distributor is entitled to set its own resale prices and terms. Consistent with an optimal development of the business, taking to account market capacity and product competitiveness.

9.4 The delivery of Contractual Products by Siemens to the Distributor is subject to the conditions specified in <u>Annexes 2, 3, 4 and 5</u>, namely:

"General Conditions for the Supply and Delivery - Exports - Medical Solutions",

"General Conditions for Installation - Exports - Medical Solutions",

"Special Warranty Terms for High-Vacuum Elements (HVE) - Export - Medical Solutions",

"Supplementary Regulations for Medical Solutions - Product Safety, Product Observation and ISO Certification",

Unless otherwise provided for in this Agreement or in other special conditions, as agreed upon, applicable to certain products, systems or services, types of business or special transactions.

9.5 Payment shall be remitted to Siemens in accordance with the general or special terms of payment agreed upon with the Distributor. Payment shall be deemed to have been effected on the day on whichSiemensis unconditionally free to dispose of the paid amount at a paying office chosen by Siemens within or outside of the Federal Republic of Germany.

Siemens shall, at any time, be entitled to assign to third parties any payment claims arising from this Agreement. The Distributor hereby agrees to such possible assignment.

9.6 Exchange parts are subject to Siemens' standard procedure, which will be provided separately.

10. Performance of Transactions on a Commission Basis

10.1 Siemens shall inform the Distributor in those instances, as described in Subsection 8.2, in which Siemens intends to perform transactions on a commission basis.

10.2 In the event transactions are performed on a commission basis, the Distributor agrees to use its best efforts to assist Siemens and to make available to Siemens its organization and connections.

10.3 In special cases where the Distributor concludes contracts or agreements on behalf of Siemens, such contracts or agreements require the prior written consent and power of attorney of Siemens.

11. Commissions, Product Support and Services

11.1 The Distributor shall receive for transactions on a commission basis a commission to be agreed upon on a case-by-case basis in accordance with the extent of its contribution, the nature and volume of the transaction and the price realized. Only insofar as the Distributor has contributed to a transaction shall a commission be allowed.

No commission shall be allowed with respect to costs such as freight, packing, insurance, financing, traveling costs, daily allowances and the like.

11.2 All efforts and expenditures of the Distributor in bringing about a sale, contributing to the performance under the transaction and providing subsequent service, as well as any expenses incurred by the Distributor in connection with the performance of this Agreement, shall be deemed to be compensated by the commission.

11.3 No commission shall be allowed if Contractual Products are imported into the Territory:

11.3.1 as free-of-charge replacements;

11.3.2 for investment purposes of Siemens or its directly-or indirectly-associated companies;

11.3.3 for production requirements of directly-or indirectly-associated companies of Siemens;

11.3.4 as supplies under a manufacturing license agreement; or

11.3.5 by third parties.

11.4 Unless otherwise agreed upon in individual cases, the commission shall be paid in the currency in which the order will be settled and shall become due upon complete payment of the order and after the release of all guarantees, bonds and sureties related to the order.

11.5 Irrespective of Siemens selling Contractual Products in the Territory as per Subsection 8.2.

Distributor shall perform product support, technical support, service, installation, warranty, modifications and after sales support relevant for Contractual Products sold in the Territory.

12. Non-Competition

12.1 The Distributor shall not, without the prior written consent of Siemens:

12.1.1 copy Contractual Products or parts thereof;

12.1.2 develope, manufacture, act as intermediary for, or distribute products that compete directly with Contractual Products or parts thereof;

12.2 Without the prior written consent ofSiemens,the Distributorshall not promote, mediate or sell Contractual Products outside the Territory.

13. Third Party Claims

13.1 The Distributor shall inform SLC and Siemens immediately in the event a third party, directly or indirectly, brings a claim against Siemens or SLC, including but not limited to claims where the Distributor intends to claim indemnification from Siemens or SLC. The Distributor shall not of its own accord acknowledge such claims by third parties. The Distributor shall assist Siemens and/or SLC in defending such claims, including but not limited to claims arising in a lawsuit, and shall act only in accordance with the written instructions of Siemens. Siemens shall reimburse the Distributor for expenses incurred in such defense.

13.2 If a third party raises well-founded claims against the Distributor on the grounds of or in connection with an infringement of intellectual property rights because of the delivery of Contractual Products, Siemens shall be obliged, at its own discretion and cost and to the exclusion of any further liability on the part of Siemens, either:

13.2.1 to acquire the rights to use from the person or entity entitled to grant such rights; or

13.2.2 to modify the infringing product parts so as not to infringe upon the said rights; or

13.2.3 to replace the infringing product parts with non-infringing parts; or

13.2.4 if the above is not reasonably achievable, to take back the products in question

against reimbursement of the sales price, less depreciation.

Claims shall be deemed well founded only if they are acknowledged a approach by Siemens or finally adjudicated as such in a legal proceeding defended by the Distributor at the instruction of Siemens.

14. Inventions and Intellectual Property Rights

The Distributor shall ensure that Siemens is promptly informed whenever the Distributor or any of its employees acquires the right to dispose of inventions, industrial property rights or other intellectual property rights concerning Contractual Products, and the Distributor shall first offer Siemens the right to acquire the rights in such inventions, industrial property rights or other intellectual property rights.

15. Confidentiality

Except as necessary for the performance of this Agreement, the Distributor shall not disclose to third parties any technical or marketing information (e.g. drawings, internal interfaces, software) of a confidential nature which it may acquire in the course of its cooperation with Siemens and/or SLC, and shall also prevent the aforementioned information from being disclosed to or used by unauthorized persons or parties. Where such information is permitted to be passed on to customers, the customer shall be bound by a substantially similar obligation. The terms of this provision shall survive the termination of this Agreement.

16. Assignability

The Distributor shall neither assign, transfer nor delegate any rights arising from this Agreement to third parties without the prior written consent of Siemensexcept otherwise provided in this Agreement.

17. Limitation of Liability

Siemens and SLC shall be liable with respect to the Contractual Products in accordance with the general terms and conditions specified in Subsection 9.4. Any further liability under this Agreement, in particular for indirect or consequential damages or loss of profit shall be excluded except where liability is legally compulsory.

18. Registration

Siemens will register in its name all Contractual Products in the Territory according to Chinese legal requirements as necessary. Siemens will pay all fees and expenses, which are directly related thereto. Siemens will make registration licenses available to the Distributor.

19. Actions upon Termination

19.1 Upon termination of the Agreement, the Distributor shall return to Siemens and SLC without delay all business records and any copies thereof (in particular, but not limited to, technical data and drawings, price lists, advertising material) which have been made available to it by Siemens and SLC. Notwithstanding the foregoing, insofar as such business records remain necessary for the execution of orders already received or offers which were submitted as binding, the business records shall be handed over to SLC and Siemens immediately after the performance of said order or offer has been completed.

19.2 Upon termination of the Agreement for whatever reason, the Distributor shall be entitled to those commissions not yet due for transactions concluded before the termination date of this Agreement,

to be calculated according to the extent of the Distributor's contribution a the termination date and taking into account the services that will not be rendered by the Distributoras a consequence of the termination of the Agreement, to be paid according to the provisions of Subsection 11.4. Additional claims for commissions shall be excluded.

19.3 Upon termination or expiration of this Agreement, Siemensshall, at a price in U.S. Dollars equivalent to the rest value of stocked Contractual Products repurchase from the Distributor all unsold stocked Contractual Products to which the Distributor and/or the Distributor's Subsidiaries hold title and which have been purchased pursuant to Siemens' recommendation for spare parts and demonstration stock. The amount actually paid for the stock shall be net of amounts owed for Products by Distributor.

19.4 All other claims of the Distributor arising from or in connection with the termination of this Agreement shall be excluded.

20. Duration of Agreement, Termination

20.1 This Agreement shall become effective upon its signature and shall remain in effect for a period of 5 years based upon successful completion of yearly business objectives. Unless this agreement is terminated earlier as provided herein, this agreement can be extended for an additional successive year period if the parties mutually agree. For the purpose of this section 20, SLC and Siemens shall be considered as one Party, and Siemens shall represent SLC.

In the event that the distributor fails to achieve at least ninety percent (90%) of the projected annual sales amount in a given year as defined in paragraph 2.3, there will be a six (6) month probation period with specific objectives, which shall enable the distributor to implement corrective measures according to paragraph 5.1.

Siemens shall have the right to terminate this Agreement prematurely upon (30) days written notice if the Distributor fails to implement the corrective measures and achieve the objectives during the 6 months probation period.

20.2 Notwithstanding the provisions of Subsection 20.1, either Party is entitled to terminate this Agreement prematurely and with immediate effect for important reasons.

An important reason shall be deemed to exist, for example, if:

20.2.1 there exists a Force Majeure or other circumstance beyonda Party's reasonable

control which hinders the Party's performance under this Agreement for more than six

(6) months;

20.2.2 the Distributor violates the provisions of Section 12;

20.2.3 a petition is filed against a Party under the provisions of the laws of insolvency or bankruptcy;

20.2.4 the Distributor's legal or ownership status or management substantially changes in such a way that Siemens' adherence to this Agreement cannot reasonably be expected;

20.2.5 a Partyis in serious arrears with respect to its payment commitments or otherwise materially breaches this Agreement so that the other Party's adherence to this Agreement cannot reasonably be expected; or

20.2.6 Siemens decides to discontinue the sale of all or individual Contractual Products prior to the end of the duration of the Agreement as per Subsection 20.1.

20.3 Furthermore, Siemens shall have the right to terminate this Agreement prematurely in the event:

20.3.1 the Distributoracquires, directly or indirectly, an interest in a company competing with Siemens or concludes contracts with such company giving the Distributor a dominant influence over such company; or

20.3.2 a company competing with Siemens acquires, directly or indirectly, an interest in the Distributor. The Distributor agrees to inform Siemens immediately by registered letter of the identity of SLC competing with Siemens in which the Distributor has acquired an interest or which has acquired an interest in the Distributor, and when such interest has been acquired. In that case, Siemens shall decide whether it will continue the distributor relationship. Siemens shall notify the Distributor of its decision within a period of thirty (30) days after receipt of the letter from the Distributor. In the event Siemens decides to terminate this Agreement, the termination shall be effective as of its notification to the Distributor.

20.4 If the Distributor intends to act as agent or distributor of electric and electronic products of a third party, other than those which compete with Contractual Products, it shall immediately inform Siemens thereof. In such case, the provisions of Subsection 20.3 shall apply.

20.5 Notice of termination shall be given by registered letter. If transmittal by registered letter is not possible, any other form of transmittal shall be deemed sufficient.

20.6 The Distributor shall ensure that, upon termination of this Agreement, all sub-agreements entered into by him shall be canceled such that, to the extent feasible, they expire on the date of termination of this Agreement.

21. <u>Notices</u>

All notices which any of the Parties is required or desires to serve upon the others pursuant to the terms of this Agreement shall be in writing and shall be delivered to the following addresses:

to the Distributor:	U.S.-China Industrial Exchange, Inc.
	7201 Wisconsin Avenue
	Suite 703
	Bethesda, Maryland 20814
	United States of America
to SLC:	SiemensLtd., China
	Medical Solutions
	7, Wangjing Zhonghuan Nan Lu
	Chaoyang District
	P.O.B. 8543
	100015 Beijing
	People's Republic of China
to Siemens:	Siemens Aktiengesellschaft
	CD S4
	Wittelsbacherplatz 2
	D-80333 München
	Federal Republic of Germany

22. <u>Arbitration</u>

All disputes arising out of or in connection with the present Agreement, including any question regarding its existence, validity or termination, shall be finally settled under the Rules of Arbitration of the International Chamber of Commerce, Paris, by three (3) arbitrators appointed in accordance with the said Rules.

Each party shall nominate one (1) arbitrator for confirmation by the competent authority under the applicable Rules (Appointing Authority). Both arbitrators shall agree on the third arbitrator within thirty (30) days. Should the two arbitrators fail, within the above time limit, to reach agreement on the third arbitrator, the latter shall be appointed by the Appointing Authority. If there are two or more defendants, any nomination of any arbitrator by or on behalf of such defendants must be by joint agreement between them. If such defendants fail, within the time limit fixed by the Appointing Authority, to agree on such joint nomination, the proceedings against each of them must be separated.

The seat of arbitration shall be Zurich, Switzerland. The procedural law of this place shall apply where the Rules are silent.

The language to be used in the arbitration proceeding shall be English.

23. Applicable Law

The contractual relations between the Parties shall be governed by the provisions of this Agreement and its Annexes and all other agreements regarding its performance, and otherwise in accordance with the substantive law in force in the Federal Republic of Germany, excluding the provisions regulating commercial agents (section 84 through section 92c of the Handelsgesetzbuch). The application of the United Nations Conventionon Contracts for the International Sale of Goods of April 11, 1980, shall be excluded. If not specified otherwise by the Parties, any trade terms used in the implementation of this Agreement shall be interpreted according to the International Terms defined by the ICC (International Chamber of Commerce, Paris) INCOTERIVIS in the version applicable at the time of the transaction.

24. Compliance with the Law

The Distributor shall strictly comply with all laws and regulations regarding the performance of the activities applicable to the Distributor. Without limitation, the Distributor agrees to comply with the requirements of anti-corruption law applicable to the Parties.

25. Compliance with Export Control Regulations

The Parties undertake to comply with all export control regulations of the national authorities, the authorities in the Federal Republic of Germany, in the European Community and in the United States of America. In order to conduct export control checks the Distributor, upon request by Siemens, shall provide Siemens with all information pertaining to the ultimate customer and the end use of the Contractual Products, as well as any existing export control restrictions regarding the Contractual Products.

If the possibility cannot be excluded that the Contractual Products may be used in combination with arms-related goods or for the production of such goods,the Distributor shall not pursue such business.

Siemens will not perform deliveries, orders and other obligations under this Agreement if that performance is hindered by the applicable export laws and regulations ions of the national authorities, the authorities of the Federal Republic of Germany, the Europe Community the United States of America or of other countries.

26. Written Form
Modifications of or amendments to this Agreement shall be valid only when made in writing. This procedure may only be waived by written instrument.

27. Legally Void or Unfeasible Provisions
Should individual provisions of this Agreement be legally void or unfeasible, the validity of the remaining Agreement shall not be affected thereby. In such a case the Parties shall by mutual agreement substitute for the provisions concerned a provision considered substantially equivalent in economic terms.

Munich, October 11, 2001
Siemens Aktiengesellschaft U.S-China Industrial Exchange, Inc.
   /S/ Tobias Reisner /S/ Roberta Lipson
   Acknowledged:
Siemens Ltd., China, 25th of September 2001

Annexes 1 - 5
Annex 1
to the Distribution Agreement, dated 25th of September 2001, Beijing between **Siemens Aktiengesellschaft, Berlin and Munich**
and
U.S-China Industrial Exchange, Inc., Bethesda, Maryland
Contractual Products referred to in Subsection 1.3 include:
* * * * * * * * * * *

The products, systems and services for Ultrasound Colour flow of the Siemens Group Medical Solutions
(Med)
Currently defined as:
- Semolina Sienna family
- Sonoline Omnia family
- Sonoline Elegra family

> - Acuson Sequoia family
> - Acuson Aspen family
> - Acuson Cypress family

　위의 국제배급계약 제23조에는 이 계약에 독일법이 적용된다는 법 선택조항을 두고 있다. 독일 상법전(Handelsgestzbuch: HGB)은 대리상(Handelsvertreter)에 대하여 "일정한 다른 사람("본인 상인(anderer Unternehmer)")을 위하여 상시 상거래를 중개하거나 자기의 이름으로 상거래계약을 체결하도록 위탁받은 독립된 사람"이라고 규정하므로(§84①) 우리 상법 제87조와 거의 같다. 독립 배급업자(unabhängiger Verteiler)의 개념은 독일법에서는 비교적 근래 도입된 개념으로서 현재 독일 상법전에는 규정이 없다는 점도 우리와 마찬가지이다. 독일 법원들은 대리상에 관하여 규정하고 있는 독일 상법전 제86조, 제86a조, 제88조, 제89조, 제89a조, 제90조 및 제90a조는 독립배급업자에게 유추적용된다고 판시하였다.[117]

　독일 상법은 대리상의 계약관계가 계약기간을 정하지 않고 체결된 경우에는 1년이 지난 후 1개월 전의 통지를 하고 해지될 수 있다(§89①)고 규정한다. 사전 통지기간(Die Kündigungsfristen)은 계약체결 후 2년이 지난 후에는 3개월, 계약 체결 후 3년에서 5년 사이의 기간이 지난 후에는 5개월로 늘어나고(제1문), 계약 체결 후 5년이 경과한 후에는 사전 통지기간이 6개월로 늘어난다(제2문). 당사자 간에 그와 다르게 통지기간이 약정된 경우에는 최소한 한 달 이상이어야 한다. 통지기간의 계산에 있어서 위의 개월은 역(曆)에 의하여 그 말일에만 해지가 가능하다. 통지는 역(曆)에 의하여 그 말일에만 효력이 발생한다. 위의 통지기간은 합의에 의하여 연장될 수 있다(동조 ②전단). 본인 상인에 대한 통지기간은 대리상에 대한 것보다 단축할 수 없다. 본인 상인을 위하여 대리상에 대한 통지기간보다 단축된 통지기간을 약정한 경우에는 대리상에 대한 통지기간이 적용된다(동항 후단).

---

117) Ingo Koller et al., *Handelsgestzbuch: Kommentar* (2007).

계약관계는 약정한 계약기간이 종료된 후 양 당사자가 계약기간을 무제한 연장한 것으로 간주한다고 합의한 때에는 실효되지 않고 지속된다(동조 ③). 만일 여러 번 대리상계약을 했다면 제89조제1항 제1문과 제2문의 사전 통지기간을 계산함에 있어서는 법률관계의 누적기간이 적용된다.

다만 각 당사자에게 정당한 사유가 있으면 통지 없이 해지될 수 있다(§89a① 전단). 이 권리는 박탈되거나 제한될 수 없다(동항후단).

계약관계의 종료가 일방 당사자의 행위에서 비롯된 경우에는, 그 당사자는 계약관계의 종료로 상대방이 입은 손해를 배상하여야 한다(동조②).

대리상은 계약기간이 종료된 후에는 다음 각호의 사유가 모두 충족되는 것을 조건으로 본인 상인에 대하여 정당한 보상청구권(Ausgleichsanspruch)을 가진다(동법 §89b①전단): 이것이 대리상의 보상청구권 제도이다.

    1. 대리상 계약기간이 종료된 후, 대리상의 활동으로 본인 상인(Unternehmer)이 새로운 고객을 획득하여 상당한 이익(erhebliche Vorteil)을 얻고
    2. 대리상이, 만일 대리상 관계가 존속한다면 이미 성립하였거나 장래 성립할 고객과의 거래로부터 그가 취득하게 될 보수청구권을 본인 상인과의 계약관계의 종료로 인하여 상실하였을 것
    3. 모든 사정을 참작할 때 보상을 지급하는 것이 형평성(Billigkeit)의 요구에 부합할 것

이와 관련하여 대리상이 경제적으로 새로운 고객을 획득한 것에 상응할 정도로 고객과의 거래관계를 확대시켰다면, 이는 새로운 고객을 획득한 것으로 본다(동항 후단).

대리상의 보상금액은 대리상계약 종료전 5년간의 대리상의 활동에 대한 평균 연보수액을 한도로 지급한다(동조 ②). 그러나 만일 대리상이 계약관계를 스스로 종료한 경우에는 보상을 받을 수 없다(동조 ③ i 본문) 다만, 본인 상인이 합리적인 사유를 제공하여서 대리상이 계약을 해지하였거나 노령이나 질병 때문에 계약을 해지한 경우에는 보상을 받을 수 있다(동호 단서). 본인 상인이 대리상의 과오에 기초한 심각한 사유(예컨대, 영업비밀준수의무위반, 경업금지의

무위반, 그밖의 채무불이행)로 계약관계를 해지한 경우(동항ii) 또는 본인 상인과 대리상 사이의 합의에 기초하여, 제3자가 계약관계에서의 대리상의 지위를 승계한 경우(그 합의는 계약관계의 종료 전에 체결되지 않아도 된다)(동항iii)에는 대리상은 보상을 받을 수 없다.

보상청구권은 미리 배제할 수 없다(§89b④전단). 보상청구권은 대리상 계약관계가 종료된 후 1년 이내에 청구하여야 한다(동항 후단).

대리상이 계약관계의 종료 후의 경업금지합의(Wettbewerbsabrede)는 서면으로 작성되어야 하고, 그 경업제한조항을 포함한 서면은 본인 상인이 서명한 후 대리상에게 교부하여야 한다고 규정한다(동법 §90a①제1문). 합의할 수 있는 경업금지기간은 대리상계약 종료 후 2년 이하이어야 하고, 제한할 수 있는 경업의 범위는 계약기간 중 대리상에게 할당되어 본인상인을 위하여 대리상이 유치하던 고객집단이나 상거래를 하였던 지역에 관련된 것으로 국한된다(동항 제2문). 본인상인은 경업제한기간에 대하여 대리상에게 '상당한 보상(angemessener Entschädigung)'을 지급할 의무가 있다(동항 제3문). 대리상이 본인 상인의 잘못으로 계약관계를 해지한 경우에는, 해지 후 1개월 이내에 서면으로 경업제한이 실효되었음을 선언할 수 있다(동조 ③). 본인상인과 대리상은 대리상에게 불리한 내용으로 이들 규정과 다르게 합의할 수 없다(동조 ④).

독일 상법 제92c조는 대리상이 유럽공동체(EC)의 역내 또는 유럽경제지역(European Economic Area) 회원국의 영내에서 계약에 의하여 본인 상인을 위하여 활동을 수행하지 않기로 한 경우에는 대리상에 관한 독일상법 제7절(Siebenter Abschnitt)의 규정들(구체적으로 제84조부터 제92c조까지)은 계약에 의하여 변경될 수 있다고 규정한다.

과거 독일 민법 제6조는 외국법을 적용한 결과가 독일법의 기본원칙과 명백히 조화되지 않는 경우에는 그 적용은 배제된다고 규정하였었다. 외국법을 적용한 결과가 독일 기본법(Grundgesetz)의 헌법상 권리와 조화되지 않는 경우에는 특히 그러하다.

우리나라 상법은 1995년 개정시 독일 상법과 유럽연합 대리상지령[118]을 참조하여 대리상의 보상청구권(Ausgleichsanspruch)(상법 §92의2)을 도입한 바 있다. 독일상법과 달리 대리상이 보상청구권을 사전에 배제하는 약정을 할 수 없다는 것이 명시되어 있지 않지만 다수설은 그러한 약정은 무효라고 해석한다.119) 또한 대리상계약의 종료가 불가항력적 사유 또는 대리상의 노령·질병에 기인한 경우(예컨대, 대리상이 지진·홍수·전염병발병으로 인한 영업불능·부진 등의 이유에서 또는 대리상이 노령·질병 때문에 영업활동을 지속할 수 없어서 부득이 스스로 대리상계약을 해지한 경우)에는 상법은 명시하고 있지 않지만 대리상 계약의 종료가 대리상의 책임 있는 사유로 인한 것이 아니므로 형평의 관념상 보상청구권이 발생한다고 본다.120)

국제대리상계약은 대리상계약의 준거법에 의하여 규율되는데, 우리나라가 관련된 어떤 국제대리상계약에 있어서 대리상의 보상청구권을 인정하는 법을 가지고 있지 않은 국가의 법이 당사자자치 또는 객관적 연결에 의하여 준거법이 된 경우에 상법 제92조의2가 해당 사안에 대하여 적용되는지가 문제된다. 이 문제는 상법 제92조의2가 국내거래에서는 당사자의 의사에 관계 없이 강행되는 규정이지만 국제거래에서는 그렇지 않은 "통상의 강행규정"인지 국내거래이든 국제거래이든 반드시 관철되어야 하는 "국제적 강행법규"인지에 따라 판정된다. 제92조의2가 "통상의 강행규정"이라면 국제거래에서 대리상의 보상청구권을 인정하는 한국법이나 독일법이 대리상계약의 준거법인 경우 대리상은 보상청구권을 가지지만, 당사자들이 보상청구권을 알지 못하는 외국법을 대리상계약의 준거법으로 지정하였다면, 가사 대리상이 한국에서 영업을 하더라도 상법은 적용되지 않고 그 준거법에 따르므로 보상청구권이 인정되지 않는다. 반면에 제92조의2가 "국제적 강행법규"라면 준거법이 외국법이더라도 동조가 적용되므로 대

---

118) European Council Directive 86/653/TEC of 18 December 1986 on the coordination of the laws of the Member States relating to self-employed commercial agents.
119) 반대의 견해는 최준선, 「제8판 상법총칙·상행위법」, 2013, 305면; 송옥렬, 「제9판 상법강의」, 2019, 156면.
120) 이와 달리 대리상계약의 종료가 대리상의 노령·질병에 기인한 경우는 이행불능에 대한 위험부담의 문제로 보아서 보상청구권이 발생하지 않는 것으로 해석하는 견해는 이철송, 「제13판 상법총칙·상행위」, 2015, 470면.

리상은 그에 다른 보상을 받을 수 있게 된다. 제92조의2가 국제적 강행법규인가 하는 문제에 대하여 이를 부정한 하급심 판례[121])가 있고, 현행법의 해석론으로서는 상법 제92조의2를 국제적 강행법규인 특별사법이라고 보기는 어렵다는 견해[122])가 유력하다.

II. 설립형식의 국제사업

해외 시장 진출을 위하여 비설립 형식의 진출보다 한 걸음 더 나아가기로 하면 자회사, 지점, 또는 합작투자 형식으로 해외투자회사(foreign investment enterprise: FIE)를 설립할 수 있다.

1. 지점 설치

지점(branch)은 본점에 종속하여 본점의 지휘명령에 따르기는 하지만, 일정범위내에서 독자적 영업활동을 결정·수행하고 대외적 거래를 할 수 있는 기업의

---

121) 서울고등법원 2005.1.14. 선고 2004나14040 판결("원고는 준거법에 관하여, 대리상의 보상청구권을 규정한 상법 제92조의2가 대기업 등으로부터 소규모 대리상들을 구제하기 위한 강행규정으로서 준거법이 대한민국의 법이 아닌 경우에도 적용되어야 한다고 주장하나, 상법 제92조의2가 규정하고 있는 대리상의 보상청구권은 대리상계약에 의한 당초의 보수에 부수하여 발생하는 계약상의 권리를 법에서 정하고 있는 것이어서 비록 그 입법취지에 일부 강행법규의 성격이 포함되어 있다 하더라도 공정거래, 소비자보호 등과 같이 입법 목적에 비추어 준거법에 관계없이 해당 법률관계에 적용되어야 할 강행규정이라고 볼 수 없다"는 취지로 판시하였다.).
122) 석광현, "국제거래에서의 대리상의 보호: 상법 제92조의2의 적용범위와 관련하여," 법조, 제55권 제1호, 2006, 56면(대리상을 두텁게 보호할 필요성을 고려한다면 상법 제92조의2를 국제적 강행규정으로 보아야 할 이유가 없는 것은 아니지만, 사인 간의 이익의 조정을 목적으로 하는 조항을 국제적 강행법규로 봄으로써 국제계약에서 타당한 당사자자치의 원칙이 공동화되고, 그 결과 법적 안정성이 침해될 우려가 있는 점, 이를 국제적 강행법규로 본다면 그것이 대리상영업에 미칠 파급효과도 고려해야 할 것이다. 외국의 사업자로서는, 만일 현실적으로 가능하다면 예컨대 상법 제92조의2와 같은 조항을 두고 있지 않은 일본법을 준거법으로 하면서 일본기업(또는 홍콩기업)의 한국 내 지사로 하여금 대리상영업을 하게 할 가능성도 생각할 수 있는데, 그렇게 된다면 우리 기업이 대리상영업을 할 기회를 박탈당하는 결과가 될 수도 있다는 점, 제92조의2의 국내적 강행규정성에 대해서조차 논란이 있다는 점, 종래 우리의 입법이 국제거래에 대한 합리적 고려 없이 이루어져왔음을 근거로 든다.).

조직으로 다음과 같은 장단점을 갖는다:[123]

① 지점은 본점과 함께 하나의 법인의 일부이며, 따라서 본점의 신용으로 고객과 거래하거나 은행융자를 받을 수 있는 점, ② 지점에 손실이 발생한 경우에도 본점이 그 손실을 흡수처리할 수 있다는 점, ③ 본점과 동일한 조직도하에서 운영할 수 있고, 본·지점간에 일체감 확보가 용이한 점 등이 장점이다.

반면에 ① 본점으로부터 독립성이 없어서 현지에서 외국법인으로 취급되며, ② 이익을 유보할 수 없고, 장래의 손실에 대비할 수 없는 점, ③ 본점과 지점은 법인격이 같으므로 본점이 지점의 채무에 대하여 무한책임을 지는 점, ④ 해외지점은 외국환거래법상 비거주자이지만(외국환거래법 시행령 §10② iii), 본점의 재산 또는 업무에 영향을 주는 정도에 따라 거주자로서 우리나라 외국환거래법의 적용을 받는 점, ⑤ 지점장의 직함이 사장이 아니어서 현지활동에 제약을 받을 가능성이 있고, 현지종업원의 고용에 어려움이 있을 수 있다.

지점은 현지 상법에 따라 회계장부, 재무제표의 작성, 세무신고 및 납세의무를 부담하며, 본점으로부터의 독립채산제가 원칙이므로 경비를 현지의 영업활동에 따라 조달하여야 한다. 그러나 우리나라 기업의 외국지점은 외국환거래법상 해외직접투자 신고를 하면 지점설치 또는 확장에 필요한 자금의 송금이 인정된다(외국환거래법 §§3① xviii·18·8).

2. 자회사 설립

해외투자회사(FIE)를 본국의 모회사의 자회사(subsidiary)로서 설립하는 방안은 두 가지 단계를 상정할 수 있다. 제1단계는 현지에 기초적 시설을 개설하고, 본국에서 연구개발한 결과와 기술을 재적용하는 것이다. 제2단계의 FIE는 기존 기술의 재적용을 넘어서 해외시장에 특유한 혁신기술을 개발하고 시행하는 단계이다. 이 단계의 FIE는 해외시장에 특화된 광고를 개발하고 해외 소비자의 기호나 수요에 맞춰 상품을 조정할 수 있다.[124]

---

[123] 최준선(15), 70~71면.

자회사 설립방식은 전술한 비설립형식의 경우는 물론 설립형식 가운데에서 현지 사업에 대하여 최대의 통제력을 행사할 수 있는 투자방식이다.

3. 인수합병

해외 시장 진출을 위하여 해외투자회사(FIE)를 설립하는 것의 대안으로, 기존 외국회사를 인수하는 방법이 있다.

해외 인수합병(M&A)은 특히 투자대상국이 선진국인 경우에는 보편적으로 발생한다. 그 장점은 1) 해외 목표 회사는 확립된 고객망과 영업권을 갖추고 있어서 외국시장 진출이 신속하다는 점, 2) 규모의 경제와 그로 인한 시너지효과는 해외와 본국 시장 양자에서 그 기업의 편익을 높일 수 있다는 점이다. 그러나 해외 인수는 여러 방어전략과 법적 제한 때문에 방해받을 수 있다. 예컨대, 독일 '공개매수 및 기업인수법(Gestz zur Regelung von öffentlichen Angeboten zum Erwerb von Wertpapieren und von Unternehmensübernahmen: WpÜG)'[125]은 인수합병의 제안자에게 완전한 공시를 요구할 뿐 아니라, 제안은 최소한 4주 공개되고, 제안자는 표적 주식의 전부를 인수할 것도 요구한다. 그러므로 여러 이유로 적대적 인수는 피해야 하고, 심지어 우호적 인수도 적대적 소수주주들에 직면할 수 있다.

국경을 넘은 외국기업의 인수는 또한 거래의 국가안보 검토 형식의 장애를 넘어야 한다. 미국 회사의 외국기업 인수는 미국 연방법인 '방어생산법(the Defense Production Act)'의 Exon-Florio 개정 규정[126] 하에서의 국가안보 심사를 통과해야 한다. 이 법은 미국 대통령에게 외국 기업의 미국 회사의 인수, 합병 또는 공개매수를 그 행위가 미국의 국가안보를 위협한다고 간주되면 중지 또는 금지 할 수 있도록 하는 권한을 부여한다.

미국 해외투자위원회(the Committee on Foreign Investment in the United States: CFIUS)는 '2007년 대외투자 및 국가안보법(The U.S. Foreign Investment and

---

124) Chow & Schoenbaum(20), p. 371.
125) 2021, BGBl I at 3822.
126) 50 U.S.C. §4565 (2012).

National Security Act of 2007: FINSA)'에 따라, 외국기업의 미국 회사 인수에 대하여 검토하고 금지, 조건부승인을 권고할 수 있는 법상 기구로서, 의장은 미국 연방 재무부장관이다. 그밖의 위원은 법무부, 국토안보부, 상무부, 국방부, 국무, 에너지부 장관이다.127) CFIUS 심사는 두 가지 방식 중 하나로 개시된다: 대상 인수거래의 당사자는 서면 통지를 의장에게 제출하여 심사를 신청할 수 있고, 또는 CFIUS는 심사를 직권으로 개시할 수 있다. 그러면 CFIUS는 "그 인수가 미국의 국가안보를 해칠 위협이 되고 그 위협이 수정되지 않았는지"를 결정하여야 한다.128) CFIUS는 또한 국가안보에 대한 위험을 완화하기 위하여 관련 인수에 조건을 부과하는 것을 권고할 수도 있다.

FINSA 심사 절차는 미국 정부가 해외 직접 투자가 "극히 중요한 인프라"를 외국이 통제하게 되는 결과를 금지하거나 변경을 요구할 수 있게 한다.129) FINSA는 위의 극히 중요한 인프라를 "미국에 중요해서 그 자산의 고장이나 파괴가 국가안보를 약화시키는, 물리적이거나 가상의 시스템 또는 자산"이라고 넓게 정의한다. 심사는 개시된 후 90일간 행해진다.

CFIUS의 추가적 법적 특성은 심사가 1회성으로 끝나지 않고 이른바 "상록수(evergreen)" 심사라고 하여, 만일 최초의 CFIUS 심사 결과 수정협정이 체결되었다면, 그 외국 투자자의 행위는 다시 감시될 수 있고, 만일 나중에 언제든 수정협정의 중대한 위반이 있게 되면, 대통령은 심사를 재개할 수 있다는 점이다. 그러나 일단 FINSA 심사에서 승인된 인수거래는 외국투자자가 제출한 통지에 중대한 부실표시가 발견되지 않는 한, 나중에 금지되거나 변경될 수는 없다. FINSA 하의 결정은 대통령에 의하여 시행되고 그 당부는 사법심사의 대상이 되지 않는다.

2012년에 두 명의 중국인이 소유한 미국 회사 Ralls Corp.이 오레곤주의 해군 무기시험시스템 훈련 설비 인근의 농장을 개발중인 4개의 미국 회사들을 인수하였다. CFIUS는 심사의 초기단계에서 Ralls Corp.에 대하여 특정 지역에 접근하

---

127) Exec. Order No. 11,858, 3 C.F.R. 900 (1971-1975), *as amended* in 31 C.F.R. pt, 800 (2016).
128) 50 U.S.C. app. §2170(b)(2) (A), (B).
129) 50 U.S.C. §4565(a)(6)(2012).

지 말라는 수정명령을 내렸고, 2012년 9월 13일, 조사를 종료하고, 그 인수가 미국의 국가안보를 위협하는 것으로 결론을 내렸다. 오바마 대통령은 Ralls Corp.에 해당 프로젝트에 있는 모든 자산을 분할하라고 명하는 대통령명령에 서명하였고, 그대로 집행되었다.130) Ralls Corp.는 미국 행정절차법과 연방헌법의 수정 제5조의 적법절차 조항을 근거로 최초의 결정을 변경한 것에 대하여 연방법원에 제소하였다. 지방법원은 대통령명령이 원래의 CFIUS의 수정명령을 변경하였다고 하면서 Ralls Corp.는 헌법적으로 보호된 재산적 이익이 없다고 하는 이유에서 원고의 청구를 기각하였다. 그러나 항소심 법원은 의회가 사법심사를 배제함으로써 헌법상의 권리에 대한 사법심사를 배제하려는 의도는 아니었다고 하면서 1심 법원의 판결을 번복하였고, Ralls Corp.가 통지도 받지 못하였고, 그 농장 인수가 국가안보를 위협한다는 비밀이 아닌 증거에 대한 반박할 기회를 갖지 못한 것이 적법절차 위반이라고 판시하였다.131)

대부분의 선진국들은 FINSA와 유사한 인수합병에 대한 국가안보 심사 법을 갖고 있다. 예컨대, 스페인, 영국, 프랑스, 독일은 외국기업의 인수에 대하여 공익과 국가안보 심사를 법으로 규정하고 있다. 그러한 심사는 EU법 하에서도 허용된다. 사업자간 집중 통제에 관한 이사회 규칙 제139/2004호(Council Regulation (EC) No 139/2004 of 20 January 2004 on the control of concentrations between undertakings)132)은 EC 기업결합규칙(the EC Merger Regulation)으로도 불린다. 유럽위원회는 유럽연합 내에서 행해지는 기업의 인수합병 심사시 심사기준의 하나로서 공공안전(public security)의 이익을 고려할 수 있다(동 규칙 제21(4)조).

2018년에 호주는 전력산업에 대한 투자심사절차를 강화하였고 외국인 투자자의 농지구입에 대한 규제를 강화하였다. 중국은 외국 투자자의 중국기업에 대한 인수와 수출기술에 관련된 지재권의 해외로의 이전에 대한 국가안보 심사절차를 수립하였다. 프랑스와 독일은 자국의 해외투자 심사시스템을 기업들의 새로운 전략기술활동으로까지 확대하였다.133)

---

130) *Ralls Corp. v. Committee on Foreign Investment in the United States*, 758 F.3d 296 (D.C. Cir. 2014).
131) 758 F.3d at 319~320.
132) OJ (L 24) 1.

일부 국가들의 경우, 하나의 산업 전체에 대한 FDI를 금지하기도 한다. 미국은 이와 달리 인용할 수 있는 위험을 감수하면서 FINSA 심사를 통해 사안별로 결정하고 있다. 이같은 미국의 태도는 외국인의 미국에 대한 투자로 결국 외국기업이 미국인 노동자를 수백만명 고용하고 있고, 그 평균임금도 미국의 일반 국내기업에 고용된 노동자들의 급여 수준보다 높으며, 미국에서 운영중인 외국기업들이 전체 미국 수출액의 약 6분의 1을 담당하고 있는 현실과 관련이 높다.[134]

마지막으로 외국 기업 인수는 독점금지법 또는 경쟁법에 따라 국내기업 인수와 마찬가지로 인수합병의 결과 관련 시장의 경쟁을 실질적으로 제한하는 경우에는 경쟁당국에 의하여 금지되거나 제한될 수 있다. 미국, 유럽연합이나 우리나라를 포함한 세계각국의 독점금지법(경쟁법)은 역외적용되므로 합병 대상회사가 해당지역에서 상거래를 하여온 국가들의 경쟁당국의 심사를 모두 통과하여야 인수합병이 성사될 수 있다.

이러한 장애들을 통과하고 나면 목표 회사의 주식을 인수하는 협상을 개시하게 되며, 거래가 성사된 후, 피인수회사인 외국회사는 인수한 회사의 외국 자회사가 된다. 자산 인수의 형식의 거래를 하는 경우에는 조세상의 불이익이나 불의의 법적 책임이 발견될 수 있다. 이러한 경우에는 인수하는 회사가 외국의 자회사 또는 지주회사의 형식이 되는 것이 권고된다. 그리고 나서 외국의 자회사가 표적 회사의 특정 자산을 인수하는 형식으로 거래를 하는 것이다. 그 거래 후에, 획득하는 회사는 모회사의 완전자회사가 될 것이고 이제 표적 회사의 자산을 보유하게 된다.

대안은 삼각합병(triangular merger)이다. 이는 인수하는 회사가 그 회사의 유일한 자산은 표적 회사의 주식인 외국의 완전자회사의 모회사가 되는 방식이다. 해외의 완전자회사와 표적회사는 그리고 나서 모회사-인수하는 회사의 주식을 표적회사의 주주들이 가지고 있는 표적회사 주식과 교환하는 주식교환협정을 체결하는 것이다. 표적회사의 주식이 인수된 후, 합병은 해당 국내법에 따라 그 두 외국회사들 사이에서 실행될 수 있다. 이들 방법 중에 진출하려고 하는 해당 표적회사가 위치한 국가의 법과 조세를 고려하여 가장 유리한 방법을 선택하여야 한다.

---

133) UCTAD, *World Invest Report 2019*, at 85 (2019).
134) *Foreign Direct Investment*, Org. for Int'l Inv. (2019); *Foreign Direct Investment in the United States, SelectUSA; Trade Trends, UNCTADstat*.

제 8 장 국제거래에서의 분쟁해결

제1절 개관

　국제거래에서 분쟁(dispute)이 발생하는 일은 아무도 바라지 않지만 생길 수 있는 일이고, 최선의 방책은 분쟁이 발생하지 않도록 미리 예방하고 일단 분쟁이 발생하면 적절히 해결하는 것이다. 국제거래에서는 분쟁 발생시 청구권의 포기(waiver of claim), 화해(amicable settlement), 알선(intercession, recommendation) 등의 당사자간 합의로 해결을 시도할 수 있다. 그러나 이것으로 해결되지 못하는 경우에는 소송보다는 중재(arbitration), 조정(mediation), 협상(concilation)과 같은 소송대체적 분쟁해결방법들이 보다 빈번히 사용된다. 그러나 이들 대체적 방법들은 당사자들의 합의에 의하여 선택되어야 하고 그렇지 않으면 마지막 남은 유일한 옵션은 소송이 된다.

제2절 국제소송

Ⅰ. 국제재판관할권

1. 재판관할권과 재판권

(1) 국제거래의 분쟁해결

국제상사분쟁이 청구권의 포기(Waiver of claim), 화해(amicable settlement), 알선(intercession, recommendation) 등의 당사자간 합의에 의하여 또는 조정(concilation, mediation), 중재(arbitration) 등의 대체적 분쟁해결(ADR)절차로 해결되지 못하는 경우에는 소송(litigation)에 의하여 해결될 수밖에 없다.

(2) 국제재판관할권의 개념

국제재판관할권은 외국적인 요소(foreign elements)를 가진 국제거래 관련 소송이 법원에 제기된 경우 그 법원이 재판을 할 권한을 가지느냐의 문제이다. 우리 민사소송법과 판례는 재판권(Gerichtsbarkeit)과 국제재판관할(internationale Zuständigkeit)을 구별하고 있다. 재판권은 재판에 의해 법적 쟁송사건을 해결할 수 있는 국가권력 또는 사법권을 의미하는 것이고, 국제재판관할은 이러한 재판권의 존재를 전제로 하여 어느 국가의 법원이 그 법적쟁송을 재판할 것인가 또는 그에 대한 재판임무를 어느 국가에 배당할 것인가의 문제로 이해된다.[1]

재판권(competence)은 특정 국가가 주권행사의 하나로 행하는 일정한 사건 또는 사람에 대한 사법관할권을 말하지만, 국제재판관할권은 국가가 국제법상 인정된 재판권의 범위 내에서 실제로 재판을 하는 범위를 자주적으로 규제하는 것을 말한다.[2]

각국의 재판권의 행사에 관하여는 국제법상 물적 제약과 인적 제약을 받는

---

1) 대법원 법원행정처, 「국제거래재판실무편람」, 2015, 2면.
2) 최준선(15), 408면.

다. 국제법상 물적 제약이란 재판권을 행사하는 국가가 사건과의 사이에 일정한 관계를 가지고 있어야 한다는 것이다. 그리고 국제법상 인적 제약이란 피고의 속성에서 따른 재판권행사의 제약이다. 인적 제약은 국제법상 주권면제(sovereign immunity)가 문제된다.

국제법상 국가는 다른 국가의 법원에서 피고가 되지 아니한다는 국제법상 원칙을 주권면제이론(sovereign immunity doctrine)이라고 한다. 그 이유는 국가는 주권을 갖고 서로 평등하다고 보기 때문이다. 그러나 국가의 경제활동이 활발해지면서 국가가 직접 거래행위에 개입하는 경우가 많아지게 되었고, 국가와 거래한 상대방이 국가에 대하여 제소할 수 있어야 한다는 필요성이 인정되게 되어서, 미국은 1976년 외국주권면제법(Foreign Sovereign Immunities Act of 1976)을 개정하여 상업적 행위(commercial activity)에 대해서는 주권면제를 인정하지 아니하고, 주권면제를 포기하는 경우에는 외국재판권에서 면제되지 아니한다고 정하였다. 영국도 국가주권면책법(State Immunity Act 1978)이 있고, 캐나다와 호주도 유사한 법률이 있다. EU 소속국 간에는 1972년 유럽국가면제협약(European Convention on State Immunity)을 체결하여 시행 중이며, 국제다자협약 초안도 마련되어 있다.[3]

다음으로, 외교관은 다른 국가로부터 외교특권에 의하여 외국 재판권으로부터 면제를 받는다. '외교관계에 관한 비엔나협약(Vienna Convention on Diplomatic Relations)'[4]에 의하여 외교관과 그 가족은 민사재판권으로부터 면제된다(동협약 §31①본문). 다만 접수국의 영역내에 있는 개인부동산에 관한 부동산소송, 개인으로서 유언집행자, 상속재산관리인, 상속인, 또는 유증수취인으로서 관련된 상속에 관한 소송, 공적 직무 이외의 직업적·상업적 활동에 관한 소송은 면제되지 아니한다(동조 i∼iii). 그리고 '영사관계에 관한 비엔나협약(Vienna Convention on Consular Relations)'[5]에 따라 영사는 민사재판권으로부터 직무상 면제된다(동협약 §43①). 다만 사적 계약에 의한 민사소송, 접수국내의

---

3) Hans van Houtte, *The Law of International Trade*, 2002, p. 34; 최준선(15), 409면.
4) 1961.4.18. 채택, 조약 제365호 1971.1.27. 발효.
5) 1963.4.24. 채택. 조약 제534호 1977.4.6. 발효.

차량, 선박 또는 항공기에 의한 사고로부터 발생하는 손해에 대하여 제3자가 제기하는 민사소송은 면제되지 아니한다(동조 ②).

2. 국제재판관할권의 결정

(1) 관련 조약

국제재판관할권은 국제법상 제약하에 각국이 당사자의 공평, 재판의 적정 및 신속 등 소송법상의 이념에 따라 정한다.

국제적 재판관할권에 관한 세계공통의 기준은 피고의 주소지국 관할권과 부동산 소재지국 관할권이다. 미국의 경우에는 관할확대조항(Lomg-Arm Statutes)에 의하여 최소한의 관련성(minimum contacts)만 있으면 자국법원의 대인관할권을 인정한다. 이는 자국민의 이익보호를 위한 것이다.

국제적 재판관할권의 규칙을 양자조약이나 다자조약에 의하여 통일하려는 노력이 있어왔다. 1968년 EU의 '민사 및 상사에 관한 재판관할권 및 판결의 집행에 관한 협약(Convention on Jurisdiction and the Enforcement of Judgments in Civil and Commercial Matters, Sep. 27, 1968)'이 그 예이다. 이 협약은 1978년, 1982년, 1989년에 각각 개정되었고, 1989년 협약은 특히 '산 세바스찬 조약(San Sebastian Convention)'이라 불린다.

이 외에도 1988년 12개 EU회원국과 핀란드, 아이슬랜드, 노르웨이, 오스트리아, 스웨덴, 스위스 등 6개 유럽자유무역연합(European Free Trade Association: EFTA) 회원국 간에 체결된 '민사 및 상사에 관한 재판관할권 및 판결의 집행에 관한 협약(Convention on Jurisdiction and the Enforcement of Judgments in Civil and Commercial Matters, Sep. 16, 1988)', 이른바 '루가노협약(Lugano Convention)'이 있다.

헤이그국제사법회의(HCCH)는 2005년 6월 30일에 20차 헤이그 회담에서 '재판관할합의협약(Convention on Choice of Court Agreement)'을 성립시켰고, 2021년 3월 현재 EU, 싱가포르, 우크라이나, 미국, 중국, 이스라엘 등 8개국이 서명하였고 37개국에서 발효되었으나 아직 우리나라는 가입하지 않았다.[6] 동협약은 중재에 관한 뉴욕협약과 상응하는 소송에 관한 시금석이 될 조약이다.

국제재판관할에는 ⅰ) 어느 국가의 법원에 소가 제기된 경우 심리를 하기 위한 전제로서 국제재판관할권을 가지는가 하는 문제(심리관할)와 ⅱ) 외국법원이 선고한 판결을 다른 국가의 법원이 승인 또는 집행하기 위한 전제로서 판결을 선고한 법원이 국제재판관할을 가지는가(승인관할) 하는 두 가지 유형이 있다. 전자를 직접국제재판관할, 후자를 간접국제재판관할이라고 한다. 직접국제재판관할이 있는 국가의 법원이 재판을 하였더라도 간접국제재판관할이 없다면 승인국에서 그 판결의 승인 또는 집행을 거부할 수 있다.

헤이그 재판관할합의협약은 체약국 소속의 당사자들간의 법정지 선정 합의(choice of court agreements)의 국제적 승인과 집행 및 그 협정에서 파생된 판결의 집행에 관하여 규정한다. 널리 채택된다면, 동협약은 법정지 선정 합의의 국제적 승인만이 아니라, 국제거래계약을 소송에서 다투는 사건에서 선고된 판결의 승인과 집행도 실질적으로 확대할 것이다.[7]

동협약은 국제적 사건에 있어서 민사 또는 상사에 관하여 체결된 배타적 법정지 선정 합의에 적용된다(§1①). 동협약의 해석상 합의 당사자들이 동일한 체약국에 거주하고 당사자들의 관계와 분쟁에 관련된 모든 다른 요소들이, 지정된 국가의 위치와 관계 없이, 오직 그 국가에만 연결된 경우에는 사건은 국제적 성질을 갖는다(동조 ②). 또한 동협약은 외국 판결의 승인과 집행이 추구된 사건은 국제적 성질을 갖는 것으로 해석한다(동조 ③).

동협약은 국제 기업간 거래에 관련된 계약이 분쟁 해결을 위하여 하나의 국가의 하나 또는 복수의 법원을 전속관할법원으로 지정하는 경우, 즉 국제상사거래에서의 '배타적 법정지 선정 합의(exclusive choice of court agreement)'에 대해서 적용된다. 동협약상 배타적 법정지 선정 합의란 복수의 당사자들에 의하여 체결된 특정 법률관계와 관련하여 제기되거나 제기될 수 있는 분쟁을 결정할 목적상 다른 법원의 관할권을 배제하고 하나의 체약국의 법원들 또는 하나의 체약

---

6) https://www.hcch.net/en/instruments/conventions/status-table/?cid=98. 동협약은 32개국이 서명하면 발효된다.
7) Chow & Schoenbaum(20), p. 666.

국의 하나 또는 복수의 특정 법원을 지정하는 합의(§3(a))로서 서면으로 또는 후속 참조를 위하여 이용가능하도록 정보를 접근가능하게 하는 그밖의 통신수단에 의하여 체결되거나 문서화되어야 한다(§3(c)). 하나의 체약국의 법원들 또는 하나의 체약국의 하나 또는 복수의 법원을 지정하는 법정지 선택 합의는 당사자들이 명시적으로 그와 달리 규정하지 않는 한 전속적인 관할합의로 간주된다(§3(b)).

헤이그 재판관할합의협약은 국제상사거래에 적용되고, 소비자계약, 순수한 국내협정, 고용계약, 자연인의 지위와 법적 능력, 양육비의무, 부부재산계약과 그밖의 혼인 또는 그와 유사한 관계에서 생긴 권리와 의무, 유언과 상속, 파산, 채무조정, 물품운송계약, 여객운송계약, 해상오염, 해상청구에 대한 책임제한, 공동해손, 비상 예인과 해난구조, 독점금지(경쟁) 문제, 원자력 손해배상책임, 자연인을 위하여 제기된 인적 손해배상청구, 유형재산에 대한 계약관계에서 생기지 않은 불법행위로 인한 손해배상청구, 부동산에 대한 권리와 임대차, 법인의 설립의 유효·무효 또는 해산 및 그 기관의 결정의 유효성, 저작권을 제외한 지적재산권의 효력, 저작권을 제외한 지재권의 침해, 공적 등록의 유효성 등에 대해서는 적용되지 않는다(§2②).

동협약은 중재 및 관련 절차에는 적용하지 아니한다(§2④). 또한 협약 당사자가 국가(정부, 정부기관 또는 국가를 위하여 일하는 사람을 포함한다)인 사실만으로 해당 절차가 동협약의 적용범위로부터 배제되지 아니한다(§2⑤). 그러나 동협약은 국가나 국제기구 자체나 그 재산에 관한 그 특권이나 면책에는 영향을 미치지 아니한다(§2⑥).

법정지 선정 합의는 계약의 일부를 구성하는 경우 그 계약의 다른 조건들과 독립적인 합의로 취급되어야 한다(§3(d)전단). 예컨대 국제물품매매계약에 포함된 전속적 법정지 선택 합의의 유효성은 그 매매계약이 유효하지 않다는 이유만으로 다투어질 수 없다(동항 후단).

헤이그 재판관할합의협약 제5조는 당사자가 전속적 법정지 선택 합의에서 지정한 체약국의 법원 또는 법원들은 해당 국가의 법률에 따라 합의가 무효가 되지 않는 한, 해당 합의가 적용되는 분쟁을 결정할 수 있는 관할권을 가진다고 규정하고, 동협약 제6조는 그렇게 지정되지 않은 체약국의 법원들에게 소송의 각하 또는 절차의 중단을 요구한다. 다만 다음 각 경우는 예외가 인정된다(§5①):

    a) 그 합의가 선택된 법원의 국가법에 따라 무효인 경우
    b) 당사자가 (관할권이 배제된) 법원의 국가법에 따라 합의를 할 능력이 결여된 경우
    c) 합의를 발효시키는 것이 명백한 부정을 초래하거나 (관할권이 배제된) 법원의 국가의 공공정책에 명백히 위배될 경우
    d) 당사자의 통제를 벗어난 예외적인 이유로, 그 합의가 합리적으로 실행될 수 없는 경우, 또는
    e) 선택된 법원이 사건의 심리를 하지 않기로 결정한 경우

헤이그 재판관할합의협약은 제8조에서 외국판결의 승인과 집행의 요건, 제9조에서 외국판결의 승인 또는 집행을 거부할 수 있는 사유에 관하여 규정한다.

전속적 법정지 선택 합의에서 지정된 체약국의 법원이 내린 판결은 동협약장에 따라 다른 체약국에서도 인정되고 시행된다(§8①전단). 승인 또는 집행은 이 협약에서 특정된 이유에서만 거부될 수 있다(동항 후단).

외국 법원의 판결은 원산지 국가에서 효력이 발생한 경우에만 승인되며, 원산지 국가에서 집행이 가능한 경우에만 집행된다(§8③). 판결이 원산지 국가에서 심리중이거나 통상적인 심사청구를 위한 기한이 만료되지 않은 경우에는 승인 또는 집행을 연기하거나 거부할 수 있다(§8④). 다만 승인 또는 집행이 거부된 외국판결이라도 사유가 종료된 후 승인이나 집행을 후속적으로 신청할 수 있다(동항 후단).

외국판결의 승인 또는 집행은 다음 각 경우에 거부될 수 있다(§9):

    a) 합의가 선택된 법원의 국가법 하에서 무효인 경우. 다만 선택된 법원이 합의가 유효하다고 판단하는 경우는 그러하지 않다.
    b) 당사자가 요청을 받은 국가의 법에 따라 합의를 체결할 능력이 결여된 경우
    c) 소송 절차를 정한 문서 또는 청구의 필수 요소를 포함한 동등한 문서가
    i) 판결 원산지 국가의 법률이 이의를 제기하는 것을 허용한다면, 피고인이

출석하여 원산지 법원에 통지에 대하여 이의를 제기하지 않고 자기의 사건을 제출하지 않는 한, 피고에게 충분한 시간 동안 그리고 피고에게 그의 변론을 준비할 수 있는 방법으로 통지되지 않은 경우
ii) 문서 송달에 관하여 요청을 받은 국가의 기본 원칙과 양립할 수 없는 방법으로 요청을 받은 국가의 피고에게 문서가 통지된 경우
d) 판결이 절차상의 문제와 관련하여 사기에 의해 얻어진 경우
e) 판결로 이어지는 특정 절차가 해당 국가의 절차적 공정성의 기본 원칙과 양립할 수 없는 상황을 포함하여 승인 또는 집행이 요청을 받은 국가의 공공정책과 명백히 양립할 수 없는 경우
f) 동일한 당사자들 간의 분쟁에서 요청을 받은 국가에서 내려진 판결과 일관되지 않는 판결, 또는
g) 동일한 소송 원인에 대해 동일한 당사자들 간에 다른 국가에서 이전에 내린 판결은 요청을 받은 국가에서 승인에 필요한 조건을 충족하지만, 해당 판결은 그 판결과 일관되지 않는 경우

(2) 당사자간 합의관할의 효력 인정

국제상사거래에서 분쟁이 발생하여 소송으로 해결해야 하는 경우 사후적인 분란을 방지하기 위하여 당사자들은 거래계약에 사전에 결정한 법정지에 관한 합의조항을 삽입하는 경향이다. 그러나 이러한 합의관할이 그대로 집행가능한지는 당사자간에 합의한 관할이 전속관할인지 임의관할인지 그리고 법정지 국가의 법 및 정책이 그러한 당사자간의 합의관할을 인정하는지 여부에 달려있다. 우선 당사사자간 합의가 전속관할이 아니라 임의관할권을 부여하는 내용이라면 당연히 그 합의한 법정지가 아닌 국가의 법원에 제소하는 것이 가능하다. 당사자들이 전속관할을 합의한 경우라 해도 매도인 또는 매수인이 자국의 법원에 제소하였을 때 법원이 소를 각하하는 것은 그 국가가 전술한 바와 같이 EU 회원국들간의 산 세바스찬 조약, 유럽국가들간의 민사 및 상사에 관한 재판관할권 및 판결의 집행에 관한 협약, 또는 헤이그 재판관할합의협약에 따라 해당 법원이 각 조약의 체약국인 경우이고 소정의 요건을 충족한 경우에 한하여 보장되는 것이다. 그렇지 않은 경우에는 각국의 관련 정책 및 국내법에 따라 당사자간 합

의관할을 존중하는 경우이어야 한다.

　미국의 경우 연방대법원이 1972년 *Bremen* 판결[8])에서 종래 외국법원에 관할권을 부여하는 당사자의 합의에 대하여 부정적이었던 미국 법원의 전통적 입장인 1959년 *Carbon Black* 판결[9])에서의 법리인 "법원의 관할권을 배제하는 것이 목적인, 분쟁 발생 이전의 협정은 공익에 반하며 집행할 수 없다"는 견해[10]) 또는 미국 법원들의 종래의 입장[11])이었던 미국 시민권자의 이익을 침해할 가능성이 있는 외국법원의 관할권을 부여하는 당사자합의는 "미국의 공공정책에 반한다"는 견해에 의거한 순회항소법원의 판결을 파기하였다.

Bremen 사건

1967년 11월 미국 회사 Zapata는 독일 Unterweser 유한회사와 "루이지애나로부터 이탈리아 Ravenna 앞바다까지" 자체승강 굴착설비(self-elevating drilling rig) Chaparral을 견인하여 달라는 계약을 체결하였다. 계약서에는 "발생하는 모든 분쟁은 런던 법원에서 처리되어야 한다."는 조항이 포함되어 있었다. 또한 그 계약은 Unterweser에 대하여 견인되는 바지선에 대한 손해에 대하여 면책하는 두 개의 조항을 포함하였다.

1968년 1월 5일, Unterweser의 심해 예인선 Bremen호는 Chaparral호와 함께 루이지애나주 Venice를 출발하여 이탈리아로 향했는데, 1월 9일, 선단이 멕시코만 한 가운데 공해상에 있는 동안, 심한 폭풍이 일어났고 Chaparral호가 심각한 손상을 입었다. Zapata는 Bremen호에 파손된 굴착장치를 가장 가까운 피난항인 플로리다주 Tampa까지 견인하라고 지시했다.

1월 12일, Zapata는 발생하는 모든 분쟁을 영국 법원에서 제소하기로 한 계약을 무시한 채 Tampa에 있는 미국 지방법원에서 해사법으로 Unterweser와 Bremen호를 상대로 350만 달러의 손해배상 청구 소송을 제기하였다. Unterweser는 견인계약의 법정지 조항을 발동해 대응했고, 관할권 결여(lack of jurisdiction) 또는 불편의법정(forum non conveniens) 법리를 근거로 각하하거나, 대안으로 분쟁을 런던 법원에 제출할 때까지 계류된 소송을 중지하라는 신청을 하였다. 2월에 Unterweser는 계약이 규정한 대로 런던 고등법원에 Zapata에 대한 손해배상청구소송을 제기하였다. Zapata는 관할권에 대해 다투기 위해 법

---

8) *M/S Bremen v. Zapata Off-Shore Co.*, 407 U.S. 1 (1972).
9) Carbon Black Export, Inc. v. The Monrosa, 254 F.2d 297 (CA5 1958), cert. dismissed, 359 U.S. 180 (1959).
10) 254 F.2d, at 300~301.
11) *Bisso v. Inland Waterways Corp.*, 349 U.S. 85 (1955), 및 *Dixilyn Drilling Corp. v. Crescent Towing & Salvage Co.*, 372 U.S. 697 (1963).

정에 출두했으나, 영국 법원은 이 같은 이의제기를 기각하였다. Zapata에 대한 책임을 제한하기 위한 6개월간의 제소기간이 곧 만료될 예정이었으나 탬파에 있는 미 지방법원은 아직 Unterweser의 신청에 대해 아무런 판정을 하지 않았고, 1968년 7월 2일, 제소기간 도과가 임박하여 Unterweser는 Tampa 지방법원에 책임을 제한하는 소송을 제기했다. 법원은 책임제한법원 밖의 다른 소송에 대해 관례적인 금지명령을 내렸고, Zapata는 책임제한소송에서 최초의 주장을 다시 제기했다. 지방법원은 6개월간의 제소기간이 지난 7월 29일에야 Unterweser의 1월 Zapata의 최초청구를 기각 또는 유지해 달라는 신청을 기각했다. 법원은 불편의법정 법리에 따라 피고에게 매우 유리하게 형량되지 않는 한, 원고의 법정지 선정은 결코 방해되어서는 안 된다고 전제하고 이 사건에서 편리함의 형량이 Unterweser에게 매우 유리하지 않으며 Zapata의 법정지 선정이 방해되어서는 안 된다고 결론지었다. 그 후 1969년 1월 21일, 지방법원은 런던 고등법원에서 논쟁이 결정될 때까지 책임제한 소송을 중지하라는 Unterweser의 또 다른 제안을 기각했고, Unterweser의 런던 법원에서의 더 이상의 소송을 제지하는 Zapata의 신청을 인용했다. 지방법원은 책임제한절차에서 관할권을 가진 만큼 논란과 관련된 모든 사안을 판단할 수 있는 관할권이 있다고 판시하였다. 지방법원은 Unterweser가 Zapata의 소송을 중지하기 위한 Unterweser의 첫 번째 신청을 부정했던 이유만이 아니라, Unterweser가 미국 법원의 사법권을 발동하여 이익을 얻기 위해 런던 법원에서의 논란을 소송으로 다투는 것을 자제함으로써 "형평에 부합하게 행동"할 것이 요구된다고 판시하였다.

항소심에서, 판사 14명 중 6명이 반대의견을 냈지만 항소심 재판부의 의견이 채택됐다. 항소법원 다수의견은 Carbon Black 판례에 의거해서 "최소한" 이 사건은 법정지 선정 조항이 "소송이 제기된 국가보다 선택된 국가가 보다 편리한 법정을 제공하지 않는 한, 집행되지 않을 것"이라는 전제에서 당사자들의 법정지 선정 조항과 별개로 지방법원이 불편한 법정 법리를 근거로 관할권을 부정한 것이 재량권 남용이 아니라는 결론을 내렸다. 항소법원은 1) 선단은 결코 "제5순회법원의 관할권을 벗어나지 않았고, 사고는 지방법원 인근에서 발생했고", 2) Zapata호 선원을 포함한 상당수의 잠재적 증인들은 걸프만 지역에 거주했으며, 3) 항해를 위한 준비와 점검 및 수리 작업이 걸프만 지역에서 수행되었고, 4) 법정 증언을 통해 Bremen호 승무원의 증언을 이용할 수 있으며, 5) 영국은 법정지 선정 조항 이외의 논란에 관계가 없거나 접점이 없다고 언급하였다. 항소법원의 다수의견은 Zapata는 미국 시민권자이며 특히 영국 법원이 면책조항을 집행할 가능성이 높아 보였기 때문에 "이 사건을 외국 법정에 회부하는 지방법원의 재량은 제한적이었다"고 지적했다.

연방대법원은 "그동안 법정지 조항(forum clause)에 너무 적은 비중과 효과가 주어졌고" "미국에 본점을 둔 기업체들의 해외상업활동이 확대되는" 경향, 이 사건에서 "특수전문기술을 갖춘 미국 회사가 외국 회사와 계약하여 복잡한 기계를 수천 마일의 항해를 하여 견인하면서" 체결한 "엄연한 계약이 있음에도 불구하고 연방대법원이 모든 분쟁은 미국법과 법원에 의해 해결되어야 한다는 편협한 개념을 고집한다면, 미국의 사업과 산업의 확장은 좀처럼 장려되지 않을 것"이라는 근거에서 "우리는 세계시장과 공해상에서 무역과 상거래를 배타적으로 우리의 조건으로 하고, 우리의 법에 의해 규율되고 우리의 법정에서 해결되게 할 수 없다." 고 보고 법정지 선정 조항(합의관할)은 일차적으로 유효하며, 그러한 상황에서 반대 당사자가 집행이 사정상 "불합리한(unreasonable)" 것임을 입증하지 않는 한 집행되어야 한다고 보았다. "당연히 외국 기업인들은 우리처럼 자국의 법정에서 분쟁을 해결하는 것을 선호하지만, 만약 그 선택이 가능하지 않다면 그 주제에 대한 전문지식이 있는 중립적인 법정에서 하는 것을 선호한다. 명백하게, 영국 법원은 해사소송에서 중립성과 오랜 경험의 기준을 충족한다. 그 법정지의 선택은 경험이 풍부하고 세련된 사업가들에 의한 장시간의 협상에서 이루어졌으며, 강제적이고 상반되는 이유가 없다면 당사자들에 의해 존중되고 법원에서 집행되어야 한다. 사기, 부당한 영향력 또는 과도한 협상력에 영향을 받지 않고, 자유롭게 교섭된 사적 국제합의가 완전한 효력을 발휘해야 하는 데에는 설득력 있는 이유가 있다. … 루이지애나에서 멕시코만과 대서양을 거쳐 지중해를 거쳐 아드리아해에 있는 최종 목적지까지 항해를 하는 동안 Chaparral호는 항로를 따라 어느 지점에서든 피해를 입을 수 있었다. … 사고가 발생할 수 있는 모든 관할구역에서 소송이 유지될 수 있거나 Bremen이나 Unterweser가 발견되는 장소에 관할권을 맡길 경우, 양 당사자에게 많은 불확실성과 큰 불편이 발생할 수 있다. 양 당사자가 수용할 수 있는 법정에 대해서 사전에 합의함으로써 그러한 불확실성을 모두 제거하는 것은 국제무역, 상업 및 계약에서 필수적인 요소이다. … 따라서 현재의 상업현실과 국제무역 확대에 비춰볼 때 법정지 선정 조항은, 이를 배제해야 한다는 것이 유력하게 입증되지 않는다면, 지배해야 한다. … 항소법원은 영국 법원이 Unterweser의 손해배상책임을 면제하기 위한 견인계약 조항을 강제할 것이라는 전망 때문에 *Bisso v. Inland Waterways Corp.*, 349 U.S. 85 (1955) 판례하에서 공공정책에 반할 것이라고 주장했다. 계약에 의한 법정지 선택조항의 집행이 소송이 제기되는 법정의 강력한, 법적 또는 사법적 결정에 의해 선언된 공공정책에 위배된다고 판정되는 경우, 그것은 집행되지 말아야 한다. 그러나 *Bisso* 판결에 표현된 정책의 적절한 범위가 무엇이든 간에 이 사건의 경우에 도달하지 못하는 것은 분명하다." 고 보았다. 연방대법원은 "우리는 (*Bisso*) 정책의 강점을 지나치게 강조하지 않도록 주의해야 한다. 면책약정의 거부에는 과도한 협상력에 의하여 생산될 수 있다는 것과 태만을 충분히 억제하지 않는다는 두 가지 우려가 깔려 있다. … 여기서 문제의 행위는 우리의 관할권 밖의 공해상에서 발생하는 외국 당사자의 행위이다. 석유 굴착기 운송이라는 새로운 분야의 불확실성과 위험이 너무 커서, 예선(tower)은 위험에 대한 재정적 책임을 지기를 꺼렸고, 따라서 당사자들은 항해에 대한 책임을 피예인선(tow)에 할당하였다. 계약대금도 이 요소를 고려했을 가능성이 있다. 미국의 영역내에서 태만한 행동을 현저하게 조장할 것이라는 확신이 서지 않는 한 여기서 법정지 선정 조항을 무효화해서는 안 된다."라는 항소법원의 소수의견을 인용하면서 이를 지지하고, 항소심 판결을 파기하고 항소법원이 상소인과 피상소인 간의 국제견인계약에 따라 발생하는 분쟁을 규율하는 법정지 선정 조항을 집행하기를 거부하는 판결을 심사하도록 환송하였다.

【Theme- Forum non conveniens】

　불편의법정(Forum non conveniens) 법리는 소가 제기된 법원이 당사자의 편의와 정의의 실현을 위해 사건을 다른 국가 또는 주의 재판소에서 심리하는 것이 보다 적절하다고 판단한 경우에, 본래의 재판관할권의 행사를 재량으로 유보하고 소송의 각하 또는 소송절차의 정지(stay)를 하는 것을 인정하는 영미의 소송법상 법리이다. 19세기 스코틀랜드에서 유래한 것으로 미국 연방대법원은 1947년 *Gulf Oil Corp. v. Gilbert* 판결에서 처음 원용하였다. 이 법리는 1948년에 미합중국 법전 28 U.S.C. §1404(a)에서 연방법원 간의 재량적 이송 제도로서 입법화되었다. 재판관할권의 행사를 유보할지의 판단에는 심리의 용이성, 신속성 및 편의성과 증거에 대한 접근, 판결의 집행가능성 등의 당사자의 사익과 법원의 업무부담, 외국법의 적용가능성 등의 공익을 종합적으로 형량한다. 이 법리는 원고의 법정쇼핑(forum shopping)에 대한 피고의 대항책이 될 수 있다.

　미국 연방대법원은 *Bremen* 판결 이후 당사자간의 합의관할에 대하여 적극적으로 효력을 인정하여 오고 있다.12) 그러므로 미국 법원에서는 국제상사계약에 포함된 법정지 선정 조항의 유효성을 전제로 그 내용 해석이 중심적인 쟁점이 되고 있다. 우선 당사자들의 법정지 선정 조항이 전속관할을 정한 것인지 임의관할을 정한 것인지에 대해서는 '배타적(exclusive)' 또는 '유일한(sole)' 같은 언어가 사용된 경우 또는 그렇지 않더라도 특정의 구체적인 장소를 언급한 경우에는 전속관할을 합의한 것으로 본다.13) 이와 달리 법정지 선택조항에 "공급자는 또한 매수인에 대하여 매수인의 주된 영업소에서 소를 제기할 권리도 가진다(The supplier also has the right to commence an action against the purchaser at the

---

12) *Carnival Cruise Lines, Inc. v. Shute*, 499 U.S. 585 (1991)(크루즈선사가 발행한 승선권 뒷면에 인쇄된 법정지 선정 조항의 효력을 인정하였다.); *Vimar Seguros y Reaseguros, S.A. v. M/V Sky Reefer*, 515 U.S. 528 (1995)(운송인이 발행한 선하증권에 포함된 법정지 선정 조항의 효력을 지지하였다.).

13) *Scotland Memorial Hosp., Inc. v. Integrated Informatics, Inc.*, No. 1:02-cv-796, 2003 WL 151852, at *3-4 (M.D.N.C. Jan. 8, 2003)(이 사건 합의에는 "장소는 조지아주 애틀랜타에 있는 법원이다(venue will be the courts in Atlanta, Georgia.)"라는 조항이 명시되어 있었고, 법원은 전속관할을 합의한 것으로 판시하였다.); *Lawler v. Schumacher Filters America, Inc.*, 832 F.Supp. 1044 (E.D.Va.1993)(이 사건 합의에는 "장소는 독일 Crailsheim 법원이다(venue is in the courts of Crailsheim, Germany.)"라는 조항이 명시되어 있었고, 법원은 전속관할을 합의한 것으로 보았다.); *Gita Sports Ltd. v. SG Sensortechnik GmbH & Co. KG*, 560 F. Supp. 2d 432 (2008)("이행장소 및 법정지는 Mörfelden-Walldor이다(The place of fulfillment and court of venue is Mörfelden-Walldor.)"라는 조항에 대하여 법원은 전속관할을 합의한 것으로 보았다.).

purchaser's principal place of business.)"는 문구가 추가된 경우에는 임의관할의 합의로 해석되었다.14) 그 이유는 만일 앞의 법정지 선택조항이 임의관할을 정한 것이라면 추가문구는 무의미하고 오직 앞의 조항이 전속관할을 정한 경우에만 추가문구가 의미가 있기 때문이다.

다음으로 당사자들의 관할합의가 유효하여야 집행될 수 있는데, 그 기준으로 전술한 *Bremen* 판결에서는 '합리성(reasonableness)'을 들어서 불합리하지 않아야 한다고 하였고15), *Carnival Cruise* 사건에서는 합리성 외에 공정성 기준을 추가하여 승객이 선사의 악의(bad faith), 기만(fraud) 또는 과대평가(overreaching)를 증명하지 못하는 한, 해당 조항은 유효하다고 판시하였다.16)

1996년 *Allen* 사건17)에서 법원은 법정지 및 법률 선택조항은 ① 기만(fraud) 또는 과대평가(overreaching)로 인해 성립된 경우, ② 적용에 반대하는 당사자가 선정된 법정의 중대한 불편 또는 불공정성으로 인해 "모든 실무상 목적을 위하여 법정에서 자기의 시간을 박탈당할(will for all practical purposes be deprived of his day in court)" 경우, ③ 선택된 법률의 근본적인 불공정성(fundamental unfairness) 때문에 원고가 구제책을 박탈할 수 있는 경우, 또는 ④ 그 집행 때문에 법정지 국가의 강력한 공공정책을 위반할 경우에는 불합리하다고 판단될 수 있다고 판시하였다.

2008년 *Gita* 사건에서는 이행장소 및 법정지를 독일 Mörfelden-Walldor로 정한 법정지 선정 조항이 포함되었는데, 당해 조항을 무시하고 미국 법원에 제소한 원고는 그 조항이 기일전 증거개시(discovery), 증인 출석(witness presentation), 증거의 일반적 제시 등을 포함하는 미국 법원과 독일 법원의 절차적 차이와 독일 내에서의 극단적 소송비용 때문에 원고의 법정 출석을 박탈하는 쪽으로 작동

---

14) *All-Tech Industries, Inc. v. Freitag Elec., GmbH*, No. 87 C 10690, 1988 WL 84719, at *2(N.D.Ill. Aug. 5, 1988)("Place of jurisdiction is Bad Segeberg, F.R.G."라는 조항 뒤에 위의 문구가 추가되었다.); *Pioneer Life Ins. Co. v. Anderson*, No. 88 C 20249, 1988 WL 143726, at *1(N.D.Ill. Dec. 21, 1988)("Winnebago County, Illinois shall be the place of jurisdiction for service and legal purposes"라는 조항 뒤에 위의 문구가 추가되었다.)
15) *M/S Bremen v. Zapata Off-Shore Co.*, 407 U.S. 1, 10 (1972).
16) *Carnival Cruise Lines, Inc. v. Shute*, 499 U.S. 585, 595 (1991).
17) *Allen v. Lloyd's of London*, 94 F.3d 923, 928 (4th Cir.1996).

한다(위 ②)고 주장하였으나 법원은 선례들[18]을 인용하면서 그러한 주장을 기각하였고, 또한 원고는 독일 법원에서 소송하는 경우 노스캐롤라이나주법 N.C. Gen. Stat. § 75-16에 따른 3배배상(treble damages)이나 징벌적 손해배상(punitive damages)을 이용할 수 없어서 본질적으로 불공정하다(위 ③)고 주장하였으나 법원은 선례들[19]을 인용하면서 "독일법은 노스캐롤라이나주법과 확실히 다르지만, 그렇다고 해서 비록 노스캐롤라이나주법이 부여할 것과 동일한 구제책은 아닐지라도 원고가 '구제책'을 박탈당하는 것은 아니며, 또한 서로 다른 제도들 사이에 불가피한 법적 차이가 독일법이 근본적으로 불공정하다는 것을 의미하지는 않는다."고 하고 당사자간의 합의관할의 효력을 인정하였다.

Paper Express 사건[20]에서는 미국의 Paper Express, Ltd.(매수인)과 독일 회사 Pfankuch Maschinen(매도인) 사이에 제본기를 매매하였는데 기계가 설치후 제대로 작동하지 않자 매수인이 보증위반을 이유로 손해배상을 청구하는 소송을 매도인을 상대로 미국 일리노이주 지방법원에 제기하였으나 법원은 적절한 관할권이 없음을 이유로 소를 각하하였다. 이 사건에서는 매도인과 매수인 사이에

---

[18] *Mackley v. Gruner & Jahr A.G. & Co.*, No. 93-civ-6521, 1995 WL 417069, at *1 (S.D.N.Y. July 13, 1995)("독일은 문명화된 법률 체계를 가지고 있다."); *Borden, Inc. v. Meiji Milk Products Co., Ltd.*, 919 F.2d 822, 829 (2d Cir.1990)("미국 법원에서 이용할 수 있는 것과 유사한 유익한 소송절차의 일부 불편이나 이용불가능성 때문에 대체적 법정이 부적합하게 되는 것은 아니다."); *Kirch v. Liberty Media Corp.*, No. 04-civ-667, 2006 WL 3247363, at *6 (S.D.N.Y. Nov. 8, 2006)("법원들은 변론과 증거개시 절차의 차이에도 불구하고 독일이 적절한 대체적 법정이라고 자주 밝혀왔다."); *Bonzel v. Pfizer, Inc.*, No. 04-1401, 2004 WL 2475564, at *9 (D.Minn. Nov. 2, 2004)("증거개시 제한, 소송 수수료, 번역비 등에도 불구하고 법원들은 독일을 적절한 법정이라고 거듭 밝혀왔다."); *Society of Lloyd's v. Ashenden*, 233 F.3d 473, 477 (7th Cir.2000)("문명화된 법체계"를 가진 나라인 영국이 "쿠바, 북한, 이란, 이라크"와 같은 나라들과 달리 "법치주의를 고수하고 적법절차의 규범을 준수하는 것"에 관해 "심각한 의문의 여지가 없다.").

[19] *Gordonsville Industries, Inc. v. American Artos Corp.*, 549 F.Supp. 200, 205 (W.D.Va.1982)(당법원은 [독일 법원]이 적용할 법이 불공정할 것이라는 주장에 설득되지 않는다."); *Fagan v. Deutsche Bundesbank*, 438 F.Supp.2d 376, 383 (S.D.N.Y.2006)("원고가 강조한 미국과 독일의 법원제도의 차이는 적절한 대안 법정에서 독일을 제외하기에 불충분하다."); *NCA Holding Corp. v. Norddeutsche Landesbank Girozentrale*, No. 96-civ9321, 1999 WL 39539, at *2 (S.D.N.Y.1999) ("독일의 법체계가 미국과 다르다는 것은 독일을 부적절한 법정지로 만들지 않는다.").

[20] *Paper Express Ltd. v. Pfankuch Maschinen, GmbH*, 972 F.2d 753 (7th Cir. 1992).

주고받은 견적서 상의 다음의 계약문구가 문제되었다.

> 보증: VDMA[21] 규정에 따라 6개월(Warranty: six months according to the rules of VDMA).
> 보증은 기계가 매수인의 공장에 설치된 때로부터 부품에 대해서는 6개월, 서비스에 대해서는 3개월을 포함한다(The warranty includes six months parts and three months labor from the time the machine is erected in Paper Express's factory.)

매수인은 이 문구는 표면상 법정지에 관하여 언급하고 있지 않으며 보증규정에 지나지 않으므로 "according to the rules of VDMA"라는 문언은 보증기간과 관련될 뿐이라고 주장하였으나 항소법원은 "보증조항은 흔히 보증청구가 어떻게 어디에서 해결되는지를 특정하는 조건을 포함하고" "당사자들은 보증이 'VDMA의 규정'과 일치하는 방식으로 해석되어야 한다고 합의한 것"이며, "그 사실은 이 언어와 당사자들이 편입한 보증기간에 관한 VDMA rule만이 아니라 복수 '규정들(rules)'을 사용한 것으로부터 명백하다"고 하였다.[22] VDMA의 법정지 규정은 "계약관계에서 생기는 모든 분쟁에서 소송은 공급자의 주된 영업소 또는 인도를 한 지점의 관할법원에 제기되어야 한다(In all disputes arising out of the contractual relationship, the action shall be filed in the court which has jurisdiction for the principal place of business of the supplier, or its branch office which is carrying out the delivery.)"이었는데 항소법원은 "all disputes,"와 연결된 "shall be filed" 문언은 의무적이며, 명백히 법정지를 강제적이고 배타적으로 하려는 의도를 보여준다고 보아 이것이 독일 법원의 전속관할에 대한 유효한 법정지 선정조항이라고 보았다.[23] 다음으로 해당 법정지 선택조항은 집행이 불합리하거나 부당하거나 규정이 기만행위나 과대평가로 작성된 경우가 아니어야 집

---

[21] 독일기계설비엔지니어링협회(Verband Deutscher Maschinen-und Anlagenbaue).
[22] 972 F.2d at 756.
[23] Id. at 756~757. 이 사건에서는 공급자 Pfankuch가 설립된 북부독일의 도시 Ahrensburg가 공급자의 주된 영업소에 해당하였다.

행될 수 있는데, 매수인은 규정이 "극도로 작은 활자로 인쇄되었고" 독일어라는 이유에서 Paper Express의 누구도 VDMA를 해석할 가능성이 없다는 점에서 기만이라고 주장하였고 독일에서의 법정지 선택조항은 불편하고 비용이 많이 들어서 불합리하고 증인과 물리적 증거가 일리노이주에 있기 때문에 독일에서 소송을 진행하는 것은 거의 집행불가능하다고 주장하였으나 항소법원은 그 주장들을 받아들이지 않았다.24)

한편 McDonnell Douglas 사건25)은 Bremen 판결 이후 법정지 선택 조항의 효력을 인정하지 않은 드문 예이다.

McDonnell Douglas 사건

1975년 11월 미국 군수사업체 McDonnell Douglas(매도인)는 이란 공군(매수인)과 파손된 F-4 항공기 부품의 판매를 위한 기본주문합의(Basic Ordering Agreement: BOA)를 체결하였고, 계약기간은 1년간이었으나 갱신되어 1978년까지 효력이 유지되었다. BOA에는 제15조에 "교섭"이라는 제목 하에 "계약의 집행에서 발생한 차이 또는 분쟁이 화해로 해결될 수 없는 경우에는 이란 법원을 통하여 해결한다(Any difference or disputes from the execution of the contract that may not be settled amicably should be settled through Iranian courts.)"고 규정되어 있었다. 1979년 이란혁명으로 이란정부가 전복되자 미국 공군은 McDonnell Douglas에게 대외군수협정하의 이란에 대한 군수품 수출을 금지하고 BOA에 의하여 지정된 운송인에게 이란에 대한 군수품 운송을 거부하라고 명하였다. 1979년 8월 3일 McDonnell Douglas는 이란에 서신을 보내서 지정된 운송인이 이란으로의 운송을 거부하고 이란이 BOA에 의하여 요구되는 신용장 갱신을 하지 않아서 은행이 지급을 거절하므로 5건의 F-4 부품 주문을 완료할 수 없다고 알렸다. McDonnell Douglas는 이란이 신용장을 회복시킬 것을 요청하고 이란이 여전히 주문 5건을 원하는지 질의하였으나 이란은 답을 하지 않았다. 1979년 11월 테헤란 주재 미국대사관이 점령됨에 따라, 미국 재무부는 미국내 이란자산을 동결하고 이란으로의 이동을 차단하였다. 1979년 12월 5일 미국 국무부는 McDonnell Douglas의 이란으로의 F-4 부품 판매에 대한 수출허가를 새로 발부하기를 거부하고 모든 기존 허가를 정지시켰다. 1982년 9월, McDonnell Douglas는 이란혁

---

24) Id. at 757(비록 인쇄글자는 크지 않았지만 읽을 수 있었고 Paper Express가 독어에 능통하지 않을 수 있지만 사전이나 통역자의 도움으로 두 페이지에 불과한 VDMA 규칙을 파악할 수 있었을 것으로 확신한다는 것과 Paper Express는 독일 법정지가 매우 어렵고 불편하여서 모든 실무적 목적상 법정에서의 시간을 박탈당할 정도임을 증명해야 하지만 계약으로 받는 약인(consideration)을 통하여 추가적 비용을 충당하였을 것으로 추정되므로 법정지 선택조항은 유효하다고 보았다.).
25) *McDonnell Douglas Corp. v. Islamic Reublic of Iran*, 758 F.2d 341 (8th Cir. 1985).

명 후 수립된 이란회교공화국이 이란의 테헤란에 있는 제1심 법원에 접수한 자사에 대한 계약불이행에 대한 손해배상청구와 소환장 사본 등을 받았다. McDonnell Douglas는 1982년 12월 17일, 미주리주 동부 연방지방법원에 자사가 BOA를 위반하지 않았고 이란의 절차가 무효라는 것을 확인하여 달라는 소를 제기하였다. 이란 국방부는 법정에서 관할권 결여와 주권면제를 주장하면서 소 각하를 신청하였다.

지방법원은 BOA 제17조 및 지배적 법원칙 하에서, BOA는 미국법, 특히 미주리주법 하에서 해석되어야 한다고 하였다. 동법원은 BOA의 "교섭"조항이 계약이 이란 법원에서 해결 "되어야 한다(should)"고 규정하고 있지만 동조는 "명백히 강제적 법정지 선택이 아니고 단지 법정지 선호를 언급하는 임의적 조항이고 설사 동조항이 강제적이라고 하더라도 법정지국의 변화된 상황 때문에 집행할 수 없기 때문에 McDonnell Douglas의 소송의 미주리주 관할권은 적절하다"고 판시하였다. 758 F.2d at 345. 항소심에서 제8순회항소법원은 Hubbard v. Turner Department Store Company, 220 Mo.App. 95, 278 S.W. 1060, 1061 (1926) 판례를 인용하면서 BOA 제15조의 교섭조항은 'should' 동사를 사용하고 있어서 'shall'이나 'must'와 달리 "계약의 맥락에서 그런 결과가 일어날 것에 대한 최종적인 보장이 아니라 의견의 표현에 불과하다." "should란 단어는 통상, 강제가 아니라 설득력 있는 분위기에서 권고로서 사용된다"고 Cuevas v. Superior Court of Stanislaus County, 130 Cal.Rptr. 238, 239, 58 Cal.App.3d 406 (1976)를 인용하고, 이 사건에서 "당사자들이 'should'를 'shall'과 차별화하려한 의도였음은 또한 BOA의 다른 18개 조항에서는 당사자의 권리와 의무를 설명하기 위하여 'shall'이 사용된 점에서도 시사된다."고 보아 BOA 제15조는 임의관할을 정한 것으로 해석하였다. 758 F.2d at 347. 또한 가사 McDonnell Douglas가 이란에 부품을 보내지 않은 것이 계약불이행이라고 하더라도 BOA 제13조는 "불가항력(Force Majeure)"이란 제목 하에 "McDonnell Douglas는 미국 정부 조치 및 수출금지를 포함한, 통제할 수 없는 사유에서 발생한 불이행 또는 이행지연에 대하여 면책된다"고 규정하고 제10조는 이란공군이 주문한 부품의 위험을 부담한다고 규정하며 제12조는 McDonnell Douglas의 책임은 결함 있는 부품의 수리 또는 교체에 제한되고 "어떤 경우이든 McDonnell Douglas 회사는 특별손해(consequential damages)에 대한 배상책임이 없다"고 규정하고 있는바 이들 조항은 "제한이 비양심적이지 않고, 위험의 배분과 관련된 당사자들의 의도와 일치하고, 당해 거래는 상업적인 환경에 기반을 두고 있기 때문에 집행가능하다"고 보았다.

(3) 우리나라의 국제재판관할권 결정기준

준거법은 어느 국가의 실질법질서에 의하여 분쟁을 해결하는 것이 적절한가의 문제임에 반하여, 국제재판관할권은 어느 국가의 법원에서 재판하는 것이 재판의 적정, 공평을 기할 수 있는가 하는 서로 다른 이념에 의하여 지배되는 것이므로, 당사자 사이에 준거법에 관한 약정이 있다거나 국제사법상의 준거법을 정하는 기준이 있다고 하여 재판관할권이 그 약정이나 준거법에 따라 결정되는 것은 아니다.26)

1) 실질적 관련성(substantial connection)

실질적 관련성은 당사자 간의 공평, 재판의 적정, 신속 및 경제를 꾀한다는 국제재판관할 배분의 이념과 합리성의 원칙(reasonableness doctrine)에 의하여 판단하여야 한다. 실질적 관련성이 없음에도 불구하고 국제재판관할권을 행사하면 과잉관할(exorbitant jurisdiction)이 된다. 실질적 관련성이 있어서 국제재판관할권을 갖고 있더라도 당해 사건의 구체적 사정을 고려하면 외국법원이 더 적절한 법정지임이 명백한 때에는 '부적절한 법정지(forum non conveniens)' 법리에 의하여 재판권 행사를 자제하고 그 법원이 재량에 의하여 소송을 중지하거나 소를 각하할 수 있다.

2) 국제사법의 국제재판관할 규정

2022년 1월 4일 전부개정된 「국제사법」은 '실질적 관련성' 판단 기준을 구체화하고, 일반관할 및 사무소·영업소 소재지 등의 특별관할, 반소·합의·변론·전속관할 등 국제재판관할에 관한 총칙 규정을 신설하며, 채권, 지식재산권, 친족·상속, 해상 등 유형별 사건에 관한 국제재판관할 규정을 도입하여 법적 안정성 및 예측가능성을 확보할 수 있도록 하기 위하여 개정되었다.

(가) 일반원칙

대한민국 법원(이하 "법원"이라 한다)은 당사자 또는 분쟁이 된 사안이 대한민국과 "실질적 관련"이 있는 경우에 국제재판관할권을 가진다. 이 경우 법원은 실질적 관련의 유무를 판단할 때에 당사자 간의 공평, 재판의 적정, 신속 및 경제를 꾀한다는 국제재판관할 배분의 이념에 부합하는 합리적인 원칙에 따라야 한다(국제사법 §2①).

---

26) 대법원 2010.7.15. 선고 2010다18355 판결.

이 법이나 그 밖의 대한민국 법령 또는 조약에 국제재판관할에 관한 규정이 없는 경우 법원은 국내법의 관할 규정을 참작하여 국제재판관할권의 유무를 판단하되, 제1항의 취지에 비추어 국제재판관할의 특수성을 충분히 고려하여야 한다(동조 ②).

이 법에 따라 법원에 국제재판관할이 있는 경우에도 법원이 국제재판관할권을 행사하기에 부적절하고 국제재판관할이 있는 외국법원이 분쟁을 해결하기에 더 적절하다는 예외적인 사정이 명백히 존재할 때에는 피고의 신청에 의하여 법원은 본안에 관한 최초의 변론기일 또는 변론준비기일까지 소송절차를 결정으로 중지하거나 소를 각하할 수 있다(국제사법 §12①본문). 다만, 당사자가 합의한 국제재판관할이 법원에 있는 경우에는 그러하지 아니하다(동항 단서).

제1항 본문의 경우 법원은 소송절차를 중지하거나 소를 각하하기 전에 원고에게 진술할 기회를 주어야 한다(동조 ②). 당사자는 제1항에 따른 법원의 중지결정에 대해서는 즉시항고를 할 수 있다(동조 ③).

대법원 2019.6.13. 선고 2016다33752 판결

[배경사실 및 개요] 갑(원고)은 중국 국적으로 중국에서 사채업에 종사하다가 2014년 무렵 대한민국에서 영업을 하려고 입국한 사람이고, 을(피고) 등은 중국 국적의 부부로 중국 산동성에서 부동산개발사업을 영위하다가 2013. 3.경부터 2013. 6.경까지 대한민국과 중국을 수시로 오가며 그 무렵 대한민국 제주특별자치도(이하 '제주도'라 한다)에 거주지를 마련한 사람들인데, 갑이 과거 중국에서 을 등에게 빌려준 대여금의 반환을 구하는 소를 대한민국 법원에 제기한 사안에서, 대법원은 제반 사정에 비추어 위 소는 대한민국과 실질적 관련성이 있으므로 대한민국 법원이 국제재판관할권을 가진다고 본 원심판단이 정당하다고 판시하였다.

1. 국제사법 제2조 제1항에서 정한 '실질적 관련'의 의미 및 판단 기준
국제사법 제2조 제1항의 '실질적 관련'은 대한민국 법원이 재판관할권을 행사하는 것을 정당화할 정도로 당사자 또는 분쟁이 된 사안과 관련성이 있는 것을 뜻한다. 이를 판단할 때에는 당사자의 공평, 재판의 적정, 신속과 경제 등 국제재판관할 배분의 이념에 부합하는 합리적인 원칙에 따라야 한다. 구체적으로는 당사자의 공평, 편의, 예측가능성과 같은 개인적인 이익뿐만 아니라, 재판의 적정, 신속, 효율, 판결의 실효성과 같은 법원이나 국가의 이익도 함께 고려하여야 한다. 이처럼 다양한 국제재판관할의 이익 중 어떠한 이익을 보호할 필요가 있을지는 개별 사건에서 실질적 관련성 유무를 합리적으로 판단하여 결정하여야 한다.

2. 민사소송법 관할 규정이 국제재판관할권을 판단하는 데 가장 중요한 판단 기준으로 작용하는지 여부

국제사법 제2조제2항은 "법원은 국내법의 관할 규정을 참작하여 국제재판관할권의 유무를 판단하되, 제1항의 규정의 취지에 비추어 국제재판관할의 특수성을 충분히 고려하여야 한다."라고 정하여 제1항에서 정한 실질적 관련성을 판단하는 구체적 기준 또는 방법으로 국내법의 관할 규정을 제시한다. 따라서 민사소송법 관할 규정은 국제재판관할권을 판단하는 데 가장 중요한 판단 기준으로 작용한다. 다만 이러한 관할 규정은 국내적 관점에서 마련된 재판적에 관한 규정이므로 국제재판관할권을 판단할 때에는 국제재판관할의 특수성을 고려하여 국제재판관할 배분의 이념에 부합하도록 수정하여 적용해야 하는 경우도 있다.

3. 국제재판관할에서도 피고의 주소지가 생활관계의 중심적 장소로서 중요한 고려요소인지 여부

민사소송법 제3조 본문은 "사람의 보통재판적은 그의 주소에 따라 정한다."라고 정한다. 따라서 당사자의 생활 근거가 되는 곳, 즉 생활관계의 중심적 장소가 토지관할권의 가장 일반적·보편적 발생근거라고 할 수 있다. 민사소송법 제2조는 "소는 피고의 보통재판적이 있는 곳의 법원이 관할한다."라고 정하고 있는데, 원고에게 피고의 주소지 법원에 소를 제기하도록 하는 것이 관할 배분에서 당사자의 공평에 부합하기 때문이다. 국제재판관할에서도 피고의 주소지는 생활관계의 중심적 장소로서 중요한 고려요소이다.

4. 국제재판관할에서 특별관할을 고려하는 이유 및 원고가 소를 제기할 당시 피고의 재산이 대한민국에 있으나 원고의 청구와 직접적 관련이 없는 경우, 국제재판관할권을 판단하는 방법

국제재판관할에서 특별관할을 고려하는 것은 분쟁이 된 사안과 실질적 관련이 있는 국가의 관할권을 인정하기 위한 것이다. 민사소송법 제11조는 "대한민국에 주소가 없는 사람 또는 주소를 알 수 없는 사람에 대하여 재산권에 관한 소를 제기하는 경우에는 청구의 목적 또는 담보의 목적이나 압류할 수 있는 피고의 재산이 있는 곳의 법원에 제기할 수 있다."라고 정한다. 원고가 소를 제기할 당시 피고의 재산이 대한민국에 있는 경우 대한민국 법원에 피고를 상대로 소를 제기하여 승소판결을 얻으면 바로 집행하여 재판의 실효를 거둘 수 있다. 이와 같이 피고의 재산이 대한민국에 있다면 당사자의 권리구제나 판결의 실효성 측면에서 대한민국 법원의 국제재판관할권을 인정할 수 있다. 그러나 그 재산이 우연히 대한민국에 있는 경우까지 무조건 국제재판관할권을 인정하는 것은 피고에게 현저한 불이익이 발생할 수 있다. 따라서 원고의 청구가 피고의 재산과 직접적인 관련이 없는 경우에는 그 재산이 대한민국에 있게 된 경위, 재산의 가액, 원고의 권리구제 필요성과 판결의 실효성 등을 고려하여 국제재판관할권을 판단해야 한다.

5. 국제재판관할에서 예측가능성을 판단하는 기준 및 피고가 대한민국에서 생활 기반을 가지고 있거나 재산을 취득하여 경제활동을 하는 경우, 대한민국 법원에 피고를 상대로 재산에 관한 소를 제기하리라는 점에 관하여 예측가능성이 인정되는지 여부

예측가능성은 피고와 법정지 사이에 상당한 관련이 있어서 법정지 법원에 소가 제기되는 것에 대하여 합리적으로 예견할 수 있었는지를 기준으로 판단해야 한다. 피고가 대한민국에서 생활 기반을 가지고 있거나 재산을 취득하여 경제활동을 할 때에는 대한민국 법원에 피고를 상대로 재산에 관한 소가 제기되리라는 점을 쉽게 예측할 수 있다.

6. 국제재판관할권이 병존할 수 있는지 여부 및 다른 나라 법원이 대한민국 법원보다 더 편리하다는 것만으로 대한민국 법원의 재판관할권을 쉽게 부정할 수 있는지 여부

국제재판관할권은 배타적인 것이 아니라 병존할 수도 있다.

지리, 언어, 통신의 편의 측면에서 다른 나라 법원이 대한민국 법원보다 더 편리하다는 것만으로 대한민국 법원의 재판관할권을 쉽게 부정할 수는 없다.

원심은 다음과 같은 이유로 이 사건에 관한 대한민국 법원의 국제재판관할권을 인정하였다.

(가) 피고들이 대한민국에 있는 부동산과 차량을 구입하여 이를 소유·사용하고, 이 사건 소 제기 당시 대한민국에 생활의 근거를 두고 자녀를 양육하면서 취득한 부동산에서 실제 거주해 왔으며, 자녀를 대한민국에 있는 학교에 입학시키고 피고들과 자녀 모두 대한민국 영주권 취득의 전제가 되는 비자를 취득하였다. 당시 피고들이 중국을 떠나 대한민국에 입국하게 된 이유는 중국 거주 당시 민·형사 사건에 연루되어 더 이상 중국에 거주하기 어렵게 되자, 이와 관련된 분쟁을 회피하기 위한 것으로 보이고, 현재 피고들이 중국에서 거주하지만 이 또한 민·형사 사건과 관련하여 부득이 중국으로 귀국해야 했기 때문이다. 원고도 이 사건 소 제기 무렵 대한민국에 입국하였고 변론 당시까지 상당한 기간을 대한민국에서 거주하면서 향후 대한민국에서 영업활동을 수행할 계획을 가지고 있다. 이러한 사정을 종합하면 원고나 피고들이 이 사건 소 제기 당시 대한민국에 실질적인 생활 기반을 형성하였다고 볼 수 있다.

(나) 피고들은 분쟁을 회피하고자 중국을 떠난 뒤 대한민국에 생활 기반을 마련하고 재산을 취득하였으므로 원고가 자신들을 상대로 대한민국 법원에 이 사건 소를 제기할 것을 예상하지 못했다고 보기 어렵다. 피고들이 대한민국에 부동산과 차량 등 재산을 소유하고 있고 원고가 이를 가압류한 상황에서 이 사건 청구의 실효성 있는 집행을 위해서 원고가 대한민국 법원에 소를 제기할 실익이 있다.

(다) 중국 국적인 원고가 중국 국적인 피고들을 상대로 스스로 대한민국 법원에 재판을 받겠다는 의사를 명백히 표시하여 재판을 청구하고 있고, 피고들도 대한민국에서 소송대리인을 선임하여 응소하였다. 이 사건에 관하여 상당한 기간 대한민국 법원에서 본안에 관한 실질적인 변론과 심리가 이루어졌다. 이 사건의 요증사실은 대부분 계약서나 계좌이체 내역 등의 서증을 통해 증명이 가능하고 반드시 중국 현지에 대한 조사가 필요하다고 보기 어렵고, 대한민국에서 소송을 하는 것이 피고들에게 현저히 불리하다고 볼 수 없다. 반면 이 사건에 관하여 대한민국 법원의 국제재판관할을 부인하여 중국 법원에서 다시 심리해야 한다면 소송경제에 심각하게 반하는 결과가 초래된다.

(라) 이 사건 법률관계의 준거법이 중국법이라 하더라도 국제재판관할과 준거법은 서로

다른 이념에 의해 지배되는 것이므로 그러한 사정만으로 이 사건 소와 대한민국 법원의 실질적 관련성을 부정할 수는 없다.

대법원은 이러한 원심의 판단에 국제재판관할에 관한 법리를 오해한 잘못이 없다고 보고 피고들의 상고를 모두 기각하였다.

(나) 일반관할

대한민국에 일상거소(habitual residence)가 있는 사람에 대한 소(訴)에 관하여는 법원에 국제재판관할이 있다(국제사법 §3①전단). 일상거소가 어느 국가에도 없거나 일상거소를 알 수 없는 사람의 거소가 대한민국에 있는 경우에도 또한 같다(동항 후단).

제1항에도 불구하고 대사(大使)·공사(公使), 그 밖에 외국의 재판권 행사대상에서 제외되는 대한민국 국민에 대한 소에 관하여는 법원에 국제재판관할이 있다(동법 §3②).

주된 사무소·영업소 또는 정관상의 본거지나 경영의 중심지가 대한민국에 있는 법인 또는 단체와 대한민국 법에 따라 설립된 법인 또는 단체에 대한 소에 관하여는 법원에 국제재판관할이 있다(동조 ③).

(다) 특별관할

① 사무소 또는 영업소의 업무와 관련된 소

대한민국에 사무소·영업소가 있는 사람·법인 또는 단체에 대한 대한민국에 있는 사무소 또는 영업소의 업무와 관련된 소는 법원에 제기할 수 있다(국제사법 §4①).

대한민국에서 또는 대한민국을 향하여 계속적이고 조직적인 사업 또는 영업활동을 하는 사람·법인 또는 단체에 대하여 그 사업 또는 영업활동과 관련이 있는 소는 법원에 제기할 수 있다(동조 ②).

② 재산권에 관한 소

재산권에 관한 소는 다음 각 호의 어느 하나에 해당하는 경우 법원에 제기할 수 있다(국제사법 §5):

    1. 청구의 목적 또는 담보의 목적인 재산이 대한민국에 있는 경우

2. 압류할 수 있는 피고의 재산이 대한민국에 있는 경우. 다만, 분쟁이 된 사안이 대한민국과 아무런 관련이 없거나 근소한 관련만 있는 경우 또는 그 재산의 가액이 현저하게 적은 경우는 제외한다.

③ 실종선고에 관한 사건

실종선고에 관한 사건에 대해서는 다음 각 호의 어느 하나에 해당하는 경우 법원에 국제재판관할이 있다(국제사법 §24①):

1. 부재자가 대한민국 국민인 경우
2. 부재자의 마지막 일상거소가 대한민국에 있는 경우
3. 부재자의 재산이 대한민국에 있거나 대한민국 법에 따라야 하는 법률관계가 있는 경우. 다만, 그 재산 및 법률관계에 관한 부분으로 한정한다.
4. 그 밖에 정당한 사유가 있는 경우

부재자 재산관리에 관한 사건에 대해서는 부재자의 마지막 일상거소 또는 재산이 대한민국에 있는 경우 법원에 국제재판관할이 있다(동조 ②).

④ 사원 등에 대한 소

법원이 제3조제3항에 따른 국제재판관할을 가지는 경우 다음 각 호의 소는 법원에 제기할 수 있다(국제사법 §25):

1. 법인 또는 단체가 그 사원 또는 사원이었던 사람에 대하여 소를 제기하는 경우로서 그 소가 사원의 자격으로 말미암은 것인 경우
2. 법인 또는 단체의 사원이 다른 사원 또는 사원이었던 사람에 대하여 소를 제기하는 경우로서 그 소가 사원의 자격으로 말미암은 것인 경우
3. 법인 또는 단체의 사원이었던 사람이 법인·단체의 사원에 대하여 소를 제기하는 경우로서 그 소가 사원의 자격으로 말미암은 것인 경우

⑤ 지식재산권에 관한 소

지식재산권의 양도, 담보권 설정, 사용허락 등의 계약에 관한 소는 다음 각 호의 어느 하나에 해당하는 경우 법원에 제기할 수 있다(국제사법 §38①):

1. 지식재산권이 대한민국에서 보호되거나 사용 또는 행사되는 경우
2. 지식재산권에 관한 권리가 대한민국에서 등록되는 경우

제1항에 따른 국제재판관할이 적용되는 소에는 제41조(계약에 관한 소의 특별관할)를 적용하지 아니한다(동조 ②).

지식재산권 침해에 관한 소는 다음 각 호의 어느 하나에 해당하는 경우 대한민국에서 발생한 결과에 한정하여 법원에 제기할 수 있다(동법 §39①):
1. 침해행위를 대한민국에서 한 경우
2. 침해의 결과가 대한민국에서 발생한 경우
3. 침해행위를 대한민국을 향하여 한 경우

제1항에 따라 소를 제기하는 경우 제6조제1항(관련사건의 관할)을 적용하지 아니한다(동조 ②).

제1항 및 제2항에도 불구하고 지식재산권에 대한 주된 침해행위가 대한민국에서 일어난 경우에는 외국에서 발생하는 결과를 포함하여 침해행위로 인한 모든 결과에 관한 소를 법원에 제기할 수 있다(동조 ③).

제1항 및 제3항에 따라 소를 제기하는 경우 제44조(불법행위에 관한 소의 특별관할)를 적용하지 아니한다(동조 ④).

⑥ 계약에 관한 소

계약에 관한 소는 다음 각 호의 어느 하나에 해당하는 곳이 대한민국에 있는 경우 법원에 제기할 수 있다(국제사법 §41①:
1. 물품공급계약의 경우에는 물품인도지
2. 용역제공계약의 경우에는 용역제공지
3. 물품인도지와 용역제공지가 복수이거나 물품공급과 용역제공을 함께 목적으로 하는 계약의 경우에는 의무의 주된 부분의 이행지

제1항에서 정한 계약 외의 계약에 관한 소는 청구의 근거인 의무가 이행된 곳 또는 그 의무가 이행되어야 할 곳으로 계약당사자가 합의한 곳이 대한민국에 있는 경우 법원에 제기할 수 있다(동조 ②).

⑦ 소비자계약의 소

소비자가 자신의 직업 또는 영업활동 외의 목적으로 체결하는 계약으로서

다음 각 호의 어느 하나에 해당하는 경우 대한민국에 일상거소가 있는 소비자는 계약의 상대방(직업 또는 영업활동으로 계약을 체결하는 자를 말한다. 이하 "사업자"라 한다)에 대하여 법원에 소를 제기할 수 있다(국제사법 §42①):

  1. 사업자가 계약체결에 앞서 소비자의 일상거소가 있는 국가(이하 "일상거소지국"이라 한다)에서 광고에 의한 거래 권유 등 직업 또는 영업활동을 행하거나 소비자의 일상거소지국 외의 지역에서 소비자의 일상거소지국을 향하여 광고에 의한 거래의 권유 등 직업 또는 영업활동을 행하고 그 계약이 사업자의 직업 또는 영업활동의 범위에 속하는 경우
  2. 사업자가 소비자의 일상거소지국에서 소비자의 주문을 받은 경우
  3. 사업자가 소비자로 하여금 소비자의 일상거소지국이 아닌 국가에 가서 주문을 하도록 유도한 경우

 제1항에 따른 계약(이하 "소비자계약"이라 한다)의 경우에 소비자의 일상거소가 대한민국에 있는 경우에는 사업자가 소비자에 대하여 제기하는 소는 법원에만 제기할 수 있다(동조 ②).

 소비자계약의 당사자 간에 제8조에 따른 국제재판관할의 합의가 있을 때 그 합의는 다음 각 호의 어느 하나에 해당하는 경우에만 효력이 있다(동조 ③):

  1. 분쟁이 이미 발생한 후 국제재판관할의 합의를 한 경우
  2. 국제재판관할의 합의에서 법원 외에 외국법원에도 소비자가 소를 제기할 수 있도록 한 경우

 ⑧ 근로계약에 관한 소
 근로자가 대한민국에서 일상적으로 노무를 제공하거나 최후로 일상적 노무를 제공한 경우에는 사용자에 대한 근로계약에 관한 소를 법원에 제기할 수 있다(국제사법 §43①전단). 근로자가 일상적으로 대한민국에서 노무를 제공하지 아니하거나 아니하였던 경우에 사용자가 그를 고용한 영업소가 대한민국에 있거나 있었을 때에도 또한 같다(동항 후단).

 사용자가 근로자에 대하여 제기하는 근로계약에 관한 소는 근로자의 일상거소가 대한민국에 있거나 근로자가 대한민국에서 일상적으로 노무를 제공하는 경우에는 법원에만 제기할 수 있다(동조 ②).

근로계약의 당사자 간에 제8조에 따른 국제재판관할의 합의가 있을 때 그 합의는 다음 각 호의 어느 하나에 해당하는 경우에만 효력이 있다(동조 ③):
    1. 분쟁이 이미 발생한 경우
    2. 국제재판관할의 합의에서 법원 외에 외국법원에도 근로자가 소를 제기할 수 있도록 한 경우

⑨ 불법행위에 관한 소

불법행위에 관한 소는 그 행위가 대한민국에서 행하여지거나 대한민국을 향하여 행하여지는 경우 또는 대한민국에서 그 결과가 발생하는 경우 법원에 제기할 수 있다(국제사법 §44본문). 다만, 불법행위의 결과가 대한민국에서 발생할 것을 예견할 수 없었던 경우에는 그러하지 아니하다(동조 단서).

⑩ 친족관계에 관한 사건

혼인관계에 관한 사건, 친생자관계에 관한 사건, 입양관계에 관한 사건, 부모·자녀 간의 법률관계 등에 관한 사건, 부양에 관한 사건, 후견에 관한 사건 등 친족관계사건의 특별관할이 인정된다.

혼인관계에 관한 사건에 대해서는 다음 각 호의 어느 하나에 해당하는 경우 법원에 국제재판관할이 있다(국제사법 §56①):
    1. 부부 중 한쪽의 일상거소가 대한민국에 있고 부부의 마지막 공동 일상거소가 대한민국에 있었던 경우
    2. 원고와 미성년 자녀 전부 또는 일부의 일상거소가 대한민국에 있는 경우
    3. 부부 모두가 대한민국 국민인 경우
    4. 대한민국 국민으로서 대한민국에 일상거소를 둔 원고가 혼인관계 해소만을 목적으로 제기하는 사건의 경우

부부 모두를 상대로 하는 혼인관계에 관한 사건에 대해서는 다음 각 호의 어느 하나에 해당하는 경우 법원에 국제재판관할이 있다(동조 ②):
    1. 부부 중 한쪽의 일상거소가 대한민국에 있는 경우
    2. 부부 중 한쪽이 사망한 때에는 생존한 다른 한쪽의 일상거소가 대한민국에 있는 경우

3. 부부 모두가 사망한 때에는 부부 중 한쪽의 마지막 일상거소가 대한민국에 있었던 경우
4. 부부 모두가 대한민국 국민인 경우

친생자관계의 성립 및 해소에 관한 사건에 대해서는 다음 각 호의 어느 하나에 해당하는 경우 법원에 국제재판관할이 있다(국제사법 §57):
1. 자녀의 일상거소가 대한민국에 있는 경우
2. 자녀와 피고가 되는 부모 중 한쪽이 대한민국 국민인 경우

입양의 성립에 관한 사건에 대해서는 양자가 되려는 사람 또는 양친이 되려는 사람의 일상거소가 대한민국에 있는 경우 법원에 국제재판관할이 있다(국제사법 §58①).

양친자관계의 존부확인, 입양의 취소 또는 파양(罷養)에 관한 사건에 관하여는 제57조를 준용한다(동조 ②). 즉 이들 사건에 대해서는 자녀의 일상거소가 대한민국에 있거나 자녀와 피고가 되는 부모 중 한쪽이 대한민국 국민인 경우 법원에 국제재판관할이 있다.

미성년인 자녀 등에 대한 친권, 양육권 및 면접교섭권에 관한 사건에 대해서는 다음 각 호의 어느 하나에 해당하는 경우 법원에 국제재판관할이 있다(국제사법 §59조):
1. 자녀의 일상거소가 대한민국에 있는 경우
2. 부모 중 한쪽과 자녀가 대한민국 국민인 경우

부양에 관한 사건에 대해서는 부양권리자의 일상거소가 대한민국에 있는 경우 법원에 국제재판관할이 있다(국제사법 §60①).

당사자가 부양에 관한 사건에 대하여 제8조에 따라 국제재판관할의 합의를 하는 경우 다음 각 호의 어느 하나에 해당하면 합의의 효력이 없다(동조 ②):
1. 부양권리자가 미성년자이거나 피후견인인 경우. 다만, 해당 합의에서 미성년자이거나 피후견인인 부양권리자에게 법원 외에 외국법원에도 소를 제기할 수 있도록 한 경우는 제외한다.

2. 합의로 지정된 국가가 사안과 아무런 관련이 없거나 근소한 관련만 있는 경우

부양에 관한 사건이 다음 각 호의 어느 하나에 해당하는 경우에는 제9조(변론관할)를 적용하지 아니한다(동조 ③):
1. 부양권리자가 미성년자이거나 피후견인인 경우
2. 대한민국이 사안과 아무런 관련이 없거나 근소한 관련만 있는 경우

후견에 관한 사건은 피후견인이 성년인지 미성년인지에 따라 나눈다. 우선 성년인 사람의 후견에 관한 사건에 대해서는 다음 각 호의 어느 하나에 해당하는 경우 법원에 국제재판관할이 있다(국제사법 §61①):
1. 피후견인(피후견인이 될 사람을 포함한다. 이하 같다)의 일상거소가 대한민국에 있는 경우
2. 피후견인이 대한민국 국민인 경우
3. 피후견인의 재산이 대한민국에 있고 피후견인을 보호하여야 할 필요가 있는 경우

미성년자의 후견에 관한 사건에 대해서는 다음 각 호의 어느 하나에 해당하는 경우 법원에 국제재판관할이 있다(동조 ②):
1. 미성년자의 일상거소가 대한민국에 있는 경우
2. 미성년자의 재산이 대한민국에 있고 미성년자를 보호하여야 할 필요가 있는 경우

⑪ 가사조정사건

제56조부터 제61조까지의 규정에 따라 법원에 국제재판관할이 있는 친족관계에 관한 사건의 경우에는 그 조정사건에 대해서도 법원에 국제재판관할이 있다(국제사법 §62).

⑫ 상속 및 유언에 관한 사건

상속에 관한 사건에 대해서는 다음 각 호의 어느 하나에 해당하는 경우 법원

에 국제재판관할이 있다(국제사법 §76①):
> 1. 피상속인의 사망 당시 일상거소가 대한민국에 있는 경우. 피상속인의 일상거소가 어느 국가에도 없거나 이를 알 수 없고 그의 마지막 일상거소가 대한민국에 있었던 경우에도 또한 같다.
> 2. 대한민국에 상속재산이 있는 경우. 다만, 그 상속재산의 가액이 현저하게 적은 경우에는 그러하지 아니하다.

당사자가 상속에 관한 사건에 대하여 제8조에 따라 국제재판관할의 합의를 하는 경우에 다음 각 호의 어느 하나에 해당하면 합의의 효력이 없다(동조 ②):
> 1. 당사자가 미성년자이거나 피후견인인 경우. 다만, 해당 합의에서 미성년자이거나 피후견인인 당사자에게 법원 외에 외국법원에도 소를 제기하는 것을 허용하는 경우는 제외한다.
> 2. 합의로 지정된 국가가 사안과 아무런 관련이 없거나 근소한 관련만 있는 경우

상속에 관한 사건이 다음 각 호의 어느 하나에 해당하는 경우에는 제9조(변론관할)를 적용하지 아니한다(동조 ③):
> 1. 당사자가 미성년자이거나 피후견인인 경우
> 2. 대한민국이 사안과 아무런 관련이 없거나 근소한 관련만 있는 경우

유언에 관한 사건은 유언자의 유언 당시 일상거소가 대한민국에 있거나 유언의 대상이 되는 재산이 대한민국에 있는 경우 법원에 국제재판관할이 있다(동조 ④).

제1항에 따라 법원에 국제재판관할이 있는 사건의 경우에는 그 조정사건에 관하여도 법원에 국제재판관할이 있다(동조 ⑤).

⑬ 어음·수표에 관한 소

어음·수표에 관한 소는 어음·수표의 지급지가 대한민국에 있는 경우 법원에 제기할 수 있다(국제사법 §79).

⑭ 해상법 사건

선박소유자등의 책임제한사건, 선박 또는 항해에 관한 소, 공동해손에 관한 소, 선박충돌에 관한 소 등 해상법 사건에 관한 특별관할이다.

선박소유자·용선자(傭船者)·선박관리인·선박운항자, 그 밖의 선박사용인(이하 "선박소유자등"이라 한다)의 책임제한사건에 대해서는 다음 각 호의 어느 하나에 해당하는 곳이 대한민국에 있는 경우에만 법원에 국제재판관할이 있다(국제사법 §89):

    1. 선박소유자등의 책임제한을 할 수 있는 채권(이하 "제한채권"이라 한다)이 발생한 선박의 선적(船籍)이 있는 곳
    2. 신청인인 선박소유자등에 대하여 제3조에 따른 일반관할이 인정되는 곳
    3. 사고발생지(사고로 인한 결과 발생지를 포함한다)
    4. 사고 후 사고선박이 최초로 도착한 곳
    5. 제한채권에 의하여 선박소유자등의 재산이 압류 또는 가압류된 곳(압류에 갈음하여 담보가 제공된 곳을 포함한다. 이하 "압류등이 된 곳"이라 한다)
    6. 선박소유자등에 대하여 제한채권에 근거한 소가 제기된 곳

선박소유자등에 대한 선박 또는 항해에 관한 소는 선박이 압류등이 된 곳이 대한민국에 있는 경우 법원에 제기할 수 있다(동법 §90).

공동해손(共同海損)에 관한 소는 다음 각 호의 어느 하나에 해당하는 곳이 대한민국에 있는 경우 법원에 제기할 수 있다(동법 §91조):

    1. 선박의 소재지
    2. 사고 후 선박이 최초로 도착한 곳
    3. 선박이 압류등이 된 곳

선박의 충돌이나 그 밖의 사고에 관한 소는 다음 각 호의 어느 하나에 해당하는 곳이 대한민국에 있는 경우 법원에 제기할 수 있다(동법 §92):

    1. 가해 선박의 선적지 또는 소재지
    2. 사고 발생지
    3. 피해 선박이 사고 후 최초로 도착한 곳

    4. 가해 선박이 압류등이 된 곳

 해난구조에 관한 소는 다음 각 호의 어느 하나에 해당하는 곳이 대한민국에 있는 경우 법원에 제기할 수 있다(동법 §93):
    1. 해난구조가 있었던 곳
    2. 구조된 선박이 최초로 도착한 곳
    3. 구조된 선박이 압류등이 된 곳

(라) 관련사건의 관할

 상호 밀접한 관련이 있는 여러 개의 청구 가운데 하나에 대하여 법원에 국제재판관할이 있으면 그 여러 개의 청구를 하나의 소로 법원에 제기할 수 있다(국제사법 §6조①).

 공동피고 가운데 1인의 피고에 대하여 법원이 제3조에 따른 일반관할을 가지는 때에는 그 피고에 대한 청구와 다른 공동피고에 대한 청구 사이에 밀접한 관련이 있어서 모순된 재판의 위험을 피할 필요가 있는 경우에만 공동피고에 대한 소를 하나의 소로 법원에 제기할 수 있다(동조 ②).

 다음 각 호의 사건의 주된 청구에 대하여 제56조부터 제61조까지의 규정에 따라 법원에 국제재판관할이 있는 경우에는 친권자·양육자 지정, 부양료 지급 등 해당 주된 청구에 부수되는 부수적 청구에 대해서도 법원에 소를 제기할 수 있다(동조 ③):
    1. 혼인관계 사건
    2. 친생자관계 사건
    3. 입양관계 사건
    4. 부모·자녀 간 관계 사건
    5. 부양관계 사건
    6. 후견관계 사건

 제3항 각 호에 따른 사건의 주된 청구에 부수되는 부수적 청구에 대해서만 법원에 국제재판관할이 있는 경우에는 그 주된 청구에 대한 소를 법원에 제기할

수 없다(동조 ④).

(마) 반소관할

본소(本訴)에 대하여 법원에 국제재판관할이 있고 소송절차를 현저히 지연시키지 아니하는 경우 피고는 본소의 청구 또는 방어방법과 밀접한 관련이 있는 청구를 목적으로 하는 반소(反訴)를 본소가 계속(係屬)된 법원에 제기할 수 있다(국제사법 §7).

(바) 합의관할

당사자는 일정한 법률관계로 말미암은 소에 관하여 국제재판관할의 합의(이하 이 조에서 "합의"라 한다)를 할 수 있다(국제사법 §8①본문). 다만, 합의가 다음 각 호의 어느 하나에 해당하는 경우에는 효력이 없다(동항 단서):

1. 합의에 따라 국제재판관할을 가지는 국가의 법(준거법의 지정에 관한 법규를 포함한다)에 따를 때 그 합의가 효력이 없는 경우
2. 합의를 한 당사자가 합의를 할 능력이 없었던 경우
3. 대한민국의 법령 또는 조약에 따를 때 합의의 대상이 된 소가 합의로 정한 국가가 아닌 다른 국가의 국제재판관할에 전속하는 경우
4. 합의의 효력을 인정하면 소가 계속된 국가의 선량한 풍속이나 그 밖의 사회질서에 명백히 위반되는 경우

합의는 서면[전보(電報), 전신(電信), 팩스, 전자우편 또는 그 밖의 통신수단에 의하여 교환된 전자적(電子的) 의사표시를 포함한다]으로 하여야 한다(동조 ②).

합의로 정해진 관할은 전속적인 것으로 추정한다(동조 ③).

합의가 당사자 간의 계약 조항의 형식으로 되어 있는 경우 계약 중 다른 조항의 효력은 합의 조항의 효력에 영향을 미치지 아니한다(동조 ④).

당사자 간에 일정한 법률관계로 말미암은 소에 관하여 외국법원을 선택하는 전속적 합의가 있는 경우 법원에 그 소가 제기된 때에는 법원은 해당 소를 각하하여야 한다(동조 ⑤본문). 다만, 다음 각 호의 어느 하나에 해당하는 경우에는

그러하지 아니하다(동항 단서):

> 1. 합의가 제1항 각 호의 사유로 효력이 없는 경우
> 2. 제9조에 따라 변론관할이 발생하는 경우
> 3. 합의에 따라 국제재판관할을 가지는 국가의 법원이 사건을 심리하지 아니하기로 하는 경우
> 4. 합의가 제대로 이행될 수 없는 명백한 사정이 있는 경우

(사) 변론관할

피고가 국제재판관할이 없음을 주장하지 아니하고 본안에 대하여 변론하거나 변론준비기일에서 진술하면 법원에 그 사건에 대한 국제재판관할이 있다(국제사법 §9).

(아) 전속관할

다음 각 호의 소는 법원에만 제기할 수 있다(국제사법 §10①):

> 1. 대한민국의 공적 장부의 등기 또는 등록에 관한 소. 다만, 당사자 간의 계약에 따른 이전이나 그 밖의 처분에 관한 소로서 등기 또는 등록의 이행을 청구하는 경우는 제외한다.
> 2. 대한민국 법령에 따라 설립된 법인 또는 단체의 설립 무효, 해산 또는 그 기관의 결의의 유효 또는 무효에 관한 소
> 3. 대한민국에 있는 부동산의 물권에 관한 소 또는 부동산의 사용을 목적으로 하는 권리로서 공적 장부에 등기나 등록이 된 것에 관한 소
> 4. 등록 또는 기탁에 의하여 창설되는 지식재산권이 대한민국에 등록되어 있거나 등록이 신청된 경우 그 지식재산권의 성립, 유효성 또는 소멸에 관한 소
> 5. 대한민국에서 재판의 집행을 하려는 경우 그 집행에 관한 소

대한민국의 법령 또는 조약에 따른 국제재판관할의 원칙상 외국법원의 국제재판관할에 전속하는 소에 대해서는 제3조(일반관할)·제4조(사무소·영업소 소재지 등의 특별관할)·제5조(재산소재지의 특별관할)·제6조(관련사건의 관할)·제7조(반소관할) 및 제9조(변론관할)를 적용하지 아니한다(동조 ②).

제1항 각 호에 따라 법원의 전속관할에 속하는 사항이 다른 소의 선결문제가 되는 경우에는 제1항을 적용하지 아니한다(동조 ③).

(자) 국제적 소송경합

외국에서 소가 계속 중인 때에 또는 판결이 내려진 후에 우리나라에서 다시 소를 제기할 수 있는지가 문제된다. 종래 민사소송법 제259조는 "법원에 계속한 사건에 대하여는 당사자는 다시 소를 제기하지 못한다"고 규정하고 있으므로, 민사소송법 제217조에 따른 승인요건을 갖춘 외국판결과 동일한 사건에 대하여 중복하여 제소된 경우에는 후소를 부적법한 것으로서 각하하여 왔다.27)

2002년 서울지방법원은 "외국법원에 소가 제기되어 있는 경우 그 외국법원의 판결이 장차 민사소송법 제217조에 의하여 승인받을 가능성이 예측되는 때에는 민사소송법 제259조 소정의 소송계속으로 보아야 할 것이므로, 이와 동일한 사건에 대하여 한국 법원에 제소한다면 중복소송에 해당하여 부적법하다"고 판시하고 각하하였다.28)

개정 국제사법은 이를 명문화하고 보다 체계적으로 규칙을 수립하였다. 우선 같은 당사자 간에 외국법원에 계속 중인 사건과 동일한 소가 법원에 다시 제기된 경우에 외국법원의 재판이 대한민국에서 승인될 것으로 예상되는 때에는 법원은 직권 또는 당사자의 신청에 의하여 결정으로 소송절차를 중지할 수 있다(동법 §11①본문). 다만, 다음 각 호의 어느 하나에 해당하는 경우에는 그러하지 아니하다(동항 단서):

    1. 전속적 국제재판관할의 합의에 따라 법원에 국제재판관할이 있는 경우
    2. 법원에서 해당 사건을 재판하는 것이 외국법원에서 재판하는 것보다 더 적절함이 명백한 경우

당사자는 제1항에 따른 법원의 중지 결정에 대해서는 즉시항고를 할 수 있다(동조 ②).

---

27) 대법원 1987.4.14. 선고 86다57·58; 대법원 1989.3.14. 선고 88므184·191 판결 등. 석광현, 「국제사법과 국제소송」 제4권, 2007, 169~206면.
28) 서울지방법원 2002.12.13. 선고 2000가합90940 판결.

법원은 대한민국 법령 또는 조약에 따른 승인 요건을 갖춘 외국의 재판이 있는 경우 같은 당사자 간에 그 재판과 동일한 소가 법원에 제기된 때에는 그 소를 각하하여야 한다(동조 ③).

만일 외국법원이 본안에 대한 재판을 하기 위하여 필요한 조치를 하지 아니하는 경우 또는 외국법원이 합리적인 기간 내에 본안에 관하여 재판을 선고하지 아니하거나 선고하지 아니할 것으로 예상되는 경우에 당사자의 신청이 있으면 법원은 제1항에 따라 중지된 사건의 심리를 계속할 수 있다(동조 ④). 제1항에 따라 소송절차의 중지 여부를 결정하는 경우 소의 선후(先後)는 소를 제기한 때를 기준으로 한다.

(차) 적용 제외

제24조(실종선고 등 사건의 특별관할), 제56조(혼인관계에 관한 사건의 특별관할)·제57조(친생자관계에 관한 사건의 특별관할)·제58조(입양관계에 관한 사건의 특별관할)·제59조(부모·자녀 간의 법률관계 등에 관한 사건의 특별관할)·제61조(후견에 관한 사건의 특별관할)·제62조(가사조정사건의 관할)·제76조제4항(유언에 관한 사건의 특별관할) 및 제89조(선박소유자등의 책임제한사건의 관할)에 따라 국제재판관할이 정하여지는 사건에는 제8조(합의관할) 및 제9조(변론관할)를 적용하지 아니한다(국제사법 §13).

(카) 보전처분의 관할

보전처분에 대해서는 다음 각 호의 어느 하나에 해당하는 경우 법원에 국제재판관할이 있다(국제사법 §14①):
  1. 법원에 본안에 관한 국제재판관할이 있는 경우
  2. 보전처분의 대상이 되는 재산이 대한민국에 있는 경우

제1항에도 불구하고 당사자는 긴급히 필요한 경우에는 대한민국에서만 효력을 가지는 보전처분을 법원에 신청할 수 있다(동조 ②).

(타) 비송사건의 관할

비송사건의 국제재판관할에 관하여는 성질에 반하지 아니하는 범위에서 제2조부터 제14조까지의 규정을 준용한다(국제사법 §15조①).

비송사건의 국제재판관할은 다음 각 호의 구분에 따라 해당 규정에서 정한 바에 따른다(동조 ②):

    1. 실종선고 등에 관한 사건: 제24조
    2. 친족관계에 관한 사건: 제56조부터 제61조까지
    3. 상속 및 유언에 관한 사건: 제76조
    4. 선박소유자 등의 책임제한에 관한 사건: 제89조

제2항 각 호에서 규정하는 경우 외에 개별 비송사건의 관할에 관하여 이 법에 다른 규정이 없는 경우에는 제2조(일반원칙)에 따른다(동조 ③). 즉 그 경우 법원은 개별 비송사건의 사안이 대한민국과 실질적 관련이 있는 경우에 국제재판관할권을 가진다. 이 경우 법원은 실질적 관련의 유무를 판단할 때에 당사자 간의 공평, 재판의 적정, 신속 및 경제를 꾀한다는 국제재판관할 배분의 이념에 부합하는 합리적인 원칙에 따라야 한다.

II. 소송절차상의 문제

1. 국제소송절차의 특징

(1) 개요

국제거래 분쟁을 해결하는 가장 전통적인 방법은 소송이다. 소송은 법정에서의 절차 진행을 중심으로 하며 가장 안정적이고 신중한 분쟁해결 방법이지만, 반면 시간과 비용이 적지 않게 지출되어야 하고, 정형적인 절차로 인한 경직성, 분쟁 사실과 내용을 포함한 소송사건 자체의 공개가 불가피한 점 등이 단점으로 꼽힌다.

국제소송은 국내소송과 유사하지만 상이하기도 한 다수의 쟁점과 문제를 포함하는데, 법정지 선택, 법의 선택, 관할권, 외국에서의 증거 수집절차, 외국판결의 승인과 집행 등이 특히 국내소송과 많은 차이가 있는 부분이다. 국제소송에 적용되는 법정지 선택조항, 법의 선택 분석은 국제중재에서와 같다. 국제중재에는 뉴욕협약이 지배하지만, 국제소송의 쟁점에 관해서는 다수의 국제조약들이 여기 저기 산재하여 있다. 이것 때문에 국제소송의 예측가능성이 떨어지는 요인이 되기도 한다. 이러한 불편을 없애기 위해서는 광범위하게 적용될 수 있는 국제소송에 관한 다자간 협약이 존재할 필요가 있고, 그것을 위하여 많은 시도들이 행해졌다. 이 분야에서의 렉스 메르카토리아를 형성하려는 시도 가운데 가장 최근의 것은 헤이그국제사법회의(the Hague Conference on Private International Law)29)가 2003년에 '민상사문제의 외국판결의 관할, 승인 및 집행에 관한 협약 초안(draft Convention on Jurisdiction, Recognition and Enforcement of Foreign Judgments in Civil and Commercial Matters)'을 작성한 것이다. 그러나 협약 체결에 이르지는 못하였다.

그러나 헤이그국제사법회의는 1965년 11월 15일 체결된 '민사 또는 상사의 재판상 및 재판외 문서의 해외송달에 관한 협약(the Convention on the Service Abroad of Judicial and Extrajudicial Documents in Civil or Commercial Matters)'과 1970년 3월 18일 체결된 '민사 또는 상사의 해외증거조사에 관한 협약(the Convention on the Taking of Evidence Abroad in Civil or Commercial Matters)' 등을 제정하는 성과를 이루었다. 전자는 '헤이그 송달협약', 후자는 '헤이그 증거조사협약'으로 약칭된다.30)

---

29) 헤이그국제사법회의는 국제사법원칙에 있어서의 예측가능성과 통일성의 결여를 처리하기 위하여 1893년 설립되었고, 1955년 정부간기구로 재창설되었다. 우리나라와 미국을 비롯한 세계 80여개국이 회원국이다.
30) 미국에서 헤이그송달협약은 1969년 2월 23일(20 U.S.T. 361, 658 U.N.T.S. 163)에, 헤이그증거조사협약은 1972년 10월 7일(23 U.S.T. 2555, 847 U.N.T.S. 231)에 각각 발효되었고, 우리나라에서는 각각 2000년 8월 1일(조약 제1528호)과 2010년 2월 12일(조약 제1993호) 발효되었다.

(2) 주권면제

주권면제(sovereign immunity)의 법리는 국가나 국가기관이 국제거래계약 당사자인 경우에도 국가 및 그 재산은 국제법상 외국의 재판권에 복종하지 않는다는 것으로 국가가 외국법원의 소송에 피고로 소환되는 경우에 원용하는 항변사유이다. 이는 국제법의 일반원칙인 주권평등의 원칙 또는 국가간의 절대적 독립원칙 등의 논리적 귀결이다.

법원의 피고에 대한 권한이 문제되는 토지관할의 쟁점과 달리, 주권면제는 법원의 사물관할과 관련된다. 비록 법원이 외국의 주권의 주체인 피고에게 토지관할을 갖고 있더라도, 법원은 분쟁을 심리할 사물관할을 박탈당할 수 있다.

주권면제에는 절대적 면제와 한정적 면제(restrictive immunity)가 있다. 특히 현대 급부국가의 활동은 전통적인 영역인 국방, 외교, 경찰 행정 등에 머무르지 않고 사경제영역까지 미치므로 종래 인정되던 절대적 주권면제는 더 이상 유지될 수 없다는 견해가 유력하다. 유럽국가면제조약(European Convention on State Immunity)(1972), 미국의 외국주권면제법(Foreign Sovereign Immunity Act of 1976), 영국의 국가면제법(State Immunity Act 1976), 국제법위원회(ILC)의 '국가 및 그 재산의 관할권면제에 관한 규정 초안(Draft Articles on Jurisdictional Immunities of States and Their Property)' 등은 한정적 주권면제 이론을 취하고 있다.

한정적 주권면제 법리에 따른다면 국영기업의 경우와 같이 국가가 사경제주체로서 국제상거래에 관여한 경우 주권면제는 인정될 수 없다. 그러나 그 경계가 모호하고 불리한 경우에 외국이 주권면제의 항변을 하는 경우에 대비하기 위하여 다음과 같은 방안이 사용될 수 있다고 한다.[31]

  첫째, 국가나 국가기관의 국제계약서에 국가가 가지는 재판권면제 및 강제집행면제의 특권을 포기하고, 동시에 당해 특권의 포기는 당해국 법률상 유효하다는 뜻의 법무부장관 확인서를 첨부한다.

  둘째, 법무부장관의 확인서 첨부가 불가능한 경우, 주권면제 포기에 대한 현지국 변호사의 의견서를 첨부한다.

  셋째, 위의 어느 것도 불가능한 경우에는 "당해 계약과 관련하여 법률상 유

---

31) 최준선(15), 66~67면.

효하게 국가 또는 국가기관을 상대로 당해국에서 제소할 수 있고, 동시에 강제집행이 가능하다"는 것을 확인하는 당해국 변호사의 의견서를 첨부한다.

미국 법원은 1976년 외국주권면제법(the Foreign Sovereign Immunities Act: FSIA)[32])을 적용하여 특정 주체가 FSIA 하에서의 면제를 위한 적격성이 있는가를 심사하고 만일 그 주체가 적격이라면, FSIA의 예외 중 하나가 적용되지 않는 한 미국 법원의 관할로부터 면제된다. 그러나 동법의 적용에 의하여 주권면제가 인정되지 않더라도 미국 법원은 미국의 외국과의 관계에 영향을 주기를 원하지 않는다는 정책적인 이유에서 관할권을 행사하기를 꺼릴 수 있다. 그러한 사건은 또한 기관의 권능의 쟁점과 사법부의 행정부에 대한 존중의 법리를 함의할 수 있다. 이 쟁점을 다루기 위하여, 미국 연방대법원은 1964년 쿠바은행이 관련된 사건[33])에서 '국가행위 법리(the act of state doctrine)'를 확립하였다. 이는 미국 법원의 외국 정부의 국가행위에 대한 사법심사를 배제한다. 국가행위의 법리를 적용한 결과는 법원이 미국의 외국과의 관계를 포함한 쟁점을 재판하기를 자제하게 하는 것이므로, 동 법리는 흔히 피고가 소송에서 항변으로 제출한다.

2. 미국 법원에서의 국제소송

미국의 경우에는 연방국가로서 주권을 가진 각 주(states)가 각기 주법으로 주법원의 소송 절차와 효력에 관하여 규율하고 있으나, 연방차원에서 연방법원의 민형사소송에 관한 연방법규를 통한 사법시스템이 존재하여 두 개 이상의 주가 관련되거나 외국과의 관련성이 있는 연방사건에 대한 전국적으로 통일된 규율을 하고 있다.

미국 법원의 국제재판관할권 및 국제거래 당사자의 관할합의에 대한 존중 입장 등에 관해서는 전술하였다. 여기에서는 연방법원과 주법원 사이의 관할권에서 비롯된 문제의 하나인 '다양성 관할(diversity jurisdiction)'에 대하여 살펴본

---

32) 28 U.S.C. §§1602-1611 (2012).
33) *Banco Nacional de Cuba v. Sabbatino*, 376 U.S. 398 (1964).

다. 다양성 관할은 원고와 피고가 상이한 국가 또는 주에 주소를 갖고 있어서(is domiciled) 그 소속(citizenship)이면서 분쟁의 청구액(the amount in controversy)이 $75,000을 초과하는 경우에만 미국 주법원이 아닌 연방법원이 관할권을 갖게 되는 관할을 의미한다. 만일 원고와 피고 중 같은 주 소속인 자가 포함된 경우에는 다양성 관할은 성립하지 않으며 연방법원은 관할권을 갖지 아니하고 주법원이 관할법원이 된다(28 U.S.C. §1332.).

미국의 '기일전 증거개시(discovery)'는 유럽국가를 포함하여 다른 나라에서는 유래를 찾기 어려운 공격적인 증거수집을 가능하게 하는 미국 특유의 소송절차이다. 미국 법원에서 소송을 하는 원고 입장에서는 최소한 피고측에서 협조하지 않는 경우에는 외국에 있는 증거를 수집하기 위하여 증거개시절차를 활용하기는 어렵다. 따라서 그러한 경우에는 discovery에 관한 미국 연방민사소송규칙(the Federal Rules of Civil Procedure)은 바로 적용될 수 없고, 1970년 3월 18일 체결된 '헤이그 증거조사협약'에 의하여 보충된다. 동협약에서는 미국 법원이 다른 체약국의 법원에게 증거요청서를 발부하여 그 체약국의 국내 소송법 절차에 따라 증거를 수집하도록 하고 있다.

그러나 프랑스, 영국 등 일부 국가는 미국의 증거개시절차를 자국에서 강행하는 것을 피하기 위하여 대항입법(blocking statutes)을 제정하여 증거서류의 국외반출을 금하고 있다.[34]

미국 연방대법원은 국제예양(comity)을 근거로 외국판결을 승인 및 집행하는 것을 허락하는 입장을 취하고 있다. 뉴욕주를 비롯한 10개주는 다른 주의 판결이나 외국판결을 자기 주의 법원 판결과 동일한 집행방법에 의하여 집행할 수 있도록 '외국판결의 집행에 관한 통일법(Uniform Enforcement of Foreign Judgments Act)'을 채택하였기 때문에 외국판결은 동법 소정의 요건만 충족하면 집행될 수 있게 되어 있다.[35] 반면 예외적으로 승인이나 집행이 요청된 외국판

---

[34] 영국의 1980년 무역이익보호법(Protection of Trading Interests Act 1980)은 외국 법원의 증거조사 요청이 영국의 재판관할권이나 주권을 침해한다고 판단되는 경우에는 외무장관은 영국 법원에 그 요청을 거부하도록 하여야 한다고 규정한다(동법 §2)..
[35] 석광현, 「국제사법과 국제소송」 제1권, 2001, 327면.

결이 공서양속에 반하거나 미국 법원의 선례와 충돌하는 경우에는 승인이나 집행을 거부한다.

3. EU 법원에서의 국제소송

유럽연합의 경우에는 27개 EU 회원국의 사법제도는 미국의 주법원의 그것보다 훨씬 더 독자성이 강하며, 특히 브렉시트 이전 28개 회원국 시절의 영국의 사법제도는 커먼로 국가인 점이 추가되어서 특히 대륙법계인 다른 EU 회원국들의 사법제도와 매우 상이하였었다. EU 차원의 소송 사건에 관해서는 1952년에 창설된 유럽 일반법원(General Court: EGC)[36]과 유럽사법법원(Court of Justice of the European Union: CJEU)[37]의 EU 사법시스템이 작동하고 있고, 현재의 회원국들 사이의 관세동맹, 화폐동맹을 넘어서는 사법동맹을 추진하는 EU 프로젝트의 일환으로 국제소송에 관한 국제입법들이 다수 채택, 운용되고 있다. EU는 따라서 실무상 필요한 법의 선택, 관할권, 판결의 승인과 집행에 관한 규정들을 발령하고 있다.

EU의 판결의 관할과 승인에 관한 국제사법의 "브뤼셀체제(Brussels Regime)"는 '민상사판결의 관할, 승인 및 집행에 관한 유럽의회 및 이사회규칙 제1215/2012호'[38](Brussels Ⅰ)이다. 일명 개주(recast) 규정이다. 브뤼셀체제는 또한 EU 회원국이 아닌 유럽자유무역연합(the European Free Trade Association) 소속 아이슬란드, 노르웨이, 스위스에 대해서도 2007년 '민상사판결의 관할, 승인 및

---

36) 창설 당시에는 유럽제1심법원(the Court of First Instance of the European Communities)이었으나 2009년 리스본 조약의 발효 이후에는 일반법원(General Court)으로 명칭이 바뀌었다. 통상 유럽 일반법원(European General Court: EGC)으로 불린다.
37) 창설 당시에는 유럽사법법원(European Court of Justice: ECJ)이었으나 역시 리스본 조약의 발효 이후 명칭이 바뀌었다. 각 EU 회원국에서 지명한 법관 1인 씩 및 11인의 사무총장(Advocate General)으로 구성된다. 회원국 국내법원으로부터 EU 관련 쟁점에 관한 예비적 판결, 취소 및 불복 신청이 회부되면 EGC가 처리하고, EGC의 판결의 법적 쟁점에 관해서만 CJEU에 불복의 소가 제기될 수 있다.
38) Regulation (EU) No 1215/2012 of the European Parliament and of the Council of 12 December 2012 on jurisdiction and the recognition and enforcement of judgments in civil and commercial matters), 2012 O.J. (L 351)(EU).

집행에 관한 협약(Convention on Jurisdiction and the Recognition and Enforcement of Judgments in Civil and Commercial Matters)'[39] 일명 신 루가노조약(Neo Lugano Convention)[40]이 적용된다.

Brussels I 의 2012년 개주 전 규정은 이사회규정 제44/2001호[41]에 담겨 있다.

Brussels I 의 기본원칙은 다음과 같다:

- 브뤼셀체제는 EU 내 소송의 피고가 EU 내 거주하는 경우에 적용된다.
- 브뤼셀체제는 EU 회원국 법원이 배타적 관할권을 가지거나 계약 당사자들이 EU 법정을 선택한 경우에 EU 밖에 거주하는 당사자에게도 적용된다.
- 브뤼셀체제는 상사계약의 당사자의 자율성과 그들의 분쟁해결을 위한 적용 가능한 법정에 관한 계약에 대한 권리를 일반원칙으로서 존중한다.
- 법정지 선택 협정이 없는 경우에 일반원칙은 소가 피고의 주소지국에서 접수되는 것을 요구한다.
- EU 회원국에서 내려진 판결은 자동적으로 별도의 절차 없이 자동적으로 승인되고 집행된다.
- 혼인, 입양, 유언 및 상속 등 가사에 관해서는 별도의 규정인 Brussels II, 즉 혼인 및 부모의 책임에 관한 이사회 규칙 제2201/2003호(Council Regulation (EC) No 2201/2003 of 27 November 2003 concerning jurisdiction and the recognition and enforcement of judgments in matrimonial matters and the matters of parental responsibility), 2003 O.J. (L 338)(EC)가 적용된다.
- 중재에 대해서는 Brussels I 이 적용되지 아니한다(제1(2)(d)조).

중재에 대해서는 Brussels I 이 적용되지 아니한다는 조항때문에 혼란이 빚어졌다. 2009년 Allianz 사건 판결[42]에서는 EU 회원국의 법원이 소송금지명령(anti-suit injunction)을 발령하여 계약상의 중재조항을 집행할 수 있는가가 문제

---

39) 2007 O.J. (L339).
40) 이는 1968년 브뤼셀조약의 규정을 자유무역연합(EFTA) 회원국들에게 확장하는 내용을 포함한 루가노조약(the Lugano Convention of 16 September 1988 on jurisdiction and the enforcement of judgments in civil and commercial matters)의 개정판이다.
41) Council Regulation (EC) No 44/2001 of 22 December 2000 on jurisdiction and the recognition and enforcement of judgments in civil and commercial matters, 2001 O.J. (L 012)(EC).
42) *Allianz SpA v. West Tankers Inc.*, 2009 E.C.R. I-00663 Case C-185/07, ECLI:EU:C:2009:69.

되었다. 2008년 8월에 Erg Petroli SpA ("Erg")라는 해운회사가 선주 West Tankers, Inc. ("West Tankers")로부터 용선한 선박 Front Comor호가 Erg 소유의 부두(jetty)를 파손하는 사고를 일으켰다. Erg는 보험회사 Allianz SpA (사고 당시 명칭은 Riunione Adriatica di Sicurtà SpA)로부터 위의 사고에 대하여 보험금을 받았고, Allianz SpA는 용선자(charterer)에게 지급한 보험금을 근거로 보험자 대위권을 행사하여 West Tankers에 대하여 이탈리아에서 손해배상청구의 소를 제기하였다. 그런데 Erg와 West Tankers, Inc. 사이에 체결된 Front Comor호의 용선계약에는 분쟁 발생시 런던에서 중재한다는 중재조항이 포함되어 있었고 적용가능한 법은 영국법으로 정해져 있었다. West Tankers가 영국 대법원(the House of Lords)에 중재조항을 근거로 이탈리아 법원의 소송에 대하여 소송금지명령(anti-suit injunction)을 신청하였고, 법원은 이를 허가하였다.

유럽사법법원(CJEU)은 이 사건을 이탈리아 법원으로부터 조회받은 후, 2009년 2월 10일, 손해배상청구 사건은 Brussels Ⅰ 규정의 적용범위에 포함되므로, "다른 회원국 법원이 규정에 의하여 부여된 관할권을 행사하는 것을 금지하기 위하여" 이 사건에서 "어느 회원국 법원이 어떤 사람이 다른 회원국 법원의 소송절차를 개시, 유지하는 것을, 그 절차가 중재협정에 위반될 것이라는 이유에서 제한하는 것은 Brussels Ⅰ에 위반된다"고 판시하였다.[43]

CJEU의 이 판결로 인하여 당사자들 사이에 중재협정이 체결되어 있더라도 중재보다 법원 판결을 선호하는 국가에 일방 당사자가 선 제소함으로써 중재조항을 무력화시킬 수 있게 되었다. 이러한 소송전략은 당시 이른바 "이탈리아제 어뢰(Italian torpedo)"로 불렸다. 이 판결에 대응하여 유럽의회는 당시 적용되고 있던 BrusselsⅠ 이사회규정 제44/2001호[44]를 2012년 개주하여 새 Recital 12, para. 3 및 "이 규정은 뉴욕협약의 적용에 영향을 주지 않는다"는 제73(2)조가 BrusselsⅠ 개주규정에 신설되었다. 따라서 중재조항에 반하여 회원국 법원에 제

---

43) *Id.* at ¶¶28, 34.
44) Council Regulation (EC) No 44/2001 of 22 December 2000 on jurisdiction and the recognition and enforcement of judgments in civil and commercial matters, 2001 O.J. (L 012)(EC).

소하는 전략은 더 이상 사용될 수 없게 되었다.

나중에 *Gazprom* 사건45)에서, CJEU는 개정전 Brussels I 이사회규정은 "어떤 회원국의 중재판정에 대한 다른 회원국의 승인과 집행에 영향을 미치지 않기 때문에, 회원국 법원이 회원국 법원에 제소하는 것을 금지하는 중재판정을 승인하고 집행하는 것을 배제하지 않는 것으로 해석되어야 한다."고 결정하여 West Tankers 판결에서의 입장을 부분적으로 변경하였다.

만일 EU 회원국내에서 당사자들(A와 B) 사이의 중재협정에 위반하여 일방 당사자(A)가 법원에 제소한 경우의 구제책으로는 타방 당사자(B)가 (1) 소송이 계류중인 법원에 청구 기각을 신청하는 방법, (2) 소송이 계류중인 법원 또는 중재법정에 소송 금지신청을 하는 방법, (3) 소송이 계류중인 법원에 응소하여 중재협정 위반에 대한 손해배상을 받는 방법, 그리고 (4) 타방 당사자(B)의 본국법원이 승소한 당사자(A) 측에 의하여 외국판결의 승인과 집행이 요구된 때에 소송이 중재협정을 위반한 것을 이유로 승인되지 않도록 하는 방법이 있다.

4. 우리나라에서의 외국재판의 승인과 집행

우리나라에서 외국법원의 확정판결 또는 이와 동일한 효력이 인정되는 재판(이하 "확정재판등"이라 한다)은 민사소송법 제217조 제1항 각호의 요건들과 제217조의2 제1항의 요건을 모두 갖추어야 승인된다.

먼저 전자의 요건들은 다음과 같다(민사소송법 §217①):

    1. 대한민국의 법령 또는 조약에 따른 국제재판관할의 원칙상 그 외국법원의 국제재판관할권이 인정될 것
    2. 패소한 피고가 소장 또는 이에 준하는 서면 및 기일통지서나 명령을 적법한 방식에 따라 방어에 필요한 시간여유를 두고 송달받았거나(공시송달이나 이와 비슷한 송달에 의한 경우를 제외한다) 송달받지 아니하였더라도 소송에 응하였을 것
    3. 그 확정재판등의 내용 및 소송절차에 비추어 그 확정재판등의 승인이 대한민국의 선량한 풍속이나 그 밖의 사회질서에 어긋나지 아니할 것46)

---

45) Case C-536/13, 2015 O.J. (C 236/10).

4. 상호보증이 있거나 대한민국과 그 외국법원이 속하는 국가에 있어 확정재판등의 승인요건이 현저히 균형을 상실하지 아니하고 중요한 점에서 실질적으로 차이가 없을 것

법원은 외국의 확정재판등의 승인요건이 충족되었는지에 관하여 직권으로 조사하여야 한다(동조 ②).

또한 법원은 외국법원의 손해배상에 관한 확정재판등이 대한민국의 법률 또는 대한민국이 체결한 국제조약의 기본질서에 현저히 반하는 결과를 초래할 경우에는 해당 확정재판등의 전부 또는 일부를 승인할 수 없다(민사소송법 §217의2①).

민사소송법 제217조의2는 실손해를 넘는 징벌적 배상(punitive damages)이나 비전보적 손해배상(con-compensatory damages)을 명한 외국법원 판결의 승인을 제한하는 취지이다.47) 미국 독점금지법 위반 사소청구에서 인정되는 3배배상(treble damages)도 징벌적 배상의 일종이지만 우리나라의 「하도급거래공정화에 관한 법률」, 「개인정보보호법」, 「가맹사업거래의 공정화에 관한 법률」, 「제조물책임법」 등에 이미 3배배상이 도입된 점을 감안하여 민사소송법 제217조의2에 따라 승인이 금지되는 외국법원의 손해배상에 관한 확정재판등에는 3배배상을 제외한 징벌적 배상을 명한 판결로 해석하고 우리 법이 이러한 3배배상제도를 도입한 법영역외에서는 여전히 징벌적 배상을 명한 외국판결의 승인 및 집행을 거부할 수 있다는 입장48)이 있다.

---

46) 제3호는 종래 "그 판결의 효력을 인정하는 것이 대한민국의 선량한 풍속이나 그 밖의 사회질서에 어긋나지 아니할 것"이라고 정하고 있던 것을 2014년 민사소송법 개정시 현재와 같이 개정한 것으로 종래 학설상 인정되던 것처럼 공서에는 '실체적 공서'와 '절차적 공서'가 있음을 명백히 한 것이다. 석광현, 「국제사법과 국제소송(정년기념)」, 2022, 488~489면. 대법원 2004.10.28. 선고 2002다74213 판결은 개정전 조항을 적용하여 동일한 결론을 도출한 바 있다.

47) 석광현, "국제재판관할과 외국판결의 승인 및 집행에 관한 입법과 판례", 「국제사법연구」 제20권 제1호, 2014, 61면.

48) 이규호, "외국판결의 승인·집행에 관한 2014년 개정 민사소송법·민사집행법의 의의 및 향후전망", 「민사소송」 제19권 제1호, 2015, 132~133면; 석광현, "손해배상을 명한 외국재판의 승인과 집행: 2014년 민사소송법 개정과 그에 따른 판례의 변화를 중심으로" 「국제사법과 국제소송(정년기념)」, 2022, 495~497면(다만 당분간은 이러한 기준을 유지할 수 있으나 우리 법상 3배배상이 꾸준히 확산된다면 어느 단계에서는 더 이상

법원은 제1항의 요건을 심리할 때에는 외국법원이 인정한 손해배상의 범위에 변호사보수를 비롯한 소송과 관련된 비용과 경비가 포함되는지와 그 범위를 고려하여야 한다(민사소송법 §217의2②).

최근에 대법원은 민사소송법 제217조 제1항 제2호 전단의 승인요건 가운데 '적법한 송달'은 송달받을 사람에게 직접 교부하는 교부송달(동법 §178)이 원칙이지만 1) 근무장소 외의 송달할 장소에서 송달받을 사람을 만나지 못한 때에는 그 사무원, 피용자(被用者) 또는 동거인으로서 사리를 분별할 지능이 있는 사람에게 서류를 교부하는 보충송달(동법 §186①) 또는 2) 근무장소에서 송달받을 사람을 만나지 못한 때에는 송달받을 사람이 고용·위임 그 밖에 법률상 행위로 취업하고 있는 다른 사람 또는 그 법정대리인이나 피용자 그 밖의 종업원으로서 사리를 분별할 지능이 있는 사람에게 서류를 교부하는 보충송달(동법 §§186②·183②) 등은 외국법원의 확정재판 등을 승인·집행하기 위한 송달 요건에서 제외하고 있는 공시송달과 비슷한 송달에 의한 경우로 볼 수 없고, 외국재판 과정에서 보충송달 방식으로 송달이 이루어졌더라도 그 송달이 방어에 필요한 시간 여유를 두고 적법하게 이루어졌다면 위 규정에 따른 적법한 송달로 보아야 한다고 보았다.[49]

민사소송법 제217조 제1항 제2호 후단은 '송달받지 아니하였더라도 소송에 응하였을 것'을 승인요건으로 규정하고 있으나, 대법원은 패소한 피고가 외국법원의 소송절차에서 실제로 자신의 이익을 방어할 기회를 가졌다고 볼 수 있는 때는 민사소송법 제217조 제1항 제2호에서 말하는 피고의 응소가 있는 것으로 봄이 타당하다고 판시하였다.[50]

대법원 2016.1.28. 선고 2015다207747 판결

1. 민사소송법 제217조 제1항 제2호의 외국판결의 승인요건
미국 켄터키 주에서 종마 산업에 종사하는 미국 국적의 원고는 2007. 4. 5. 순종 암말 '퍼

    3배배상이라는 이유에서 3배배상을 명한 외국법원의 확정재판등의 승인 및 집행을 거부할 수 없을 것이라고 예상하고 있다.).
49) 대법원 2021.12.23. 선고 2017다257746 전원합의체 판결.
50) 대법원 2016.1.28. 선고 2015다207747 판결.

스트 바이올린'(이하 '이 사건 암말'이라 한다)을 미화 150,000달러(이하에서 '달러'는 미화를 말한다)에 매수하겠다는 구매제안서를 대한민국에서 종마 목장을 운영하는 피고에게 보냈고, 이에 피고가 2007. 4. 6. 구매제안서에 서명하여 원고에게 송부함으로써 이 사건 암말에 관한 매매계약(이하 '이 사건 매매계약'이라 한다)이 체결되었다. 이 사건 암말이 낳은 '도미니칸'이 2007. 4. 14. 미국 경마대회에서 우승하자 피고는 원고에게 이 사건 암말의 적정 시장가치가 100만 달러에 이른다고 주장하면서 이 사건 암말을 판매하지 아니하겠다고 통지하였다. 이에 원고가 2008. 11. 3. 피고와 그의 처를 상대로 미국 켄터키 주 우드포드 순회법원(이하 '이 사건 미국법원'이라 한다)에 피고의 채무불이행으로 인한 손해배상을 구하는 소송(이하 '이 사건 미국소송'이라 한다)을 제기하였다.

<u>이 사건 미국소송은 소 제기 이래 중간판결(summary judgment)을 거쳐 종국판결이 선고되기까지 1년 9개월가량 계속되었는데, 피고는 이 사건 미국소송에서 소송대리인을 선임 및 개임하고, 소장과 소환장 등 소송 관련 서류를 송달받아 다양한 실체적·절차적 주장과 신청을 하는 등 자신의 이익을 방어할 기회를 실질적으로 보장받았다.</u> 이 사건 미국법원은 2010. 8. 27. 피고에게 원고에 대한 손해배상금 639,044달러 및 그 지연손해금, 그리고 판결집행과 판결금 회수를 위한 소송비용 및 변호사보수의 지급을 명하는 내용의 판결(이하 '이 사건 미국판결'이라 한다)을 선고하였고, 이에 대하여 피고가 항소하지 아니하여 이 사건 미국판결은 2010. 10.경 확정되었다.

대법원은 "민사소송법 제217조 제1항 제2호는 외국법원의 확정판결 또는 이와 동일한 효력이 인정되는 재판의 승인요건으로 '패소한 피고가 소장 또는 이에 준하는 서면 및 기일통지서나 명령을 적법한 방식에 따라 방어에 필요한 시간여유를 두고 송달받았거나 (공시송달이나 이와 비슷한 송달에 의한 경우를 제외한다) 송달받지 아니하였더라도 소송에 응하였을 것'을 규정하고 있다. 여기서 패소한 피고가 소장 등을 적법한 방식에 따라 송달받았을 것 또는 적법한 방식에 따라 송달받지 아니하였더라도 소송에 응하였을 것을 요구하는 것은 소송에서 방어의 기회를 얻지 못하고 패소한 피고를 보호하려는 데 목적이 있다. 따라서 <u>법정지인 재판국에서 피고에게 방어할 기회를 부여하기 위하여 규정한 송달에 관한 방식과 절차를 따르지 아니한 경우에도, 패소한 피고가 외국법원의 소송절차에서 실제로 자신의 이익을 방어할 기회를 가졌다고 볼 수 있는 때는 민사소송법 제217조 제1항 제2호에서 말하는 피고의 응소가 있는 것으로 봄이 타당하다.</u> 피고가 이 사건 미국소송 절차에서 자신의 이익을 보호하기 위한 방어의 기회를 충분히 가졌다고 볼 수 있는 이상 피고는 이 사건 미국소송에 응소하였다고 봄이 타당하므로, 설령 이 사건 미국소송에서 대한민국에 주소를 둔 피고에 대한 송달이 재판국법인 미국법에서 정한 송달방식에 따르지 아니하여 민사소송법 제217조 제1항 제2호에서 말하는 적법한 방식에 따른 송달이 이루어지지 아니하였더라도 민사소송법 제217조 제1항 제2호를 근거로 이 사건 미국판결의 승인을 제한할 수는 없다"고 판시하였다.

2. 민사소송법 제217조 제1항 제3호 및 제217조의2 제1항의 외국판결 승인요건

<u>민사소송법 제217조 제1항 제3호는</u> 외국법원의 확정판결 또는 이와 동일한 효력이 인정

되는 재판(이하 '확정재판 등'이라 한다)의 승인이 대한민국의 선량한 풍속이나 그 밖의 사회질서에 어긋나지 아니할 것을 외국재판 승인요건의 하나로 규정하고 있다. 여기서 확정재판 등을 승인한 결과가 대한민국의 선량한 풍속이나 그 밖의 사회질서에 어긋나는지는 승인 여부를 판단하는 시점에서 확정재판 등의 승인이 우리나라의 국내법 질서가 보호하려는 기본적인 도덕적 신념과 사회질서에 미치는 영향을 확정재판 등이 다룬 사안과 우리나라와의 관련성의 정도에 비추어 판단하여야 한다(대법원 2012. 5. 24. 선고 2009다22549 판결 등 참조). 그리고 민사소송법 제217조의2 제1항은 "법원은 손해배상에 관한 확정재판 등이 대한민국의 법률 또는 대한민국이 체결한 국제조약의 기본질서에 현저히 반하는 결과를 초래할 경우에는 해당 확정재판 등의 전부 또는 일부를 승인할 수 없다."고 규정하고 있는데, 이는 징벌적 손해배상과 같이 손해전보의 범위를 초과하는 배상액의 지급을 명한 외국법원의 확정재판 등의 승인을 적정범위로 제한하기 위하여 마련된 규정이다. 따라서 외국법원의 확정재판 등이 당사자가 실제로 입은 손해를 전보하는 손해배상을 명하는 경우에는 민사소송법 제217조의2 제1항을 근거로 그 승인을 제한할 수 없다(대법원 2015. 10. 15. 선고 2015다1284 판결 참조).

원심판결 이유와 기록에 의하면, ① 이 사건 미국판결에서 배상을 명한 원고의 손해는, ㉮ 이 사건 매매계약이 이행되었을 경우 원고가 얻었을 이익에서 지출되었어야 할 매매대금이나 각종 비용을 공제한 일실이익 481,200달러, ㉯ 원고가 이 사건 매매계약의 이행과정에서 지출한 비용인 이 사건 암말의 건강검진비 465달러, ㉰ 피고의 채무불이행으로 인한 원고의 부가적 손해(incidental damage) 내지 추가지출비용(additional cost)에 해당하는 자문비용(consulting fees) 50,000달러 및 소송 전 법률비용(pre-litigation legal fees) 57,379달러, ㉱ 원고가 이 사건 미국소송 수행과정에서 지출한 2010. 5. 10.까지의 변호사보수 중 피고에게 배상을 명함이 합리적이라고 판단되는 소송비용(litigation legal fees) 50,000달러로 구성된 사실, ② 이러한 손해항목들은 모두 원고가 실제로 입은 손해 내지 실제로 지출한 비용의 범위 내의 것으로서 징벌적 손해배상 등 전보배상을 초과하는 손해액이 포함되어 있지 아니한 사실을 알 수 있다.

이 사건 미국판결에서 인용한 손해배상액은 모두 원고가 실제로 입은 손해 내지 실제로 지출한 비용의 범위 내에서 배상을 명한 전보적 성격의 배상액이므로, 이 사건 미국판결의 배상액이 이 사건 매매계약의 매매대금을 초과하더라도 그러한 사정만으로는 그 배상액이 과다하여 이 사건 미국판결을 승인하는 것이 대한민국의 선량한 풍속이나 그 밖의 사회질서에 반한다고 볼 수 없다. 이 사건 미국판결에서 인정한 변호사비용도 원고가 실제로 지출한 변호사보수 중에서 이 사건 미국법원이 적법한 근거에 따라 피고에게 부담시키는 것이 합리적이라고 판단한 액수의 배상만을 명한 것이므로, 이 사건 미국판결이 우리나라 법원에서 인정되는 수준보다 다액의 변호사비용을 피고에게 부담하게 하였더라도 이러한 변호사비용의 배상을 명한 이 사건 미국판결을 승인하는 것이 대한민국의 기본적인 도덕적 신념과 사회질서에 배치되는 것은 아니다.

그리고 설령 이 사건 미국판결의 승인으로 피고에게 생활기반의 파탄 위험이 있더라도 그러한 사정만으로는 이 사건 미국판결을 승인한 결과가 우리나라의 국내법 질서가 보호하려는 기본적인 도덕적 신념과 사회질서에 어긋난다고 볼 수 없고, 앞서 본 바와 같이 이 사건 미국판결이 인정한 원고의 손해액이 전보배상의 범위를 초과한다고 볼 수 없으므로 민사소송법 제217조의2 제1항을 근거로 이 사건 미국판결의 승인을 제한할 수도 없다.

따라서 민사소송법 제217조 제1항 제3호 내지 제217조의2 제1항에 따라 이 사건 미국판결의 승인을 제한할 수는 없으므로, 이 부분 상고이유의 주장은 이유 없다. 다만 원심은 이 사건 미국판결의 배상액 중 자문비용, 소송 전 법률비용 및 소송비용 합계 157,379달러에 대하여 민사소송법 제217조 제1항 제3호 소정의 대한민국의 선량한 풍속 기타 사회질서에 반함을 이유로 그 배상액의 50%만 승인하고 나머지 부분은 승인을 제한하였는데, 원심의 이러한 조치가 적절하지 아니하더라도 피고만이 상고한 이 사건에서 불이익변경금지의 원칙상 원심판결을 상고인인 피고에게 불이익하게 변경할 수는 없다.

3. 민사소송법 제217조 제1항 제4호의 외국판결 승인요건

민사소송법 제217조 제1항 제4호는 외국법원의 확정재판 등의 승인요건으로 "상호보증이 있거나 대한민국과 그 외국법원이 속하는 국가에 있어 확정재판 등의 승인요건이 현저히 균형을 상실하지 아니하고 중요한 점에서 실질적으로 차이가 없을 것"을 규정하고 있다. <u>우리나라와 외국 사이에 같은 종류의 판결의 승인요건이 현저히 균형을 상실하지 아니하고 외국에서 정한 요건이 우리나라에서 정한 그것보다 전체로서 과중하지 아니하며 중요한 점에서 실질적으로 거의 차이가 없는 정도라면 민사소송법 제217조 제1항 제4호에서 정하는 상호보증의 요건을 갖춘 것으로 보아야 한다. 이러한 상호보증은 외국의 법령, 판례 및 관례 등에 의하여 승인요건을 비교하여 인정되면 충분하고 반드시 당사국과의 조약이 체결되어 있을 필요는 없으며, 당해 외국에서 구체적으로 우리나라의 같은 종류의 판결을 승인한 사례가 없더라도 실제로 승인할 것이라고 기대할 수 있는 정도이면 충분하다</u>(대법원 2009. 6. 25. 선고 2009다22952 판결 참조).

기록에 의하면, 미국 켄터키 주에서는 외국판결의 승인과 집행에 관하여 규율하는 성문법이 존재하지 아니하므로 보통법(common law)에 기초한 예양(comity)의 일반원칙에 근거하여 외국판결의 승인과 집행이 이루어지고 있는데, 이에 따라 미국 켄터키 주 법원은 ① 외국법원이 당해 사건에 대한 관할권을 가지고 있고, ② 피고가 당해 외국소송에서 적법한 송달을 받고, ③ 그 소송에서 피고의 방어권 행사가 보장된 경우에는 외국판결의 승인 또는 집행을 허용하고 있는 사실을 알 수 있다.

이러한 사실관계를 앞서 본 법리에 비추어 살펴보면, 미국 켄터키 주의 외국판결의 승인요건이 민사소송법이 정한 그것과 비교하여 현저하게 균형을 상실하지 아니하고 전체로서 과중하지 아니하며 중요한 점에서 실질적으로 거의 차이가 없다고 할 수 있으므로, 미국 켄터키 주가 우리나라의 같은 종류의 판결을 승인할 것으로 기대할 수 있다고 봄이 타당하다. 원심이 같은 취지에서 미국 켄터키 주와 대한민국 사이에 상호보증이 있다고 판단한 것은 정당하고, 거기에 상고이유의 주장과 같은 민사소송법 제217조 제1항 제4호에 관한 법리오해, 심리미진 등의 위법이 없다.

그러므로 상고를 기각하고, 상고비용은 패소자가 부담하도록 하여 관여 대법관의 일치된 의견으로 주문과 같이 판결한다.

【Theme- 징벌적 배상】

'징벌적 배상(punitive damage)'이란 누구나 비난할 만한 터무니없는 불법행위로 법을 위반하여 피해를 입힌 자에 대하여 일반적인 손해배상처럼 실제로 피해자가 입은 손해, 즉 실손해를 넘어서 잘못을 징벌하는 의미에서 부과하는 배상을 말한다. 그러므로 징벌적 배상은 그 주목적이 피해자에게 배상하는 것이 아니라 가해자가 잘못을 뉘우치게 하여 위반행위를 억제하기 위한 것이다. 징벌적 배상의 기원은 고대 바빌론의 함무라비법전으로 소급하는데, 함무라비법전은 만일 어떤 사람이 신전에서 동물을 훔치면, 그 사람은 신전에 30배를 갚아야 한다(§8)고 규정하였다. 유대민족의 구약성경에도 부자가 가난한 사람의 양새끼를 빼앗아다가 잡아서 손님을 접대한 이야기가 씌어져 있는데, 그 양은 "그에게는 딸처럼 되었"으므로 4배로 갚아주어야 한다고 하고 있다(사무엘하 제12장 3~6절). 우리나라 고대국가 부여의 4조의 법률 가운데는 절도에 대하여 12배액의 손해배상제도가 있었고(1責12法) 백제의 고이왕은 관료로서 남의 재물을 받거나 훔친 자는 3배를 물게 하였다고 전해진다. 그러나 19세기 대륙법계 국가의 근대법에서는 일반적으로 법체계의 정비가 진행됨에 따라, 공·사법 및 민·형사법의 구분이 확립되는 것에 수반하여, 민사책임과 형사책임은 분리되고 피해자에게 발생한 손해의 배상에 대해서는 민사책임으로 처리하게 되었고, 가해자에 대한 처벌·갱생의 목적은 형사책임의 추궁에 의하여 행해지게 되었다. 이에 따라 현대 대륙법계 유럽국가들은 일반적으로 민사소송에서의 손해배상을 실손해금액, 즉 전보배상으로 제한한다. 프랑스민법(Code civil) 제1382조, 스위스채무법(Schweizerisches Obligationenrecht) 제48조, 이탈리아민법(Codice civile) 제1223조, 벨기에민법(Belgian Civil Code) 제1382조, 스페인민법(Co'digo Civil) 제1106·1902조, 독일민법전(Bürgerliches Gesetzbuch: BGB) 제249조, 핀란드의 1974년 손해배상법(Damages Act of 1974), 그리스민법(Civil Code) 제297~299조, 폴란드민법 제444조, 러시아연방민법(Grazhdanskii Kodeks RF) 제15조[51], 체코민법 제442조, 네덜란드민법(Burgerlijk Wetboek) 제162조 등이 그러한 입장을 취하고 있다. 현대 대륙법계 아시아 국가들인 일본과 대만도 민사소송에서 징벌적 배상의 부여를 허용하지 아니한다.[52] 이들은 유럽의 대륙법계국가의 법을 모델로 근대법을 제정하였기 때

---

51) 제15조(손해배상) 권리를 침해당한 자는 발생한 손실에 대하여 전액의 손해배상을 청구할 수 있다. 다만 법이나 계약으로 그와 다르게 규정되어 있는 경우에는 그러하지 아니 하다.

52) Thomas S. Mackay, Litigation Involving Damages to U.S. Plaintiffs Caused by Private Corporate Japanese Defendants, 5 Transnat'l Law. 131, 176 (1992); Jen Yang, Contract Law of the The Republic of China, in Trade and Investment in Taiwan 361, 381 (Herbert H.P.

문에 그 영향으로 피해자가 청구할 수 있는 배상의 범위를 실손해의 보전적 배상으로 제한한다. 불법행위사건에서의 구제책에 관한 일본민법 제709조, 대만민법제184조, 계약불이행사건에서의 구제책에 관한 일본민법 제416(1)조, 대만민법 제213조가 모두 그러하다. 우리나라도 얼마전까지는 그러하였다.

그러나 영국 커먼로는 1763년 *Wilkes v. Wood* 판례 이후 징벌적 배상을 인정하였고, 미국은 이를 계수하여 현재 징벌적 배상을 가장 활발하게 적용하고 있다. 미국에서는 워싱턴, 뉴햄프셔, 네브라스카, 메사추세츠, 루이지애나주 등 5개주를 제외한 모든 주에서 징벌적 배상을 허용한다. 과거 미국 법원에서는 10배가 넘는 징벌적 배상을 인정한 적도 있으나 2003년의 *State Farm* 사건[53]에서, 연방대법원은 인적 손해가 금전적 손해보다 높은 징벌적 배상을 받을 적격성이 있다고 하고, 징벌적 배상은 원칙적으로 배상적 배상을 초과해서는 아니되며, 여러 사정을 종합하여 예외적으로 그것을 초과하더라도 단수(single digit) 비율, 즉 9:1이 징벌적 배상의 배상적 배상에 대한 한계선이라고 제시하고 실손해의 10배를 넘는 징벌적 배상은 적법절차(due process)에 위반되어 원칙적으로 위헌이라고 하였다.[54]

우리나라는 2011년 3월 "대기업의 중소기업 기술탈취행위"의 악성과 높은 비난가능성을 고려하여 「하도급거래 공정화에 관한 법률」에 징벌적 배상제를 우리나라의 법제로서는 처음으로 도입한 이래, 「신용정보의 이용 및 보호에 관한 법률」, 「개인정보보호법」, 「정보통신망 이용촉진 및 정보보호에 관한 법률」(약칭: 정보통신망법)」 「제조물책임법」 등에 실손해액의 3배를 한도로 배상액을 정할 수 있는 규정을 도입하였다.

제3절 국제상사중재

Ⅰ. 국제상사중재의 의의

1. 중재제도의 의의

중재(仲裁)란 당사자 간의 합의(중재계약)에 따라 사법상의 법률관계에 관한 현존 또는 장래에 발생할 분쟁의 전부 또는 일부를 소송을 통한 법원의 판결에

Ma ed., 1985).
53) *State Farm Mutual Automobile Insurance Co. v. Campbell*, 538 U.S. 408 (2003).
54) *Id.* at 425.

의하지 아니하고 사인인 제3자를 중재인(arbitrator)으로 선정하여 중재인의 판정(award)에 맡기는 동시에, 그 판정에 복종함으로써 분쟁을 최종적으로 해결하는 자주법정제도로서 소송외의 대체적 분쟁해결(ADR)방법의 하나이다.

중재계약에 있어서 당사자들은 계약체결자유의 원칙에 따라 중재절차, 중재지, 중재인의 선정방법이나 그 수, 심문절차와 판정기간 또는 준거법(governing law) 등을 임의로 약정할 수 있다(임의중재). 그러나 실제로는 그에 관한 약정을 준수하지 않고 기피하기도 하기 때문에 임의중재는 이용도가 적고, 오늘날 대부분의 중재는 그러한 중재절차를 전담하는 상설 중재기관에 맡겨서 수행되고 있다(기관중재). 세계의 주요 상설중재기관으로서는 1923년 설립된 파리의 국제상업회의소(ICC) 산하의 중재재판소(Court of Arbitration), 1915년 설립된 런던 국제중재재판소(LCIA), 미국중재협회(AAA), 스웨덴 스톡홀름 중재위원회(Arbitration Institute of the Stockholm Chamber of Commerce) 등이 있다. 그 외에 '국가와 타 방국가 국민간의 투자분쟁의 해결에 관한 협약(Convention on the Settlement of Investment Disputes between States and Nationals of Other States)'에 따라 세계은행(World Bank) 산하에 설립된 국제투자분쟁해결센터(ICSID)가 있고, 우리나라에는 대한상사중재원이 있다.

2. 중재의 장단점

중재는 자율자치를 바탕으로 하기 때문에 소송제도에 비하여 절차의 유연성, 신속·경제성, 전문성, 비공개성, 결과의 비적대성 등의 장점이 있다.[55]

중재판정은 당사자 간에 있어서 법원의 확정판결과 동일한 효력이 있는 점에서(중재법 §35) 교섭(negotiation), 조정(mediation), 조정(concilation) 등의 구속력이 없는 권고적 효력만 있는 다른 ADR과 결정적으로 다르다.

또한 외국중재판정은 외국판결의 경우와는 달리 '외국 중재판정의 승인 및 집행에 관한 협약(Convention on the Recognition and Enforcement of Foreign

---

[55] Hans van Houtte, *The Law of International Trade*, 2002, p. 409 ff.; 최준선(15), 434면 각주 1.

Arbitral Awards)', 이른바 뉴욕협약(the New York Convention)'[56])에 의하여 판정을 하지 않은 세계 160여개의 다른 조약 가입국에서도 판정의 승인과 집행이 보장된다.[57] 그러나 이 협약이 아니더라도 우리나라의 중재법이나 미국의 연방중재법(FAA)[58])과 같이 세계 각국의 국내법은 대체로 중재에 법적으로 구속력을 부여한다.

다른 한편 중재는 ① 그것을 이용하려면 반드시 당사자 간의 중재합의가 필요하다는 점, ② 당사자 간에 화해로 해결할 수 있는 것에 한하여 허용되고, 독점금지법, 특허법 등 공적 질서에 관한 법률문제에 대해서는 중재부탁적격성(arbitrability)이 인정되지 아니한다는 점, ③ 소송에 비하여 법률이 엄격하게 적용되지 않는 점에서 당사자가 결과를 예측하기 어렵다는 점, ④ 판사와 달리 중재에 있어 중재인에게는 아무런 강제적 권한이 부여되고 있지 않고 증거조사에 있어 증인 및 감정인을 강제로 출석시킬 권한이 없고, 이들이 출석요구에 불응하면 법원의 협력을 구할 수밖에 없으며(중재법 §§28·37), 임의로 출석한 증인 및 감정인에게도 선서를 시킬 권한이 없다는 점, ⑤ 1심에 한하고 불복의 기회가 없다는 점[59], 소송에 있어서와 달리 절차의 속행 중에도 권리의 보전을 위하여 가압류나 가처분 등의 절차를 법원에 신청할 필요가 있어서 불편한 점 등이 단점으로 지적된다.[60]

II. 국제상사중재의 유효요건

1. 중재합의의 유효성

중재합의의 대상인 분쟁에 관하여 소가 제기된 경우에 피고가 본안(本案)에

---

56) 1958년 채택, 1959.6.7. 발효. 우리나라는 조약 제471호로 1973.2.19. 가입, 1973.5.9. 발효.
57) ICSID 판정에 대해서는 ICSID 협약(워싱턴협약)에 의하여 구속력이 보장된다.
58) 9 U.S.C. §§1-16, 201-208, 301-307 (2012).
59) 다만, 판정상의 불복이 아닌 절차상 중대한 하자가 있는 경우에는 제한된 범위 내에서 판정취소의 소가 인정된다(중재법 제36조).
60) 최준선(15), 436~437면.

관한 최초의 변론을 할 때까지 중재합의가 있다는 항변(抗辯)을 하였을 때에는 법원은 그 소를 각하(却下)하여야 한다(중재법 §9①본문·②). 다만, 중재합의가 없거나 무효이거나 효력을 상실하였거나 그 이행이 불가능한 경우에는 그러하지 아니하다(동법 §9①단서). 이 때 중재합의의 효력에 관한 분쟁은 중재판정부가 아니라 법원이 해결하여야 한다.

2. 중재인의 선정 및 기피 등

국내상사중재에 있어서 중재인의 선정절차는 당사자 간의 합의로 정하지만(중재법 §12②), 합의가 원만하게 이루어지지 아니하는 경우에는 다음 각 호의 구분에 따라 중재인을 선정한다(동조 ③).

1) 단독중재인에 의한 중재의 경우: 어느 한쪽 당사자가 상대방 당사자로부터 중재인의 선정을 요구받은 후 30일 이내에 당사자들이 중재인의 선정에 관하여 합의하지 못한 경우에는 어느 한쪽 당사자의 신청을 받아 법원 또는 그 법원이 지정한 중재기관이 중재인을 선정한다.

2) 3명의 중재인에 의한 중재의 경우: 각 당사자가 1명씩 중재인을 선정하고, 이에 따라 선정된 2명의 중재인들이 합의하여 나머지 1명의 중재인을 선정한다. 이 경우 어느 한쪽 당사자가 상대방 당사자로부터 중재인의 선정을 요구받은 후 30일 이내에 중재인을 선정하지 아니하거나 선정된 2명의 중재인들이 선정된 후 30일 이내에 나머지 1명의 중재인을 선정하지 못한 경우에는 어느 한쪽 당사자의 신청을 받아 법원 또는 그 법원이 지정한 중재기관이 그 중재인을 선정한다.

당사자 간에 중재인 선정절차에 관한 합의가 있더라도 ① 어느 한쪽 당사자가 합의된 절차에 따라 중재인을 선정하지 아니하였을 때, ② 양쪽 당사자 또는 중재인들이 합의된 절차에 따라 중재인을 선정하지 못하였을 때, 또는 ③ 중재인의 선정을 위임받은 기관 또는 그 밖의 제3자가 중재인을 선정할 수 없을 때에는 당사자의 신청을 받아 법원 또는 그 법원이 지정한 중재기관이 중재인을 선정한다(중재법 §12④).

중재인의 선정 및 중재기관의 지정, 중재인의 기피신청, 중재판정 취소의 소(訴) 등의 사항에 대하여는 중재합의에서 지정한 지방법원 또는 지원(이하 "법원"이라 한다)이, 그 지정이 없는 경우에는 중재지를 관할하는 법원이 관할하며, 중재지가 아직 정하여지지 아니한 경우에는 피신청인의 주소 또는 영업소를 관할하는 법원이, 주소 또는 영업소를 알 수 없는 경우에는 거소(居所)를 관할하는 법원이, 거소도 알 수 없는 경우에는 최후로 알려진 주소 또는 영업소를 관할하는 법원이 관할한다(중재법 §7①·③).

국제상사중재에 있어서는 국제거래계약에서 중재법정의 선정조항을 두는 경우가 많고, 그 경우 일방 당사자가 그 중재지 선정 조항을 위반하고 자국 법원에 제소한 경우에 법원이 그 조항을 존중하여 소를 각하할지가 문제된다.

뉴욕협약을 시행하기 위한 이른바 협약법(FAA 제2장)이 1970년 시행된 후 미국 연방대법원은 Scherk 사건[61]에서 처음으로 국제거래계약에서의 중재협정의 효력을 다루었다. 지방법원은 1934년 증권거래법(the Securities Exchange Act of 1934)에 의거한 청구는 중재부탁적격성(arbitrability)이 결여되어 해당 중재조항은 집행불가능하다는 *Wilko* 판결[62]에 의거한 원고 매수인의 주장을 받아들여 매도인의 중재항변을 기각하였고 제7순회항소법원은 지방법원의 판결을 지지하였으나 연방대법원은 뉴욕조약의 목적과 이를 수용한 FAA 제2장의 입법 목적은 "국제계약에서 상사중재합의의 승인과 집행을 촉진하고 서명국에서 중재합의가 준수되고 중재판정이 집행되는 기준을 통일하는 것"이며 국제상사거래에서 발생한 모든 분쟁을 중재에 의하여 해결하려는 이 사건 당사자들의 합의도 연방중재법에 따라 미국 연방법원에서 존중되고 집행되어야 한다고 판시하였다.

---

61) *Scherk v. Alberto Culver Co.*, 417 U.S. 506 (1974).
62) *Wilko v. Swan*, 346 U.S. 427 (1953)(법정지 선정권리는 유효하게 포기될 수 없는 종류의 규정이고 따라서 증권 중개인과 매수인 사이의 장래의 분쟁을 중재하기로 하는 합의는 증권법 규정을 준수하는 것을 포기하게 구속하는 약속(stipulation)으로서 그러한 합의는 1933년 증권법(the Securities Act of 1933) 제14조의 명시적 금지에 따라 무효라고 보았다).

Scherk 사건

미국 회사 Alberto-Culver Co.(매수인)가 독일과 리히텐슈타인 법에 따라 설립된 세 개의 회사를 그 상표권과 함께 스위스에 거주하는 독일인 Fritz Scherk(매도인)로부터 매수하였는데, 미국, 영국, 독일, 프랑스, 스위스 등지에서의 교섭을 거쳐 오스트리아에서 서명되고 스위스에서 1969년에 체결된 주식매매계약에는 "상표권이 방해를 받지 않고 사용가능하다"는 취지의 매도인의 명시적 보증(express warranties)과 "계약에서 발생한 모든 분쟁이나 청구, 또는 계약위반에 대하여 프랑스 파리의 국제상업회의소(ICC) 산하의 중재재판소의 중재로 해결한다"는 중재조항이 포함되어 있었다. 약 1년뒤 매수인인 미국 회사가 매수한 상표권에 타인의 담보가 설정되어 있다는 사실을 알고 계약취소를 제한하였으나 매도인인 독일인이 거절하자 매수인은 매도인을 상대로 매매의 일부로서 이전된 상표권과 관련한 표시와 관련된 미국 증권거래법 위반의 사기를 당했다는 청구에 근거한 손해배상 및 구제를 위한 소송을 미국 일리노이주 연방지방법원에 제기하였다. 이에 대하여 매도인은 불편의법정(forum non conveniens) 법리와 함께 협정상의 중재조항을 근거로 당사자들의 ICC의 상사중재가 진행되는 동안 법원은 소송절차를 중지하여야 한다고 항변하였다. 지방법원은 중재조항은 집행불가능하다는 Wilko 판결에 의거한 매수인의 주장을 받아들여 매도인의 항변을 기각하였고 제7순회항소법원은 지방법원의 판결을 지지하였다.

그러나 연방대법원은 미국 연방상하양원의 의사록 내용을 인용하여 "수세기 동안의 중재합의에 대한 적대적 자세를 바꾸고 당사자들에게 비용이 들고 지연되는 소송을 피하고 중재합의를 다른 종류의 계약들과 같은 반열에 두려고" H.R.Rep.No.96, 68th Cong., 1st Sess., 1, 2 (1924); S.Rep.No.536, 68th Cong., 1st Sess. (1924) 제정된 연방중재법(FAA) 조항 9 U.S.C. § 2.5.에 따라 "중재합의는 계약의 취소에 관한 법 또는 형평상 존재하는 예외적 이유가 없는 한 유효하고, 철회불가능하고, 집행가능하다"고 전제하고, 이 사건 합의는 여러 국가에서 교섭, 서명, 체결된 각국의 법 및 상표권 전문가들이 관여한 국제계약으로서 유럽시장에서의 사업활동을 목적으로 유럽국가법에 의하여 설립된 사업체의 매매가 주로 유럽국가에서 이루어졌다는 점에서 미국 국내거래를 대상으로 한 Wilko 사건과는 다르다는 점을 강조하고, 당사자들 간의 양도협정내의 중재조항은 "국제거래에 본질적인 질서정연과 예측가능성을 위한 거의 불가결의 전제조건"이며 "협정 하의 분쟁이 당사자 일방의 이익에 적대적인 법정에 제출되는 경우의 문제를 제거한다"는 이유에서 유효하고, 국제거래 당사자간의 법정지 선정 합의의 효력을 폭넓게 인정한 Bremen 판례[63]의 내용을 소개한 후 뉴욕조약의 목적과 이를 수용한 FAA 제2장의 입법 목적에 따라 국제상사거래에서 발생한 모든 분쟁을 중재에 의하여 해결하려는 이 사건 당사자들의 합의도 연방중재법에 따라 미국 연방법원에서 존중되고 집행되어야 한다고 판시하였다.

---

63) *The Bremen v. Zapata Off-Shore Co.*, 407 U.S. 1 (1972). 본서 제3절 2.(2) 참조.

연방대법원은 이후 *Mitsubishi Motors* 사건[64]과 *Vimar Seguros* 사건 판결[65]을 통하여 계속해서 국제거래 사건에서의 중재합의에 대한 강한 지지를 표명하였다.

3. 내국 중재판정의 승인 및 집행

중재판정은 제38조에 따른 승인 거부사유가 없으면 승인된다. 다만, 당사자의 신청이 있는 경우에는 법원은 중재판정을 승인하는 결정을 할 수 있다(중재법 §37①). 중재판정에 기초한 집행은 당사자의 신청에 따라 법원에서 집행결정으로 이를 허가하여야 할 수 있다(동조 ②).

국내 중재판정의 승인거부사유는 다음과 같다.

① 중재판정의 취소를 구하는 당사자가 다음 각 목의 어느 하나에 해당하는 사실을 증명하는 경우(중재법 §§38 i (가)목, 36② i):

    가. 중재합의의 당사자가 해당 준거법(準據法)에 따라 중재합의 당시 무능력자였던 사실 또는 중재합의가 당사자들이 지정한 법에 따라 무효이거나 그러한 지정이 없는 경우에는 대한민국의 법에 따라 무효인 사실

    나. 중재판정의 취소를 구하는 당사자가 중재인의 선정 또는 중재절차에 관하여 적절한 통지를 받지 못하였거나 그 밖의 사유로 변론을 할 수 없었던 사실

    다. 중재판정이 중재합의의 대상이 아닌 분쟁을 다룬 사실 또는 중재판정이 중재합의의 범위를 벗어난 사항을 다룬 사실. 다만, 중재판정이 중재합의의 대상에 관한 부분과 대상이 아닌 부분으로 분리될 수 있는 경우에는 대상이 아닌 중재판정 부분만을 취소할 수 있다.

    라. 중재판정부의 구성 또는 중재절차가 이 법의 강행규정에 반하지 아니하는 당사자 간의 합의에 따르지 아니하였거나 그러한 합의가 없는 경우에는 이 법에 따르지 아니하였다는 사실

---

64) *Mitsubishi Motors Corp. v. Soler Chrysler-Plymouth, Inc.*, 473 U.S. 614 (1985) 사건(미국 독점금지법에 따른 청구는 중재조항대로 일본에서 중재될 수 있다고 판시하였다.).

65) *Vimar Seguros y Reaseguros, S.A. v. M/V Sky Reefer*, 515 U.S. 528 (1995)(선하증권상의 중재조항을 집행하였다.).

② 중재판정의 구속력이 당사자에 대하여 아직 발생하지 아니한 경우 또는 중재판정이 법원에 의하여 취소된 경우(중재법 §38 i (나)목)

③ 법원이 직권으로 다음 각 목의 어느 하나에 해당하는 사유가 있다고 인정하는 경우(중재법 §§38 ii·36② ii):

    가. 중재판정의 대상이 된 분쟁이 대한민국의 법에 따라 중재로 해결될 수 없는 경우

    나. 중재판정의 승인 또는 집행이 대한민국의 선량한 풍속이나 그 밖의 사회질서에 위배되는 경우

4. 외국 중재판정의 승인 및 집행

「외국 중재판정의 승인 및 집행에 관한 협약」, 즉 뉴욕협약을 적용받는 외국 중재판정의 승인 또는 집행은 같은 협약에 따라 한다(중재법 §39①). 판정의 승인과 집행은 판정의 피원용 당사자의 요청에 따라서, 그 당사자가 판정의 승인 및 집행을 요구받은 국가의 권한 있는 당국에 다음의 증거를 제출하는 경우에 한하여 거부될 수 있다(동협약 §5①):

    가. 중재합의의 당사자가 그들에게 적용가능한 법에 따라 무능력자이었거나, 또는 당사자가 준거법으로서 지정한 법에 따라 또는 그러한 지정이 없는 경우에는 판정을 내린 국가의 법에 따라 전기 합의가 유효하지 않은 경우, 또는

    나. 판정의 피원용 당사자가 중재인의 선정이나 중재절차에 관하여 적절한 통고를 받지 아니하였거나 또는 그 밖의 이유에 의하여 응할 수 없었을 경우, 또는

    다. 판정이 중재회부조항에 규정되어 있지 아니하거나 그 조항의 범위에 속하지 아니하는 분쟁에 관한 것이거나, 또는 그 판정이 중재회부의 범위를 벗어나는 사항에 관한 결정을 포함하는 경우. 다만, 중재에 회부한 사항에 관한 결정이 중재에 회부하지 아니한 사항과 분리될 수 있는 경우에는 중재에 회부한 사항에 관한 결정을 포함하는 판정의 부분은 승인 및 집행될 수 있다. 또는

    라. 중재판정부의 구성이나 중재절차가 당사자 간의 합의와 합치하지 아니하거나, 또는 이러한 합의가 없는 경우에는 중재가 행해진 국가의 법과 합치하

지 아니하는 경우, 또는

마. 당사자에 대하여 판정의 구속력이 아직 발생하지 아니하였거나 또는 판정이 내려진 국가의 권한 있는 당국에 의하여 또는 그 국가의 법에 따라 판정이 취소 또는 정지된 경우

중재판정의 승인 및 집행을 요구 받은 국가의 권한 있는 당국이 다음의 사항을 인정하는 경우에도 중재판정의 승인과 집행이 거부될 수 있다(동협약 §5②):

가. 분쟁의 대상인 사항이 그 국가의 법에 따라서는 중재에 의해 해결될 수 없는 것일 경우, 또는

나. 판정의 승인이나 집행이 그 국가의 공공의 질서에 반하는 경우

이와 달리 전술한 '국가와 타방국가 국민간의 투자분쟁의 해결에 관한 협약', 즉 ICSID 협약은 "판정은 당사자를 구속하며 본 협정에 규정된 바를 제외하고는 어떠한 상소나 또는 기타 어떠한 구제수단에도 그 대상으로 되지 아니한다." (동협약 §53①전단)고 ICSID의 중재판정의 최종성과 구속력을 선언한다. 여기에서 구제수단(remedy)이란 국내법이 아니라 협약을 통하여 획득해야 하는 판정서에 대한 해석, 수정, 또는 무효화를 말한다(동협약 §§50~52).

ICSID 협약 제54조제1항은 국가인 당사자에게 협약에 따라 내려진 판정은 구속력 있는 것으로 승인하고 그것이 당해 국가의 법원의 최종판결인 것과 같이 그 국가의 영역 안에서 이러한 판정에 의하여 과하여진 금전상의 의무를 집행할 의무를 부과한다.

ICSID의 중재판정은 「외국 중재판정의 승인 및 집행에 관한 협약」을 적용받지 아니하고 ICSID 협약(워싱턴협약) 제54조제3항에 따라 그 승인에는 「민사소송법」 제217조, 그 집행에는 「민사집행법」 제26조제1항 및 제27조를 준용한다(중재법 §39②). 따라서 ICSID의 중재판정은 다음 각호의 요건을 모두 갖추어야 승인된다(민사소송법 §217①):

1. 대한민국의 법령 또는 조약에 따른 국제재판관할의 원칙상 그 외국 중재판정부의 국제재판관할권이 인정될 것

2. 패소한 피고가 소장 또는 이에 준하는 서면 및 기일통지서나 명령을 적법

한 방식에 따라 방어에 필요한 시간여유를 두고 송달받았거나(공시송달이나 이와 비슷한 송달에 의한 경우를 제외한다) 송달받지 아니하였더라도 중재에 응하였을 것
3. 그 확정 중재판정의 내용 및 중재절차에 비추어 그 확정 중재판정의 승인이 대한민국의 선량한 풍속이나 그 밖의 사회질서에 어긋나지 아니할 것
4. 상호보증이 있거나 대한민국과 그 외국법원이 속하는 국가에 있어 확정 중재판정의 승인요건이 현저히 균형을 상실하지 아니하고 중요한 점에서 실질적으로 차이가 없을 것

법원은 위의 요건이 충족되었는지에 관하여 직권으로 조사하여야 한다(민사소송법 §217②).

ICSID의 중재판정에 기초한 강제집행은 대한민국 법원에서 집행판결로 그 강제집행을 허가하여야 할 수 있다(민사집행법 §26①). 집행판결을 청구하는 소(訴)는 채무자의 보통재판적이 있는 곳의 지방법원이 관할하며, 보통재판적이 없는 때에는 민사소송법 제11조의 규정에 따라 채무자에 대한 소를 관할하는 법원이 관할한다(동조 ②). 집행판결은 재판의 옳고 그름을 조사하지 아니하고 하여야한다(동법 §27①). 집행판결을 청구하는 소는 다음 각호 가운데 어느 하나에 해당하면 각하하여야 한다(동조 ②):
  1. 외국법원의 확정재판등이 확정된 것을 증명하지 아니한 때
  2. 외국법원의 확정재판등이 민사소송법 제217조의 조건을 갖추지 아니한 때

미국의 경우 ICSID 중재판정을 집행할 의무는 국내법[66)]에 편입되었다. 비 ICSID 중재판정은 우리나라와 같이 법원에 뉴욕협약 제Ⅳ조를 적용하여 신청하여 승인을 받아 집행하여야 한다. 미국의 연방중재법(the Federal Arbitration Act: FAA)[67)]은 일반적으로 외국중재판정의 승인과 집행을 규율하고 승인과 집행에 대한 몇 가지 항변사유를 규정한다. 따라서 당사자 일방은 FAA에 따라 해당 사유가 있으면 비 ICSID 중재판정을 보류해 달라고 법원에 청구할 수 있다. 뉴욕

---

66) 22 U.S.C. §165a(a).
67) 9 U.S.C. § 1 *et seq.* (2012).

협약은 분쟁 당사자 일방에게 특정한 이유가 있으면 비 ICSID 중재판정의 승인과 집행을 저지할 수 있도록 허용한다. 그 사유는 1) 일방 당사자가 무능력 상태에 있었거나 당사자들 사이의 중재협정이 무효인 경우, 2) 일방 당사자가 적절한 통지를 받지 못한 경우, 3) 판정이 중재법정에 제출된 청구를 넘어선 경우, 4) 중재법정의 구성이 무효인 경우, 또는 5) 판정이 구속력이 없는 경우 등이다(뉴욕협약 §V).

그러나 FAA는 ICSID 중재판정에는 적용되지 않고, 따라서 ICSID 중재판정의 집행율은 비 ICSID 중재판정의 그것에 비하여 매우 높다.

2014년 *BG Group* 사건[68]에서, 미국 연방대법원은 비 ICSID 중재판정의 유효성에 관한 사법심사를 하였다. 이 사건은 영국 회사에게 '영국-아르헨티나 양자투자협정(BIT)'에 따라 부여된 중재판정을 포함하였다. 아르헨티나 정부는 그 판정에 대하여 그 중재패널은, 투자자가 우선 지방 아르헨티나 소송에 의하여 증명해야 한다는 투자협정의 요건이 적용되지 않았으므로, 그 권한을 넘었다고 하는 근거에서 판정에 대하여 이의제기하였다. 미국 D.C. 항소법원은 그에 동의하고 지방소송 쟁점은 법원에 새로운 주제라는 이유에서 중재판정을 취소하였다.[69] 그러나 연방대법원의 다수의견은 지방소송 쟁점은 중재법정이 결정할 수 있는, 절차적 쟁점일 뿐이므로, 중재법정에 의하여 적절하게 판정되었다고 보고 항소법원의 판결을 번복하였다. 연방대법원의 다수의견은 그 문제를 당사자들 사이의 사적 계약으로 보아 이를 매우 존중하는 심사기준을 채택한 것이다. 그러나 연방대법원의 소수의견은 이것은 두 주권국 사이의 투자협정에 관한 문제이므로, 사적 계약으로 유추적용할 수 없다고 주장하고 따라서 그 문제는 중재법정이 아니라 법원이 판단하여야 한다고 보았다. 학자중에도 이 소수의견에 찬동하는 입장이 있다.[70]

---

68) *BG Group v. Republic of Argentina*, 134 S.Ct. 1198 (2014).
69) *BG Group v. Republic of Argentina*, 665 F.3d 1363 (D.C. Cir. 2012).
70) Anthea Roberts & Christina Trahanas, *Judicial Review of Investment Treaty Award*, 108 Am. J. Int'l L. 750 (2014).

5. 중재판정취소의 소

내국 중재판정에 대한 불복은 법원에 중재판정 취소의 소를 제기하는 방법으로만 할 수 있다(중재법 §36①). 법원은 다음 각 호의 어느 하나에 해당하는 경우에만 중재판정을 취소할 수 있다(동조 ②):

    1. 중재판정의 취소를 구하는 당사자가 다음 각 목의 어느 하나에 해당하는 사실을 증명하는 경우
    가. 중재합의의 당사자가 해당 준거법(準據法)에 따라 중재합의 당시 무능력자였던 사실 또는 중재합의가 당사자들이 지정한 법에 따라 무효이거나 그러한 지정이 없는 경우에는 대한민국의 법에 따라 무효인 사실
    나. 중재판정의 취소를 구하는 당사자가 중재인의 선정 또는 중재절차에 관하여 적절한 통지를 받지 못하였거나 그 밖의 사유로 변론을 할 수 없었던 사실
    다. 중재판정이 중재합의의 대상이 아닌 분쟁을 다룬 사실 또는 중재판정이 중재합의의 범위를 벗어난 사항을 다룬 사실. 다만, 중재판정이 중재합의의 대상에 관한 부분과 대상이 아닌 부분으로 분리될 수 있는 경우에는 대상이 아닌 중재판정 부분만을 취소할 수 있다.
    라. 중재판정부의 구성 또는 중재절차가 이 법의 강행규정에 반하지 아니하는 당사자 간의 합의에 따르지 아니하였거나 그러한 합의가 없는 경우에는 이 법에 따르지 아니하였다는 사실
    2. 법원이 직권으로 다음 각 목의 어느 하나에 해당하는 사유가 있다고 인정하는 경우
    가. 중재판정의 대상이 된 분쟁이 대한민국의 법에 따라 중재로 해결될 수 없는 경우
    나. 중재판정의 승인 또는 집행이 대한민국의 선량한 풍속이나 그 밖의 사회질서에 위배되는 경우

해당 중재판정에 관하여 대한민국의 법원에서 내려진 승인 또는 집행 결정이 확정된 후에는 중재판정 취소의 소를 제기할 수 없다(동조 ④).

외국 중재판정의 취소와 무효는 중재절차준거법에 의하여 결정된다. 즉, 한국법원은 외국 중재판정의 취소와 무효의 소를 접수할 권한이 없고, 당사자는

중재절차준거법에서 정해진 법원을 통하여서만 이 절차를 진행할 수 있다.

III. 중재계약

1. 중재의 적용대상과 요건

"당사자가 자유로이 처분할 수 있는 사법상 분쟁"으로서 현재 또는 장래 발생할 분쟁 모두가 중재의 적용대상이다. 중재의 대상이 될 수 있는 사항을 중재부탁적격성(arbitrability)이라고 하는데, 일반적으로 선량한 풍속 기타 사회질서와 관련되는 강행법규나 독점금지법 또는 경쟁법, 증권규제법, 지적재산권법, 소비자보호법 등은 당사자의 자유로운 처분이 허용되지 않아서 중재부탁적격성이 결여되는 것으로 본다.[71] 그밖에도 중재의 요건은 세 가지이다.

첫째, 중재당사자는 당사자적격에 결격사유가 없어야 한다.

둘째, 분쟁은 현실적으로 존재하여야 하며 중재대상은 특정되어야 한다.

셋째, 분쟁은 서면에 의한 중재합의의 범위 내에 속해야 한다.

2. 중재합의

중재계약은 특정의 중재대상에 대하여 당사자 간에 중재에 의하여 해결하기로 하는 내용의 합의를 본질로 한다. "중재합의"란 계약상의 분쟁인지 여부에 관계없이 일정한 법률관계에 관하여 당사자 간에 이미 발생하였거나 앞으로 발생할 수 있는 분쟁의 전부 또는 일부를 중재에 의하여 해결하도록 하는 당사자 간의 합의를 말한다(중재법 §3 ii).

(1) 중재계약의 방식

중재합의는 독립된 합의 또는 계약에 중재조항을 포함하는 형식으로 할 수

---

[71] 그러나 국제거래의 맥락에서는 사안에 따라 해당 분야에 적용되는 법률이 도모하는 입법목적에 반하지 않는 경우 중재에 의하여 분쟁을 해결하려는 당사자의 의사와 이익을 존중하여 중재부탁적격성을 인정한 예가 있다.

있다(중재법 §8①). 중재합의는 반드시 서면으로 하여야 한다(동조 ②). 일본의 중재법은 구두의 중재합의에 대해서도 유효성을 인정하고 있으나, 뉴욕조약을 비롯하여 많은 국가의 중재법은 서면 형식을 요구한다.

다음 각 호의 어느 하나에 해당하는 경우는 서면에 의한 중재합의로 본다(동조 ③):

    1. 구두나 행위, 그 밖의 어떠한 수단에 의하여 이루어진 것인지 여부와 관계없이 중재합의의 내용이 기록된 경우
    2. 전보(電報), 전신(電信), 팩스, 전자우편 또는 그 밖의 통신수단에 의하여 교환된 전자적 의사표시에 중재합의가 포함된 경우. 다만, 그 중재합의의 내용을 확인할 수 없는 경우는 제외한다.
    3. 어느 한쪽 당사자가 당사자 간에 교환된 신청서 또는 답변서의 내용에 중재합의가 있는 것을 주장하고 상대방 당사자가 이에 대하여 다투지 아니하는 경우

계약이 중재조항을 포함한 문서를 인용하고 있는 경우에는 중재합의가 있는 것으로 본다. 다만, 중재조항을 그 계약의 일부로 하고 있는 경우로 한정한다(동조 ④).

(2) 사전 중재합의와 사후 중재합의

중재합의는 중재대상이 되는 분쟁이 발생되기 전에 중재대상으로 하기로 합의하느냐 분쟁이 발생한 후에 그것을 합의하느냐에 따라 사전 중재합의와 사후 중재합의로 나뉜다.

사전 중재합의라도 이른바 '선택적 중재합의'는 중재합의로서의 효력이 제한된다는 것이 우리 대법원 판례[72]이나, 'UNCITRAL 모범중재법(The UNCITRAL

---

[72] 대법원 2004.11.11. 선고 2004다42166 판결("이른바 선택적 중재조항은 계약의 일방 당사자가 상대방에 대하여 조정이 아닌 중재절차를 선택하여 그 절차에 따라 분쟁해결을 요구하고 이에 대하여 상대방이 별다른 이의 없이 중재절차에 임하였을 때 비로소 중재합의로서 효력이 있다고 할 것이고, 일방 당사자의 중재신청에 대하여 상대방이 중재신청에 대한 답변서에서 중재합의의 부존재를 적극적으로 주장하면서 중재에 의한 해결에 반대한 경우에는 중재합의로서의 효력이 있다고 볼 수 없다.").

Model Law on International Commercial Arbitration)'[73])을 수용한 각국에서는 이를 유용한 중재합의로 인정하고 있다.

선택적 중재합의의 정의에 관한 명문의 규정은 없으나 판례는 "분쟁해결방법을 '관계 법률의 규정에 의하여 설치된 조정위원회 등의 조정 또는 중재법에 의한 중재기관의 중재에 의하고, 조정에 불복하는 경우에는 법원의 판결에 의한다'라고 정한 경우"를 말하는 것이라고 보고 있으며[74], 소송 또는 중재를 선택적으로 이용 가능하게 한 중재합의 또는 선택적으로 중재를 이용할 수 있도록 규정한 중재합의를 뜻하는 것으로 해석되며, 이에는 중재와 재판을 예비적 선택관계로 규정한 조항과 대등적 선택관계로 규정한 조항이 모두 포함된다.[75]

(3) 중재계약의 내용

당사자의 의도와 포함된 사업의 특정한 성격에 적합하게 문구를 작성하여야 한다. 예컨대, 당사자들은 중재의 시간과 비용을 제한한 fast-track 중재를 원할 수 있고, 복수의 옵션들이 충족되어야 비로소 중재회부가 가능한 중재조항을 원할 수도 있다. 혹은 그들은 집단중재를 배제하는 중재조항을 원할 수도 있다. 만일 대상 계약이 국가나 정부기관과 하는 사업이라면 중재조항은 주권면제 포기 조항을 포함하여야 한다.[76]

중재합의가 유효하게 성립되어 중재절차가 순조롭게 진행되기 위해서는 중재계약의 내용으로서 중재지, 중재기관, 중재에 적용할 준거법 등이 포함되는 것이 적절하다. 합의하는 중재가 상설 중재기관에서 진행될지 중재계약에서 정한 선정절차에 근거한 임시중재(*ad hoc* arbitration)에 의할지도 중요한 내용이다. 상설 중재기관의 중재에 의할 경우에는 비교적 간단하게 그 기관의 명칭을 적시

---

73) 1985년 6월 21일 제정, 2006년 7월 개정. 미국, 영국, 독일, 홍콩, 캐나다, 한국 등 60여 개국이 수용하고 있다. 우리 중재법은 1985년 모범중재법을 수용한 것이나 2006년 개정 모범중재법을 수용하여 구두의 중재합의를 허용하고, 중재판정부에게 임시적 처분 및 사전명령을 할 권한을 부여하자는 논의가 있다. 최준선(15), 443면.
74) 위의 대법원 판례.
75) 서정일, "선택적 중재합의의 유효성에 관한 연구", 한국상사법학회 2006년 동계학술대회자료집.
76) Chow & Schoenbaum(20), pp. 629~630.

하면 되지만 비용 등을 고려하여 임시중재를 선택한다면 중재조항은 중재인 선정을 위한 메카니즘, 사용될 절차규칙, 중재를 규율한 그밖의 사항들과 같은 상세한 문제들을 규정해야 한다.77) 임시중재의 경우 당사자들은 UNCITRAL에서 1985년에 채택하고 2006년 개정된 모델중재법(UNCITRAL Model Law on International Commercial Arbitration)78)을 중재가 행해지는 절차규칙으로 이용할 수 있다. 그리고 중재조항에는 어떤 문제에 관하여 중재인의 중재에 맡길지 그 범위를 분명하게 규정해야 사후 분쟁을 방지할 수 있으며, 최종 중재판정이 내려지기 전까지 패소자의 재산 처분을 금지하기 위한 가처분명령을 중재인이 할 수 있는지에 관해서도 각국의 중재법령이 제각각이므로 명시할 필요가 있다.

또한 중재조항이 포함된 계약의 다른 부분이 어떠한 사유로 무효가 된 경우라도 중재합의의 분리가능성을 인정하여 중재조항만큼은 유효하다고 보는 것이 통설이다.

(4) 중재계약의 효력

중재합의가 있게 되면 법원에 소송을 제기하더라도 피고가 본안(本案)에 관한 최초의 변론을 할 때까지 중재합의가 있다는 항변(抗辯)을 하였을 때에는 법원은 그 소를 각하(却下)하여야 한다(중재법 §9①·②).

중재판정이 일단 내려지면 그에 대해서는 불복이 인정되지 아니한다. 즉 중재판정은 단심제로서 그에 대하여 다시 다툴 수 없는 종국성이 인정된다.

중재판정은 전술한 바와 같이 뉴욕협약에 의하여 그 체약국에서는 중재국이 아닌 외국에서도 중재판정의 승인과 강제집행이 보장된다. 뉴욕협약 하에서는 외국 중재판정의 승인과 집행을 구하는 당사자는 중재판정국에서 상대국에 대한 이의 집행을 허가하는 재판을 받지 않아도 된다. 이 협약은 중재판정의 승인 및 집행의 요구를 받은 국가 이외의 국가의 영토 내에서 내려진 중재판정의 승인 및 집행에 적용하는 것을 원칙으로 하며, 중재판정의 승인 및 집행의 요구를

---

77) *Id.* at 631.
78) https://uncitral.un.org/sites/uncitral.un.org/files/media-documents/uncitral/en/19-09955_e_ebook.pdf.

받은 국가에서 내려졌으나 내국판정으로서 인정되지 아니한 중재판정에도 이를 적용한다. 그리고 모든 국가는 이 협약에 가입시 국내법에 따라 상사 법률관계로부터 발생하는 분쟁에 한하여 이 협약을 적용한다고 선언(상사유보선언)할 수 있으며 우리나라는 뉴욕협약 가입시 상사유보선언과 함께 외국이 협약의 가입국인 경우에만 동 협약을 적용할 것(상호주의 유보선언)을 선언하였다.

(5) 중재합의의 준거법

중재합의는 소송절차상 계약이므로 중재지법에 의하여야 한다는 견해도 있으나, 통설은 중재합의를 실체법상 계약으로 본다. 중재합의의 준거법에 대해서는 국제사법 제25조에서 규정하는 당사자자치의 원칙에 따라 결정된다. 계약에 중재지가 지정되어 있는 경우에는 묵시적으로 중재지법을 준거법으로 지정하고 있다고 해석되는 예가 많을 것이다. 한편, 중재합의의 성립 및 유효성은 그 합의가 유효하게 성립하였을 경우 국제사법에 의하여 적용되어야 하는 준거법에 따라 판단한다(국제사법 §29①).

중재합의의 방식의 준거법은 그 합의의 준거법에 의하지만(동법 §17①) 행위지법에 따른 방식도 유효하다(동조 ②본문).

(6) 표준중재조항

각국의 상설중재기관은 중재절차의 효율성을 높이고 신속한 중재절차의 진행을 위하여 당사자들이 중재계약을 체결할 때 쉽게 이용할 수 있도록 표준중재조항을 마련해 놓고 있다.

1) 대한상사중재원의 표준중재조항

대한상사중재원의 국내거래의 경우 표준중재조항은 "이 계약으로부터 발생되는 모든 분쟁은 대한상사중재원에서 국내중재규칙에 따라 중재로 해결한다."는 문구이다.

또한 대한상사중재원의 국제거래의 경우 표준중재조항은 다음과 같다.

> "Any disputes arising out of or in connection with this contract shall be finally settled by arbitration in Seoul in accordance with the International Arbitration Rules of the Korean Commercial Arbitration Board." (이 계약으로부터 발생하는 또는 이 계약과 관련하여 또는 이 계약의 불이행으로 말미암아 당사자 간에 발생하는 모든 분쟁, 논쟁 또는 의견차이는 대한민국 서울에서 대한상사중재원의 상사중재규칙 및 대한민국 법에 따라 중재에 의하여 최종적으로 해결한다.)
> The number of arbitrators shall be [one / three] (중재인인의 수는 [단독/ 3인]이다.)
> The seat, or legal place, of arbitral proceedings shall be [city / country] (중재판정절차의 중재 장소는 [시/국]이다.)
> The language to be used in the arbitral proceedings shall be [language] (중재절차에서 사용되는 언어는 [언어]이다.)

다음 대한상사중재원의 표준중재조항은 국제사건에서 중재계약을 체결하는 당사자 간에 중재를 할 장소 등에 관하여 합의가 이루어지지 못하여 계약체결이 지연되거나 계약자체가 이루어지지 않는 것을 예방하기 위하여 피신청인 소속 국가에서 중재가 행해지는 중재조항을 삽입하는 경우를 위한 것이다.

> Ex. All dispute in relation to this contract shall be finally settled by arbitration in the country of the respondent. In the case the respondent is [a Korean enterprise], the arbitration shall be held at the Korean Commercial Arbitration Board. In the case the respondent is [a Japanese enterprise], the arbitration shall be held at the Japanese Commercial Arbitration Association.

아래는 대한상사중재원과 다른 나라의 중재기관 사이에 중재협정을 맺어 중재가 한국에서 행해지는 경우에는 대한상사중재원의, 타국에서 행해지는 경우에는 그 국가의 중재기관의 중재규칙에 의거하여 중재에 부탁할 것으로 하는 경우의 표준중재조항이다.

> Ex. All disputes that may arise under or in relation to this contract shall be submitted to arbitration under the Commercial Arbitration Rules of (a) The Korean Commercial Arbitration Board if the arbitration is to be held in the Republic of Korea or (b) The Japanese Commercial Arbitration Association if the arbitration is to be held in Japan.

2) 미국중재협회(the American Arbitration Association: AAA)의 국제무역센터(International Trade Center)의 모범조항(Model Clause)

> "Any controversy or claim arising out of or relating to this contract shall be determined by arbitration in accordance with the International Arbitration Rules of the International Centre for Dispute Resolution."
>
> or
>
> "Any controversy or claim arising out of or relating to this contract shall be determined by arbitration in accordance with the International Arbitration Rules of the American Arbitration Association."
>
> The parties may wish to consider adding:
> - (a) "The number of arbitrators shall be (one or three)";
> - (b) "The place of arbitration shall be (city and/or country)"; or
> - (c) "The language(s) of the arbitration shall be _____."

IV. 중재절차와 판정

1. 중재절차의 진행과정

(1) 중재절차의 준거법

중재절차의 준거법도 당사자 자치를 원칙으로 한다. 즉 중재법의 강행규정(强行規定)에 반하는 경우를 제외하고는 당사자들은 중재절차에 관하여 합의할 수 있다(중재법 §20①). 만약 당사자 간 합의가 없는 경우에는 중재판정부가 중재법의 규정에 따라 적절한 방식으로 중재절차를 진행할 수 있다(동조 ②제1문). 이 경우 중재판정부는 증거능력, 증거의 관련성 및 증명력에 관하여 판단할 권한을 가진다(동항 제2문).

(2) 당사자에 대한 동등한 대우

양쪽 당사자는 중재절차에서 동등한 대우를 받아야 하고, 자신의 사안(事案)에 대하여 변론할 수 있는 충분한 기회를 가져야 한다(중재법 §19).

(3) 중재지의 선정

중재지는 당사자 간의 합의로 정한다(중재법 §21①). 만약 합의가 없는 경우 중재판정부는 당사자의 편의와 해당 사건에 관한 모든 사정을 고려하여 중재지를 정한다(동조 ②). 중재판정부는 당사자간 합의로 정해진 중재지, 중재판정부가 정한 중재지 이외의 적절한 장소에서 중재인들 간의 협의, 증인·감정인 및 당사자 본인에 대한 신문(訊問), 물건·장소의 검증 또는 문서의 열람을 할 수 있다(동조 ③본문). 다만, 당사자가 이와 달리 합의한 경우에는 그러하지 아니하다(동항 단서).

(4) 중재절차에서 사용되는 언어

중재절차에서 사용될 언어는 당사자 간의 합의로 정하고, 합의가 없는 경우에는 중재판정부가 지정하며, 중재판정부의 지정이 없는 경우에는 한국어로 한다(중재법 §23①).

(5) 신청서와 답변서

신청인은 당사자들이 합의하였거나 중재판정부가 정한 기간 내에 신청 취지와 신청 원인이 된 사실을 적은 신청서를 중재판정부에 제출하고, 피신청인은 이에 대하여 답변하여야 한다(중재법 §24①). 당사자는 신청서 또는 답변서에 중요하다고 인정하는 서류를 첨부하거나 앞으로 사용할 증거방법을 표시할 수 있다(동조 ②). 당사자 간에 다른 합의가 없는 경우 당사자는 중재절차의 진행 중에 자신의 신청이나 공격·방어방법을 변경하거나 보완할 수 있다(동조 ③본문). 다만, 중재판정부가 변경 또는 보완에 의하여 절차가 현저히 지연될 우려가 있다고 인정하는 경우에는 그러하지 아니하다(동항 단서).

(6) 심리

당사자 간에 다른 합의가 없는 경우 중재판정부는 구술심리를 할 것인지 또는 서면으로만 심리를 할 것인지를 결정한다(중재법 §25①본문). 다만, 당사자들이 구술심리를 하지 아니하기로 합의한 경우를 제외하고는 중재판정부는 어느 한쪽 당사자의 신청에 따라 적절한 단계에서 구술심리를 하여야 한다(동항 단서).

중재판정부는 구술심리나 그 밖의 증거조사를 하기 전에 충분한 시간을 두고 구술심리기일 또는 증거조사기일을 당사자에게 통지하여야 한다(동조 ②).

어느 한쪽 당사자가 중재판정부에 제출하는 준비서면, 서류, 그 밖의 자료는 지체 없이 상대방 당사자에게 제공되어야 한다(동조 ③).

중재판정부가 판정에서 기초로 삼으려는 감정서(鑑定書) 또는 서증은 양쪽 당사자에게 제공되어야 한다(동조 ④).

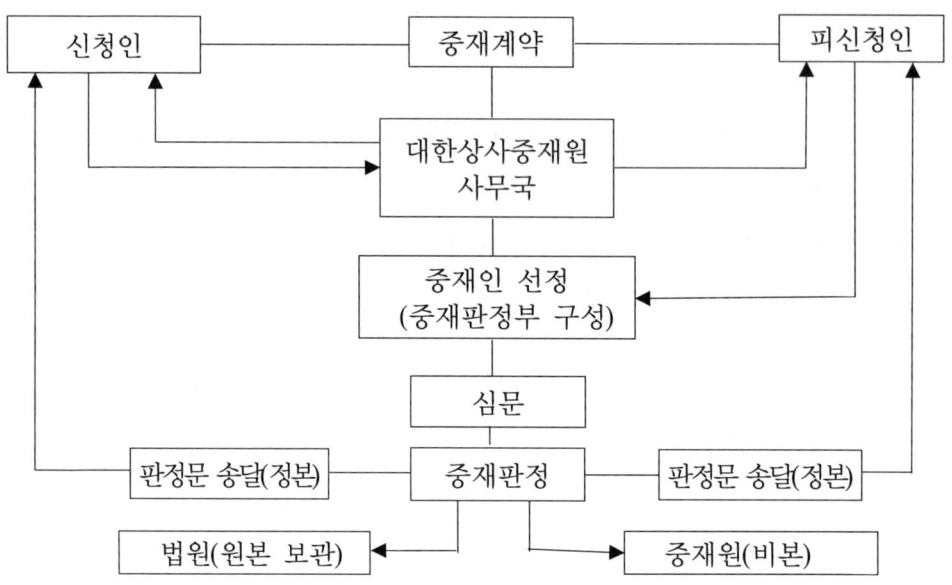

<중재절차 진행과정>

2. 중재판정

　신청인이 신청서를 제출하지 아니하는 경우 중재판정부는 중재절차를 종료하여야 한다(중재법 §26①). 피신청인이 답변서를 제출하지 아니하는 경우 중재판정부는 신청인의 주장에 대한 자백으로 간주하지 아니하고 중재절차를 계속 진행하여야 한다(동조 ②). 어느 한쪽 당사자가 구술심리에 출석하지 아니하거나 정하여진 기간 내에 서증을 제출하지 아니하는 경우 중재판정부는 중재절차를 계속 진행하여 제출된 증거를 기초로 중재판정을 내릴 수 있다(동조 ③). 당사자 간에 다른 합의가 있거나 중재판정부가 상당한 이유가 있다고 인정하는 경우에는 위 제1항부터 제3항까지의 규정을 적용하지 아니한다(동조 ④).

색 인

ㄱ

가맹사업	286
간접(indirect)수용	273
강제실시권	240
개발투자	245
개설은행	189
거절	100
견본 국제물품매매계약	79
견적 송장	93
견적송장	92
계약제조	285
계약해제권	136, 141
공정하고 형평에 부합하는 대우	265
관례	73
관행	73
구두증거배제의 법칙	79
구두증거의 법칙	72
구매문서	92
국제매매계약서	75
국제물품매매계약에 관한 유엔협약	48
국제사법	22
국제사법원칙	20
국제사법재판소	250
국제상거래계약원칙	17
국제상업회의소	17
국제재판관할권	312, 327
국제적 강행법규	304
권리포기	78
기일전 증거개시	350
기탁신용장	181
기한부신용장	180

ㄴ

내국신용장	178
내국인대우	255
노우하우	241
뉴욕협약	363

ㄷ

다양성 관할	349
당사자자치	23
대리상	282
대리상의	304
대리상의 보상청구권	302, 304
대외부패관행방지법	279
대외투자 및 국가안보법	307
대체적 분쟁해결	362
더 적절한 법정지	21
덤핑방지관세	122, 123
디자인권	238

ㅁ

매수주문	92
매입 189	
매입제한신용장	181
목적지계약	130
물품 64	
미국법률협회	95

ㅂ

반대청약	106
반정 39, 47	
발주서	97
배급계약	282
배급계약서의 서식	286
백투백신용장	182
법 선택	20
법의 저촉	20
보증신용장	182
보통신용장	181
부가기간	143, 149
북미자유무역협정	256
분할인도계약	137
불가항력	76
불법행위	35
불편의법정	322
비서류적 조건	214
비엔나협약	49

ㅅ

사기예외의 법리	193
사법통일국제협회	17
상계 36	
상계관세	123
상당일치의 원칙	207
상충조건제거설	108
상표권	237
서류세트의 이	229
서류에 의한 거래	190
서문 75	
서식쟁탈전	106
선대(先代)신용장	181
선대신용장	181
설명조항	75
소비자계약	45
소비자기본법	19
소비자보호법	14
송부계약	110
수령 128	
수용 268	
승낙 101	
신 루가노조약	352
신상인법	15
신용장	175, 184
신용장의 독립추상성 원칙	192
실질법적 지정	24
실체적 공서	355

ㅇ

앵글로어메리칸사기방지법협약	74
약관	105
약인	91, 94, 100
양자투자협정	254
엄격일치원칙	104
엄격일치의 원칙	204
역내 포괄적 경제동반자 협정	258
영국법 준거조항	24
영업비밀	241
영업소	55
완전합의조항	77
우편함 규칙	103
워런티	85, 183
워싱턴협약	259
유엔국제상거래법위원회	16
은행영업일	189
의장권	238
이전가격	121
인도	109
인도계약	110
인수합병	245, 307
일람출급신용장	180
일상거소	55
일치하는 제시	214, 229

ㅈ

자유무역협정	256
자조매각권	144
자회사	306
장애	132
재판관할권	77
재판매가격유지행위	124
저촉법적 지정	24
절차적 공서	355
점진적 수용	273
정형거래조건	153
제조물책임	69, 84
종류매매	99
주권면제	313, 348
주신용장	178
준거법	30, 77
중재부탁적격성	373
중재조항	87
지리적표시	238
지점	305
지정은행	190
집적회로 배치설계	240
징벌적 배상	35, 355, 360
징벌적 손해배상	324

ㅊ

철회	99
청약	96
청약의 구속력	100
청약의 유인	98
최종조항	89
최후발포원칙	107

ㅋ

컴퓨터 소프트웨어	68

ㅌ

통상의 강행규정	304
통지은행	184, 190
투자자-국가간 분쟁해결절차	264
특별손해	147
특정이행청구권	146
특허권	239

ㅍ

표준계약조건	105
표준중재조항	377

ㅎ

헤이그 송달협약	347
헤이그 재판관할합의협약	315
헤이그 증거조사협약	347, 350
헤이그협약	49
확인은행	189
확정기매매	137
회수	99

영어색인

acceptance	101	consequential damages	147
ADR	362	consideration	91, 94
advising Bank	190	contract form contest	106
advising bank	184	Contract Manufacturing	285
agency	282	Convention of the Anglo-American Statute of Fraud	74
American Law Institute	95		
applicable law	77	counteroffer	106
arbitrability	373	countervailing duty	123
assortment sale	99	CPT	164
At Sight L/C	180	DAP	170
Ausgleichsanspruch	304	DDP	172
back to back L/C	182	delivery	109
back-to-back L/C	182	delivery contract	110
battle of the forms	106	designation commercial terms	153
better forum	21	destination contract	130
branch	305	discovery	350
Brussels I	351	distributorships	282
Calvo doctrine	270	diversity jurisdiction	349
CFR	169	doctrine of strict compliance	204
choice of law	20	doctrine of the set of documents as a whole	229
CIF	165		
CIP	165	documentary sale transaction	190
CISG	48, 50	Double Irish Dutch Sandwich	123
CLOUT	73	DPU	171
compulsory licensing	240	earnings stripping	122
confirming bank	189	entire agreement	77
conflict of laws	20	escrow L/C	181

ever-greening	239	instalment contract	137
EXW	159	inversion	122
FAS	160	invitation to make offers	98
FCA	159	ISDS	264
Final Provisions	87	issuing bank	189
FINSA	308	jurisdiction	77
firm offer	100	knock-out rule	108
Fixhandelskauf	137	knowhow	241
FOB	163	last shot rule	107
force majeure	76	Law Merchant	14
Forum non conveniens	322	Letter of Credit	184
Four corner clause	105	Letter of Inquiry	92
Framework Act On Consumers	19	lex loci	21
franchising	286	lex mercatoria	14
Fraud Rule	193	M&A	245, 307
GATT	12	mailbox rule	103
general open L/C	181	Master L/C	178, 182
geographical indications	238	medieval lex mercatoria	14
goods	64	mirror image rule	104
governing law	77	more appropriate forum	21
greenfield investment	245	Nachfrist	136, 143
Guaranty	182	NAFTA	256
habitual residence	55	National Treatment	255
Hague Convention	49	negotiation	189
Hull formula	268	new lex mercatoria	16
ICC	17	New York Convention	363
ICSID 협약	259	NOM clause	105
impediment	132	nominated ban	190
Incoterms	153	non-documentary conditions	214

OECD 뇌물방지협약	280	revolving L/C	181
open credit	174	Rome I	22, 29
parol evidence rule	72, 79	shipment contract	110
party autonomy	23	sovereign immunity	313, 348
patents	239	specific performance	146
places of business	55	standard business terms	105
practices	73	standby L/C	182
Preamble	75	Statute of Frauds	74
Principles of International Commercial Contracts	17	subsidiary	306
		supply chain financing	174
pro forma invoice	92	trade secret	241
Pro Formal Invoice	93	trademarks	237
product liability	85	transfer pricing	121, 123
profit shifting	122	treble damages	355
proper law	77	TRIPs	236
punitive damage	360	UNCITRAL	16
punitive damages	35, 324, 355	UNIDROIT	17
Purchase Order	97	usages	73
purchase order	92	usance L/C	180
Recital	75	USMCA	256
refusal	100	Vienna Sales Convention	49
Regional Comprehensive Economic Partnership Agreement	258	waiver	78
		Warranty	183
Restatement	95	Whereas Clause	75
restricted negotiable L/C	181	withdrawal	99
revocation	99	WTO	12

김두진

- 연세대학교 법과대학 졸업
- 연세대학교 대학원 졸업(법학박사)
- U.C. Berkeley Visiting Scholar
- 한국법제연구원 연구위원 역임
- 현) 국립부경대학교 법학과 교수
- 사법시험·변호사시험·가맹거래사시험위원 역임
- 한국상사법학회·한국상사판례학회·한국경쟁법학회·한국경제법학회 부회장
- 국회 입법지원위원, 공정거래위원회 경쟁정책자문위원, 기상청 정책자문위원,
  금융감독원 금융분쟁조정위원회 전문위원, 공정거래조정원 약관 분쟁조정협의회 위원장, 기상청 규제심사위원회 위원장, 부산광역시 대리점분쟁조정협의회 위원장

- 주요저서 · 「회사법강의(제3판)」(2022), 「소비자보호법(개정판)」(2022), 「생활과 법률(개정판)」(공저)(2022), 「상법총칙·상행위법(개정판)」(2020), 「어음·수표법」(2020), 「경제법」(2020), 「경쟁법: 독점규제 및 공정거래」(2019), 「Einführung in das koreanische Recht」(공저)(2010), 「공정거래법 및 소비자관련법상 징벌적 손해배상제도 도입방안 연구(2007)」, 「FTA 당사국의 경쟁법 적용 연구」(2005), 「지적재산권과 관련한 독점규제법의 적용 연구(2004)」, 「공정거래법상 끼워팔기에 대한 규제제도 연구」(2001)
- 주요논문 · "소액다수 소비자피해에 대한 집단소송제 연구", "디지털 경제와 핀테크-소비자보호를 중심으로-", "경쟁법 위반행위에 대한 집단소송제 연구", "주식회사의 사회적 책임론과 그 법제화방안", "부당한 표시·광고 행위의 위법성 판단기준", "특허권자의 역지급화해에 대한 경쟁법의 적용 연구", "최저재판매가격유지행위의 위법성 평가기준", "컨소시엄 방식에 의한 경매입찰의 경쟁법적 문제점", "공정거래법상 동의명령제 도입방안 연구", "FTA와 경쟁정책-한미 FTA상의 경쟁 장의 내용 및 국내법제에 미칠 영향을 중심으로-", "독점규제법의 적용제외 영역", "제조물책임법의 효율성에 관한 고찰"

국제거래법

지은이 / 김두진
펴낸이 / 조형근
펴낸곳 / 도서출판 동방문화사

초 판 / 2022. 08. 25

서울시 서초구 방배동 905-16 지층
전 화 / 02) 3473-7294   팩 스 / 02) 587-7294
메 일 / 34737294@hanmail.net   등 록 / 서울 제22-1433호

저자와의
합의
인지생략

파본은 바꿔 드립니다.   본서의 무단복제행위를 금합니다.
정 가 / 34,000원   ISBN 979-11-89979-55-3 93360